Holger Mühlenkamp
Wirtschaftlichkeit im öffentlichen Sektor

Holger Mühlenkamp

Wirtschaftlichkeit im öffentlichen Sektor

Wirtschaftlichkeitsvergleiche und
Wirtschaftlichkeitsuntersuchungen

DE GRUYTER
OLDENBOURG

ISBN 978-3-11-034665-7
e-ISBN (PDF) 978-3-11-035310-5
e-ISBN (EPUB) 978-3-11-039760-4

Library of Congress Cataloging-in-Publication Data
A CIP catalog record for this book has been applied for at the Library of Congress.

Bibliografische Information der Deutschen Nationalbibliothek
Die Deutsche Nationalbibliothek verzeichnet diese Publikation in der Deutschen
Nationalbibliografie; detaillierte bibliografische Daten sind im Internet über
http://dnb.dnb.de abrufbar.

© 2015 Walter de Gruyter GmbH, Berlin/München/Boston
Einbandabbildung: zentilia/iStock/Thinkstock
Druck und Bindung: CPI books GmbH, Leck
♾ Gedruckt auf säurefreiem Papier
Printed in Germany

www.degruyter.com

Vorwort

Das Handeln der öffentlichen Hand in Deutschland ist durch das Prinzip der Rechtmäßigkeit charakterisiert. Neben der Rechtmäßigkeit gilt das Prinzip wörtlich „der Wirtschaftlichkeit und der Sparsamkeit" – im Folgenden als „Wirtschaftlichkeitsprinzip" abgekürzt. Die Rechtmäßigkeit stellt – auch aus ökonomischer Sicht – ein wertvolles Gut dar und ist deshalb nicht in Frage zu stellen. Die Wirtschaftlichkeit öffentlichen Handelns ist ein ebenso wichtiges Gut. Bemerkenswerterweise wird dieses jedoch de facto nicht in gleichem Maße akzeptiert und in der Praxis auch deutlich weniger gelebt.

Die vorliegende Monographie handelt vom Wirtschaftlichkeitsprinzip und wesentlicher damit einhergehender Methoden. Diese Arbeit kann bestimmte Ursachen für die durchaus verbreitete Ignoranz des Wirtschaftlichkeitsprinzips nicht beseitigen. Sie kann aber das häufig missverstandene und fehlinterpretierte Wirtschaftlichkeitsprinzip und seine Notwendigkeit erläutern und auf diese Weise einen von vielen Tropfen bilden, die notwendig sind, um „den Stein zu höhlen".

Im Folgenden wird der „Spagat" gewagt zwischen einerseits dem Versuch, in bestimmten Teilen auch die oder den ökonomisch weniger gebildete(n) Leser(in) anzusprechen, und andererseits der Absicht, die theoretisch-methodischen Grundlagen nicht aus den Augen zu verlieren. Diese Vorgehensweise fordert den/die nicht einschlägig vorgebildete(n) Leser(in) heraus. Sie bzw. er wird auch nicht unbedingt jedes Detail verstehen. Sie und er werden aber wohl die grundlegenden Prinzipien durchdringen und beurteilen können. Selbst Ökonom(inn)en dürften in den Passagen gefordert sein, in denen konventionelles Wissen in Frage gestellt sowie Ansätze präsentiert werden, die auf die speziellen Erfordernisse der öffentlichen Hand zielen. Diese Ansätze werden insbesondere in der heutigen Betriebswirtschafts- und Managementlehre, welche weit mehrheitlich auf die Privatwirtschaft abstellt, regelmäßig nicht (mehr) oder nur am Rande vermittelt.

Inwieweit es gelungen ist, das Wirtschaftlichkeitsprinzip im öffentlichen Sektor und wichtige Methoden nachvollziehbar und gleichwohl fundiert darzustellen, ist von den Leserinnen und Lesern zu entscheiden. Der Verfasser hat nach bestem Wissen gearbeitet. Verbliebene Mängel gehen natürlich gleichwohl zu seinen Lasten.

Speyer, im Herbst 2014   Holger Mühlenkamp

Inhaltsverzeichnis

1   Einleitung

Wir leben in einer Welt knapper Ressourcen. Diese triviale, wenngleich unge-liebte Erkenntnis erfordert einen planmäßigen und wirtschaftlichen Umgang mit den zur Verfügung stehenden Ressourcen – jedenfalls dann, wenn unter Knappheitsbedingungen ein größtmöglicher Nutzen erreicht werden soll. Von diesem leicht einsehbaren Grundsatz („Axiom") kann die öffentliche Hand nicht ausgeschlossen werden.

So unterliegen die Aktivitäten der öffentlichen Hand folgerichtig auch aus rechtlicher Sicht dem Wirtschaftlichkeitsgebot. Für haushaltswirksame Maß-nahmen sind auf Bundes- und Länderebene ohne Einschränkung Wirtschaft-lichkeitsuntersuchungen durchzuführen. Für kommunale Investitionen ab ei-ner bestimmten Größenordnung sollen Wirtschaftlichkeitsuntersuchungen durchgeführt werden. Durch das Inkrafttreten von Art. 91d des Grundgeset-zes im Jahre 2009 ist auch die Möglichkeit von Leistungsvergleichen zwischen öffentlichen Verwaltungen in das Bewusstsein der (Fach-)Akteure gedrungen.

Vor dem Hintergrund der sich – nicht zuletzt durch die sog. Schuldenbremse sowie die zukünftigen gigantischen Herausforderungen an die öffentliche Hand – zuspitzenden Haushaltsengpässe ist die wirtschaftliche Betrachtung politisch-administrativen Handelns immer dringlicher – um nicht zu sagen, dass sie absolute Priorität erhalten müsste. Unsinnige öffentliche Projekte, ex-plodierende Projektkosten, ständige Verstöße gegen das Haushaltsrecht und Datenmanipulationen zeigen jedoch, dass diese Erkenntnis das Handeln gro-ßer Teile der politischen Klasse (und auch der Bevölkerung) bisher nicht oder kaum beeinflusst und eine Besserung nicht leicht zu erreichen ist.

An Relevanz bzw. Anlass für die vorliegende Veröffentlichung, welche sich an alle Gruppen – insbesondere an Lehrende, Studierende und einschlägige Prak-tiker – richtet, die an der Thematik interessiert sind, fehlt es also nicht. Viel-leicht kann das vorliegende Werk einen kleinen Beitrag zur Verbreitung eines für den öffentlichen Sektor adäquaten Wirtschaftlichkeitsdenkens und einiger zur Verbesserung der Wirtschaftlichkeit notwendiger Techniken und Instru-mente leisten. Die Formulierung „adäquates Wirtschaftlichkeitsdenken" meint Rücksichtnahme auf die besonderen Ziele und Aufgaben der öffentlichen

Hand, die nicht mit der privatwirtschaftlichen Gewinnmaximierung identisch sind.

Das vorliegende Buch behandelt drei Themenkomplexe, die die Gliederung bestimmen. Erstens werden im zweiten Kapitel die Bezüge zum Haushaltsrecht und in Hinblick auf Leistungsvergleiche auch zur einschlägigen Verfassungsnorm hergestellt. Dabei geht es auch um die Präzisierung unbestimmter Rechtsbegriffe – wie „Wirtschaftlichkeit und Sparsamkeit" – bzw. um die ökonomisch adäquate Interpretation der einschlägigen Rechtsnormen und Rechtsbegriffe.

Der zweite Themenkomplex „Wirtschaftlichkeitsvergleiche" – häufig auch als Kennziffernvergleiche oder nicht immer ganz korrekt als „Benchmarking" bezeichnet – ist Gegenstand des dritten Kapitels. Wirtschaftlichkeitsvergleiche setzen die „Leistungen" der öffentlichen Hand in Relation zum damit verbundenen Ressourceneinsatz. Damit stellen sie eine – wichtige – Teilmenge von Leistungsvergleichen dar. Die Aufgabe von Wirtschaftlichkeitsvergleichen besteht einfach darin, durch die Aufdeckung von Wirtschaftlichkeitsunterschieden einen indirekten Effizienzwettbewerb zu generieren bzw. den Verantwortlichen Anlass und Anreize zu geben, Effizienzsteigerungspotentiale zu erschließen. Die Herausforderung bei Wirtschaftlichkeitsvergleichen besteht darin, die Effizienz von Verwaltungseinheiten vergleichbar zu machen, die unter unterschiedlichen Rahmenbedingungen operieren. Dazu sind einfache Kennziffernvergleiche – die leicht in „Äpfel-Birnen-Vergleiche" münden – regelmäßig nicht in der Lage. Deshalb werden hier die – durchaus anspruchsvollen – Methoden vorgestellt, die am ehesten geeignet sind, unter verschiedenen Rahmenbedingungen arbeitende Einheiten vergleichbar zu machen und damit nicht „Äpfel" und „Birnen" einander gegenüberstellen.

Das vierte Kapitel beschäftigt sich mit Wirtschaftlichkeitsuntersuchungen. Wirtschaftlichkeitsuntersuchungen haben einerseits die Aufgabe, die Wirtschaftlichkeit – also quasi der „ökonomischen Sinnhaftigkeit" – geplanter öffentlicher Maßnahmen zu beurteilen. Andererseits können und sollten sie auch zur Begleitung und abschließenden Bewertung öffentlicher Projekte eingesetzt werden. Der Begriff „öffentliches Projekt" ist im vorliegenden Kontext sehr weit zu fassen. Es kann sich um relative einfache (Ersatz-)Beschaffungen und Instandhaltungsmaßnahmen (die Wiederbeschaffung von Fahrzeugen, die Beschaffung von Büroausstattung, die Sanierung öffentlicher Gebäude etc.) oder um komplexe organisatorische Maßnahmen und Investitionen (die

Einführung neuer Technologien/neuer Organisationsformen, den Bau von Infrastruktur, Kultur-, Veranstaltungs-, Sportstätten usw.) handeln. Als „öffentliches Projekt" kann darüber hinaus jede gesetzgeberische Maßnahme interpretiert werden. Grundsätzlich ist es möglich, jede gesetzgeberische Maßnahme auf ihre Wirtschaftlichkeit zu untersuchen. Inwieweit erreichen beispielsweise familien-, gesundheits- und bildungspolitische oder außen- und sicherheitspolitische Maßnahmen ihre Ziele und unter welchem Ressourceneinsatz? Je nach Kontext und Fragestellung kommen verschiedene Arten bzw. Methoden von Wirtschaftlichkeitsuntersuchungen in Betracht. Daher werden hier sowohl einzelwirtschaftliche als auch volkswirtschaftliche Verfahren vorgestellt. Vertiefte Aufmerksamkeit finden die Bestimmung von Diskontsätzen und die monetäre Bewertung von Projektrisiken. Abschließend wird versucht, eine systematische Einschätzung darüber zu geben, in welchem Kontext welche Methode am ehesten einsetzbar bzw. „angemessen" ist.

2 Wirtschaftlichkeit, Wirtschaftlichkeitsvergleiche und Wirtschaftlichkeitsuntersuchungen im haushalts- und verfassungsrechtlichen Kontext

Aufgrund verschiedener einfachgesetzlicher Bestimmungen vor allem im Haushaltsrecht, aber auch an anderer Stelle[1] unterliegt die öffentliche Hand dem Wirtschaftlichkeitsgebot. In Teilen der juristischen Literatur wird sogar die Position vertreten, dass das Wirtschaftlichkeitsgebot Verfassungsrang besitzt und bereits auf diesem Weg alle staatlichen Gewalten bindet.[2]

Vor diesem Hintergrund kann man es als konsequent ansehen, dass das Haushaltsrecht für alle finanzwirksamen Maßnahmen die Durchführung von Wirtschaftlichkeitsuntersuchungen vorgibt. Diese ermöglichen die wirtschaftliche Beurteilung einzelner Maßnahmen bzw. den wirtschaftlichen Vergleich mehrerer Maßnahmen.

Wirtschaftlichkeit bezieht sich allerdings nicht nur auf einzelne oder ein Bündel ausgewählter Maßnahmen bzw. Projekte, sondern auf das gesamte Verwaltungshandeln. Zur Beurteilung der Wirtschaftlichkeit von Verwaltung(s-organisation)en insgesamt sind maßnahmenbezogene Wirtschaftlichkeitsuntersuchungen jedoch nicht geeignet. Dazu sind vielmehr Wirtschaftlichkeitsvergleiche erforderlich. Mit der sog. Föderalismusreform II im Jahr 2009 erhielten Leistungsvergleiche zwischen den Verwaltungen von Bund und Ländern einen verfassungsrechtlichen Status. Versteht man Leistungsvergleiche als Wirtschaftlichkeitsvergleiche, hätte der Verfassungsgeber – bewusst oder unbewusst – die bis dato bestehende Lücke zwischen dem Wirtschaftlichkeitsgebot und maßnahmenbezogenen Wirtschaftlichkeitsuntersuchungen geschlossen.

In diesem Kapitel wird zunächst der Wirtschaftlichkeitsbegriff im abstrakten Sinne des Haushaltsrechts vorgestellt und diskutiert. Anschließend wird kurz auf die verfassungsrechtliche Regel zu Leistungsvergleichen eingegangen. Abschließend werden die haushaltsrechtlichen Regeln zur Durchführung von

---

[1] So im **Vergaberecht** (§ 97 Abs. 5 GWB) sowie im **Sozialrecht** (vgl. § 69 Abs. 2 des vierten Sozialgesetzbuches (SG IV) und z. B. § 12 Abs. 1 Satz 1 SGB V).

[2] Vgl. dazu z. B. Musil (2005), S. 72 ff.

Wirtschaftlichkeitsuntersuchungen und deren grundlegende Implikationen diskutiert.

2.1   Wirtschaftlichkeit

Das Haushaltsrecht von Bund, Ländern und Kommunen verpflichtet zu „Wirtschaftlichkeit und Sparsamkeit". Darüber hinaus unterliegen Bund, Länder und Kommunen dem sog. Subsidiaritätsprinzip, wonach sie bestimmte Aufgaben nur dann selbst wahrnehmen bzw. wirtschaftliche Tätigkeiten nur dann aufnehmen dürfen, wenn diese durch einen anderen bzw. Privaten nicht ebenso gut (besser) und wirtschaftlicher erfüllt werden können. Vor diesem Hintergrund werden wir zunächst die Begriffe „Wirtschaftlichkeit" und „Sparsamkeit" erläutern. Abschließend versuchen wir, den ökonomischen Gehalt und die Implikationen der Formulierungen „ebenso gut" oder „besser" zu analysieren.

2.1.1   Wirtschaftlichkeit und Sparsamkeit als abstrakte Handlungsprinzipien

Das Gebot bzw. der „Haushaltsgrundsatz" der Wirtschaftlichkeit und Sparsamkeit findet sich in § 6 Abs. 1 des Haushaltsgrundsätzegesetzes (HGrG), welches das Haushaltsrecht von Bund und Ländern normiert und sich deshalb in der Bundeshaushaltsordnung (BHO) und den Landeshaushaltsordnungen (LHO) niederschlägt. Es lautet: *„Bei Aufstellung und Ausführung des Haushaltsplans sind die Grundsätze der* **Wirtschaftlichkeit** *und* **Sparsamkeit** [Hervorhebung durch den Verf.] *zu beachten."* Analoge Bestimmungen finden sich in den Gemeindeordnungen der Länder.[3]

Im juristischen Schrifttum wird Wirtschaftlichkeit im Allgemeinen als die Erreichung des bestmöglichen Ergebnisses bei einem gegebenen Mitteleinsatz verstanden. Sparsamkeit bedeutet dagegen, ein gegebenes Ziel oder Ergebnis mit dem geringstmöglichen Mitteleinsatz zu erreichen.[4] Damit bildet der haushaltsrechtliche Begriff „Wirtschaftlichkeit" das sog. **Maximalprinzip** (in

---

[3]   Vgl. z. B. § 77 Abs. 2 Gemeindeordnung (GO) für Baden-Württemberg, Art. 61 Abs. 2 GO für den Freistaat Bayern, § 92 Abs. 2 hessische GO, § 110 Abs. 2 niedersächsisches Kommunalverfassungsgesetz (NKomVG).

[4]   Vgl. z. B. Grupp (1985), S. 8 ff., Musil (2005), S. 73.

den Verwaltungsvorschriften zu § 7 der Bundeshaushaltsordnung auch „Er-
giebigkeitsprinzip" genannt) ab, während der haushaltsrechtliche Terminus
„Sparsamkeit" das sog. **Minimalprinzip** meint.

Bezeichnen wir den Mitteleinsatz als **„Input"** und das Ergebnis bzw. „das,
was herauskommt" als **„Output"**, geht es also entweder um die Maximierung
oder die Minimierung des Quotienten zwischen Input und Output bzw. zwischen Output und Input:

$$\text{max!} \; \frac{\overbrace{\text{Output}}}{\text{Input}} \; \text{(Maximalprinzip) oder min!} \; \frac{\text{Input}}{\underbrace{\text{Output}}} \; \text{(Minimalprinzip).}^{5}$$

Bei Verwendung der jeweiligen Kehrwerte lauten diese Aufgaben:

$$\text{min!} \; \frac{\text{Input}}{\underbrace{\text{Output}}} \; \text{(Maximalprinzip) oder max!} \; \frac{\overbrace{\text{Output}}}{\text{Input}} \; \text{(Minimalprinzip).}$$

Das Minimalprinzip und das Maximalprinzip stellen also die beiden Varianten des **ökonomischen Prinzips** (synonym „Wirtschaftlichkeits-" oder Effi-
zienzprinzip"[6]) dar. Damit sind Sparsamkeit und Wirtschaftlichkeit zwei Seiten derselben Medaille.

Beides zusammen ist jedoch nicht realisierbar. Man kann entweder sparsam
oder wirtschaftlich, nicht aber gleichzeitig sparsam und wirtschaftlich handeln. Daher müsste man dem Gesetzgeber eine Änderung der entsprechenden
Formulierungen im Haushaltsrecht empfehlen. Es würde ausreichen, allein
Wirtschaftlichkeit zu fordern und Sparsamkeit zu streichen.

Unter dem Regime der gegenwärtigen Terminologie könnte haushaltsrechtliche Sparsamkeit zum Tragen kommen, wenn Ziele und Maßnahmen (Output)
von der politischen Ebene präzisiert und mit den geringstmöglichen Ausgaben („Input" im kameralistischen Haushalt) bzw. dem geringstmöglichen
Aufwand („Input" im doppischen Haushalt)[7] erreicht werden sollen.[8] Der

---

[5]   Das Ornament zeigt den vorab fixierten (gegebenen) Teil des Quotienten an.

[6]   Wir verwenden die Begriffe „Wirtschaftlichkeit" und „Effizienz" im Folgenden synonym.

[7]   Auf kommunaler Ebene wird das Rechnungswesen in einigen Jahren nahezu flächende-
ckend vom Rechnungsstil der Kameralistik auf den doppischen („kaufmännischen")
Rechnungsstil umgestellt sein. Auch einige Bundesländer erstellen inzwischen doppische
Jahresabschlüsse.

[8]   Sparsamkeit impliziert hier im Übrigen bei kameralistischer Haushaltsführung den Versuch, nicht alle Haushaltmittel für einen bestimmten Zweck auszuschöpfen und damit

haushaltsrechtliche Grundsatz der Wirtschaftlichkeit ist relevant, wenn eine Verwaltungseinheit für ein Ziel mit einem festen Budget (Input) ausgestattet wird – beispielsweise durch die Bereitstellung von x € zur Erhöhung der Verkehrssicherheit. Dann hätte die Verwaltung mit diesem Budget die größtmögliche Verkehrssicherheit herzustellen.

Abb. 2.1: Die beiden Varianten des ökonomischen Prinzips

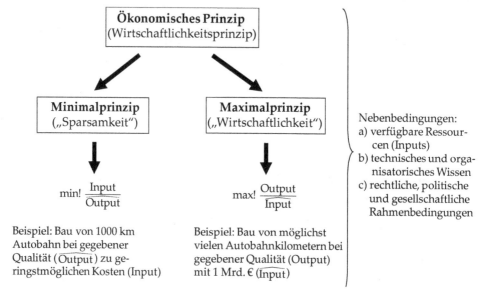

Quelle: Eigene Darstellung.[9]

Abb. 2.1 veranschaulicht die Beziehungen. Wichtig ist in diesem Zusammenhang, dass die Handlungsspielräume und damit auch die Ergebnisse immer von Nebenbedingungen beeinflusst werden. Letztere liefern quasi „den Raum der Handlungsmöglichkeiten". Restriktionen stellen insbesondere die verfügbaren Ressourcen, technisches und organisatorisches Wissen sowie rechtliche, politische und gesellschaftliche Rahmenbedingungen dar. So ist beispielsweise bei Wirtschaftlichkeits- bzw. Effizienzvergleichen mit Privaten zu beachten,

---

positive Ausgabenreste zu erzielen. Bei doppischer Haushaltsführung impliziert das Sparsamkeitsprinzip das Bestreben, den Aufwand so gering wie möglich zu halten, was ceteris paripus (c.p.) zu einer Verbesserung des Ergebnisses führt.

[9]   Im Folgenden wird bei eigenen Graphiken und Tabellen auf die Quellenangabe verzichtet.

dass die öffentliche Hand regelmäßig anderen rechtlichen Restriktionen (kompliziertes und ineffizientes Vergaberecht, Mitspracherechte einer Vielzahl von Gremien und Personen etc.) unterliegt als private Wirtschaftssubjekte.

Wenngleich nahezu trivial, ist nochmals zu betonen, dass Aussagen über Wirtschaftlichkeit nur möglich sind, wenn Input <u>und</u> Output bekannt sind. Es reicht nicht aus, allein Input oder Output zu betrachten. So kann ein extrem teures Projekt durchaus wirtschaftlich sein, wenn es entsprechend hohen Output erzeugt. Umgekehrt kann ein sehr preisgünstiges Projekt unwirtschaftlich sein, wenn es lediglich geringen Output liefert. Mit anderen Worten: Es reicht weder aus, nur den Preis/die Kosten eines Projektes zu kennen noch ihn/sie nicht zu kennen.

**Exkurs: Das sog. Optimalprinzip und seine Nichteignung als Auswahl-
kriterium für alternative Projekte/Maßnahmen**

In manchen Quellen findet sich neben dem Wirtschaftlichkeits- und Sparsamkeitsprinzip auch das sog. „**Optimalprinzip**". Dies meint die Optimierung des Quotienten aus In- und Output. Das Optimalprinzip sei dann als Entscheidungskriterium gefragt, wenn es um den Vergleich bzw. die Auswahl verschiedener (Projekt-)Alternativen geht. Wenn sich nämlich verschiedene Projekte hinsichtlich Input und Output unterscheiden, böten weder das Minimal- noch das Maximalprinzip eine Entscheidungshilfe (vgl. z. B. Schmidt 2006, S. 47).

Das Problem der Optimierung des Input-Output-Quotienten besteht in der regelmäßig unrealistischen Abstraktion von Nebenbedingungen. In der Realität ist die Nebenbedingung begrenzter Mittel/Ressourcen zu beachten, die das Optimalprinzip in der ebengenannten Definition als Entscheidungskriterium untauglich macht.

Nehmen wir zur Illustration an, dass eine Projektalternative A einen Nutzen in Höhe von 100 (Geld-)Einheiten und Kosten in Höhe von 40 (Geld-)Einheiten (GE) verursache, während Alternative B 115 GE Nutzen bei 45 GE Kosten bewirke. Der Nutzen-Kosten-Quotient von A beträgt in diesem Fall 2,5. Das entsprechende Verhältnis von Alternative B beläuft sich auf $2,\overline{5}$. Die Differenz zwischen Nutzen und Kosten bzw. der Nettonutzen beträgt bei A 60 GE und bei B 70 GE. Damit weist B sowohl den besseren Nutzen-Kosten-Quotienten als auch den höheren Nettonutzen auf. Ohne bindende Budgetrestriktion wäre in der Tat B vorzuziehen. Stehen jedoch genügend Mittel für A, aber nicht für die Realisierung von B zur Verfügung, ist dagegen A zu verwirklichen.

Ein zweites Beispiel: Ein Projekt C verursacht Kosten in Höhe von 2 GE, während sich sein Nutzen auf 10 GE beläuft. Der Nutzen-Kosten-Quotient betragen damit 5 und der Nettonutzen 8 GE. Die Alternative D koste 3 GE und erbringe 12 GE Nutzen. Der Nutzen-Kosten-Koeffizient beträgt folglich 4, der Nettonutzen 9 GE. C hat also das bessere Nutzen-Kosten-Verhältnis, D aber den höheren absoluten Nutzenüberschuss. Ohne eine bindende finanzielle Restriktion wäre D vorzuziehen, obwohl es eine schlechtere Nutzen-Kosten-Relation aufweist, d. h. die Orientierung am „Optimalprinzip" führt hier zu einem suboptimalen Ergebnis.

Diese Beispiele veranschaulichen, dass bei begrenzten Mitteln zur Projektauswahl das **Kriterium des höchsten Nettonutzens** zu verwenden ist. Das Optimalprinzip garantiert nicht den höchsten Nettonutzen und kann deshalb zu suboptimalen Entscheidungen führen.

2.1.2   Wirtschaftlichkeit versus Qualität

Quantitative Ziele/Outputs wie „1000 km Straße bauen" oder auch „100.000 Studienplätze schaffen" geben den Anreiz zur Qualitätsverschlechterung, da quantitative (d. h. rein mengenmäßig, aber nicht wertmäßig erfasste) Ziele gewöhnlicherweise leichter und mit geringerem Ressourcenverbrauch erreichbar sind, wenn man die Qualität verringert. Daher muss bei der Beurteilung der Wirtschaftlichkeit entweder die gewünschte Qualität vorgegeben oder zwischen Quantität und Qualität abgewogen werden. Im Gegensatz zum Vergaberecht, welches die Abwägung verschiedener Kriterien einschließlich Preis und Qualität explizit vorsieht,[10] finden sich im Haushaltsrecht keine allgemeinen Bestimmungen zum Verhältnis zwischen Wirtschaftlichkeit und Qualität.

Lediglich speziell in Hinblick auf Privatisierung und öffentliche Unternehmen existieren entsprechende Vorschriften. So verpflichtet das Haushaltsrecht ausdrücklich zur Prüfung, ob öffentliche Aufgaben bzw. wirtschaftliche Tätigkeiten nicht „ebenso gut" oder „besser" durch andere bzw. Private wahrgenommen werden können. So heißt es in § 7 Abs. 2 Satz 3 BHO und gleichlautend oder ähnlich in einigen Landeshaushaltsordnungen: *„In geeigneten Fällen ist privaten Anbietern die Möglichkeit zu geben darzulegen, ob und inwieweit sie staatliche Aufgaben oder öffentlichen Zwecken dienende wirtschaftliche Tätigkeiten* <u>*nicht ebenso gut oder besser erbringen*</u> [Hervorhebung durch den Verf.] *können ... ."* Da

---

[10] Vgl. z. B. § 16 Abs. 8 der Verdingungsordnung für Leistungen Teil A (VOL/A) 2009 oder § 16 Abs. 6 der Verdingungsordnung für Bauleistungen Teil A (VOB/A) 2012.

diese Regel in Zusammenhang mit dem Wirtschaftlichkeitsgrundsatz zu sehen ist, folgt logisch zwingend, dass eine Privatisierung nur dann gerechtfertigt sein kann, wenn sie zugleich nicht unwirtschaftlicher ist als eine öffentliche Aufgabenwahrnehmung.

Darüber hinaus finden sich im Haushaltsrecht von Bund und Ländern Bestimmungen zu Beteiligungen an **privatrechtlich Unternehmen**. Danach sind diese nur dann zulässig, wenn sich der vom Bund/vom Land angestrebte Zweck *„nicht besser und wirtschaftlicher* [Hervorhebung durch den Verf.] *auf andere Weise erreichen lässt"* (vgl. § 65 Abs. 1 BHO und die gleichlautenden Vorschriften der Länder). Auf kommunaler Ebene gilt im Rahmen der sog. gemeinderechtlichen **Schrankentrias**[11] eine analoge Beschränkung für **wirtschaftliche Unternehmen**.[12] Danach darf sich eine Gemeinde zur Erfüllung ihrer Aufgaben wirtschaftlich nur dann betätigen, wenn der öffentliche Zweck je nach Bundesland *„durch andere Unternehmen nicht besser und wirtschaftlicher*[13] oder *nicht ebenso gut und wirtschaftlicher*[14] [Hervorhebung durch den Verf.] *erfüllt werden kann"*.

---

[11] Nach der kommunalrechtlichen Schrankentrias ist die wirtschaftliche Betätigung der Gemeinden bzw. die Errichtung/Fortführung eines wirtschaftlichen Unternehmens an folgende drei Bedingungen geknüpft: Erstens muss ein öffentlicher Zweck vorliegen. Zweitens muss das Unternehmen in angemessenem Umfang zur Leistungsfähigkeit der Gemeinde stehen und drittens darf der Zweck nicht besser (bzw. genauso gut) durch einen anderen erfüllt werden können.

[12] Unter den Begriff des „wirtschaftlichen Unternehmens" werden üblicherweise Einrichtungen und Anlagen gefasst, die auch von einem Privatunternehmen mit der Absicht der Gewinnerzielung betrieben werden können (vgl. z. B. Fabry/Augsten 2011, S. 84). Ökonomisch setzt dies ohne staatlichen Eingriff voraus, dass das Unternehmen **marktliche Güter**, die durch die Ausschließbarkeit von Nichtzahlern gekennzeichnet sind, anbietet, bei denen die Erlöse ausreichen, um Gewinne zu erzielen. Sofern die öffentliche Hand die Subventionierung nicht ausreichend nachgefragter privater Güter oder die Finanzierung nichtmarktlicher Güter übernimmt, kann sie mit der Produktion/Bereitstellung dieser Güter auch gewinnorientierte Private beauftragen. Deshalb muss sich die in der juristischen Literatur zu findende Abgrenzung zwischen wirtschaftlichen und nichtwirtschaftlichen Unternehmen auf den Fall ohne staatliche Intervention beziehen. Bei entsprechender staatlicher Intervention können grundsätzlich alle Güter privat mit Gewinnerzielungsabsicht hergestellt und abgesetzt werden.

[13] So z. B. in § 107 Abs. 2 GO NRW.

[14] So z. B. in § 102 Abs. 2 Nr. 3 Baden-Württemberg (außerhalb der Daseinsvorsorge).

Der Grundsatz, dass sich die öffentliche Hand nicht betätigen sollte, wenn der verfolgte öffentliche Zweck durch private Unternehmen *„ebenso gut und wirtschaftlich"* oder *„besser und wirtschaftlicher"* erfüllt werden kann, entspricht der sog. **Subsidiaritätsklausel** – auch **„Funktionssperre"** genannt.[15] Danach wird der jeweils niederen Ebene ein Vorrang vor der höheren Ebene eingeräumt. Hier genießt im übertragenen Sinne die private Ebene Vorrang vor der öffentlichen Hand. Die Anforderung, dass ein Privater *„ebenso gut und wirtschaftlich"* sein muss, ist für einen Privaten leichter zu erfüllen als die Anforderung, dass er *„besser und wirtschaftlicher"* sein muss. Daher spricht man im ersten Fall von einer „echten" oder (aus Sicht der öffentlichen Hand) „verschärften" Subsidiaritätsklausel, während die zweite Variante als „unechte" oder „einfache" Subsidiaritätsklausel bezeichnet wird.

Anders herum kann man diese Bestimmungen aber auch als **Schutz vor „leichtfertigen" Privatisierungen** interpretieren. Sie sollten nämlich verhindern, dass private Lösungen – ungeachtet anderer Nachteile – allein deshalb vorgezogen werden, weil sie kostengünstiger sind.

In diesem Kontext stellt sich die Frage, wie die Formulierungen „genauso gut" bzw. „besser" auszulegen sind. Naheliegend ist eine Interpretation im Sinne von Qualität, d. h. „qualitativ genauso gut" bzw. „qualitativ besser". Im juristischen Schrifttum wird dies auch genauso gesehen. Dort ist von „Qualität" oder „Güte" die Rede. Darunter sei vor allem Nachhaltigkeit im Sinne von **Dauerhaftigkeit** und **Zuverlässigkeit** zu verstehen. Grundsätzlich kann der Qualitätsbegriff aber auch andere Dimensionen beinhalten[16] – Sicherheit, Komfort, Schnelligkeit, Zugangsbarrieren, soziale Ausgewogenheit etc.

Das Haushaltsrecht sieht also Wirtschaftlichkeit und Qualität als verschiedene, jeweils **ordinal skalierte** Kriterien.[17] Die hier gewählten ordinalen Skalen ha-

---

[15]   Vgl. z. B. Hoppe/Uechtritz (2007), S. 88 ff., Fabry/Augsten (2011), S. 100 ff.

[16]   Zum Qualitätsbegriff aus Sicht des Dienstleistungsmanagements, welche für öffentliche Verwaltungen als Dienstleistungsbetriebe adäquat ist, vgl. z. B. Haller (1998) und Bruhn (2013).

[17]   **Kardinale Metriken/Skalen** erlauben die Bildung von Rangordnungen im Sinne von „kleiner oder größer" bzw. „besser oder schlechter" und darüber hinaus Aussagen über den Abstand von Werten/Merkmalsausprägungen, also darüber um „wie viel etwas größer, kleiner, besser oder schlechter als etwas anderes ist". Liegen beispielsweise drei Werte oder Merkmalsausprägungen x, y und z vor, kann nicht nur eine Rangordnung gebildet werden – z. B. x > y > z oder x < y < z, sondern es kann auch z. B. festgestellt werden, ob (x – y) > oder < (y – z). Eine kardinale Skala ist deshalb genauer als eine **ordinale Ska-**

ben die drei Merkmalsausprägungen „besser", „genauso gut" und „schlechter" bzw. „weniger wirtschaftlich", „genauso wirtschaftlich" und „wirtschaftlicher". Tab. 2.1 zeigt die sich daraus ergebenden neun möglichen Merkmalskombinationen einer privaten Alternative, wobei „besser", „genauso gut" und „schlechter" etc. kontextgemäß in „höher", „gleich" und „geringer" übersetzt sind. Eine private Lösung kann besser und wirtschaftlicher sein (Feld 1), sie kann genauso gut und wirtschaftlicher sein (Feld 2), sie kann weniger gut, aber wirtschaftlicher sein (Feld 3) usw. Bei der echten bzw. verschärften Subsidiaritätsklausel reichen gleiche Wirtschaftlichkeit und Qualität eines Privaten (Feld 5) aus, um den Kommunen die wirtschaftliche Betätigung zu versagen. Da die Merkmalskombination in Feld (5) eine Mindestbedingung darstellt, greift das kommunale Betätigungsverbot auch bei den Merkmalskombinationen, die durch die Felder (1), (2), (4) angezeigt werden. Dagegen erfordert die einfache Subsidiaritätsklausel sowohl eine höhere Wirtschaftlichkeit als auch eine höhere Qualität der privaten Alternative (Feld 1). Alle anderen Merkmalskombinationen schließen eine Privatisierung aus.

Die hier vorliegende „juristisch-ordinale" Skala ordnet die Fälle bzw. Felder (3) und (7) gegenüber einer öffentlichen Lösung als inferior ein, weil sie nicht in der Lage ist, zwischen Wirtschaftlichkeit und Qualität abzuwägen. Deshalb steht in beiden Feldern ein Fragezeichen. Dazu wäre nur eine gemeinsame kardinale Metrik in der Lage, die aber rechtlich offenkundig nicht zulässig ist. In allen anderen Fällen kann auch die ordinale Metrik zwischen insgesamt besser (+) und insgesamt schlechter (−) unterscheiden.

Die Unschärfe der juristisch-ordinalen Metrik kann leicht zu wirtschaftlich ineffizienten Lösungen führen, wenn man Qualität unter den Wirtschaftlichkeitsbegriff subsumiert und damit den Wirtschaftlichkeitsbegriff weiter fasst („Wirtschaftlichkeit i. w. S.") als im einschlägigen Recht.

---

la, weil letztere nur „Größer-Kleiner-Aussagen" („Besser-Schlechter-Aussagen") ohne Benennung der exakten Wertabstände ermöglicht. **Nominale Skalen** lassen dagegen nur einfache Unterscheidungen zu – z. B. Farbe: schwarz, braun oder weiß, Geschlecht: Frau oder Mann, Tierart: Hund oder Katze.

Tab. 2.1:   Mögliche Kombinationen der Merkmalsausprägungen der ordinalen
             Wirtschaftlichkeits- und Qualitätsskala

		Wirtschaftlichkeit		
		höher	gleich	geringer
Qualität	höher	(1) +	(4) +	(7) ?
	gleich	(2) +	(5) o	(8) –
	geringer	(3) ?	(6) –	(9) –

Betrachten wir zur Verdeutlichung zwei Beispiele aus den Bereichen des
(schienengebundenen) öffentlichen Personennahverkehrs (ÖPNV) und der
Energieversorgung. Im ersten Beispiel nehmen wir an, dass eine bestimmte
Menge (x) an Streckenkilometern bei der Wahl eines öffentlichen Unternehmens 1,5 Mio. € und in einer privaten Variante 1,2 Mio. €. kosten würde. Dann
wären die Kosten pro Streckenkilometer K/x in der privaten Variante geringer,
so dass sie auf den ersten Blick als wirtschaftlicher (i. e. S.) erscheint. Allerdings würden in der privaten Variante „nur" 98% aller Fahrten pünktlich sein,
während bei der öffentlichen Variante eine 99%ige Pünktlichkeit erreicht
würde. Es ist nun zu fragen, ob eine 1% höhere Pünktlichkeit 0,3 Mio. € bzw.
25% höhere Kosten wert ist. Ein zweites Beispiel: Angenommen, der Betrieb
eines Energieversorgungsnetzes durch ein öffentliches Unternehmen würde
11 Mio. € (pro Jahr) kosten und der Betrieb des gleichen Netzes durch eine
Privatfirma „nur" 10,5 Mio. €. Das öffentlich betriebene Netz weise eine zu
erwartende Ausfalldauer des Netzes von 60 Minuten pro Jahr auf, während
das Netz in privater Hand 1200 Minuten pro Jahr nicht funktioniert. Hier stellt
sich die Frage, ob es gerechtfertigt ist, einen 1140 Minuten längeren Netzausfall in Kauf zu nehmen, um 0,5 Mio. € zu sparen.

Die Subsidiaritätsklausel – gleichgültig in welcher Variante – würde in beiden
Fällen einen privaten Betrieb versagen. Aus ökonomischer Perspektive wären
dagegen die Wirtschaftlichkeit i. e. S. (Kosten pro Streckenkilometer bzw. Kosten des Netzbetriebs) gegen die Qualität (Pünktlichkeit bzw. Netzausfalldau-
er) abzuwägen. Diese Abwägung erfordert eine einheitliche kardinale Skala.
Dies ist prinzipiell zu erreichen, indem nicht nur die Betriebskosten, sondern
auch die Nutzen von 99% bzw. 98% Pünktlichkeit oder 60 bzw. 1200 Minuten
Netzausfall monetarisiert (d. h. in Geldeinheiten bewertet) werden. Dabei
könnte herauskommen, dass im ersten Fall die private Variante und im zwei-

ten Beispiel die öffentliche Variante zu bevorzugen ist. Die „ökonomisch-kardinale" Skala ist also differenzierter/genauer als die „juristisch-ordinale" Skala.

Der „Streitpunkt" zwischen beiden Disziplinen dürfte bei der Monetarisierung liegen. Vermutlich werden Juristen eher der Ansicht sein, dass diese nicht möglich ist, während Ökonomen deutlich mehrheitlich darin kein signifikantes Problem sehen dürften – allein schon deshalb, weil Qualitäts- oder Risikounterschiede regelmäßig auf real existierenden Märkten „eingepreist" werden: Schlechtere Qualität wird grundsätzlich günstiger verkauft als hohe Qualität, und risikoarme Geschäfte sind grundsätzlich wertvoller als risikoreiche Geschäfte.

Sofern man sich für eine geeignete kardinale Skala (z. B. Geldeinheiten) entscheidet, sind Wirtschaftlichkeit und Qualität also nicht separat zu betrachten, sondern Qualität ist Bestandteil des Wirtschaftlichkeitskriteriums. Vor diesem Hintergrund wäre dem Gesetzgeber zu empfehlen, nicht zwischen Wirtschaftlichkeit und Qualität zu unterscheiden, sondern allein das Wirtschaftlichkeitskriterium zu nennen. Dabei könnte durch Verwaltungshinweise o. ä. deutlich gemacht werden, dass Qualität ein Aspekt von Wirtschaftlichkeit ist und analog zum Vergaberecht Preise/Kosten und Qualität gegeneinander abzuwägen sind.

Auch die Prüfung, ob öffentliche Aufgaben durch private Unternehmen wahrgenommen werden sollten oder nicht, ergibt sich schon allein aus dem Wirtschaftlichkeitskriterium. Explizite Bestimmungen zur Prüfung der privaten Aufgabenwahrnehmung sind also im Grunde überflüssig. Ihre Existenz könnte darauf hindeuten, dass der Gesetzgeber davon ausgeht, dass (auch) diese ökonomische Selbstverständlichkeit nicht allen Akteuren geläufig ist bzw. von diesen nicht freiwillig verfolgt wird. Positiv gewendet möchte der Gesetzgeber den Akteuren vielleicht eine gewisse Rechtssicherheit dahingehend geben, dass derartige Überlegungen und Entscheidungen tatsächlich erlaubt sind.

2.1.3 Wirtschaftlichkeit versus Wirksamkeit

Neben der Beziehung zwischen den Begriffen „Wirtschaftlichkeit" und „Qualität" ist auch das Verhältnis der Termini „Wirtschaftlichkeit" (synonym „Effizienz") und „Wirksamkeit" (synonym „Effektivität") zu klären. Der Wirksamkeitsbegriff findet sich teilweise im Haushaltsrecht und teilweise in Durchführungshinweisen/Handreichungen zum Haushalts- und Kommunalrecht. Bei-spielsweise heißt es in § 7 Abs. 4 LHO Hamburg: *„Vor der Durchführung von Maßnahmen mit finanzieller Bedeutung ist grundsätzlich deren Zielsetzung zu be-stimmen. Während und nach ihrer Durchführung sind diese Maßnahmen auf Zieler-reichung,* **Wirksamkeit** *und* **Wirtschaftlichkeit** [Hervorhebungen durch den Verfasser] *zu überprüfen (Erfolgskontrolle)."*

Laut § 75 Abs. 1 Satz 2 der GO von Nordrhein-Westfalen ist die Haushalts-wirtschaft nicht nur wirtschaftlich und sparsam, sondern auch effizient zu führen. Die Unterscheidung zwischen Wirtschaftlichkeit und Effizienz ist irri-tierend und erfordert eine (Er-)Klärung. In den Handreichungen des nord-rheinwestfälischen Innenministerium zur Gemeindeordnung (IM NRW, 2006, S. 61) heißt es hierzu *„Der Haushaltsgrundsatz der Effizienz soll das Erfordernis einer* **Leistungs*wirksamkeit*** [Hervorhebung durch den Verfasser] *in die ge-meindliche Haushaltswirtschaft einführen."* Es sieht also so aus, als ob in den Handreichungen „Effizienz" mit „Wirksamkeit" verwechselt wird.

Zur Aufklärung dieser Begriffsverwirrung wollen wir unter Wirksamkeit/Ef-fektivität abstrakt den Zusammenhang zwischen Maßnahme und Ziel verste-hen. Wenn wir beispielsweise als Ziel im Gesundheitswesen den (wie auch immer gemessenen) Heilungserfolg und verschiedene Therapien als Maß-nahme betrachten, bedeutet Wirksamkeit den Einfluss/die Wirkung der The-rapien auf den Heilungserfolg. Verfolgen wir als Ziel die Erhöhung der Ver-kehrssicherheit und erwägen als Maßnahmen vermehrte Verkehrskontrollen und Geschwindigkeitsbeschränkungen, meint Wirksamkeit den Einfluss/die Wirkung von Verkehrskontrollen und Geschwindigkeitsbeschränkungen auf die Verkehrssicherheit usw.

Als Wirtschaftlichkeit hatten wir oben die Relation zwischen Input und Out-put definiert. Input meint regelmäßig den Verbrauch an finanziellen Ressour-cen bzw. Produktionsfaktoren. Output bezieht sich regelmäßig auf die Maß-nahmenebene. Im ersten Beispiel misst Output also die Zahl der Therapien/Be-handlungen und im zweiten Beispiel die Menge der Verkehrskontrollen und umgesetzten Geschwindigkeitsbeschränkungen. Wir können aber den Input auch in Beziehung zur Zielerreichung setzen. Nennen wir die gemessene Ziel-erreichung „Outcome",[18] ergibt sich neben dem Wirtschaftlichkeitsmaß „In-

---

[18]   In der Literatur findet sich auch der Begriff **„Impact"**. Dieser Begriff wird ins Deutsche zumeist als „Wirkung" oder „Folge" übersetzt. Demzufolge wäre **„Impact Assessment"**

put-Output" ein zweites Wirtschaftlichkeitsmaß „Input-Outcome". In den beiden eben genannten Beispielen wären dies also Input pro Heilung bzw. Input pro Einheit Verkehrssicherheit. Die Wirksamkeit stellt dagegen die Relation zwischen Output und Outcome dar und bildet damit das Bindeglied zwischen dem „Input-Output"-Verhältnis und der „Input-Outcome"-Beziehung dar.

Der Zusammenhang zwischen Input (Faktoreinsatz, Ressourcenverbrauch), Output (Produkten, Leistungen, Maßnahmen) und Outcome (Wirkungen, Zielerreichungen) sowie der Unterschied zwischen Effizienz und Effektivität sei mittels Abb. 2.2 verdeutlicht: Um Outputs zu produzieren, müssen Ressourcen (Inputs) eingesetzt werden, da es in der realen Welt unmöglich ist, mit nichts etwas zu produzieren. Die produzierten Güter oder Leistungen dienen im Regelfall ihrerseits der Erzielung von Wirkungen bzw. Ergebnissen. Die Beziehung zwischen Output und Outcome wird mit dem Begriff Effektivität bzw. Wirksamkeit beschrieben. Auf die Relation zwischen Input und Output zielt üblicherweise der Effizienz- bzw. Wirtschaftlichkeitsbegriff. Sofern man Outputs nicht als Selbstzweck ansieht, ist der herkömmliche Effizienz- oder Wirtschaftlichkeitsbegriff (hier als „Effizienz auf der Output-Ebene" bzw. „Output-Effizienz" bezeichnet) jedoch wenig aussagekräftig. Viel interessanter

---

am ehesten als Folgenabschätzung zu interpretieren. Es gibt aber auch noch andere Übersetzungen wie **„Einwirkung"**, die im sog. (New) Public Management anzutreffen ist.

Auf jeden Fall stellt sich die Frage, worin der Unterschied zwischen Outcome und Impact liegt. Im Public Management zielt der Begriff „Einwirkung" auf die subjektive Ebene. Demnach wäre Einwirkung (= Impact) als subjektive Wahrnehmung des objektiv messbaren Outcomes zu interpretieren. Wenn wir auf das Beispiel Verkehrssicherheit zurückkommen, wäre Verkehrssicherheit (z. B. gemessen als Zahl und Ausmaß von Unfällen pro zurückgelegter Fahrt oder Fahrstrecke) als „Outcome" zu interpretieren und die subjektive Wahrnehmung/Zufriedenheit (mit) der Verkehrssicherheit (gemessen durch Zufriedenheitsbefragungen o. ä.) als „Impact" anzusehen.

Da die Wirtschaftswissenschaft (Ökonomik) unter anderem dem Paradigma des normativen Individualismus („Konsumentensouveränität") folgt, ist (selbstverständlich) jedes Projekt anhand seiner (subjektiven) Nutzenwirkungen zu beurteilen. Die konsequenteste Vorgehensweise findet sich bei der Kosten-Nutzen-Analyse (KNA). Diese Methode misst Nutzen in Form subjektiver Zahlungsbereitschaften für die positiven und zur Vermeidung negativer Projektwirkungen. So gesehen ist die KNA eine Kosten-Impact-Analyse.

Wir wollen im Folgenden nicht weiter zwischen Outcome und Impact unterscheiden und einheitlich von Wirkungen/Outcomes sprechen, da Impacts entweder nichts anderes als eine spezielle Form der Erfassung/Bewertung der Wirkungen oder eine Dimension einer mehrdimensionalen Wirkungsmessung darstellen.

ist letztlich die Beziehung zwischen Ressourceneinsatz und dem Ergebnis bzw. dem Outcome. Für diesen Zusammenhang wollen wir den Begriff „Effizienz auf der Outcome-Ebene" bzw. „Outcome-Effizienz" verwenden.

Abb. 2.2:   Input, Output, Outcome sowie Effizienz und Effektivität

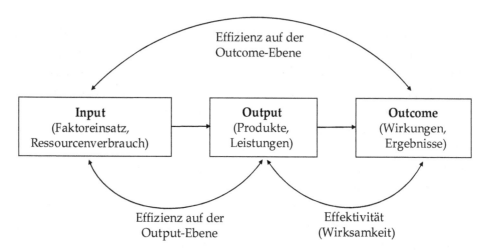

Die Operationalisierung/Messung/Quantifizierung des Outcomes ist regelmäßig mit größeren Schwierigkeiten verbunden als die Erfassung des Outputs. So ist die Messung von Verkehrssicherheit/Mobilität oder Gesundheit wesentlich aufwändiger als die von Straßenbaukilometern oder die der Zahl der medizinischen Behandlungen. Durch die Verwendung relativ einfacher Outputindikatoren lässt sich die Formulierung von Ziel- bzw. Outcome-Größen jedoch letztlich nicht ersetzen. Zwar können Output-Indikatoren als Vorgaben für die administrative Ebene durchaus sinnvoll und notwendig sein. Wenn man jedoch Ziele (Outcome) mit Hilfe von Maßnahmen- bzw. Output-Indikatoren erreichen möchte, kommt man nicht umhin, erstens die Ziele präzise zu umreißen und zweitens die Kausalität zwischen Maßnahme (Output) und Ziel/Wirkung (Outcome) zu klären. Im genannten Beispiel müsste untersucht werden, wie viel Verkehrssicherheit 1000 zusätzliche Verkehrskontrollen oder wie viel Gesundheit 100.000 zusätzliche Therapien bringen.

Die Verfolgung von (substanziellen) Zielen setzt gewöhnlicherweise in einem ersten Schritt die Suche nach zur Zielerreichung geeigneten, d. h. wirksamen (effektiven) Maßnahmen/Alternativen voraus. Beispiel: Lässt sich der Bildungsstand bzw. das Humankapital der Bevölkerung (bzw. bestimmter Bevölkerungsschichten) am ehesten durch eine verstärkte und verpflichtende Kinderbetreuung und Sprachunterricht im Vorschulalter, durch kleinere Schulklassen, durch Gesamtschulen, einen leichteren Zugang zu und durch mehr Absolventen von Hochschulen, eine bessere Ausstattung der Berufsschulen oder durch eine Kombination verschiedener Maßnahmen erreichen? Davor wäre übrigens zu überlegen, welche Art von Wissen und Fähigkeiten überhaupt benötigt werden. Brauchen wir mehr oder weniger Juristen, Sozialwissenschaftler, Ärzte, Techniker, Informatiker, Naturwissenschaftler usw.?

Dabei garantiert die **Wirksamkeit** von Maßnahmen allein jedoch nicht deren Wirtschaftlichkeit bzw. Effizienz. Beispielsweise könnte ein Medikament A 80% aller behandelten Personen heilen. Ein anderes Medikament B mit der gleichen Indikation könnte vielleicht nur 60% aller Behandelten heilen.[19] A wäre damit wirksamer (effektiver) als B. Es könnte aber sein, dass eine Dosis von A um ein Vielfaches teurer ist als eine Dosis von B und damit die Heilung durch A wesentlich teurer als durch B. Die Heilung pro Fall wäre damit bei B wirtschaftlicher als bei A.[20] Es könnte auch sein, dass A so teuer ist, dass aufgrund finanzieller Beschränkungen nur ein Teil (vielleicht 50%) der Erkrankten behandelt werden könnte, während mit B alle (100%) Erkrankten therapiert werden könnten. Für die Heilungschance (p_A bzw. p_B) einer erkrankten Person gilt dann bei A: $p_A = 0,5 \cdot 0,8 = 0,4$. Im Fall von B würde gelten: $p_B = 1,0 \cdot 0,6 = 0,6$. Bezüglich der Heilungschance wäre also B vorzuziehen. Maßnahme B wäre dann unter diesem Gesichtspunkt wirtschaftlicher als A (Quotient aus Outcome und Input), obwohl ineffektiver (Quotient aus Outcome und

---

[19] Die Zahl der behandelten Personen wäre Output. Die Zahl der geheilten Personen könnte als Outcome interpretiert werden.

[20] Bezeichnen wir mit K_A bzw. K_B die Gesamtkosten der Behandlung einer in beiden Fällen gleichen Personenzahl mit A bzw. B. x_A bzw. x_B sei die Zahl der durch A bzw. B geheilten Personen. Die Kosten pro geheilter Person belaufen sich auf

$$\frac{K_A}{x_A} \text{ bzw. } \frac{K_B}{x_B}.$$

Dann gilt

$$\frac{K_A}{x_A} > \frac{K_B}{x_B} \text{, falls } \frac{K_A}{K_B} > \frac{x_A}{x_B}$$

und umgekehrt. In Worten: Ob A (in)effizienter als B ist, hängt davon ab, ob die relativen Mehrkosten von A durch einen relativ stärkeren Heilungserfolg (eine größere Effektivität) überkompensiert werden oder nicht.

Output).[21] Die reine Effektivitäts- bzw. Wirksamkeitsbetrachtung ohne Berücksichtigung der Input- bzw. Kostenseite kann also leicht zu ineffizienten respektive suboptimalen Entscheidungen führen. Daher ist immer auch die Inputseite zu betrachten.

2.2   Leistungs- bzw. Wirtschaftlichkeitsvergleiche

Wirtschaftlichkeitsuntersuchungen zielen auf einzelne oder mehrere alternative Maßnahmen/Projekte. Eine typische Frage in diesem Kontext wäre, ob der Bau einer bestimmten Eisenbahnstrecke wirtschaftlich ist bzw. welche Streckenführung/Variante am wirtschaftlichsten ist. Auch könnte die Aufgabe darin bestehen, zu prüfen, ob der Ausbau einer Eisenbahnstrecke wirtschaftlicher ist als der alternative Ausbau von Straßen oder Schifffahrtswegen.

Eine andere Frage ist, ob einzelne Verwaltungseinheiten oder ganze Gebietskörperschaften wirtschaftlich operieren. Da es in diesem Kontext kaum absolute Maßstäbe für Wirtschaftlichkeit gibt, lässt sich die Wirtschaftlichkeit von Organisation(seinheit)en nur durch Vergleiche mit anderen Organisation(seinheit)en feststellen. Die Wirtschaftlichkeit einer Beobachtungseinheit ist in diesem Kontext also „relativ" – sie ergibt sich einem Vergleich mit anderen Vergleichsobjekten.

Dazu werden regelmäßig (wirtschaftliche) Kennziffern möglichst gleichartiger organisatorischer Einheiten gebildet und miteinander verglichen. Bei Zulassungsbehörden und Finanzämtern könnte man beispielsweise an die Kosten pro (Steuer-)Bescheid, bei einem Gericht an die Kosten pro Erledigung (Ur-

---

[21] Bezeichnen wir mit dem Quotienten $\frac{\text{Output}}{\text{Input}}$ die Wirtschaftlichkeit von Maßnahmen („Output-Effizienz") und mit dem Quotienten $\frac{\text{Outcome}}{\text{Output}}$ die Effektivität, dann gilt für die Wirtschaftlichkeit der Zielerreichung („Outcome-Effizienz"):

$$\frac{\text{Outcome}}{\text{Input}} = \frac{\text{Output}}{\text{Input}} \cdot \frac{\text{Outcome}}{\text{Output}}.$$

Die Wirtschaftlichkeit (Effizienz) der Zielerreichung hängt also von der Wirtschaftlichkeit (Effizienz) und der Wirksamkeit (Effektivität) der Maßnahmen ab. Vollkommen unwirksame Maßnahmen (d. h. $\frac{\text{Outcome}}{\text{Output}} = 0$) implizieren dann auch absolute Outcome-Ineffizienz ($\frac{\text{Outcome}}{\text{Intput}} = 0$).

teil/Vergleich) bzw. Erledigungen pro Richter denken – etc. Schwieriger ist ein Vergleich ganzer Gebietskörperschaften mit einer Vielzahl organisatorischer Untereinheiten, die ein umfangreiches Bündel verschiedener Aufgaben/Produkte/Leistungen zu erbringen haben. Hier müssten – bei Verzicht auf weiterentwickelte Methoden[22] – ganze Batterien von Kennzahlen einander gegenübergestellt werden.

Sofern die besten Werte bzw. Organisationseinheiten als Maßstab für alle übrigen Vergleichsobjekte herangezogen bzw. als „wirtschaftlich" definiert werden, wäre von **„Benchmarking"** zu sprechen. Orientiert man sich dagegen „nur" an (leichter zu erreichenden) Durchschnittswerten, handelt es sich nicht um Benchmarking i. e. S.

Zu Wirtschaftlichkeitsvergleichen bzw. Benchmarking im öffentlichen Sektor existieren keine unmittelbar-expliziten Rechtsvorschriften. Demzufolge sind derartige Vergleiche auch nicht gesetzlich vorgeschrieben. Gleichwohl sind sie in bestimmten Bereichen des öffentlichen Sektors – z. B. auf kommunaler Ebene – auch ohne rechtliche Verankerung längst gängige Praxis.[23] Zudem gibt es seit relativ kurzer Zeit einen im vorliegenden Kontext wenigstens indirekt bedeutsamen Passus im Grundgesetz (GG). In dem zum 01.08.2009 in Kraft getretenen Art. 91d GG heißt es: *„Bund und Länder können zur Feststellung und Förderung der Leistungsfähigkeit ihrer Verwaltungen Vergleichsstudien durchführen und die Ergebnisse veröffentlichen."*

Ein gängiger Kommentar zum Grundgesetz spezifiziert hierzu, dass mit Vergleichsstudien zur Feststellung und Förderung der Leistungsfähigkeit der Verwaltungen **Leistungsvergleiche** gemeint seien, die *„auf der Grundlage von Kennzahlen und Stichproben* **Leistung**, **Qualität** *und* **Kosten** [Hervorhebungen durch den Verfasser] *der Verwaltung vergleichend untersuchen und aus den Ergebnissen Leistungsbewertungen ziehen (‚Feststellung der Leistungsfähigkeit'), um eine Verbesserung der Verwaltung oder des konkreten Verwaltungsprozesses zu erzielen (‚Förderung der Leistungsfähigkeit')."*[24] Nach einem anderen Grundgesetz-Kommentar *„soll letztlich also die Leistungsfähigkeit der Verwaltung insgesamt ver-*

---

[22] Vgl. hierzu Kapitel 3.4.

[23] Beispielsweise hat die Kommunale Gemeinschaftsstelle für Verwaltungsmanagement (KGSt) seit langem Kennzahlensysteme entwickelt und stellt diese für kommunale Vergleichsringe zur Verfügung (vgl. KGSt o. J., URL: http://www.kgst.de/dienstleistungen/benchmarking/).

[24] Maunz/Dürig (2014).

bessert werden, indem zunächst **Leistungen, Qualität** *und* **Kosten** *der verschiedenen Verwaltungen transparent gemacht werden, um Möglichkeiten zur* **Effektivitäts- und Effizienzsteigerung** [Hervorhebungen durch den Verfasser] *offenzulegen."*[25]

Es werden sogar explizit folgende Kennzahlen genannt: Fallzahlen, die versorgte Bevölkerungszahl und das versorgte Gebiet, die in qualitativer Hinsicht erzielten Sachergebnisse, die Bürgerzufriedenheit, die Kosten, die Höhe der Zweckausgaben (Subventionen, Transferzahlungen) im Verhältnis zur Bevölkerungszahl, die sachliche Richtigkeit.[26]

Absolute Zahlen, wie zum Teil in der Kommentierung aufgeführt, sind jedoch ohne Aussagekraft. Wenn z. B. eine Gebietskörperschaft 1.000 Verwaltungsakte eines bestimmten Typs erbringt und eine andere 1 Mio. Verwaltungsakte desselben Typs, ist diese Feststellung ohne weiteres gehaltlos. Was folgt daraus, außer die eine Verwaltung erbringt (relativ) viel (das Tausendfache) und die andere Verwaltung (relativ) wenig (ein Tausendstel) bzw. 999.000 Verwaltungsakte mehr als die andere? Analoges gilt für absolute Kosten, weil unklar ist, welche Schlüsse aus der exemplarischen Feststellung zu ziehen sind, dass eine Gebietskörperschaft 1 Mrd. € für einen bestimmten Zweck ausgibt und eine andere 2 Mrd. €.

Grundsätzlich aussagekräftiger als Absolutwerte sind Relationen wie die Fälle oder Kosten pro Einwohner oder die Kosten pro Fall. Selbstredend ist ein Teil der relevanten Kennziffern dann als Wirtschaftlichkeitskennziffern (Input/Output bzw. Output/Input) zu klassifizieren. Mit anderen Worten: „Leistungsvergleiche" im Sinne von Art. 91d GG laufen auch und gerade auf Wirtschaftlichkeitsvergleiche hinaus – selbst wenn der Wirtschaftlichkeits- bzw. Effizienzbegriff in Teilen der juristischen Literatur zum Thema strikt gemieden wird.

2.3   Wirtschaftlichkeitsuntersuchungen

Ebenso wie Wirtschaftlichkeitsvergleiche sind Wirtschaftlichkeitsuntersuchungen ein Instrument zur Durchsetzung des Wirtschaftlichkeitsprinzips. Wirtschaftlichkeitsuntersuchungen haben primär die Aufgabe, die wirtschaft-

---

[25] Epping/Hillgruber (2014).

[26] Vgl. Maunz/Dürig (2014).

lichste Alternative unter verschiedenen Projekten/Maßnahmen herauszufinden. Man bedenke, dass auch die Frage, ob ein einzelnes Projekt bzw. eine einzelne Alternative realisiert oder nicht realisiert werden soll, einen Alternativenvergleich darstellt. Die (nahezu) immer vorhandene Alternative zu einem Projekt ist dessen Nichtrealisierung. Deshalb ist die immer wiederkehrend in Gesetzesbegründungen zu findende Behauptung, dass keine Alternativen existier(t)en, regelmäßig unzutreffend.

Wirtschaftlichkeitsuntersuchungen sind für haushaltswirksame öffentliche Projekte/Maßnahmen auf staatlicher Ebene verbindlich vorgeschrieben, während bei den Gemeinden lediglich Soll-Vorschriften existieren. § 6 Abs. 2 HGrG in der ursprünglichen Fassung von 1969 sah vor: *„Für geeignete Maßnahmen von erheblicher finanzieller Bedeutung sind **Kosten-Nutzen-Untersuchungen** [Hervorhebung durch den Verf.] anzustellen."* Seit dem 01.01.1998[27] gilt: *„Für alle finanzwirksamen Maßnahmen sind **angemessene Wirtschaftlichkeitsuntersuchungen** [Hervorhebung durch den Verf.] durchzuführen."*[28]

Nach den Bestimmungen des kommunalen Haushaltsrechts sollen Wirtschaftlichkeitsuntersuchungen durchgeführt werden, bevor Investitionen von erheblicher Bedeutung bzw. oberhalb bestimmter Wertgrenzen beschlossen werden. Dabei *„soll unter mehreren in Betracht kommenden Möglichkeiten durch Wirtschaftlichkeitsvergleich* (Anm. des Verf.: besser als „Wirtschaftlichkeitsuntersuchung" bezeichnet), *mindestens durch einen Vergleich der Anschaffungs- und Herstellungs-*

---

[27] Vgl. Art. 1 des Gesetzes zur Fortentwicklung des Haushaltsrechts von Bund und Ländern (Haushaltsrechts-Fortentwicklungsgesetz) vom 22.12.1997 (BGBl. I 1997 S. 3251).

[28] Der gleiche Wortlaut findet sich für alle Zweige der Sozialversicherung in § 69 Abs. 3 des vierten Sozialgesetzbuches (SGB IV).

Darüber hinaus ist für unmittelbare Finanzhilfen des Bundes im Rahmen des Gemeindeverkehrsfinanzierungs-Gesetzes (GVFG) für den Schienenpersonennahverkehr bei Projekten mit einem Volumen von über 50 Mio. € eine **Standardisierte Bewertung von Verkehrswegeinvestitionen des öffentlichen Personennahverkehrs** (vgl. Intraplan/Heimerl 2000) verbindlich. Mit Hilfe dieses Verfahrens versucht man u. a. die gesamt(wirtschaftlich)en Wirkungen von Verkehrsprojekten zu erfassen. Im Bereich der Verkehrsinfrastruktur kommen noch zwei (weitere), grundsätzlich monetär ausgerichtete Verfahren zur Anwendung: Zum einen die **Bewertungsmethodik im Rahmen des Bundesverkehrswegeplanes** (vgl. BMVBS 2005) und zum anderen die **Empfehlungen für die Wirtschaftlichkeitsuntersuchungen von Straßen** (EWS) von der Forschungsgesellschaft für Straßen- und Verkehrswesen (vgl. FGSV 1997). Die genannten Verfahren entsprechen allerdings nicht konsequent der Methodik der Kosten-Nutzen-Analyse und sind auch untereinander nicht hinreichend kompatibel.

kosten und der Folgekosten, die für die Gemeinde wirtschaftlichste Lösung ermittelt werden."[29]

Die aktuelle Fassung des Haushaltsgrundsätzegesetzes (HGrG) beschränkt den Anwendungsbereich von Wirtschaftlichkeitsuntersuchungen also nicht mehr nur – wie auf kommunaler Ebene – auf Maßnahmen von erheblicher finanzieller Bedeutung, sondern weitet ihn auf <u>alle finanzwirksamen Maßnahmen</u> aus. Auch ist im HGrG jetzt nicht mehr die Rede von „Kosten-Nutzen-Untersuchungen", zu denen die Methode der Kosten-Nutzen-Untersuchung, die Nutzwertanalyse und die Kosten-Wirksamkeitsanalyse zählen, sondern von „angemessenen Wirtschaftlichkeitsuntersuchungen", wodurch der Kreis der infrage kommenden Methoden deutlich ausgeweitet wird (vgl. Abschnitt 3). Die in den Gemeindehaushaltsverordnungen benutzte Formulierung „Wirtschaftlichkeitsvergleich" ist zum einen vor dem Hintergrund von Abschnitt 2.2. missverständlich. Zum anderen lässt sie offen, auf welche Weise bzw. mittels welcher Methodik dieser durchzuführen ist, so dass dort diverse Methoden in Frage kommen.

Sowohl die ursprünglichen als auch die aktuellen Bestimmungen des HGrG beziehen die Durchführungsnotwendigkeit von Wirtschaftlichkeitsuntersuchungen auf finanzwirksame, d. h. haushaltswirksame Maßnahmen. Im Umkehrschluss erstreckt sich das haushaltsrechtliche Erfordernis zur Durchführung von Wirtschaftlichkeitsuntersuchungen nicht auf nichtfinanzwirksame Maßnahmen. Anders formuliert: Alle staatlichen Maßnahmen wie die Inkraftsetzung und Änderung von Rechtsnormen, die enorme volkswirtschaftliche Wirkungen entfalten können und Bürgern, Unternehmen sowie anderen Organisationen zum Teil erhebliche Kosten aufbürden, sind nicht verpflichtend auf ihre Effizienz zu überprüfen, sofern sich diese Maßnahmen nicht unmittelbar auf die öffentlichen Kassen auswirken. Beispielhaft seien Sicherheits- und Umweltvorschriften, Rauchverbote, das allgemeine Gleichbehandlungsgesetz oder das Erneuerbare Energien Gesetz (EEG) genannt.

Selbstverständlich ist es aus gesellschaftlicher Perspektive ratsam, auch bei nichtfinanzwirksamen Maßnahmen, insbesondere der staatlichen Rechtset-

---

[29] So oder ähnlich lauten die Bestimmungen in den Gemeindehaushaltsverordnungen (GemHVO) der Länder. Vgl. z. B. § 10 Abs. 2 Kommunalhaushaltsverordnung (Komm-HV) Bayern, § 12 Abs. 1 GemHVO Baden-Württemberg, § 10 Abs. 2 GemHVO Hessen, § 12 Abs. 1 Gemeindehaushalts- und Kassenverordnung (GemHKVO) Niedersachsen, § 14 Abs. 1 GemHVO Nordrhein-Westfalen.

zung, Wirtschaftlichkeitsuntersuchungen durchzuführen. Eine solche Form der **Gesetzesfolgenabschätzung (GFA)** könnte die Gesetzgebung erheblich verbessern. Es gibt in der Tat einen vom Bundesinnenministerium herausgegebenen (allerdings unverbindlichen) Leitfaden sowie ein Handbuch zur Gesetzesfolgenabschätzung (GFA).[30] Auch die Europäische Kommission hält einen Leitfaden zur (Rechts-)Folgenabschätzung bereit.[31] In diesen Leitfäden bzw. im Handbuch werden u. a. die Kosten-Wirksamkeits-Analyse und die Kosten-Nutzen-Analyse als zur (Gesetzes-)Folgenbewertung in Frage kommende Verfahren genannt.

Die Notwendigkeit, über die Folgen öffentlicher Maßnahmen für den Haushalt hinaus zu denken, gilt natürlich auch für die kommunale Ebene. Wenn z. B. eine Kommune einen „Verkehrsentwicklungsplan" konzipiert und umsetzt, der zu erheblichen Veränderungen von innerstädtischen Verkehrsströmen führt, schlägt sich diese Maßnahme nicht nur im kommunalen Budget nieder, sondern verursacht auch bei den Betroffenen (Verkehrsteilnehmer, Bewohner, Gewerbetreibende) direkte und indirekte Kosten und Nutzen. Ein Wirtschaftlichkeitsvergleich, welcher lediglich Anschaffungs- und Herstellungskosten in Betracht zieht oder lediglich die Auswirkungen auf die Verwaltung und den kommunalen Haushalt berücksichtigt, greift zu kurz.

Die Stellung von Wirtschaftlichkeitsuntersuchungen im Rahmen eines logisch-rationalen politisch-administrativen Handlungsprozesses veranschaulicht Abb. 2.3. Dort ist der sog. **Haushaltskreislauf** idealtypischerweise in sieben aufeinander folgende Schritte untergliedert.

---

[30] Vgl. BMI (2009) und Böhret/Konzendorf (2001).

[31] Vgl. EuKomm (2009).

Exkurs: Zur Wirtschaftlichkeit politischer Maßnahmen

Politische Ziele an sich lassen sich in (wirtschafts-)wissenschaftlichen Kategorien nicht als objektiv „richtig" oder „falsch" bzw. „wirtschaftlich" oder „unwirtschaftlich" einordnen. Sie sind normativ.[*]

Aus dieser Feststellung wird jedoch manchmal der Fehlschluss abgeleitet, dass politische Entscheidungen ökonomischen Maßstäben überhaupt nicht zugänglich seien. Um diesem Missverständnis vorzubeugen, sei an dieser Stelle explizit darauf hingewiesen, dass sehr wohl Aussagen über die Eignung von Maßnahmen und Instrumenten zur Zielerreichung (also über die Effektivität) und deren Effizienz möglich sind, wenn Ziele erst einmal hinreichend bestimmt und die entsprechenden Outputgrößen operationalisiert sind. Auch Aussagen über die Wirtschaftlichkeit der Zielerreichbarkeit lassen sich treffen, wenn die Zielerreichung (Outcome) in Beziehung zum Input gesetzt wird.

Wenn beispielsweise das politische Ziel in der Verringerung des CO_2-Ausstoßes um eine bestimmte Tonnenzahl bzw. in der Förderung erneuerbarer Energien liegt, kann man untersuchen, welche Folgen sowie Nutzen und Kosten die dazu gesetzgeberisch beschlossenen sowie alternative Maßnahmen haben.[#] Wenn eine politische Zielsetzung darin liegt, die Geburtenrate zu steigern, können die gewählten Instrumente auf ihre Effektivität und ihre Effizienz untersucht werden – wie beispielsweise im Auftrag von Bundesfamilien- und Bundesfinanzministerium in der Gesamtevaluation familienbezogener Leistungen in Deutschland durch Wirtschaftsforschungsinstitute 2013 geschehen.[##]

Schließlich sind sogar Aussagen darüber möglich, ob bzw. inwieweit politische Ziele überhaupt erreichbar sind, indem die zur Zielerreichung benötigten Ressourcen den vorhandenen Ressourcen gegenübergestellt werden. Dabei kann herauskommen, dass bestimmte Ziele unrealistisch sind.

[*]   In der Ökonomik wird generell zwischen (wissenschaftstheoretisch) „positiven" und „normativen" Aussagen unterschieden. **Positive Aussagen** sind beschreibend (deskriptiv). Sie sagen also aus, wie die Welt ist bzw. sich darstellt und sind intersubjektiv nachprüfbar. **Normative Aussagen** sind dagegen präskriptiv. Sie sind wertend bzw. sagen, wie die Welt sein soll(te) und sind daher nicht generell intersubjektiv nachvollziehbar und schon gar nicht beweisbar. Beispielsweise ist die Aussage, „die Erde ist ein Planet", wissenschaftstheoretisch positiv. Die Aussage, „die Erde ist schön", ist dagegen wissenschaftstheoretisch normativ.

[#]   Zur Bewertung des Erneuerbare Energien Gesetzes (EEG) vgl. z. B. Delzeit/Holm-Müller/Britz (2012).

[##] Vgl. Bonin u. a. (2013)

Am Anfang (Schritt 1) eines jeden rationalen Handlungs- oder Maßnahmen-prozesses müssen auf politischem Wege Ziele definiert werden. Im zweiten Schritt sind Maßnahmen zu suchen, die geeignet sind, die formulierten Ziele zu erreichen. Zur Zielerreichung geeignet sind nach dem hier vertretenen Verständnis ausschließlich effektive Maßnahmen.[32] Unter den geeigneten Maßnahmen ist diejenige bzw. sind diejenigen auszuwählen, welche effizient ist bzw. sind. Dazu bedarf es auf der dritten Stufe einer Wirtschaftlichkeitsun-tersuchung der in Betracht kommenden Maßnahmen. Steht hier nur eine Al-ternative/Maßnahme zur Wahl, ist wenigstens diese zu bewerten und mit der Situation ohne Maßnahmenrealisierung zu vergleichen. Die Ergebnisse der Wirtschaftlichkeitsuntersuchung liefern die Grundlage für den vierten Schritt, die politische Entscheidung. Im Anschluss an politische Entscheidungen müs-sen die beschlossenen Maßnahmen fünftens in den Haushalt umgesetzt wer-den (Budgetierung). Sechstens müssen der Haushalt und die beschlossenen Maßnahmen vollzogen werden.[33] Um einen Regelkreis herzustellen, welcher neben der Überprüfung der Einhaltung von Vorgaben (Ziele, Maßnahmen, Budgets) auch eine Reflexion derselben erlaubt, ist in der logischen Abfolge siebtens eine Kontrolle[34] durchzuführen. Dies geschieht auf staatlicher Ebene durch die Rechnungshöfe. Auf kommunaler Ebene ist dies Aufgabe der sog. überörtlichen Prüfung durch Rechnungsprüfungsanstalten, -verbände u. ä.

---

[32] Nicht effektive Maßnahmen leisten definitionsgemäß keinen Beitrag zur Aufgaben- oder Problemlösung, verursachen aber unter realistischen Umständen Kosten bzw. ver-brauchen Ressourcen. Daher können ineffektive Maßnahmen niemals effizient in Hin-blick auf die Zielerreichung sein.

[33] Der beschriebene Ablauf ähnelt dem in den 1960iger Jahren in den USA eingeführten sog. Programmbudget bzw. **„Planning Programming Budgeting System" (PBBS)** (vgl. Rürup/Hansmeyer 1984, S. 55 ff.). Als Hauptgründe für das letztendliche Scheitern von PPBS werden die nahezu unüberwindlichen Schwierigkeiten bei der Entwicklung lo-gisch-konsistenter Programmstrukturen – insbesondere bei föderalistischen Abstim-mungs- und Entscheidungsnotwendigkeiten, die nicht zu diesem System passenden (Ei-gen-)Interessen der Akteure sowie die (damaligen) Schwächen der zur Programm-evaluation eingesetzten Methode der Kosten-Nutzen-Analyse (KNA) angeführt (vgl. Rü-rup/Hansmeyer, 1984, S. 68 ff.).

[34] In der Betriebswirtschaftslehre würde man eher von „Überwachung" sprechen, weil dort innerhalb des Oberbegriffs „Überwachung" zwischen Kontrolle und Prüfung unter-schieden wird. Kontrolle ist fest in Arbeitsabläufe integriert und der Kontrolleur ist für die Ergebnisse des überwachten Prozesses verantwortlich. Gegenteiliges gilt bei einer Prüfung (vgl. z. B. Baetge 1993).

Auch die örtliche Prüfung durch die kommunalen Rechnungsprüfungsämter
bzw. -ausschüsse dient diesem Zweck.[35]

Abb. 2.3:   Wirtschaftlichkeitsuntersuchungen im Kontext rationaler öffentlicher
             Maßnahmen- und Haushaltsplanung, -durchführung und -kontrolle

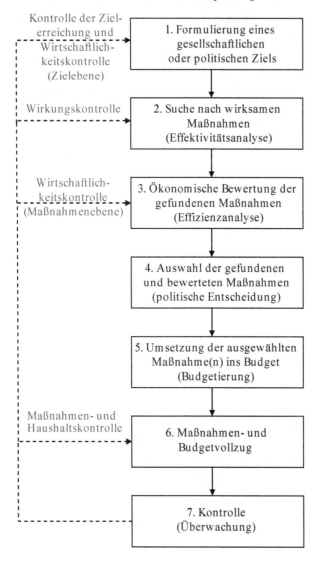

---

[35]   Zur kommunalen Finanzkontrolle vgl. Glöckner/Mühlenkamp (2009).

Man kann nun verschiedene Formen der Kontrolle unterscheiden. Die Maß-
nahmenkontrolle richtet sich auf die Frage, inwieweit die beschlossenen Maßnahmen auch tatsächlich in die Praxis umgesetzt wurden. Die Budgetkontrolle
zielt auf die Überprüfung der Einhaltung von Haushaltsansätzen, die zweck-
entsprechende Mittelverwendung, die Wirtschaftlichkeit des Vollzugs etc.[36]

Die Wirtschaftlichkeitskontrolle auf der Maßnahmenebene (Wirtschaftlichkeitskontrolle i. e. S.) dient zur Überprüfung der Output-Effizienz. Die Wir-
kungskontrolle prüft die Wirksamkeit der gewählten Maßnahme(n). Die Ziel-
kontrolle schließlich hinterfragt, inwieweit die anvisierten Ziele tatsächlich
erreicht wurden. Die Wirtschaftlichkeitskontrolle auf der Zielebene (Wirtschaftlichkeitskontrolle i. w. S.) hinterfragt Zielsetzung und Zielerreichung.
Ursache für die Ineffektivität von Maßnahmen und Ineffizienz der Zielerreichung können nicht nur (ungeeignete) Maßnahmen, sondern auch (unrealistische) Ziele sein. Die Zielerreichung- und Zielwirtschaftlichkeitskontrolle bietet
die Gelegenheit zur Reflexion der Ziele.[37]

Wirtschaftlichkeitsuntersuchungen betreffen zum einen die Schritte 2 und 3
des eben beschriebenen Kreislaufs. Sie dienen der Bestimmung der wirtschaftlichsten Alternative(n) <u>vor</u> der Maßnahmendurchführung (ex ante-Wirtschaft-
lichkeitsuntersuchung). Es besteht weitgehender Konsens darüber, dass Wirtschaftlichkeitsuntersuchungen nicht die politische Entscheidung ersetzen, sondern die <u>Daten- bzw. Informationsbasis für politische Entscheidungen verbes</u>

---

[36] In der Praxis nehmen die Rechnungshöfe eine **Prüfung der Ordnungsmäßigkeit** (Förm-
lichkeit, Rechtmäßigkeit und rechnerische Richtigkeit) sowie eine (im rechtlichen Sinne
materielle) **Prüfung der Wirtschaftlichkeit** vor.

Sachlogisch bezieht sich die Ordnungsmäßigkeitsprüfung im Wesentlichen auf Stufe 6
und die formale Korrektheit des beschriebenen Ablaufs, während sich die Wirtschaftlichkeitsprüfung „materiell" auf die Stufen 1 bis 6 richten kann. Die Ordnungsmäßigkeitsprüfung würde sich beispielsweise auf die Frage erstrecken, ob eine vorgeschriebene
Wirtschaftlichkeitsuntersuchung durchgeführt wurde. Die Wirtschaftlichkeitsprüfung
hätte sich dagegen u. a. mit der Qualität der Wirtschaftlichkeitsuntersuchung ausein-
anderzusetzen. Im Bereich der kommunalen Rechnungsprüfung ist die Prüfung der Ordnungsmäßigkeit obligatorisch. Die Wirtschaftlichkeitsprüfung ist dagegen lediglich eine
fakultative Aufgabe der kommunalen Rechnungsprüfungsbehörden.

[37] Zielerreichungskontrolle, Wirkungs- und Wirtschaftlichkeitskontrolle werden auch unter
dem Begriff „Erfolgskontrolle" zusammengefasst (vgl. z. B. von Wedel 1998, S. 17).

**Exkurs: Zur Bedeutung der begleitenden Erfolgskontrolle und
von „Sunk Costs"**

In der Realität zeigen sich bei vielen öffentlichen Projekten nach Projektbeginn
große Kostensteigerungen. Häufig wird dann argumentiert, dass ein Abbruch
des Projektes nicht infrage käme, weil bereits viel Geld verbaut oder verbraucht
sei. Aus ökonomischer Perspektive ist dieser Argumentation strikt zu wider-
sprechen, weil sog. Sunk Costs entscheidungsirrelevant sind.

Unter **„Sunk Costs"** sind irreversible Kosten zu verstehen, d. h. Kosten, die im
Laufe eines Projektes bereits angefallen und nicht mehr rückgängig zu machen
sind oder noch unvermeidlich anfallen. Sunk Costs spielen deshalb für die Zukunft keine Rolle mehr. Für die Zukunft sind nur zukünftig entstehende Kosten
bzw. noch beeinflussbare Kosten (entscheidungs-)relevant.

Nehmen wir ein Beispiel, das wir „Stuttgart 21 (S 21)" nennen wollen. Angenommen in einer Wirtschaftlichkeitsuntersuchung zum Zeitpunkt t_0 vor Projektbeginn wird festgestellt, dass dem Projekt bei 4 Mrd. € Kosten, Nutzen in
Höhe von 5 Mrd. € gegenüberstehen. Dies führt zur Entscheidung für den Bau.
Zu einem späteren Zeitpunkt (t_1) (begleitende Erfolgskontrolle!) stellt sich heraus, dass sich die Kosten bei unverändertem Nutzen auf 8 Mrd. € verdoppeln.

Zeitpunkt	Kosten	davon „sunk"	Schaden-ersatz	Nutzen	Netto-effekt	Entscheidung zum (Weiter-)Bau
t_0	4	0	0	5	+1	ja
t_1	8	1	1	5	−1	nein
. . .						

Die Frage ist nun, ob S 21 dennoch weiter geführt oder abgebrochen werden
sollte. Dies hängt von der Höhe der bis zum Zeitpunkt t_1 angefallenen Sunk
Costs ab. Wären bereits 1 Mrd. € verbaut, sind noch 7 Mrd. € fällig. Das Projekt
wäre sofort zu beenden. Kämen noch 1 Mrd. € als Schadenersatz für nichtein-
gehaltene Verträge hinzu, stünden immer noch zukünftige Kosten in Höhe von
6 Mrd. € an. Das Projekt wäre immer noch sofort zu beenden. Erst wenn die
Sunk Costs in t_1 mindestens 3 Mrd. € ausmachen, käme der Weiterbau aus
strikt ökonomischer Sicht in Betracht.

sern sollen.[38] Wirtschaftlichkeitsuntersuchungen haben darüber hinaus die Aufgabe, die <u>Transparenz politischer Beschlüsse</u> zu steigern. Wenn sich Politiker z. B. für unwirtschaftliche Maßnahmen entscheiden, bedarf dies einer Begründung bzw. Rechtfertigung gegenüber der Öffentlichkeit. Wirtschaftlichkeitsuntersuchungen können (und sollen) allerdings nicht nur prospektiv durchgeführt werden. Insbesondere bei längerwierigen Projekten bietet sich auch eine begleitende Kontrolle („Projekt-Controlling") an, um eventuelle Fehlentwicklungen im Interesse einer frühzeitigen Gegensteuerung rechtzeitig zu entdecken (vgl. auch den Exkurs zu Sunk Cost). Dies betrifft Phase 6 in Abb. 2.3. Auch eine abschließende Untersuchung der Wirtschaftlichkeit nach Projektabschluss bzw. Maßnahmenende ist regelmäßig anzuraten. Dies betrifft Phase 7. Die ex post-Wirtschaftlichkeitsuntersuchung ermöglicht zum einen den Abgleich zwischen ex ante- und ex post-Beurteilung und damit zusammenhängend Schlussfolgerungen (Lerneffekte) für zukünftige Projekte. In den Verwaltungsvorschriften zu § 7 der BHO (VV-BHO) heißt es dazu: *„Wirtschaftlichkeitsuntersuchungen sind bei allen Maßnahmen durchzuführen. Sie sind daher bei der Planung neuer Maßnahmen einschließlich der Änderung bereits laufender Maßnahmen (Planungsphase) sowie während der Durchführung (im Rahmen einer begleitenden Erfolgskontrolle) und nach Abschluss von Maßnahmen (im Rahmen einer abschließenden Erfolgskontrolle) vorzunehmen."* Auf § 7 Abs. 4 der LHO Hamburg, der ebenfalls eine begleitende und abschließende Erfolgskontrolle explizit auch in Bezug auf die Zielerreichung vorsieht, wurde bereits oben verwiesen.

Wirtschaftlichkeitsuntersuchungen unterliegen im Übrigen als Bestandteil des beschriebenen Haushaltskreislaufs ebenfalls der Kontrolle durch die Rechnungsprüfungsbehörden, weil letztere Methodik, Plausibilität der Annahmen, logische Konsistenz und Prognosegenauigkeit von Wirtschaftlichkeitsuntersuchungen prüfen können und sollten.

Nach der aktuellen Fassung des HGrG und den einschlägigen Verwaltungsvorschriften müssten Wirtschaftlichkeitsuntersuchungen öffentlicher Projekte/Maßnahmen weit verbreitet sein, da sie nunmehr nicht nur bei geeigneten Maßnahmen (was breiten Interpretationsspielraum eröffnete), sondern bei allen finanzwirksamen Maßnahmen durchzuführen sind.

Allerdings ist dies in der Praxis offenbar eher nicht der Fall. In einem Gutachten zur Erfolgskontrolle finanzwirksamer Maßnahmen stellte der damalige

---

[38] Vgl. hierzu auch Fuguitt/Wilcox (1999), S. 15 ff., Boardman u. a. (2011), S. 15.

Präsident des Bundesrechnungshofes bereits 1990 fest: *„Die Ressorts haben so-mit die Bestimmungen der Vorl. VV zu § 7 BHO über die Erfolgskontrolle – von Aus-nahmen abgesehen – weitgehend nicht beachtet".*[39] *„Nutzen-Kosten-Untersuchungen als Wirtschaftlichkeitsuntersuchungen im Sinne des § 7 Abs. 2 BHO oder auch nur finanz- und betriebswirtschaftliche Kosten- und Nutzenvergleiche nach Nr. 1.4 der Vorl. VV zu § 7 BHO, deren Annahmen im Wege der Erfolgskontrolle hätten über-prüft werden können, lagen beschlossenen Maßnahmen nur ausnahmsweise zugrun-de".*[40]

Daran scheint sich bis heute nichts geändert zu haben. In den Bemerkungen des Bundesrechnungshofs 2007 heißt es: *„Er* [der Bundesrechnungshof – Anm. des Verf.] *hat festgestellt, dass die geprüften Behörden der Verpflichtung, eine Wirt-schaftlichkeitsuntersuchung in der Planungs- und Entscheidungsphase durchzufüh-ren, größtenteils nicht oder zumindest nicht vollumfänglich nachgekommen sind. So blieben fast 85 % der von den Bundesministerien und den nachgeordneten Behörden gemeldeten finanzwirksamen Maßnahmen ohne Wirtschaftlichkeitsuntersuchung im Sinne der Bundeshaushaltsordnung. Ferner hat der Bundesrechnungshof zahlreiche methodische Defizite bei Wirtschaftlichkeitsuntersuchungen vorgefunden."*[41]

Politik und Verwaltung haben offenbar grundsätzlich kein Interesse an Wirt-schaftlichkeitsuntersuchungen. Es gibt derzeit auch kein wirksames Mittel zur Durchsetzung des Haushaltsrechts, da seine Einhaltung nicht einklagbar ist. Mit anderen Worten: Die Akteure können sich de facto ungestraft über das Haushaltsrecht hinwegsetzen. Publikationen der Rechnungshöfe sind in dieser Hinsicht relativ wirkungslos. Daher wäre es dringend an der Zeit, darüber nachzudenken, wie das Haushaltsrecht so „geschärft" werden kann, dass Ver-stöße nicht mehr kostenlos sind. Wirkungsloses „Alibirecht" dürfte auf Dauer nicht zur Stärkung des Vertrauens der Bevölkerung in staatliche Institutionen beitragen.

---

[39] Zavelberg (1990), S. 25.

[40] Ebenda, S. 26.

[41] BRH (2007), S. 123.

3   Wirtschaftlichkeitsvergleiche

Bevor Wirtschaftlichkeitsvergleiche im Detail behandelt werden können, ist der im vorherigen Kapitel abstrakt gefasste Wirtschaftlichkeitsbegriff zu präzisieren und zu operationalisieren. Die Operationalisierung hängt von der Aufgabenstellung bzw. Zielsetzung der zu betrachtenden Einheiten ab. Daher werden im unmittelbar folgenden Unterkapitel 3.1 die Aufgaben der öffentlichen Hand reflektiert. Das Unterkapitel 3.2 geht auf die Möglichkeiten der Operationalisierung des Wirtschaftlichkeitsbegriffs im öffentlichen Sektor ein. In Kapitel 3.3 werden neben den gängigen einzelwirtschaftlichen Effizienzkonzepten Überlegungen zu ergänzenden Effizienzkonzepten präsentiert, die sich an den spezifischen Aufgaben der öffentlichen Hand orientieren. Schließlich werden in Kapitel 3.4 zunächst die (Nicht-)Eignung einfacher Effizienzkennzahlen für Wirtschaftlichkeitsvergleiche begründet, um anschließend die derzeit in den Wirtschaftswissenschaften wohl am weitesten verbreiteten mehrdimensionalen Verfahren des Wirtschaftlichkeitsvergleichs vorzustellen und zu diskutieren.

3.1   Aufgaben und Ziele der öffentlichen Hand

Im vorangehenden Abschnitt wurde das ökonomische Prinzip in generell-abstrakter Form als Quotient von Input- und Output- bzw. Outcome-Größen dargestellt. Auf den ersten Blick mag es scheinen, dass bei der Spezifizierung von In- und Outputs und damit auch bei der Bildung von Input-Output-Relationen respektive Wirtschaftlichkeitskennziffern der Phantasie keine Grenzen gesetzt sind.

Tatsächlich ist die Bildung von Wirtschaftlichkeitsindikatoren nicht beliebig. Mindestens zwei Aspekte grenzen die Menge der einsetzbaren und geeigneten Wirtschaftlichkeitsindikatoren ein – zum einen die Aufgaben bzw. die sich daraus ergebenden Zielsetzungen der zu betrachtenden Einheit(en) und zum anderen die verfügbaren Daten. Die Ausführungen in diesem Abschnitt beziehen sich auf den ersten Gesichtspunkt. Die Datenverfügbarkeit ist ein Thema des nächsten Unterkapitels.

Aufgaben und Ziele der öffentlichen Hand lassen sich im wissenschaftstheoretischen Sinne nicht positiv herleiten, d. h. sie sind nicht als „richtig" oder

„falsch" beweisbar. Sie müssen politisch-normativ oder axiomatisch festgelegt werden. Unter **Axiomen** sind nicht beweisbare, aber „leicht einsehbare Grundsätze" zu verstehen, aus denen sich „Lehrsätze" (**Theoreme**) ableiten lassen.

Vor diesem Hintergrund werfen wir zunächst einen kursorischen Blick auf Rechtsnormen, die öffentliche Aufgaben als Ausdruck politisch-normativer Entscheidungen vorgeben. Anschließend stellen wir die eher axiomatisch geprägten Aussagen der öffentlichen Betriebswirtschaftslehre und der Volkswirtschaftslehre zu den Aufgaben der öffentlichen Hand vor.

Bereits im Grundgesetz (GG) und den Verfassungen der Bundesländer („Landesverfassungen") finden sich Hinweise auf die Aufgaben der öffentlichen Hand. Darin werden nämlich mit an vorderster Stelle **Grundrechte** garantiert, woraus für Bund und Länder logisch zwingend die Aufgabe der Sicherstellung dieser Grundrechte folgt. Aus den Grundrechten werden zum Teil **Gewährleistungspflichten** abgeleitet. Beispielsweise folgt aus dem Grundrecht auf Erziehung und Bildung in den Landesverfassungen die Notwendigkeit der Bereitstellung eines adäquaten Bildungsangebots. Bestimmte Aufgaben sind auch unmittelbar durch das Grundgesetz vorgegeben – wie die Landesverteidigung und die Gewährleistung von (Verkehrs-)Infrastruktur.

Im Gemeinderecht finden sich zur Zielsetzung von Gebietskörperschaften nur sehr allgemein gehaltene Ausführungen. So fördern nach dem exemplarisch genannten § 1 Abs. 1 der Gemeindeordnung von Nordrhein-Westfalen (GemO NRW) die Gemeinden *„das **Wohl der Einwohner** in freier Selbstverwaltung durch ihre von der Bürgerschaft gewählten Organe"*– was auch immer unter dem Einwohnerwohl zu verstehen ist. Aus Art. 28 Abs. 2 GG wird die Universalzuständigkeit der Gemeinden für *„Angelegenheiten der örtlichen Gemeinschaft"* hergeleitet. Eine eindeutige Abgrenzung für diese Angelegenheiten respektive Aufgaben existiert jedoch nicht.

Präzisere Aufgabendefinitionen für die Kommunen ergeben sich aus den einzelgesetzlichen Aufgabenzuweisungen durch die Bundesländer (die sog. **pflichtigen Selbstverwaltungsaufgaben**). Danach sind die Gemeinden beispielsweise für die Abfall- und Abwasserbeseitigung, die Grundschulträgerschaft, die kommunalen Straßen sowie für Aufgaben im Bereich der Jugend- und Sozialhilfe zuständig. Der Bereich der **freiwilligen Selbstverwaltungsaufgaben** umfasst die sog. **Daseinsvorsorge** bzw. im Sprachgebrauch der Europäischen Kommission die **„Dienstleistungen von allgemeinem (wirtschaft-**

lichen) Interesse" – DA(W)I. Auch hier existiert keine abschließende Abgrenzung. Beispielhaft können die Energieversorgung, der öffentliche Personennahverkehr, Sparkassen, Theater, Konzerthallen, Bibliotheken, Museen sowie Sportstätten und Schwimmbäder genannt werden.[42]

In den in Kapitel 2.1.2 erwähnten Rechtsnormen zur privatrechtlichen Betätigung des Bundes bzw. zur wirtschaftlichen Betätigung der Kommunen wird ein **öffentlicher Zweck** vorausgesetzt. Der öffentliche Zweck ist in der juristischen Literatur sehr weit und nicht abschließend gefasst. Er sei nur dann nicht gegeben, wenn die Gewinnerzielungsabsicht einziger Zweck der wirtschaftlichen Betätigung ist. Exemplarisch für einen öffentlichen Zweck werden die Kontrolle örtlicher Monopole, die zweckmäßige Verwaltung von Gemeindestraßen im Hinblick auf die Nutzung durch Versorgungs- und Kommunikationsleistungen, die Unterstützung der gemeindlichen Stadtplanung, Siedlungspolitik und Wirtschaftsförderung, die Erhaltung des kommunalen Einflusses auf die Versorgung gegenüber Großunternehmen sowie die Sicherung eines angemessenen Tarifgefüges zwischen Kleinverbrauchern und Großabnehmern genannt.[43]

In der **(öffentlichen) Betriebswirtschaftslehre** wird zwischen Sachzielen und Formalzielen unterschieden. **Sachziele** beziehen sich auf die Art, Menge, Qualität und den Zeitpunkt der abzusetzenden Leistungen (Produkte), während **Formalziele** die angestrebten finanzwirtschaftlichen (Neben-)Bedingungen (Gewinn, Rentabilität, Kostendeckung, Liquidität etc.) festlegen, unter denen die Sachziele verfolgt werden. Sachziele beschreiben quasi die „**Leistungskonzeption**" eines **Betriebes**[44], Formalziele dagegen die „**Finanzierungskonzeption**".[45] Die in den Rechtsnormen fixierten Aufgaben sind den Sachzielen zuzurechnen. Allerdings sind der öffentlichen Verwaltung auch bestimmte

---

[42] Vgl. Hoppe/Uechtritz (2007), S. 4.

[43] Vgl. Hoppe/Uechtritz (2007), S. 48.

[44] Betriebe im betriebswirtschaftlichen Sinne kombinieren (nach Gutenberg 1983, S. 1 ff.) Produktionsfaktoren zur Herstellung von Gütern/Dienstleistungen, die nicht dem Eigenbedarf dienen. Darüber hinaus unterliegen Betriebe den Prinzipien der Wirtschaftlichkeit und des finanziellen Gleichgewichts (Liquidität) (vgl. auch Wöhe 2013, S. 28 f.). Da diese Merkmale im Allgemeinen auch von öffentlichen Verwaltungen erfüllt werden, lassen sich öffentliche Verwaltungen unter den Begriff des Betriebes subsumieren.

[45] Vgl. Witte/Hauschildt (1966) und Thiemeyer (1975, S. 29 f.)

Formalziele wie der Haushaltsausgleich, der Ausgleich der Ergebnisrechnung,[46] Kostendeckung u. ä. vorgegeben.

Nun stellt sich die Frage, in welchem Verhältnis Sach- und Formalziele zueinander stehen. In der Fachliteratur besteht Einigkeit darüber, dass die öffentliche Hand nicht exakt die gleichen Aufgaben und Ziele zu verfolgen hat wie private Unternehmen. Letztere verfolgen primär die Formalziele Gewinn(maximierung) bzw. Rendite(maximierung). Die öffentliche Hand hat dagegen öffentliche Aufgaben (Sachziele) zu erfüllen und dabei bestimmte Formalziele wie Kostendeckung als **Nebenbedingungen** zu beachten.[47] Zu den Nebenbedingungen ist auch das Ziel der Wirtschaftlichkeit und speziell für die öffentliche Verwaltung zusätzlich die nichtökonomische Nebenbedingung der **Rechtmäßigkeit des Verwaltungshandelns**[48] zu zählen. Damit lautet die Zielvorgabe für die öffentliche Hand im Grundsatz: „Erfülle die zugewiesenen öffentliche Aufgaben unter der Nebenbedingung der Wirtschaftlichkeit und weiterer ökonomischer Restriktionen wie dem Haushaltsausgleich, der Liquidität, der Kostendeckung usw. sowie der Rechtmäßigkeit!" Speziell öffentlichen Unternehmen kann auch die Nebenbedingung einer moderaten (nicht maximalen!) Gewinnerzielung zugewiesen werden.[49]

---

[46] Die beim Bund und von den meisten Bundesländern gepflegte kameralistische Haushaltsplanung und -rechnung kann durch Kreditaufnahme ausgeglichen werden. Die von den Kommunen und wenigen Bundesländern praktizierte doppische Ergebnisrechnung erfordert dagegen die Deckung des mit einer Kreditaufnahme verbundenen Aufwands durch Erträge.

[47] Die „Andersartigkeit" der öffentlichen Hand kann als Axiom verstanden werden. Wenn die öffentliche Hand nämlich die gleichen Ziele verfolgen und sich genauso verhalten würde wie ein (gewinnmaximierender) Privater, verlöre sie ihre Legitimation. Wie wollte man öffentliche Organisationseinheiten (überzeugend) rechtfertigen, die sich wie private Unternehmen verhalten? Auch von juristischer Seite scheint diese Aussage in etwa geteilt zu werden. So schreibt Musil (2005, S. 81): *„Die Gewinnmaximierung scheidet als Zwecksetzung aus, da die Gemeinwohlorientierung des Staates einer Gewinnmaximierung des Staates als Selbstzweck widerspricht."*

[48] Natürlich sind auch private Unternehmen an geltendes Recht gebunden. Allerdings ist das Regelkorsett für die öffentliche Hand grundsätzlich signifikant enger als für private Unternehmen. Dem Rechtsstaatprinzip geschuldete Formvorschriften verkomplizieren Entscheidungen und Arbeitsabläufe und engen darüber hinaus organisatorische Gestaltungsspielräume ein.

[49] Betriebswirtschaftlich folgt die Notwendigkeit der Erzielung eines bilanziellen Gewinns allein schon aus der Deckung der Opportunitätskosten des eingesetzten Eigenkapitals. Auch aus finanzwissenschaftlicher Perspektive kann unter bestimmten Voraussetzungen

Exkurs: Ökonomik vs. Ethik? – Teil 1

Das ökonomische Prinzip verhält sich gegenüber Zielsetzungen neutral und schränkt damit seinen Anwendungsspielraum aus sich heraus nicht ein. Mit anderen Worten: Das ökonomische Prinzip und der Wirtschaftlichkeitsgedanke sind grundsätzlich auf alle operationalisierbaren Ziel-Mittel-Relationen anwendbar.

Wollte man den Anwendungsbereich des ökonomischen Prinzips beschränken, müsste diese Beschränkung – bei Akzeptanz des ökonomischen Prinzips an sich und abgesehen von Messproblemen – aus der Zielsetzung hergeleitet werden. Da sich Zielsetzungen wissenschaftlich nicht als „richtig" oder „falsch" beweisen lassen, müsste **normativ** argumentiert werden. Man könnte zum Beispiel als illegitim oder illegal betrachtete Zielsetzungen (z. B. Waffen- und Drogenhandel) als nicht zulässig erachten und deshalb Wirtschaftlichkeitsbetrachtungen in Hinblick auf diese Ziele ablehnen.*

Häufig wird auch behauptet, bestimmte legale und legitime Bereiche (Gesundheit, Bildung, Umwelt etc.), seien aus ethischen Gründen vom Wirtschaftlichkeitsgedanken auszunehmen. Die Ablehnung der vernünftigen Bewirtschaftung knapper Ressourcen mündet jedoch zwangsläufig in deren Nichtbewirtschaftung. Nichtbewirtschaftung bedeutet aber nichts anderes als die Inkaufnahme von Verschwendung. Verschwendung wiederum würde z. B. im Gesundheitswesen bedeuten, dass weniger Patienten therapiert und/oder Patienten schlechter therapiert würden als mit den dort bereitstehenden Ressourcen möglich. Deshalb müsste man auch Verschwendung als unethisch abtun.

Die Verweigerer der möglichst nutzenmaximalen Bewirtschaftung knapper Ressourcen verkennen offenbar, dass kein genereller Widerspruch zwischen Ökonomik und Ethik besteht. So geraten sie in die paradoxe Situation, aus ethischen Gründen unethisches, verschwenderisches Handeln zu fördern oder wenigstens in Kauf zu nehmen.

* Gleichwohl ist davon auszugehen, dass kriminelle Organisationen (auch) nach ökonomischen Prinzipien operieren bzw. illegale Märkte ökonomischen Gesetzmäßigkeiten folgen. Daher kann die ökonomische Analyse hier zum besseren Verständnis und zur Ableitung von Gegenmaßnahmen hilfreich sein. Ein entsprechendes „Analyseverbot" wäre eher kontraproduktiv.

---

eine Gewinnerzielungsabsicht gerechtfertigt sein – nämlich dann, wenn der sog. Schattenpreis der Besteuerung hoch und die Preiselastizität der Nachfrage gering ist (vgl. z. B. Corneo 2012, S. 85 ff.).

Um Missverständnissen vorzubeugen, sei explizit darauf hingewiesen, dass die Nebenbedingungen gegenüber dem öffentlichen Auftrag bzw. den Sachzielen nicht nachrangig sind. Öffentliche Aufgaben und Nebenbedingungen sind simultan zu erfüllen. Öffentliche Aufgabenerfüllung befreit nicht von der Einhaltung ökonomischer (und rechtlicher) Nebenbedingungen. Man kann es auch so formulieren: Zum ersten geben Rechtsnormen bestimmte Aufgaben vor. Zum zweiten gibt das Haushaltsrecht den Wirtschaftlichkeitsgrundsatz und damit ein Ziel vor. Dieses Ziel ist die wirtschaftliche Erfüllung öffentlicher Aufgaben.

Aus volkswirtschaftlicher Sicht besteht die Aufgabe der öffentlichen Hand in der **Korrektur von Marktunvollkommenheiten** (synonym „**Marktversagen**"). Dazu zählen die **Bereitstellung öffentlicher Güter**[50], die **Internalisierung externer Effekte**, die **Regulierung natürlicher Monopole** usw.[51] Man könnte die Beseitigung/Milderung von Marktunvollkommenheiten quasi als „volkswirtschaftliches Sachziel" auffassen.

Die Korrektur von Marktunvollkommenheiten dient primär der Lenkung von Produktionsfaktoren in ihre beste Verwendung (sog. **Allokationszielen**). Da Märkte in dynamischer Hinsicht auch Konjunktur-, Wachstums- und neuerdings vielleicht Spekulationszyklen unterliegen, wird der öffentlichen Hand auch die Aufgabe der Marktstabilisierung („**Stabilisierungsziele**") zugewiesen. Schließlich entsprechen die Verteilungsergebnisse von Märkten nicht unbedingt den gesellschaftlichen Präferenzen, so dass dem Staat auch die Aufgabe der Herstellung von „Verteilungsgerechtigkeit" („**Verteilungsziele**") angetragen wird.[52]

---

[50] Der wirtschaftlich notwendige Ordnungsrahmen wie die Garantie von Eigentumsrechten, die Aufrechterhaltung eines Wettbewerbsrahmens kann als öffentliches Gut interpretiert und braucht deshalb nicht separat von Marktversagen aufgezählt werden.

[51] Zu Marktversagen vgl. z. B. Fritsch (2011).

[52] Die Unterteilung in Allokations-, Distributions- und Stabilisierungsziele wird auf Richard A. Musgrave zurückgeführt (vgl. Musgrave/Musgrave 1989). Allerdings kann man Stabilisierungs- und Verteilungsaufgaben/-ziele auch als von Märkten nicht bereitgestellte, öffentliche Güter interpretieren. Dann sind diese Aufgaben Teil des (langfristigen) Allokationsproblems.

In der Wohlfahrtsökonomik und ihrem angewandten Zweig, der Kosten-Nutzen-Analyse, dient die **Wohlfahrt** als Maß aller Dinge.[53] Ziel ist die **Wohlfahrtsmaximierung**. Unter Rückgriff auf dieses Paradigma könnte man auf die Idee kommen, der öffentlichen Hand das Formalziel der Wohlfahrtsmaximierung aufzutragen. Sofern Wohlfahrtsmaximierung als Oberziel jeglichen staatlichen Handelns angesehen würde, wären alle staatlichen (Sub-)Zielsetzungen aus der Metaaufgabe „Wohlfahrt" abzuleiten. Dazu müssten die Subziele sowie die damit verbundenen Maßnahmen so ausgewählt und kombiniert werden, dass bei gegebenem Budget oder Kosten die größtmögliche Wohlfahrt resultiert bzw. ein angestrebtes Wohlfahrtsniveau mit geringstmöglichen Kosten bzw. einem möglichst kleinen Budget erreicht wird. Praktisch scheitert diese Vorgehensweise jedoch schon allein an ihrer Komplexität sowie an politischen Interessen und Kalkülen.[54]

Summa summarum sind die in Rechtsnormen formulierten öffentlichen Aufgaben in vielen Fällen so abstrakt formuliert, dass sie zumindest nicht unmittelbar in Wirtschaftlichkeitsmaße überführbar sind. Die betriebswirtschaftlichen Sachziele und die aus der Volkswirtschaftslehre abgeleiteten Ziele bedürfen ebenfalls einer Operationalisierung.

3.2 Zur Messung/Operationalisierung von Outcomes und Outputs im öffentlichen Sektor

Wirtschaftlichkeitskennziffern benötigen **kardinale Skalen bzw. Metriken** in Zähler und Nenner bzw. für Inputs und Outputs/Outcomes. Bezogen auf die im vorausgehenden Abschnitt genannten Aufgaben wären also z. B. der Umfang der durchgesetzten Grundrechte, das Einwohnerwohl, innere und äußere Sicherheit, Verkehrssicherheit, Verteilungsgerechtigkeit, Bildung, Gesundheit etc. zu messen und ins Verhältnis zu den damit jeweils verbundenen Inputs zu setzen, um folgende u. ä. Wirtschaftlichkeitskennziffern bilden:

---

[53] Zur Wohlfahrtsökonomik vgl. z. B. Boadway/Bruce (1984). Zur Kosten-Nutzen-Analyse vgl. z. B. Boardman u. a. (2011), Mühlenkamp (1994).

[54] In den USA wurden in den 1960er und 1970er Jahren mit dem sog. **Planning-Programming-Budgeting System (PPBS)** und dem sog. **Zero-Base Budgeting (ZBB)** entsprechende Versuche unternommen (vgl. dazu z. B. Rürup/Hansmeyer 1984).

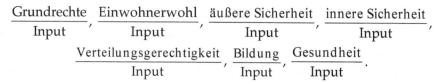

$$\frac{\text{Grundrechte}}{\text{Input}}, \frac{\text{Einwohnerwohl}}{\text{Input}}, \frac{\text{äußere Sicherheit}}{\text{Input}}, \frac{\text{innere Sicherheit}}{\text{Input}},$$

$$\frac{\text{Verteilungsgerechtigkeit}}{\text{Input}}, \frac{\text{Bildung}}{\text{Input}}, \frac{\text{Gesundheit}}{\text{Input}}.$$

Diese Kennziffern würden anzeigen, in welchem Umfang Grundrechte, Einwohnerwohl und äußere Sicherheit etc. mittels einer Inputeinheit „produziert" würden oder bei Verwendung der Kehrwerte, wie viel Inputs für eine Einheit Grundrechte usw. verbraucht wurden.

Die Bildung derartiger Wirtschaftlichkeitsmaße setzt voraus, dass es gelingt, die Aufgaben der öffentlichen Hand quantitativ zu fassen – die Inputs sind demgegenüber vergleichsweise einfach zu messen. Tatsächlich handelt es sich bei den Aufgaben der öffentlichen Hand regelmäßig um Outcomes[55], für die es keine natürlichen Metriken gibt. Wie bildet man z. B. Grundrechte oder Einwohnerwohl ab?

Bei näherem Nachdenken wird schnell deutlich, dass man sich mangels unmittelbarer Maße mit (Outcome-)Indikatoren behelfen muss. Dabei wird man auch erkennen, dass die Suche nach Indikatoren je nach Aufgabenbereich mit unterschiedlichen Schwierigkeitsgraden verbunden ist. Sehr schwierig dürfte die Suche nach geeigneten Indikatoren für den Umfang des erreichten Grundrechteschutzes, der äußeren Sicherheit oder des Einwohnerwohls sein. Man könnte beispielsweise versuchen, die Zahl von Grundrechtsverstößen zu erfassen, eingeschätzte Bedrohungslagen als Maß für äußere Sicherheit oder die Einwohnerzufriedenheit für das Einwohnerwohl einzusetzen. Akzeptierter und leichter ermittelbar mögen Gini-Koeffizienten[56] für die Abbildung der Einkommens- und Vermögensverteilung, Kriminalitätsstatistiken und die

---

[55]   Vgl. Kap. 2.1.3.

[56]   Der Gini-Koeffizient – benannt nach dem italienischen Statistiker Corrado GINI 1884–1965 – ist ein allgemeines Konzentrationsmaß, welches Werte zwischen 0 und 1 annehmen kann. Je größer (kleiner) der Wert dieses Maßes, desto ungleicher (gleicher) ist die zugrundeliegende Verteilung.

(Objektiv) Gemessene Einkommens- und Vermögensverteilungen sagen im Übrigen per se nichts über (Verteilungs-)Gerechtigkeit aus. Eine ungleiche Verteilung ist – anders als des Öfteren behauptet – nicht automatisch ungerecht. Warum sollte beispielsweise jemand, der sich wenig anstrengt und geringe Ergebnisse erzielt, ein genauso hohes Einkommen erhalten wie eine Person mit hohem Anstrengungs- und Ergebnisniveau? Um Einkommens- und Vermögensverteilungen in Gerechtigkeitskategorien zu überführen, bedarf es einer normativen Transformation.

Zahl innerer Unruhen als Abbild der inneren Sicherheit sowie Unfall- und Verkehrsopferzahlen als Indikatoren für Verkehrssicherheit sein. Für die Operationalisierung des **Humankapital**s (hierzu zählen Wissen, Fähigkeiten und Gesundheit)[57] bzw. dessen Änderungen, sind Indikatoren wie qualitätsbereinigte Lebensjahre[58] sowie die im Rahmen der sog. PISA-(**P**rogramme for **I**nternational **S**tudent **A**ssessment)[59], TIMMS-(**T**rends in **I**nternational **M**athematics and **S**cience **S**tudy) und PIRLS-(**P**rogress in **I**nternational **R**eading **L**iteracy **S**tudy) Studien[60] verwendeten Skalen entwickelt worden. Letztlich ist im Einzelfall zu prüfen, inwieweit der Umfang öffentlicher Aufgabenerfüllung auf befriedigende Weise durch Indikatoren erfasst werden kann.

Ein weiteres Problem der genannten (Outcome-)Effizienzkennziffern liegt im Bereich der Kausalität. Derartige Kennziffern setzen wenigstens implizit voraus, dass die Outcomes durch die ihnen zugeordneten Inputs verursacht werden oder wurden. Ist beispielsweise der Umfang der Grundrechtegewährleistung oder das Ausmaß der inneren und äußeren Sicherheit allein auf staatliche Aktivitäten mit dem dahinter stehenden Ressourcenverbrauch (Input) zurückzuführen oder existieren neben den einschlägigen staatlichen Aktivitäten auch andere Einflüsse? Sofern letzteres zutrifft – was in den meisten Fällen zu vermuten ist – müssen die verschiedenen Einflüsse voneinander isoliert werden, um den gemessenen staatlichen Input mit dem gemessenen Outcome in einen korrekten Zusammenhang zu bringen. (Auch) Hierbei bauen sich wenigstens zum Teil (nahezu) unüberwindliche Hürden auf.

---

[57] Der Begriff „Humankapital" wurde 2004 zum „Unwort des Jahres" gekürt. (Auch) Hier kommt Unverständnis über die Ökonomik zum Ausdruck. Kapital einschließlich Humankapital ist etwas Wertvolles und keineswegs ein menschenverachtender Terminus – wie von der selbsternannten Jury „Sprachkritische Aktion Unwort des Jahres" und ihren Anhängern unterstellt. Der „Wert" eines Menschen(lebens) bemisst sich zumindest in der Kosten-Nutzen-Analyse auch nicht an seinem Humankapital, sondern an der Wertschätzung des Lebens durch die Betroffenen (vgl. Kap. 4.3.5). Dabei wird anerkannt, dass es einen „Wert des Lebens an sich" gibt (vgl. auch die Glosse zum Unwort des Jahres in „DIE ZEIT", URL: http://www.zeit.de/2005/03/Unwort).

[58] Vgl. Kapitel 4.3.4.2.

[59] Vgl. OECD (2012, 2013).

[60] Vgl. Martin/Mullis (2013).

Angesichts der Outcome-Messprobleme wird in der politischen und admini-
strativen Praxis selten auf Outcome-Indikatoren[61] und so gut wie nie auf out-
come-orientierte Wirtschaftlichkeitskennziffern rekurriert.[62] Stattdessen wird
auf Output-Indikatoren zurückgegriffen. Dies zeigt sich zum Beispiel sehr
deutlich im Rahmen des sog. **Neuen Steuerungsmodells (NSM)** in der öffentlichen Verwaltung.[63] Im Gegensatz zur „traditionellen" Verwaltungssteue-
rung, die als „inputorientiert" angesehen wird, weil sie die von der Verwaltung zu erbringenden Leistungen nicht näher operationalisiert, gilt das NSM
als „outputorientiert". Letzteres bedeutet hier, dass man versucht, nicht nur
den wertmäßigen Input darzustellen, sondern auch die (grundsätzlich nichtmarktlichen) Leistungen der öffentlichen Verwaltung quantitativ (mengenmäßig) abzubilden.

Die Outputdarstellung erfolgt im ersten Schritt über die Definition sog. **Produkte**. Abstrakt gesehen entsprechen Produkte des öffentlichen Sektors zumeist Verwaltungsakten (Zulassungen/Genehmigungen, Bescheide, Zahlungen, Überwachungsmaßnahmen usw.) bzw. Fallzahlen/Leistungsmengen, der
Zahl der versorgten Personen o. ä. Die konkreten Produkte einer öffentlichen
Verwaltung sind äußerst zahlreich und vielfältig.[64] Im Bereich von kommunaler Sicherheit und Ordnung seien exemplarisch genannt: An-, Um- und Ab-
meldungen, die Ausstellung und der Entzug von Fahrerlaubnissen („Führer-
scheinen"), die Ausstellung von Führungszeugnissen, Eheschließungen, Be-
glaubigungen, Maßnahmen im Bereich der Gewerbe- und Gaststättenüberwa-
chung. Für die Bauverwaltung sind Baugenehmigungen und Statikprüfungen
typische Produkte. Produkte von Arbeitsagenturen stellen z. B. die Vermitt-
lung und Weiterqualifikation von Arbeitssuchenden dar. Bei Finanzämtern
könnte man die Steuerbescheide und Steuerprüfungen als Produkte definie-

---

[61]   Eine der wenigen Ausnahmen stellt die bildungspolitische „PISA-Debatte" dar. Hier
       werden tatsächlich die Outcome-Indikatoren verschiedener Staaten und Bundesländer
       miteinander verglichen, wenngleich die gebotene Interpretationsvorsicht in der öffent-
       lichen Debatte unterbleibt und die daraus gezogenen Schlüsse zum Teil abenteuerlich
       anmuten (vgl. auch Wuttke 2007 u. 2009).

[62]   Dieser Verzicht sollte nicht als generelle Unmöglichkeit einer Outcome-Orientierung in-
       terpretiert werden. Vielmehr ist das Praxisverhalten eher dahingehend zu deuten, dass
       dort wenig oder keine entsprechende fachliche Qualifikation vorhanden ist und der mit
       einer Outcome-Orientierung verbundene Aufwand als zu hoch angesehen wird.

[63]   Zum Neuen Steuerungsmodell vgl. z. B. Banner (1991) und KGSt (1993).

[64]   Zur Produktbildung vgl. z. B. KGSt (1994, 1997).

ren. In der Kinder- und Jugendhilfe kann die Zahl der Beratungen, Unterstützungsmaßnahmen und Unterbringungen beispielhaft genannt werden. Im Bereich der Schul- und Kulturverwaltung lässt sich die Zahl der Schüler, der Abschlüsse, besondere sozialpädagogische oder psychologische Leistungen anführen. Produkte von Volkshochschulen können die Zahl der Kurse und deren Teilnehmer sein. Im Kulturbereich kann die Zahl der Veranstaltungen (Konzerte, Aufführungen, Ausstellungen etc.) erwähnt werden. Usw.

Im zweiten Schritt werden der Input respektive Ressourcenverbrauch (Ausgaben/Aufwand), das sog. Ressourcenaufkommen (Einnahmen/Erträge) und Produkte (Output) in sog. **Produkthaushalten** zusammengeführt. Neben den Einnahmen und Ausgaben (bei kameralistischer Haushaltsführung) bzw. Erträgen und Aufwand (bei doppischer Haushaltsführung), die Bestandteile des klassischen (Nichtprodukt-)Haushalts sind, bildet der Produkthaushalt darüber hinaus die von der öffentlichen Verwaltung zu erbringenden Produktmengen ab.[65] Dabei werden häufig ergänzend die Produkt(voll)kosten und qualitative Produktmerkmale aufgeführt. Im Grundsatz bewilligt die Legislative (Parlament, Gemeinderat) mit dem produktorientierten Haushaltsplan finanzielle Ressourcen (Inputs) für die Verwaltung, mit denen diese bestimmte aufgaben- bzw. zielbezogene Produktmengen (Outputs) bereitzustellen hat.[66]

Auf den ersten Blick ordnen Produkthaushalte bestimmte Inputs (Ausgaben/Aufwand) eindeutig bestimmten Outputs (Produkten) zu und scheinen damit auf einfache Art die Bildung von entsprechenden Input-Output-Relationen respektive Wirtschaftlichkeitskennziffern zu ermöglichen. Produkt-Aufwand-Relationen vernachlässigen jedoch zum einen innerbetriebliche Leistungsströme. Dabei handelt es sich um Leistungen, die nicht unmittelbar für externe Abnehmer, sondern als Vorleistungen für interne Stellen erbracht werden. Diese Leistungen sind den Stellen, für die sie erbracht werden, als Ressourcenverbrauch (Input) zuzurechnen. Zweitens enthält die dem externen Rechnungswesen zugehörige Rechengröße „Aufwand" auch neutralen Ressourcenverbrauch (d. h. betriebsfremden und außerordentlichen Aufwand)

---

[65] Dahinter steht das Problem, dass das einzel- bzw. betriebswirtschaftliche Rechnungswesen lediglich in der Lage ist, Formalziele abzubilden. Sachziele lassen sich damit nicht unmittelbar erfassen. Deshalb erfolgt in der öffentlichen Haushaltsplanung eine Ergänzung des finanziellen Bereichs um Sachziele (Produktvorgaben).

[66] Zu den Steuerungswirkungen des sog. Neuen öffentlichen Haushaltshalts- und Rechnungswesens vgl. Mühlenkamp (2011).

und kennt keine Opportunitätskosten (z. B. Eigenkapitalkosten).[67] Somit sind Aufwand-Produkt-Relationen zur Beurteilung der Wirtschaftlichkeit von Organisationseinheiten grundsätzlich ungeeignet.

Die Herstellung des verursachungsgerechten und korrekt abgegrenzten Zusammenhangs zwischen dem betrieblichen Werteverzehr (Kosten) und den Erlösen bzw. im öffentlichen Sektor den Produkten ist Aufgabe der Kostenrechnung.[68] Daher mag es sinnvoll erscheinen, im Haushalt neben Einnahmen und Ausgaben bzw. Erträgen und Aufwand auch die Produkt(voll)kosten darzustellen. Allerdings bestehen verschiedene Möglichkeiten der Vollkostenermittlung, so dass die Kosten einzelner Produkte nur dann miteinander vergleichbar sind, wenn sie nach einheitlichen Standards ermittelt werden (vgl. Kapitel 3.4.2).[69] Insgesamt ist der Informationsgehalt von Haushaltsplänen in Hinblick auf die Wirtschaftlichkeit von Gebietskörperschaften entgegen des ersten Blicks also deutlich zu relativieren.

Ein weiterer problematischer Punkt von Produkthaushalten ist die Unklarheit bezüglich der eigentlichen Aufgabenerfüllung bzw. der Sachzielerreichung. Outputs stellen nur einen „Zwischeninput" bei der „Produktion" von Outcomes dar. Während die Kausalität zwischen Inputs und Outputs einigermaßen erkennbar sein dürfte, dürfte – wie schon im vorangehenden Kapitel erwähnt – der Zusammenhang zwischen Outputs und Outcomes (respektive die Effektivität) im Einzelfall ohne weiteres kaum bekannt sein. Wenn Outputs zufällig stark mit den intendierten Outcomes korrelieren, wären Outputs ein brauchbares Näherungsmaß für Outcomes. Da ein starker Zusammenhang zwischen Outputs und Outcome jedoch keineswegs garantiert ist, dürfen regelmäßig Zweifel an der Eignung von Outputs als Outcome-Indikatoren angemeldet werden.

Outputmengenvorgaben können bezüglich der angestrebten Outcomes sogar kontraproduktiv sein. Nehmen wir als Beispiel das Bildungswesen. Der politische Wunsch nach möglichst vielen Abiturienten und Hochschulabsolventen

---

[67] Die Abgrenzung der verschiedenen Begriffe und die Aufgaben des externen und internen Rechnungswesens finden sich quasi in jedem Lehrbuch zur Allgemeinen Betriebswirtschaftslehre oder zum betrieblichen Rechnungswesen.

[68] Auch als „Kosten- und Leistungsrechnung" oder „Kosten-Erlös-Rechnung" bezeichnet.

[69] Am Rande sei darauf hingewiesen, dass die Vollkostenrechnung zur betrieblichen Entscheidungsunterstützung grundsätzlich ungeeignet ist. Dazu wurden verschiedene Systeme der Teilkostenrechnung entwickelt (vgl. z. B. Eisele/Knobloch 2011, S. 891).

(mengenmäßiger Output) führt keineswegs zwangsläufig zu mehr Humankapital (als Outcome). Wohl eher im Gegenteil: Hohe Fallzahlen bei besseren Noten lassen sich am einfachsten durch einfacheren Lehr- und Lernstoff (damit alle folgen können) sowie leichtere Prüfungen erreichen.[70] So werden formal immer mehr, immer besser qualifizierte Absolventen generiert, deren tatsächliches Humankapital immer weniger der „Papierform" entsprechen dürfte. Hier wird ein generelles Problem mengenorientierter Zielvorgaben (im früher real existierenden Sozialismus wurde dies als „Tonnenideologie" bezeichnet) deutlich. Mengen lassen sich grundsätzlich relativ einfach zu Lasten der Qualität steigern. Je schwieriger Qualitätskontrollen sind, desto größer ist die Gefahr einer Substitution von Qualität durch Quantität.

Zum Abschluss dieses Kapitels ist also zu sagen, dass vor dem Hintergrund des öffentlichen Aufgabenspektrums outcomeorientierte Wirtschaftlichkeitsmaße wünschenswert wären, deren Operationalisierung jedoch auf mehr oder weniger große Schwierigkeiten stößt. Die praktische Vorgehensweise, stattdessen Output- bzw. Produktmengen auszuweisen, ist vermutlich besser als ein völliger Verzicht auf die Darstellung der Leistungsseite, stellt jedoch keine generell befriedigende Lösung dar. Outputmengen bilden Outcomes bestenfalls näherungsweise ab. Es besteht sogar die Gefahr, dass die Outputmengenorientierung Fehllenkungen erzeugt. Zudem sind die in produktorientier-

---

[70] Der Wissenschaftsrat weist schon seit Jahren auf die Noteninflation an deutschen Hochschulen hin. So auch in der letzten veröffentlichen Auswertung der Prüfungsnoten an deutschen Hochschulen von 2010 (vgl. Wissenschaftsrat 2012).

Das Problem besteht hier darin, dass sich Talente (bei Abwesenheit entsprechender gentechnologischer Eingriffe) nicht vermehren lassen. Dies bedeutet, dass ein immer größerer Teil von Schülern und Studierenden nicht die Voraussetzungen mitbringt, die in der Vergangenheit in Oberstufe und Hochschule erforderlich waren. Dies mindert zwangsläufig das Unterrichts- bzw. Lehrniveau. Hierbei ist weniger ein Problem, dass mittlere Begabungen adäquat unterrichtet bzw. „belehrt" werden. Das Problem ist eher die mangelnde Förderung der überdurchschnittlich Begabten, die durch die zurückgehende Differenzierung im öffentlichen Schulsystem kaum angemessen behandelt werden können. (Im Sport würde kaum jemand auf die Idee kommen, hochtalentierte angehende Spitzensportler gemeinsam mit sporttalentfreien Personen in gemeinsamen Übungsgruppen zusammenzufassen.) Für motivierte, überdurchschnittlich Begabte bräuchte man also „Elitegymnasien" oder „Elitehochschulen". Hier wird die Illusion einheitlicher bzw. undifferenzierter („integrativer") Ausbildung sichtbar. In dem Maße, in dem Bildung nivelliert wird, entsteht das zwangsläufige und berechtigte Interesse nach Differenzierung. Die theoretische Lösung bestünde in einer Outcome-Orientierung, die jedoch mit oben angesprochenen Mess- und Interpretationsschwierigkeiten verbunden ist.

ten Haushalten/Haushaltsplänen ausgewiesenen Inputgrößen „Ausgaben"
bzw. „Aufwand" nicht geeignet, um sie den Outputmengen gegenüberzustellen. Grundsätzlich sind Produkte an ihren „Kosten" zu messen. Allerdings
sind die in Produkthaushalten ausgewiesenen Produktvollkosten letztlich nur
willkürlich ermittelbar und ohne Kostenrechnungsstandards auch nicht untereinander vergleichbar.[71]

3.3   Wirtschaftlichkeits-/Effizienzkonzepte

Wir hatten im vorangehenden Abschnitt dargelegt, dass Aufwand-Produkt-
Relationen, die sich mit den Daten aus öffentlichen (Produkt-)Haus-
haltsplänen bilden lassen, keine sinnvollen Wirtschaftlichkeitskennziffern liefern. Dies wirft die Frage auf, welche Arten von Wirtschaftlichkeitskennziffern
oder besser, welche „Wirtschaftlichkeitskonzepte" (synonym „Effizienzkonzepte")[72] speziell für die öffentliche Hand aussagekräftig bzw. geeignet und
zugleich praktikabel sind. Vor diesem Hintergrund werden jetzt zunächst die
in den Wirtschaftswissenschaften gängigen einzelwirtschaftlichen Wirtschaftlichkeitskonzepte (synonym „Wirtschaftlichkeitsbegriffe") vorgestellt. Dabei
handelt es sich um „Produktivität", „Kosteneffizienz", „Wirtschaftlichkeit
i. e. S." und „Rentabilität". Im Anschluss daran wird auf ergänzende Effizienzkonzepte eingegangen, die sich an den speziellen Aufgaben der öffentlichen Hand orientieren.

3.3.1   „Konventionelle" einzelwirtschaftliche Effizienzkonzepte

Als kardinale Skalen für Effizienzkennziffern kommen „Mengeneinheiten"
und „Geldbeträge" in Betracht. Mengeneinheiten können unterschiedliche
Metriken aufweisen – beispielsweise Stückzahlen, Längen-, Raum- und Ge-
wichtsmaße oder physikalische Maßeinheiten wie kw/h. Mengeneinheiten
können mit Hilfe von Geldeinheiten (mit „Währungsmetriken" wie €, $, £)
bewertet werden. Aus dem Produkt aus Mengen und Geldeinheiten ergeben
sich Geldbeträge. Beispielsweise resultiert der Umsatz/Erlös für ein bestimm-

---

[71] Vgl. hierzu ausführlicher Kapitel 3.4.2.

[72] Der Terminus „Wirtschaftlichkeitskonzept" bzw. „Effizienzkonzept" ist dem Begriff
      „Wirtschaftlichkeitskennziffer" – synonym „Effizienzkennziffer" – übergeordnet. Ein
      Wirtschaftlichkeits-/Effizienzkonzept kann in verschiedene Wirtschaftlichkeits-/Effi-
      zienzkennziffern münden.

tes Produkt aus der Multiplikation der Absatzmenge mit dem Absatzpreis. Kosten eines Inputs (auch "Produktionsfaktor") resultieren aus dem Produkt aus Inputmenge und Input- bzw. Faktorpreis. Effizienzkennziffern können also in Zähler und Nenner Mengeneinheiten oder im Zähler Mengeneinheiten und im Nenner Geldbeträge bzw. umgekehrt im Zähler Geldbeträge und im Nenner Mengeneinheiten oder sowohl im Nenner als auch im Zähler Geldbeträge umfassen. Diese Einteilung unterscheidet die folgenden (einzelwirtschaftlichen) Effizienzkonzepte.

Misst man den Output und den Input in Mengeneinheiten, entspricht dies dem Konzept bzw. dem Begriff der **(technischen) Produktivität** (synonym **„Produktionseffizienz"**):[73]

$$\frac{\text{Inputmenge(n)}}{\text{Outputmenge(n)}} \quad \text{bzw.} \quad \frac{\text{Outputmenge(n)}}{\text{Inputmenge(n)}} = \textbf{(techn.)}\,\textbf{"Produktivität"} .$$

Die (technische) Produktivität ist ein erstes verbreitetes einzelwirtschaftliches Wirtschaftlichkeits- bzw. Effizienzkonzept. Wird die Inputmenge beispielsweise in Form von Arbeitsstunden oder der Zahl der Vollzeitkräfteäquivalente[74] gemessen, ergeben sich bezogen auf den Output oder das Produkt „Verwaltungsakt" die Quotienten/Produktivitätskennziffern

$$\frac{\text{Arbeitsstunden}}{\text{Zahl der Verwaltungsakte}} = \text{Arbeitsstunden pro Verwaltungsakt}^{[75]} \quad (3.1a)$$

bzw.

$$\frac{\text{Zahl der Verwaltungsakte}}{\text{Zahl der Vollzeitkräfteäquivalente}} = \text{Verwaltungsakte pro Vollzeitkraft} . (3.1b)$$

---

[73] Der Begriff der Produktivität wird sowohl in der Betriebs- als auch in der Volkswirtschaftslehre verwendet. In der Volkswirtschaftslehre findet sich gleichbedeutend auch die Bezeichnung „Produktionseffizienz".

[74] Dies bedeutet, dass Teilzeitkräfte in Vollzeitkräfte umzurechnen sind. So ergeben zwei Halbtagskräfte eine Vollzeitkraft – usw.

[75] Bezogen auf die Aufgaben der öffentlichen Hand wären theoretisch Input-Outcome-Mengenrelationen gegenüber Input-Output-Mengenrelationen vorzuziehen. Könnte man exemplarisch Grundrechte oder Sicherheit in Mengeneinheiten messen, ließen sich auch Inputmengen wie Arbeitsstunden pro Einheit Grundrechte, innere Sicherheit etc. ermitteln. Diese Vorgehensweise scheitert jedoch – wie oben begründet – an realen Gegebenheiten.

Da in (3.1a) und (3.1b) der Input „Arbeit" bzw. der Arbeitseinsatz auf eine Outputmenge bezogen wird, handelt es sich hier um Kennziffern der „Arbeitsproduktivität". Im Grunde lässt sich für jede Art von Input eine Produktivitätskennziffer bilden. So ließe sich ggf. die „Maschinenproduktivität" (Outputmenge/Maschinenstunden), die „Energieproduktivität" (Outputmenge/eingesetzte Energiemenge) usw. berechnen. Werden einzelne Inputs/Produktionsfaktoren ins Verhältnis zu Outputmengen gesetzt, spricht man von **„einfachen Faktorproduktivitäten"**.

Setzt man dagegen nicht nur einzelne, sondern simultan alle eingesetzten Inputs/Produktionsfaktoren in Relation zu(r) Outputmenge(n), entspricht dies der **„totalen Faktorproduktivität"**. Allerdings müssen dann verschiedene, mit unterschiedlichen Metriken gemessene Inputs (und Outputs) in Nenner oder Zähler zusammengefasst werden. Den damit verbundenen Problemen und Lösungsmöglichkeiten wird in Kapitel 3.4.3.1 nachgegangen.

Das zweite einzelwirtschaftliche Effizienzkonzept, die sog. **Kosteneffizienz**, setzt Geldbeträge (Kosten) in Beziehung zu Outputmengen.

$$\frac{\text{Inputkosten}}{\text{Outputmenge(n)}} \quad \text{bzw.} \quad \frac{\text{Outputmenge(n)}}{\text{Inputkosten}} = \text{"Kosteneffizienz"} .$$

Die (Produktions-)Kosten ergeben sich durch die Bewertung der Inputmengen respektive Faktormengen mit den Input- bzw. Faktorpreisen. Bewerten wir exemplarisch die eingesetzten Arbeitsstunden mit den entsprechenden Stundenlöhnen, erhalten wir die Arbeitskosten (Arbeitskosten = Stundenlohn × Arbeitsstunden). Dann lassen sich die Arbeitskosten pro Verwaltungsakt gleichbedeutend mit den Arbeitsdurchschnittskosten (auch „Arbeitskosteneffizienz") ermitteln:

$$\frac{\text{(Arbeits-)Kosten}}{\text{Zahl der Verwaltungsakte}} = \text{(Arbeits-) Kosteneffizienz} . \qquad (3.2a)$$

Da sich die Kosten jedes einzelnen Inputs ins Verhältnis zu Outputmenge(n) setzen lassen, existieren entsprechend viele Kosteneffizienzindikatoren. In Hinblick auf einen Maschineneinsatz als weiteres Beispiel könnte man die Maschinenkosten pro Stunde ansetzen, um die Maschinenkosten zu berechnen (Maschinenkosten = Maschinenstundenkosten × Arbeitsstunden). Daraus ergäben sich die Maschinendurchschnittskosten respektive die „Maschinenkosteneffizienz":

$$\frac{(\text{Maschinen-})\text{Kosten}}{\text{Zahl der Verwaltungsakte}} = (\text{Maschinen-})\,\text{Kosteneffizienz}. \qquad (3.2\text{b})$$

Analog zu einfachen Faktorproduktivitäten wären Kosteneffizienzmaße, die nur die Kosten einzelner Produktionsfaktoren erfassen, wie (3.2a) und (3.2b), als **„einfache Kosteneffizienz"** anzusehen.

Das Problem der Aggregation von mit unterschiedlichen Mengenmetriken erfassten Produktionsfaktoren wird beim Konzept der Kosteneffizienz einfach durch die Gewichtung der Inputmengen mit den zugehörigen Faktorpreisen gelöst. Sofern neben Arbeit auch Kapital eingesetzt wird, wären auch die Kapitalkosten zu ermitteln. Letztere ergeben sich aus der Menge des eingesetzten Kapitals (bewertet in Geldeinheiten) multipliziert mit dem Preis bzw. den Opportunitätskosten des Kapitals. Kapitalkosten werden üblicherweise in Prozentwerten bzw. als Kapitalzinssatz ausgedrückt. Es gilt: Kapitalkosten = Kapitalmenge · Kapitalzinssatz.[76] Die Gesamtkosten pro Verwaltungsakt belaufen sich dann auf

$$\frac{\text{Arbeitsmenge} \cdot \text{Arbeitsentgelt} + \text{Kapitalmenge} \cdot \text{Kapitalzinssatz}}{\text{Zahl der Verwaltungsakte}}$$

$$= \text{totale (Verwaltungs-)Kosteneffizienz}. \qquad (3.2\text{c})$$

Sofern die Kosten aller Produktionsfaktoren berücksichtigt werden, wäre analog zur totalen Faktorproduktivität von der **„totalen Kosteneffizienz"** zu sprechen.

Bewertet man nicht nur den gesamten Input bzw. den gesamten Ressourcenverbrauch, sondern auch den gesamten Output bzw. das gesamte Ressourcenaufkommen mit Hilfe von Geldeinheiten, gelangt man zum betriebswirtschaftlichen Konzept der **Wirtschaftlichkeit i. e. S.** Hier stehen im Zähler und im Nenner Wertgrößen (Geldbeträge):

---

[76] Genaugenommen ist regelmäßig zwischen Eigenkapital (EK) und Fremdkapital (FK) zu unterscheiden. Die Fremdkapitalzinsen respektive Fremdkapitalkosten entsprechen dem an die Gläubiger zu zahlenden Fremdkapitalzinssatz (i_{FK}). Als Eigenkapitalzinssatz (i_{EK}) sind die sog. Opportunitätskosten anzusetzen. Diese entsprechen der (hypothetischen) Verzinsung des eingesetzten Eigenkapitals in der besten alternativen Verwendung. Für die Gesamtkapitalkosten K_{Kap} gilt dann: $K_{Kap} = EK \cdot i_{EK} + FK \cdot i_{FK}$.

$$\frac{\text{bewerteter Input (Ressourcenverbrauch)}}{\text{bewerteter Output („Ressourcenaufkommen")}} \quad \text{bzw.}$$

$$\frac{\text{bewerteter Output („Ressourcenaufkommen")}}{\text{bewerteter Input (Ressourcenverbrauch)}}$$

$$= \textbf{„Wirtschaftlichkeit i. e. S."}$$

Im vorliegenden Kontext sind drei Perspektiven zu unterscheiden – zum einen der Fluss bzw. die Veränderung des Geldvermögens, welche(r) durch die traditionelle Verwaltungskameralistik zum Ausdruck kommt. Hier werden Einnahmen und Ausgaben ins Verhältnis gesetzt:

$$\frac{\text{Einnahmen}}{\text{Ausgaben}} \quad \text{bzw.} \quad \frac{\text{Ausgaben}}{\text{Einnahmen}}. \tag{3.3a}$$

Zweitens kann die Veränderung des Gesamtvermögens betrachtet werden, welche durch die Gewinn- und Verlustrechnung („Ergebnisrechnung") im Rahmen des kaufmännischen externen Rechnungswesens („Doppik") ermittelt wird:

$$\frac{\text{Ertrag}}{\text{Aufwand}} \quad \text{bzw.} \quad \frac{\text{Aufwand}}{\text{Ertrag}}. \tag{3.3b}$$

Drittens kann das Paradigma des **„Betriebszwecks"**[77] angenommen werden. Dann ist ausschließlich der durch den Betriebszweck bedingte Ressourcenverzehr („Kosten"), welcher durch die Kostenrechnung ermittelt wird, dem betriebsbedingten Ressourcenaufkommen („Erlöse") gegenüberzustellen:

---

[77] Unter dem Betriebszweck sind die eigentlichen Geschäftsfelder bzw. das sog. Kerngeschäft zu verstehen. Der Betriebszweck eines Automobilkonzerns ist die Produktion und der Absatz von Kraftfahrzeugen. Erzielt er daneben Gewinne/Verluste beispielsweise aus Immobilien- oder Finanzgeschäften, beeinflussen diese zwar das Gesamtvermögen/Gesamtergebnis, sind aber betriebsfremd (neutral) und damit nicht zum Betriebsergebnis zu zählen. Dafür gehen aber kalkulatorische Kosten (kalkulatorische Eigenkapitalzinsen etc.), die keinen Aufwand darstellen, in das Betriebsergebnis ein. Das Betriebsergebnis resultiert also aus dem Gesamtergebnis (aus der Gewinn- und Verlustrechnung), bereinigt um das neutrale (betriebsfremde, außergewöhnliche) Ergebnis plus den kalkulatorischen Kosten (vgl. dazu z. B. Wöhe 2013, S. 643 ff.).

Wenigstens der Gedanke der Bereinigung um das neutrale Ergebnis lässt sich grundsätzlich auf öffentliche Verwaltungen übertragen. Wenn eine öffentliche Verwaltung außerhalb ihres Aufgabenkreises ("Betriebszwecks") Gewinne oder Verluste macht, sind diese zwar zum Gesamtergebnis, nicht aber zum Betriebsergebnis zu zählen.

$$\frac{\text{Erlöse}}{\text{Kosten}} \quad \text{bzw.} \quad \frac{\text{Kosten}}{\text{Erlöse}}. \tag{3.3c}$$

Obwohl öffentliche Verwaltungen anders als (private und öffentliche) Unternehmen keine marktgängigen Produkte anbieten, erzielen auch sie Einnahmen, Erträge, Erlöse. Diese stammen aus Steuern, Zuweisungen, Gebühren, Beiträgen etc. Da die öffentliche Verwaltung grundsätzlich unter der Nebenbedingung der Ausgaben-, Aufwands- bzw. Kostendeckung operiert, sind Einnahmen-Ausgaben- bzw. Ertrags-Aufwands- bzw. Erlös-Kosten-Relationen von eins anzustreben. Bei öffentlichen Unternehmen, die marktliche Güter anbieten, können moderate Ertrags- oder Erlösüberschüsse angezeigt sein. Private Unternehmen werden dagegen Ertrags-Aufwands- bzw. Erlös-Kosten-Relationen zu maximieren versuchen.

Ein weiteres einzelwirtschaftliches Effizienzkonzept stellt die **Rentabilität** dar. Dabei wird der mit Hilfe des kaufmännischen Rechnungswesens ermittelte Gewinn (Ertrag – Aufwand) auf bestimmte andere wertmäßige Basisgrößen bezogen. Als Basisgröße dienen üblicherweise das eingesetzte Kapital und Umsätze. Beides sind Wertgrößen:

$$\frac{\text{Gewinn} \, (+\ldots)}{\text{wertmäßige Basisgröße}} \quad \text{bzw.} \quad \frac{\text{wertmäßige Basisgröße}}{\text{Gewinn} \, (+\ldots)} = \text{„Rentabilität"}.$$

Häufig verwendete Rentabilitätsmaße sind z. B. die

$$\text{Eigenkapitalrentabilität} = \frac{\text{Gewinn}}{\text{Eigenkapital}}, \tag{3.4a}$$

und die

$$\text{Gesamtkapitalrentabilität} = \frac{\text{Gewinn} + \text{Fremdkapitalzinsen}}{\text{Eigenkapital} + \text{Fremdkapital}}. \tag{3.4b}$$

Bei der Darstellung der Gesamtkapitalrentabilität ist neben dem Gewinn als Verzinsung des Eigenkapitals die Verzinsung des Fremdkapitals einzubeziehen.

Auch die Umsatzrentabilität,

$$\text{Umsatzrentabilität} = \frac{\text{Gewinn}}{\text{Umsatz}}, \tag{3.4c}$$

ist eine betriebswirtschaftlich häufig betrachtete Größe.

Der Unterschied zwischen dem Konzept der Wirtschaftlichkeit i. e. S. und der Rentabilität besteht darin, dass letzteres Ertrag und Aufwand in Form des Gewinns auf eine Basisgröße (eingesetztes Kapital, Umsatz etc.) bezieht. Damit wird berücksichtigt, wie viel Kapital bzw. Umsatz für einen bestimmten Gewinn benötigt wird. Die Wirtschaftlichkeit steigt, je weniger Kapital oder Umsatz für einen definierten Gewinn erforderlich ist.

Rentabilität scheidet für öffentliche Verwaltungen als Orientierungsgröße aufgrund der Zielsetzung und den fehlenden Möglichkeiten zur Erzielung marktlicher Erlöse aus.[78] Bei öffentlichen Unternehmen spielen gewinnbasierte Maße wegen der nur sekundären Gewinnorientierung eine geringere Rolle als in der Privatwirtschaft. Damit sind Rentabilitätsmaße für einen Vergleich von öffentlichen und privaten Unternehmen im Übrigen grundsätzlich ungeeignet.[79]

3.3.2   Ergänzende, aufgabenbezogene Effizienzkonzepte für die öffentliche Hand

Unter Berücksichtigung der in Kapitel 3.1 genannten Aufgaben und Ziele der öffentlichen Hand sind die konventionellen einzelwirtschaftlichen Effizienzkonzepte – abgesehen von der grundsätzlichen Unzweckmäßigkeit der Rentabilität – zumindest ergänzungsbedürftig. Einzelwirtschaftliche Kennziffern gehen von der Perspektive der „Einzelwirtschaft" also dem Unternehmen oder der Verwaltung aus. Begriffe wie „Einwohnerwohl" oder volkswirtschaftliche Aufgabenzuschreibungen implizieren jedoch eine andere Sicht, nämlich die des Bürgers bzw. der Gesellschaft. Infolgedessen sind im vorliegenden Kontext auch Effizienzkonzepte und Wirtschaftlichkeitsindikatoren zu betrachten, die den letztgenannten Standpunkten entsprechen.

Beginnen wir mit der Bürgersicht bzw. der Sicht des Individuums. Aus der Sicht des einzelnen Bürgers zählt (aus der hier eingenommenen ökonomischen Sichtweise) der Wert der Leistungen, die die öffentliche Hand für ihn erbringt. Die Werte, die Bürger bzw. Individuen Gütern beimessen, sind immer subjektiv, da es keine objektiven Werte gibt. In der Ökonomik erfasst man die (sub-

---

[78] Man beachte: Kein Gewinn (d. h. der Zähler nimmt den Wert 0 an) bedeutet eine Rentabilität von Null (der Quotient nimmt ebenfalls den Wert 0 an). Aufgrund ihrer spezifischen Aufgabenstellung hat die öffentliche Verwaltung regelmäßig Kapital- und Umsatzrentabilitäten von Null anzustreben. Eine von Null abweichende Rentabilität ist bei öffentlichen Verwaltungen im Grundsatz als Misserfolg zu werten.

[79] Vgl. Mühlenkamp (2012a).

jektive) Wertschätzung der Individuen für Güter analytisch über **Zahlungsbe-**
reitschaften. Damit sind die Geldbeträge gemeint, die Individuen maximal für
bestimmte Mengen eines Gutes zu zahlen bzw. zu opfern bereit sind. Unter
den üblichen ökonomischen Annahmen sind Zahlungsbereitschaften ein Indikator für den Nutzen (daher könnte man von „Verbrauchernutzen" oder hier
„Bürgernutzen" sprechen), den die entsprechenden Gütermengen bei den betrachteten Individuen stiften. Unter dem Terminus „Gut" kann grundsätzlich
alles verstanden werden, was Nutzen stiftet. Demzufolge zählen auch imma-
terielle und nichtmarktliche Güter oder in unserem Kontext auch Outcomes
dazu – wie Freiheit, Frieden, Gerechtigkeit, Humankapital, Umwelt.[80]

Zahlungsbereitschaften für marktgängige Güter lassen sich grundsätzlich mit
Hilfe von **Nachfragefunktionen** ermitteln. Eine Nachfragefunktion (N) bildet
den Zusammenhang zwischen der Nachfragemenge (x) und dem Preis (p) eines Gutes ab: $N = x(p)$. In Lehrbüchern werden häufig auch inverse Nachfragefunktionen (hier als N' bezeichnet) verwendet. Diese stellen die Beziehung
zwischen Preis und Nachfragemenge dar: $N' = p(x)$.[81] Bei nichtmarktlichen Gütern sind per definitionem keine Nachfragefunktionen beobachtbar. Demzufolge müssen sie auf indirektem Wege aus marktlichen Nachfragefunktionen
abgeleitet oder durch Befragung bzw. experimentell ermittelt werden. Man
spricht in diesem Zusammenhang auch von **„Pseudo-Nachfragefunk-**
tionen".[82]

---

[80] Für Nichtökonomen ist es häufig zunächst befremdlich, wenn Zahlungsbereitschaften
(oder auch Kompensationen) für „alles Mögliche" unterstellt werden. Tatsächlich lässt
sich dieses Phänomen empirisch bzw. experimentell regelmäßig beobachten. Beispielsweise sind Individuen durchaus bereit, Wohlstand für mehr Verteilungsgerechtigkeit zu
opfern. Oder sie lassen sich höhere Löhne für gesundheitsschädliche Arbeiten bezahlen.
Damit tauschen sie letztlich Geld gegen nichtmarktliche Güter.

[81] Grundsätzlich lassen sich Nachfragefunktion und inverse Nachfragefunktionen durch
Invertieren ineinander überführen.

[82] Zur Ermittlung von Pseudo-Nachfragefunktionen vgl. z. B. Mühlenkamp (1994,
S. 191 ff.).

Abb. 3.1:   Zahlungsbereitschaft, Erlös und Konsumentenrente

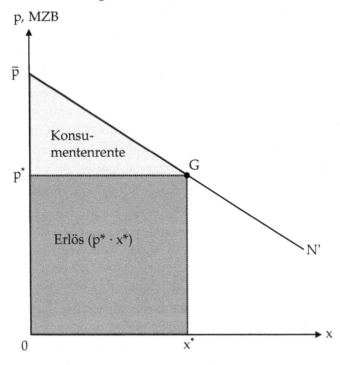

Graphisch lassen sich Zahlungsbereitschaften einfach darstellen. Sie entsprechen der relevanten Fläche unter der (inversen) Nachfragefunktion.[83] Werfen
wir dazu einen Blick auf Abb. 3.1. Auf der Vertikalen (Ordinate) ist der Preis
(p) bzw. die marginale Zahlungsbereitschaft (MZB) dargestellt. Die Horizontale (Abszisse) gibt die Nachfragemenge x wieder. Grundsätzlich nimmt die
Zahlungsbereitschaft mit zunehmender Menge ab (dahinter verbirgt sich regelmäßig das Phänomen des abnehmenden Grenznutzens).[84] Deshalb verlau-

---

[83] Mathematisch lässt sich die Zahlungsbereitschaft für bestimmte Mengen eines Gutes aus
      dem Integral der inversen Nachfragefunktion in den Grenzen zwischen 0 und der be-
      trachteten Menge (hier x*) berechnen. Dies klingt kompliziert, ist aber tatsächlich recht
      einfach, wenn erst einmal die Nachfragefunktion ermittelt wurde.

[84] Abnehmender Grenznutzen bedeutet, dass der Nutzen jeder weiteren Einheit eines Gutes
      umso kleiner ist, je mehr davon bereits verfügbar ist. Beispielsweise ist davon auszuge-
      hen, dass eine – wie auch immer gemessene – zusätzliche Einheit Sicherheit/Ordnung bei
      geringem Sicherheits-/Ordnungsniveau mehr Nutzen stiftet als bei hohem Sicherheits-
      /Ordnungsniveau. Im ersten Fall sind Sicherheit und Ordnung nämlich knapper als im
      zweiten Fall.

fen (Pseudo-)Nachfragefunktionen von links oben nach rechts unten. Dies gilt sowohl für die individuelle Nachfrage als auch für die gesamte Nachfrage über alle Individuen („Marktnachfrage").

Der Nutzen aller Nachfrager (wir interpretieren also jetzt die inverse Nachfragefunktion N' = p(x) als Gesamtnachfragefunktion, die die individuelle Nachfrage aggregiert) bei der Menge x* entspricht der Fläche unter der inversen (Pseudo-)Nachfragefunktion zwischen 0 und x*. Diese Fläche weist die Eckpunkte $\overline{p}$, G, x* und 0 auf. $\overline{p}$ bezeichnet den sog. Höchstpreis und G das Marktgleichgewicht. Für die Menge x* haben die Nachfrager im Marktgleichgewicht insgesamt jedoch nur den Betrag p* · x* zu zahlen. Er entspricht dem dunklen Viereck p*Gx*0. Exakt diesen Betrag verbuchen der oder die Anbieter im Gegenzug als Einnahme bzw. Erlös. Zieht man den Zahlbetrag von der Zahlungsbereitschaft ab, verbleibt der Nettonutzen (= Zahlungsbereitschaft abzgl. zu zahlender Betrag). Dieser Nettonutzen wird als **„Konsumentenrente"** bezeichnet, die hier durch das hell unterlegte Dreieck $\overline{p}$ Gp* zum Ausdruck kommt. Wir erkennen, dass die Zahlungsbereitschaft bzw. der Nutzen der Konsumenten größer ist als der tatsächlich zu zahlende Betrag bzw. die im einzelwirtschaftlichen Rechnungswesen der Anbieter erfassten Umsätze/Erlöse.[85]

Mit anderen Worten: Das Rechnungswesen der Anbieter – hier der öffentlichen Hand – spiegelt nur einen Teil des Verbraucher- bzw. hier Bürgernutzens wider. Um den Gesamtnutzen bereitgestellter Güter abzubilden, müssten für jedes Gut (Pseudo-)Nachfragefunktionen und daraus die entsprechenden Zahlungsbereitschaften bzw. Konsumentenrenten ermittelt werden. Konzeptionell stellen Zahlungsbereitschaften einen Indikator für Bürgernutzen dar. Sofern Bürgernutzen als „Wohl der Einwohner" im Sinne der Gemeindeordnungen interpretiert wird, bieten Zahlungsbereitschaften für die Leistungen (Güter) der öffentlichen Hand einen entsprechenden wertmäßigen (Outcome-)Indikator,[86] der prinzipiell zur Bildung von Wirtschaftlichkeitskennziffern verwendet werden kann.

---

[85] Dies gilt im Regelfall. Ausnahmen stellen vollständige Preisdiskriminierung und vollkommen elastische Nachfragefunktionen dar.

[86] In diesem Kontext erscheint wieder die „Output-Outcome-Problematik". Für bestimmte Outputs (Produkte) werden die Bürger nicht bereit sein, Zahlungen zu leisten. Man denke beispielsweise an Bußgeldbescheide und Genehmigungsversagungen. Für andere Produkte wie Kulturveranstaltungen oder Unterrichtsleistungen sind dagegen positive

Aus der Sicht der Bürger als Empfänger öffentlicher Leistungen wäre Wirtschaftlichkeit i. e. S. die Relation zwischen den subjektiv bewerteten empfangenen Leistungen (Outcome), also der Zahlungsbereitschaft der Bürger für öffentliche Leistungen (ZB_B) und den tatsächlich damit verbundenen Zahlungen (Z_B). Setzen wir die Zahlungsbereitschaft mit dem Nutzen der Bürger (N_B) und die Ausgaben mit den Kosten der Bürger (K_B) gleich, können wir Wirtschaftlichkeit aus Bürgersicht auch als Relation zwischen den Nutzen der Bürger aus und den Kosten der Bürger für öffentliche Leistungen interpretieren. Deshalb lässt sich der entsprechende Wirtschaftlichkeitsindikator auf zweifache Weise formulieren, nämlich als

$$\frac{ZB_B}{Z_B} \quad \text{oder} \quad \frac{N_B}{K_B} \tag{3.5a}$$

oder durch Bildung der jeweiligen Kehrwerte.

Die Konzentration allein auf die Bürger erscheint jedoch als unnötig eingeengte Sichtweise, wenn man auch Unternehmen als Abnehmer bzw. Empfänger und Zahler öffentlicher Leistungen ansieht. In diesem Fall wären alle privaten Zahlungsbereitschaften (ZB_P) bzw. Nutzen (N_P) sowie alle privaten Zahlungen (Z_P) anzusetzen, wobei $ZB_P = ZB_B + ZB_U$ und $Z_P = Z_B + Z_U$. ZB_U und Z_U bezeichnen die Zahlungsbereitschaft bzw. die tatsächlichen Zahlungen der Unternehmen für öffentliche Leistungen. Interpretieren wir Zahlungsbereitschaften wiederum als Nutzen und Zahlungen als Kosten (N_U und K_U stellen die Nutzen und Kosten der Unternehmen da) folgen daraus analog zu (3.5a) zwei Varianten des entsprechenden Wirtschaftlichkeitsindikators:

$$\frac{ZB_B + ZB_U = ZB_P}{Z_B + Z_U = Z_P} \quad \text{bzw.} \quad \frac{N_B + N_U = N_P}{K_B + K_U = K_P}. \tag{3.5b}$$

Zahlungsbereitschaften zu erwarten. Produkte dienen aber unabhängig von Zahlungsbereitschaften regelmäßig der Produktion von Outcomes: Im ersten Fall dem Outcome „Sicherheit und Ordnung". Im zweiten Fall dem Outcome „Humankapital". Daher scheint es sinnvoll anzunehmen, dass sich die Zahlungsbereitschaften letztlich auf „Outcomes" beziehen.

Die Ermittlung von Zahlungsbereitschaften für Outcomes stößt wiederum auf die oben geschilderten Outcome-Messprobleme, weil ein Zusammenhang zwischen Zahlungsbereitschaft und Outcome-Mengen hergestellt werden muss. Diese Probleme sind nicht in jedem Fall unlösbar, ihre Lösung ist aber regelmäßig mit Schwierigkeiten bzw. Aufwand verbunden.

Die noch weiter gefasste volkswirtschaftliche bzw. (gesamt-)gesellschaftliche Sicht hätte Bürger, Unternehmen und die öffentliche Hand zu berücksichtigen. Die öffentliche Hand als Anbieter empfängt die Zahlungen der Privaten als Erlös (Eö). Dagegen stehen ihre Kosten (Kö). Insgesamt resultiert aus dieser volkswirtschaftlichen Perspektive das Wirtschaftlichkeitsmaß

$$\frac{ZB_B + ZB_U + E_{\ddot{O}}}{Z_B + Z_U + K_{\ddot{O}}} \quad \text{bzw.} \quad \frac{ZB_P + E_{\ddot{O}}}{Z_P + K_{\ddot{O}}}. \tag{3.5c}$$

Gemäß (3.5c) werden die privaten Zahlungsbereitschaft (Nutzen) plus die Erlöse der öffentlichen Hand auf die privaten Zahlungen zuzüglich der Kosten der öffentlichen Hand bezogen.

Verwendet man anstelle des Bruttokonzeptes in Formel (3.5c) das Nettonutzenkonzept, bei dem die Differenz zwischen Zahlungsbereitschaft (Bruttonutzen) und Zahlungen in den Zähler gesetzt wird, ergibt sich

$$\frac{ZB_P - Z_P + E_{\ddot{O}}}{K_{\ddot{O}}}. \tag{3.5d}$$

Da die privaten Zahlungen für öffentliche Leistungen den Erlösen der öffentlichen Hand entsprechen, d. h. $Z_P = E\ddot{o}$, folgt aus (3.5d)

$$\frac{ZB_P}{K_{\ddot{O}}} = \frac{N_P}{K_{\ddot{O}}}. \tag{3.5e}$$

Gemäß (3.5e) sind die privaten Zahlungsbereitschaften für die Leistungen der öffentlichen Hand ins Verhältnis zu den (Produktions-)Kosten der öffentlichen Hand zu setzen. Dies ist äquivalent zu dem Verhältnis zwischen privaten Nutzen aus und den Kosten der öffentlichen Hand für die öffentlich bereitgestellten Güter.

Sofern die öffentliche Hand strikt nach dem Kostendeckungsgebot operiert, gilt Kö = Z_P. In diesem speziellen Fall stimmen (3.5e) und (3.5b) überein, d. h. die gesellschaftliche Sicht und die private Sicht wären identisch.

Die bisher getroffene Annahme, dass die gesellschaftlichen Produktionskosten öffentlicher Leistungen mit den Kosten der öffentlichen Hand übereinstimmen, ist allerdings nicht generell zutreffend. Häufig bürdet die öffentliche Hand den privaten Wirtschaftssubjekten neben den von diesen an die öffentliche Hand unmittelbar zu leistenden Zahlungen weitere, zumeist indirekte Kosten (KP) auf. In diesem Kontext ist insbesondere an die sog. **Bürokratiekosten** zu denken. Viele Vorschriften erfordern die Mitwirkung der privaten Wirtschaftssubjekte beispielsweise durch Dokumentations- und Berichtspflichten. Oder denken Sie an die (Zeit-)Kosten von Antragstellungen und Steuererklärungen. Manchmal existieren auch sog. **Bürger-** bzw. **Dienstpflichten**. Nach Abschaffung der Wehrpflicht ist beispielsweise an Schöffendienste oder Vormundschaften zu denken.

Unter Berücksichtigung der zusätzlichen privaten Produktionskosten (K_P) "mutiert" (3.5e) zu

$$\frac{ZB_P}{K_P + K_{\ddot{o}}} = \frac{ZB_P}{K_G} \quad bzw. \quad \frac{N_P}{K_G}. \tag{3.5f}$$

Danach ist die Zahlungsbereitschaft respektive der Nutzen öffentlich induzierter Leistungen in Relation zu den gesamtgesellschaftlichen Kosten ($K_G = K_P + K_{\ddot{o}}$) zu sehen. Der Indikator (3.5f) hat gegenüber dem Indikator (3.5e) den Vorteil, dass sich die Wirtschaftlichkeit öffentlicher Leistungen nicht allein dadurch verbessern lässt, indem die öffentliche Hand ihre unmittelbaren Kosten durch eine Kostenverlagerung auf Private senkt.

Die Indikatoren (3.5a)–(3.5f) entsprechen dem Konzept der Wirtschaftlichkeit i. e. S. – allerdings aus Bürgersicht bzw. gesellschaftlicher Sicht. Wollte man gesellschaftliche Wirtschaftlichkeitsindikatoren analog zur einzelwirtschaftlichen Rentabilität wie (3.4)–(3.4b) bilden, wären gesellschaftliche Erfolgsgrößen auf geeignete Basisgrößen zu beziehen. Als Erfolgsindikator bietet sich zunächst die bereits vorgestellte Konsumentenrente ($ZB_P - Z_P$) an. Diese wäre auf den mit ihrer Erzeugung verbundenen Kaitaleinsatz zu beziehen. Das seitens der Gebietskörperschaften eingesetzte Kapital („öffentliches Kapital"), als Summe von öffentlichen EK ($EK_{\ddot{o}}$) und öffentlichem Fremdkapital ($FK_{\ddot{o}}$) lässt sich bei doppischem Rechnungswesen der gebietskörperschaftlichen Bilanz entnehmen. Bei der Produktion öffentlicher Outcomes eingesetztes Eigenkapital (EK_U) und Fremdkapital (FK_U) privater Unternehmen müsste analog dazu aus den Unternehmensbilanzen ersehen werden. Hinzu käme der Kapitaleinsatz privater Haushalte bzw. der Bürger (KAP_B). Damit erhalten wir folgenden ersten volkswirtschaftlichen Renditeindikator:

$$\frac{Konsumentenrente}{gesellschaftl. \, Kapitaleinsatz} = \frac{ZB_P - Z_P}{EK_{\ddot{o}} + FK_{\ddot{o}} + EK_U + FK_U + KAP_B}. \tag{3.6a}$$

Allerdings ist KAP_B keiner Buchführung entnehmbar. Bei privaten Unternehmen besteht das Problem der Kapitalzurechnung. Es dürfte kaum möglich sein, das in privaten Bilanzen ausgewiesene Kapital anteilig öffentlich induzierten Leistungen zuzuordnen. Deshalb dürfte (3.6a) in der Praxis nicht feststellbar sein.

Für den Fall, dass Unternehmen und Bürger kein Kapital einsetzen (müssen), also $EK_U = FK_U = KAP_B = 0$, vereinfacht sich (3.6a) zu

$$\frac{\text{Konsumentenrente}}{\text{öffentl. Kapitaleinsatz}} = \frac{ZB_P - Z_P}{EK_{\ddot{O}} + FK_{\ddot{O}}}. \tag{3.6b}$$

Dann wäre die Konsumentenrente öffentlicher Einheiten dem dafür eingesetzten öffentlichen Kapital gegenüberzustellen. Dies ist immer noch sehr ambitioniert, weil zwar das öffentliche Kapital zumindest bei kaufmännischem Rechnungswesen bilanziert ist, aber zusätzlich die entsprechenden Renten zu ermitteln wären, was zwar methodisch machbar, aber mit sehr hohem Ermittlungsaufwand verbunden wäre.

Folgt man dem strikten privatwirtschaftlichen Gedanken, den Gewinn ins Verhältnis zum Kapitaleinsatz zu setzen, wäre ein anderer volkswirtschaftlicher Effizienzindikator zu bilden. Der privatwirtschaftliche Gewinn (= Ertrag - Aufwand) stellt die Nettovermögensänderung der buchführenden Einheit dar. Folglich setzt private Rentabilität die Nettovermögensänderung ins Verhältnis zum Gesamtvermögen. Die volkswirtschaftliche Entsprechung wäre also die Änderung des gesellschaftlichen Vermögens in Relation zum gesellschaftlichen Kapital:

$$\frac{\text{gesellschaftl. Nettovermögensänderung}}{\text{gesellschaftl. Kapitaleinsatz}}$$

$$= \frac{ERT_{\ddot{O}} + ERT_U + ERT_B - AUFW_{\ddot{O}} - AUFW_U - AUFW_B}{EK_{\ddot{O}} + FK_{\ddot{O}} + EK_U + FK_U + KAP_B}. \tag{3.7}$$

Im Zähler stehen die Erträge der öffentlichen Hand ($ERT_{\ddot{O}}$), der privaten Unternehmen (ERT_U) und der Bürger (ERT_B) abzgl. der Aufwendungen der öffentlichen Hand ($AUFW_{\ddot{O}}$), der Unternehmen ($AUFW_U$) und der Bürger ($AUFW_B$). Das Vorhaben, diesen Indikator zu generieren, dürfte an fehlenden Informationen scheitern. Die Zurechnungsproblematik betrifft jetzt nicht nur das eingesetzte Kapital, sondern auch Aufwendungen und Erträge. Selbst wenn alle Erträge und Aufwendungen privater Unternehmen und Haushalte bekannt wären, wäre es wohl kaum möglich herauszufinden, inwieweit diese öffentlich induziert sind. Damit ist (3.7) zwar logisch konsistent zu (3.4b), aber keine für die Praxis geeignete Größe.

Zusammenfassend ist festzuhalten, dass die in Abschnitt 3.3.1 vorgestellten einzelwirtschaftlichen Indikatoren erstens nicht den Wert bzw. Nutzen der von der öffentlichen Hand abgegebenen Leistungen und zweitens auch nicht die durch die öffentliche Leistungsabgabe bei privaten Wirtschaftssubjekten verursachten Kosten erfassen. Daher sind einzelwirtschaftliche Indikatoren zur Beurteilung der „Gesamtwirtschaftlichkeit" der öffentlichen Hand unge-eignet. Zu diesem Zweck sind volkswirtschaftliche Indikatoren gefragt. Aller-dings tut sich hier das gleiche Dilemma wie bei der „Output-Outcome-Frage" auf: Wie Output-Daten sind einzelwirtschaftliche Effizienzkennzahlen relativ leicht verfügbar, für entscheidende Fragestellungen aber unzureichend, wäh-rend die aussagekräftigeren Outcome-Daten ebenso wie volkswirtschaftliche Indikatoren wesentlich schwerer zu ermitteln sind.

Am ehesten scheinen volkswirtschaftliche Kennzahlen wie (3.5d) möglich. Das heißt, in den Fällen, in denen wenigstens näherungsweise davon auszugehen ist, dass keine privatwirtschaftlichen Produktionskosten der öffentlichen Leis-tungserstellung und -abgabe existieren, werden neben den Produktionskosten der öffentlichen Hand „lediglich" Zahlungsbereitschaften für den öffentlichen Output bzw. Outcome benötigt. Dafür sind in den letzten Jahrzehnten in der Kosten-Nutzen-Analyse und der Umweltökonomik verschiedene Verfahren entwickelt worden. Somit könn(t)en zumindest für bestimmte öffentliche Leis-tungen anstelle von Erlös-Kosten-Relationen besser geeignete Zahlungsbereit-schafts-Kosten-Relationen gebildet werden. Wenngleich eine flächendeckende Anwendung noch in weiter Ferne stehen dürfte, können erste Versuche der Ermittlung und des Ausweises von Zahlungsbereitschaften inkl. entsprechen-der Wirtschaftlichkeitskennziffern durchaus angeraten werden.

3.4 Zur praktischen Durchführung von Wirtschaftlichkeitsvergleichen

Aufgrund der dargestellten Schwierigkeiten bzw. Kosten gesellschaftlicher Ef-fizienzmaße beschränken sich Wirtschaftlichkeitsvergleiche in der Praxis – trotz des Bedarfs an gesamtwirtschaftlichen, outcomebezogenen Effizienzma-ßen – regelmäßig auf einzelwirtschaftliche, outputbezogene Kennziffern. Letz-tere liefern leider nicht alle relevanten Informationen. Nur über einen Teil der notwendigen Informationen zu verfügen, mag besser erscheinen als gar keine Informationen zu besitzen. Allerdings können Teilinformationen auch in die Irre führen. Deshalb ist Vorsicht angezeigt.

Diese Aussage wird verständlich, wenn man sich die Zusammenhänge zwischen den verschiedenen Effizienzmaßen vergegenwärtigt. Eine möglichst hohe Faktorproduktivität bzw. Produktionseffizienz ist eine notwendige Voraussetzung für geringstmögliche Produktionskosten, weil die Produktionskosten das Produkt aus Input- bzw. Faktormengen und Input- bzw. Faktorpreisen sind. Je weniger Inputmengen eingesetzt werden, desto geringer sind – bei gegebenen Inputpreisen – die Produktionskosten. Dies ist aber nicht hinreichend, wenn Produktionsfaktoren gegeneinander ersetzbar („substituierbar") sind. Dann müssen nämlich die Faktorpreise auf die durch die Produktionstechnologie vorgegebenen Substitutionsmöglichkeiten abgestimmt werden.[87] Wird beispielsweise einer von zwei Produktionsfaktoren günstiger, erfordert Kostenminimierung, dass mehr von dem billiger und weniger von dem relativ teurer gewordenen Produktionsfaktor eingesetzt wird. Wenn dies nicht geschieht, kann man zwar technisch effizient, nicht aber kosteneffizient operieren. Mit anderen Worten: Produktionseinheiten, die eine größere Faktorproduktivität als andere aufweisen, sind nicht unbedingt kostengünstiger, wenn die Faktoreinsatzmengenverhältnisse nicht den Faktorpreisverhältnissen entsprechen.

Geringstmögliche einzelwirtschaftliche Produktionskosten (= Kosteneffizienz) sind unter sonst gleichen Umständen auch volkswirtschaftlich anzustreben. Dies sieht man aus Abb. 3.1 und der Relation (3.5e). Je geringer die Kosten (hier = Erlöse), desto größer ist der Nettonutzen der Bürger bzw. das Nutzen-Kosten-Verhältnis. Hebt man jedoch die ceteris-paribus-Annahme auf, d. h. besteht die Möglichkeit der Kostenverlagerung auf Private (vgl. die Relation 3.5f), der kostensparenden Qualitätssenkung oder zur Setzung von Preisen, die von den Produktionskosten abweichen, garantiert Kosteneffizienz kein bestmögliches Nutzen-Kosten-Verhältnis. Mit anderen Worten: Eine Produktionseinheit, die geringere (einzelwirtschaftliche) Produktionskosten als andere Produktionseinheiten aufweist, kann aus volkswirtschaftlicher Sicht weniger effizient sein als die weniger kosteneffizienten Produktionseinheiten.

Einzelwirtschaftliche Effizienz im Sinne von Produktionseffizienz und Kosteneffizienz sind also aus volkswirtschaftlicher Perspektive notwendig. Leider sind sie nicht hinreichend für volkswirtschaftliche Effizienz bzw. eine effiziente Aufgabenwahrnehmung. Es ist wichtig, diese Grenze einzelwirtschaftlicher

---

[87] Wie in der mikroökonomischen Theorie der Unternehmung gezeigt wird, muss – präzise formuliert – die technische Grenzrate der Substitution mit den Faktorpreisverhältnissen in Übereinstimmung gebracht werden.

Effizienzmaße zu kennen und im weiteren Verlauf dieses Unterkapitels zu berücksichtigen.

Im ersten Schritt werden wesentliche Ziele und Grundlagen des Wirtschaftlichkeitsvergleichs (im öffentlichen Sektor) dargestellt. Im zweiten Schritt wird die Problematik einfacher Wirtschaftlichkeitskennziffern demonstriert. Drittens werden die derzeit wichtigsten Methoden des (einzelwirtschaftlichen) Wirtschaftlichkeitsvergleichs vorgestellt. Viertens werden die Vor- und Nachteile der Methoden gegenübergestellt sowie ihre kontextspezifische Eignung beurteilt.

3.4.1   Ziele und Grundlagen von Wirtschaftlichkeitsvergleichen

Viele – vielleicht die meisten – öffentlichen Produktionseinheiten sind keinem oder nur einem eingeschränkten unmittelbaren Wettbewerb ausgesetzt. Sie stellen de facto lokale oder regionale Monopole dar. Mangelnder Wettbewerb wird in der Ökonomik als wesentliche Ursache – wenn nicht als Hauptgrund – für Ineffizienz angesehen. Vor diesem Hintergrund wird Wirtschaftlichkeitsvergleichen von nicht unmittelbar konkurrierenden Einheiten die Aufgabe zugewiesen, einen effizienzsteigernden **indirekten Wettbewerb** zu entfalten.

Im positiven Sinne wird Wettbewerb (frei nach von HAYEK[88]) als **Entdeckungs- und Disziplinierungsverfahren** verstanden. Er gibt den Akteuren im Idealfall Ideen und Anreize zur Effizienzsteigerung, Entdeckung neuer Produktionstechniken, Produkte etc. Übertragen auf die öffentliche Verwaltung kann dies bedeuten, dass verstärkt nach kostengünstigen Produktions- und Organisationsformen gesucht wird, d. h. nach verbesserten Arbeitsabläufen, effizienzsteigernden Kooperationen (interkommunale Zusammenarbeit, „Shared Services" etc.) und auch verbesserten Produkten bzw. verbesserter Produktbereitstellung z. B. in Form von Bürgerbüros („One stop shops") und Online-Bereitstellung von Verwaltungsdienstleistungen.

Wirtschaftssubjekte einschließlich öffentlicher Verwaltungen weichen – vielleicht entgegen weit verbreiteter Ansicht – dem Wettbewerb nicht in jedem Fall aus bzw. machen es sich nicht grundsätzlich in ihrer Monopolstellung bequem. Es ist durchaus beobachtbar, dass selbst öffentliche Verwaltungen auf freiwilliger Basis an (Wirtschaftlichkeits-)Kennzahlenvergleichen teilnehmen –

---

[88]   Friedrich August von HAYEK (1899–1992) – österreichischer Ökonom.

zum Beispiel im Rahmen der KGSt-Vergleichsringe.[89] Dahinter dürfte die grundlegende Idee des **Benchmarkings** i. e. S.[90] – nämlich das Lernen von den Besten – stehen. Freiwilligkeit führt aber leicht zur sog. **Adversen Auslese**: Es ist zu erwarten, dass vornehmlich diejenigen aus eigenem Antrieb an solchen Vergleichen teilnehmen, die ohnehin engagiert, motiviert und relativ effizient sind. Wollte man eine flächendeckende „Vergleichs- und Wettbewerbskultur" erreichen, wären Anreize oder Zwänge zur Teilnahme an Wirtschaftlichkeitsvergleichen wohl unvermeidbar.

Allerdings ist vor einem naiven Glauben, dass Wirtschaftlichkeitsvergleiche automatisch zu echten Effizienzsteigerungen führen, zu warnen. „Gute" Wirtschaftlichkeitsvergleiche erfordern einiges methodisches Wissen und „Fingerspitzengefühl". Fehlende und asymmetrische Informationen führen leicht zu unerwünschten Ausweichreaktionen der Betroffenen und Fehlinterpretationen von Wirtschaftlichkeitsvergleichen.

Grundsätzlich erzeugen Informationen über die (unterschiedliche) Wirtschaftlichkeit von Produktionseinheiten, die in verschiedenen Gebieten oder auf verschiedenen Märkten monopolartig oder monopolähnlich operieren, einen Rechtfertigungs- respektive Wettbewerbsdruck. Eine wichtige Frage ist jedoch, wer diese Informationen bekommt und interpretiert. In demokratisch-pluralistischen Gesellschaften richten sich Informationen über die Effizienz öffentlicher Einheiten demokratietheoretisch immer auch an den Souverän („das Volk") und die Legislative („das Parlament" bzw. „die Gemeindevertretung"). Politikern und Journalisten eröffnet die öffentliche Debatte die Möglichkeit, sich mit dem Effizienzthema zu profilieren bzw. in den (medien-)politischen Wettbewerb zu gehen. Daraus resultiert Meinungsdruck, der wiederum Handlungsdruck erzeugt. Dieser „demokratische" Weg ist angesichts der zunehmenden Komplexität vieler Themen und entsprechenden Informationsasymmetrien zwischen Fachleuten, Politikern, Journalisten und der breiten Öffentlichkeit allerdings auch zunehmend problematisch. Leicht setzen sich in

---

[89] Zu den KGSt-Vergleichsringen vgl. z. B. KGSt (o. J.), URL: http://www.kgst.de/dienst leistungen/benchmarking/.

[90] Der Begriff „Benchmarking" wird nicht einheitlich benutzt. Häufig werden damit Kennziffernvergleiche in jeglicher Form mit unterschiedlichen Referenzmaßstäben bezeichnet. Benchmarking i. e. S. meint die Orientierung an Werten, Merkmalen oder Kennziffern der besten – und nicht etwa den durchschnittlichen – beobachtbaren Einheiten.

der öffentlichen Debatte inhaltlich zu stark verkürzte oder auch schlichtweg unzutreffende Sichtweisen durch.

Tatsächlich existieren verschiedene und zum Teil vielleicht bessere Kanäle der Wirtschaftlichkeitskontrolle. So führen die überörtlichen Rechnungsprüfungs-behörden (Rechnungshöfe, Gemeinde-/Kommunalprüfungsanstalten u. ä.) vergleichende Rechnungsprüfungen durch. Vergleichende Wirtschaftlich-keitskontrolle könnte (und sollte!) auch im Rahmen der Kommunalaufsicht eine Rolle spielen. Wirtschaftlichkeitsvergleiche kommen darüber bei der Re-gulierung und der Preis- bzw. Kartellaufsicht zum Tragen. So bedient sich die Bundesnetzagentur bei der Netzentgeltregulierung mit der Data Envelopment Analysis und der Stochastischen Effizienzgrenzenanalyse zweier der in Ab-schnitt 3.4.3.3 behandelten Methoden.[91] Gerichte können sich ebenfalls bei kar-tellrechtlichen Verfahren über missbräuchlich überhöhte Preise anstelle oder in Ergänzung zum bisher angewandten Vergleichsmarktkonzept der anschlie-ßend behandelten Techniken bzw. derer Ergebnisse bedienen.[92] Auch bei Fra-gen der Finanzausstattung von Gebietskörperschaften und des damit verbun-denen Finanzausgleichs können (und sollten aus ökonomischer Sicht) Wirt-schaftlichkeitsvergleiche zum Einsatz kommen.[93]

3.4.2   Wirtschaftlichkeitsvergleiche mittels eindimensionaler oder unvollständiger Kennziffern

In Kapitel 2 und im bisherigen Verlauf dieses Kapitels wurde Wirtschaftlich-keit allgemein als Input-Output- bzw. Output-Input-Relationen aufgefasst. Dabei wurde davon abstrahiert, dass öffentliche Betriebe (d. h. Verwaltungen und Unternehmen) tatsächlich in den meisten Fällen nicht nur einen Input ein-setzen und nicht nur einen Output produzieren, sondern regelmäßig mehrere Inputs zur Produktion mehrerer Outputs kombinieren.

In diesem Kontext stellt sich zum einen die Frage, wie vernünftigerweise ver-schiedene Inputs und Outputs zur Bildung von Wirtschaftlichkeitskennziffern aggregiert werden (können). Zum zweiten stellt sich die Frage nach dem Aus-

---

[91]   Vgl. Herrmann (2012).

[92]   Vgl. von Hirschhausen u. a. (2009).

[93]   In diesem Zusammenhang sei an den bereits in Kapitel 2 erwähnten Art. 91d des Grund-gesetzes erinnert.

sagegehalt von Kennziffern, die nicht simultan alle In- und Outputs berücksichtigen, sondern sich nur auf einzelne Inputs und/oder Outputs beziehen.

Zur Beantwortung dieser Fragen ist zunächst die Unterscheidung in folgende vier Fälle mit der jeweils adäquaten Kennzahl hilfreich:

Fall 1) Eine Produktionseinheit bzw. ein Betrieb (Verwaltung, Unternehmen) produziert einen Output (mit der Outputmenge x) und setzt dazu einen Input (mit der Inputmenge z) ein. Wir bezeichnen diese Konstellation als „**Ein-Input-Ein-Output-Fall**"[94]. Dann ergibt sich die eindeutige (Mengen-)Beziehung

$$\frac{x}{z},$$ (3.8)

oder bei einer Gewichtung von x mit dem Absatzpreis p und der Gewichtung des Inputs mit dem Faktorpreis w die eindeutige (Wert-)Beziehung

$$\boxed{\frac{p \cdot x}{w \cdot z} = \frac{\text{Erlös}}{\text{Kosten}}}[95]$$ (3.8a)

Fall 2) Eine Produktionseinheit produziert einen Output mit mehreren Inputs $m = 1, \ldots, M$ sowie den zugehörigen Inputmengen $z_1, \ldots, z_M$. Diesen Fall nennen wir „**Multi-Input-Ein-Output-Fall**". In diesem Fall können die Inputmengen gewöhnlicherweise nicht einfach addiert werden, weil sie unterschiedliche Metriken aufweisen. Beispielsweise werden Arbeitszeit in Zeiteinheiten (Stunden, Tage, Monate, Jahre), der Werteverzehr an Produktionsanlagen/Verwaltungsvermögen in Geldeinheiten sowie der Strom- und Wasserverbrauch in Kilowattstunden (kw/h) bzw. Kubikmeter (m³) gemessen. Die Zusammenfassung (Aggregation) der Inputs bedarf einer Gewichtung derselben, z. B. mit den Input- bzw. Faktorpreisen $w_1, \ldots, w_M$. Dann ergibt sich folgende Relation:

---

94   Analytisch gelten die folgenden Ausführungen nicht nur für Outputs, sondern auch für Outcomes, deren Messbarkeit vorausgesetzt. Die Beschränkung auf den Begriff „Output" erfolgt aus Übersichtlichkeitsgründen.

95   Oben hatten wir bereits darauf aufmerksam gemacht, dass öffentliche Verwaltungen überwiegend nichtmarktliche Leistungen erbringen, mit der Folge der Nichtexistenz marktlicher Erlöse. Es können allerdings nichtmarktliche Erlöse in Form von Zuweisungen u. ä. existieren. Diese bilden jedoch ebenso wie Marktpreise (außer bei der Abwesenheit von Konsumentenrenten) nicht den gesellschaftlichen Wert der Outputs ab. Dazu müsste man – wie in Abschnitt 3.2.2 dargestellt – die gesamte Zahlungsbereitschaft ermitteln.

$$\frac{x}{w_1 \cdot z_1 + \dots + w_M \cdot z_M} = \frac{x}{\sum_{m=1}^{M} w_m \cdot z_m} = \frac{x}{K}.$$ (3.9)

K symbolisiert die (Produktions-)Kosten, so dass Gleichung (3.9) die Durchschnittskosten wiedergibt. Gewichten wir zudem den Output mit dem Absatzpreis, ergibt sich wiederum die Erlös-Kosten-Relation $p \cdot x / \sum_{m=1}^{M} w_m \cdot z_m =$ Erlös/Kosten. Σ stellt den in Abschnitt 4.2.2.1 erläuterten Summenoperator dar.

Fall 3) Eine Produktionseinheit produziert mehrere Outputs mit einem Input, was wir als „**Ein-Input-Multi-Output-Fall**" bezeichnen wollen. Da auch die $n = 1, \dots, N$ Outputs unterschiedliche Metriken aufweisen (können) bzw. nicht ohne weiteres vergleichbar sind, sind sie jetzt entsprechend mit den Gewichten $g_1, \dots, g_N$ zu versehen, also

$$\frac{g_1 \cdot x_1 + \dots + g_N \cdot x_N}{z} = \frac{\sum_{n=1}^{N} g_n \cdot x_n}{z}.$$ (3.10)

Falls die Absatzpreise p_n als Outputgewichte, also $g_n = p_n$, und z mit dem Inputpreis w angesetzt werden, entspricht auch Gleichung 3.10 der Erlös-Kosten-Relation: $\sum_{n=1}^{N} p_n \cdot x_n / w \cdot z =$ Erlöse/Kosten.

Fall 4) Eine Produktionseinheit produziert mit mehreren Inputs mehrere Outputs (**„Multi-Input-Multi-Output-Fall"**). Um dieser Gegebenheit gerecht zu werden, muss der gesamte Input auf den gesamten Output bezogen werden. Dies lässt sich durch eine Gewichtung von In- und Outputs erreichen. Sofern Absatzpreise (p_n) und Faktorpreise (w_m) als Gewichte eingesetzt werden, erhält man

$$\frac{p_1 \cdot x_1 + \dots + p_N \cdot x_N}{w_1 \cdot z_1 + \dots + w_M \cdot z_M} = \frac{\sum_{n=1}^{N} p_n \cdot x_n}{\sum_{m=1}^{M} w_m \cdot z_m}.$$ (3.11)

Gleichung (3.11) beschreibt dann ebenfalls die Erlös-Kosten-Relation.

Die Relationen (3.8) bis (3.11) stellen die in den beschriebenen Input-Output-Konstellationen adäquaten Produktivitäts- bzw. Kosteneffizienzkennziffern dar, d. h. im Ein-Input-Ein-Output-Fall ist die Relation (3.8) angezeigt, im Multi-Input-Ein-Output-Fall ist die Relation (3.9) angemessen usw. Jede dieser Kennziffern berücksichtigt in ihrem spezifischen Kontext alle In- und Outputs. Im Folgenden werden Wirtschaftlichkeitskennziffern als „vollständig" bezeichnet, wenn sie alle In- und Outputs einer Produktionseinheit erfassen. Beinhalten sie nur einen Teil der tatsächlichen In- und Outputs einer Produktionseinheit, sind sie in diesem Sinne „unvollständig".

Die Ermittlung des in Gleichung (3.11) beschriebenen Koeffizienten kann angesichts der Aufgaben- und Produktvielfalt und damit Outputvielfalt vieler Produktionseinheiten sehr komplex sein. Beispielsweise sind im Musterentwurf des nordrhein-westfälischen Innenministeriums für die Gemeindeordnungen (GemO) und Gemeindehaushaltsverordnungen (GemHVO)[96] allein 17 Produktbereiche von Innerer Verwaltung, Sicherheit und Ordnung, Schulträgeraufgaben über soziale Leistungen, Kinder-, Jugend- und Familienhilfe bis hin zum Umweltschutz sowie zu Wirtschaft und Tourismus aufgeführt. Bei einer feineren Untergliederung kommt man leicht auf mehrere hundert Produkte. Hinzu kommen – unter dem Bruchstrich – noch diverse Inputarten. Das heißt, N kann realiter einen dreistelligen und M einen hohen zweistelligen Wert annehmen.

In der Praxis wird häufig auch bei Multi-Input-Multi-Output-Einheiten, die aus theoretisch-methodischen Gründen vollständige Wirtschaftlichkeitskennziffern erfordern, mit weniger komplexen bzw. „unvollständigen" Wirtschaftlichkeitskennziffern gearbeitet, zum Beispiel, weil die notwendigen Daten für vollständige Wirtschaftlichkeitskennziffern nicht vorhanden sind oder weniger komplexe Kennzahlen für ausreichend gehalten werden. Im Folgenden wird gezeigt, dass („unvollständige") Kennzahlen, die nur einen Teil aller In- und Outputs berücksichtigen, bei Multi-Input-Multi-Output-Einheiten im Allgemeinen methodisch unzureichend und nicht empfehlenswert sind.

Im einfachsten Fall werden auch bei Einheiten, die mehrere Inputs einsetzen und mehrere Outputs generieren, Wirtschaftlichkeitskennziffern konstruiert, die analog zu (3.8) jeweils nur einen Input und einen Output erfassen (hier als „einfache Kennzahlen" bezeichnet). Wenn man diese Vorgehensweise wählt, kann aus logischen Gründen nicht jedem Output die gesamte Menge der jeweiligen Inputs zugerechnet werden, weil die Inputs gewöhnlicherweise zur Produktion mehrerer oder aller Outputs dienen. Deshalb ist jedem der $n = 1, \ldots, N$ Outputs nur der Anteil an der insgesamt für alle Outputs eingesetzten Menge des m-ten Inputs (z_m) zuzurechnen, die bei der Produktion des n-ten Outputs verbraucht wird. Bezeichnen wir mit a_{nm}, $0 \le a_{nm} \le 1$, den Anteil,

---

[96] Vgl. Muster für das doppische Rechnungswesen und zu Bestimmungen der Gemeindeordnung (GO) und der Gemeindehaushaltsverordnung (GemHVO) (VV Muster zur GO und GemHVO), RdErl. des Innenministeriums vom 24.2.2005, URL: http://www. mik.nrw.de/fileadmin/user_upload/Redakteure/Dokumente/Themen_und_Aufgaben/Ko mmunales/8_Erlass_Muster_GO_u_GemHVO.pdf.

den der n-te Output vom m-ten Input in Anspruch nimmt, gibt $a_{nm} \cdot z_m$ die absolute Menge vom m-ten Input wieder, die der n-te Output benötigt. Es sind maximal $N \cdot M$ eindimensionale outputorientierte[97] Produktivitätskennzahlen (**„einfache Faktorproduktivitäten"**) folgenden Typs generierbar:

$$\frac{x_n}{a_{nm} \cdot z_m} . \tag{3.12}$$

Bewertet man den anteiligen m-ten Input mit seinem Preis (w_m), erhält man die entsprechende Kosteneffizienzkennzahl

$$\frac{x_n}{a_{nm} \cdot w_m \cdot z_m} = \frac{x_n}{K_{nm}} . \tag{3.12a}$$

Analog zum Begriff der „einfachen Faktorproduktivität" kann man dann von einer **„einfachen Kosteneffizienz"** sprechen. K_{nm} symbolisiert die Kosten, die bei der Produktion von x_n durch den Verbrauch des m-ten Produktionsfaktors entstehen. Multipliziert man zusätzlich die n-te Outputmenge mit dem zugehörigen Outputpreis p_n, resultiert eine **„einfache Erlös-Kosten-Relation"**:

$$\frac{p_n \cdot x_n}{a_{nm} \cdot w_m \cdot z_m} = \frac{E_n}{K_{nm}} . \tag{3.12b}$$

E_n bezeichnet die Erlöse des n-ten Outputs.

Denken wir uns zur Veranschaulichung einen 2-Input-2-Output-Fall in Form einer Universität („Uni"). Nehmen wir an, die Uni setzt (nur) die beiden Inputs „Arbeit" (gemessen in Arbeitsstunden) und „Kapital" (gemessen in Geldeinheiten) ein. Sie „produziert" dabei die zwei Outputs „Forschung" (Outputmaß: Publikationen) und „Lehre" (Outputmaß: Absolventen).[98] Dann lassen sich Forschung und Lehre jeweils in Relation zu Arbeit und Kapital setzen, so dass sich maximal $N \cdot M = 2 \cdot 2 = 4$ einfache Produktivitätskennzahlen ergeben.

Erstens kann der Forschungsoutput ins Verhältnis zur Arbeitsmenge und zweitens der Lehroutput ins Verhältnis zur Arbeitsmenge gesetzt werden. Die erste Kennzahl ließe sich als „Forschungsproduktivität der Arbeit" oder „Ar-

---

[97] Man könnte auch „inputorientiert" vorgehen, indem man jedem Input hypothetisch den Output zurechnet, den er erzeugt: $(b_{mn} x_n)/z_m$. b_{mn} bezeichnet den Anteil an der Outputmenge x_n, die durch den Einsatz des m-ten Inputs „verursacht" wird.

[98] An dieser Stelle abstrahieren wir von der kontrovers diskutierten Frage nach der Eignung dieser beiden Outputindikatoren.

beitsforschungsproduktivität" und die zweite Kennzahl analog als „Lehrproduktivität der Arbeit" oder „Arbeitslehrproduktivität" bezeichnen. Dazu muss die insgesamt von der Uni eingesetzte Arbeitszeit (Arbeit$_G$) ermittelt und „verursachungsgerecht" auf Publikationen und Absolventen verteilt werden. Bezeichnen wir den Anteil der für Publikationen eingesetzten Arbeitszeit mit a$_{AP}$ und den Anteil der für Absolventen eingesetzten Arbeitszeit mit a$_{AA}$, wobei a$_{AP}$ + a$_{AA}$ = 1, gilt:

$$\text{(Arbeits-)Forschungsproduktivität} = \frac{\text{Publikationen}}{a_{AP} \cdot \text{Arbeit}_G} = \frac{\text{Publikationen}}{\text{Arbeit}_F}$$

und

$$\text{(Arbeits-)Lehrproduktivität} = \frac{\text{Absolventen}}{a_{AA} \cdot \text{Arbeit}_G} = \frac{\text{Absolventen}}{\text{Arbeit}_L}.$$

Arbeit$_F$ steht für die insgesamt zu Forschungszwecken eingesetzte Arbeit, während Arbeit$_L$ die insgesamt für die „Produktion" von Absolventen verwendete Arbeitszeit widerspiegelt.

Drittens und viertens können Publikationen und Absolventen jeweils in Relation zum eingesetzten Kapital gesetzt werden. Man könnte die beiden Quotienten als „Forschungsproduktivität des Kapitals" oder „Kapitalforschungsproduktivität" bzw. als „Lehrproduktivität des Kapitals" oder „Kapitallehrproduktivität" ansehen. Der Anteil des für Publikationen eingesetzten Kapitals sei a$_{KP}$ und der Anteil des für Absolventen eingesetzten Kapitals sei a$_{KA}$, mit a$_{KP}$ + a$_{KA}$ = 1. Es gilt:

$$\text{(Kapital-)Forschungsproduktivität} = \frac{\text{Publikationen}}{a_{KP} \cdot \text{Kapital}_G} = \frac{\text{Publikationen}}{\text{Kapital}_F}$$

sowie

$$\text{(Kapital-)Lehrproduktivität} = \frac{\text{Absolventen}}{a_{KA} \cdot \text{Kapital}_G} = \frac{\text{Absolventen}}{\text{Kapital}_L}.$$

Kapital$_F$ und Kapital$_L$ geben das für Forschungszwecke bzw. die „Absolventenproduktion" insgesamt eingesetzte Kapital wieder.

Die Bildung dieser einfachen Kennzahlen stellt bereits hohe Informationsanforderungen. Um die Inputs korrekt zuzurechnen, müssten exakte Aufzeichnungen über die Arbeitszeitverwendung jedes Universitätsmitarbeiters und die Kapitalverwendung vorliegen.

Multiplizierte man die Arbeitszeit mit entsprechenden Arbeitsstundensätzen und die Kapitalmenge mit den entsprechenden Zinssätzen, erhielte man einfache Kosteneffizienzen, nämlich die Arbeitsforschungs-, die Arbeitslehr-, die Kapitalforschungs- und die Kapitallehrkosteneffizienz. (Output-)Preise für Publikationen und Absolventen existieren nicht, so dass sich keine Kosten-Erlös-Relationen bilden lassen. Zur monetären Bewertung von Publikationen und Absolventen als Voraussetzung zur Bestimmung der Wirtschaftlichkeit i. e. S. müsste auf Ersatzwerte zurückgegriffen werden. Diese wären nur sehr aufwändig bestimmbar.

Über einfache Kennzahlen hinaus lässt sich für jeden der N Outputs einer Multi-Output-Einheit entsprechend (3.9) eine „outputspezifische" Kennziffer bilden, die alle Inputs entsprechend des Verbrauchsanteils des Outputs und der Faktorpreise gewichtet:

$$\frac{x_n}{w_1 \cdot a_{1n} \cdot z_1 + \dots + w_M \cdot a_{Mn} \cdot z_M} = \frac{x_n}{\sum_{m=1}^{M} w_m \cdot a_{mn} \cdot z_m} = \frac{x_n}{K_n}. \qquad (3.13)$$

Diese Vorgehensweise liefert letztlich die outputspezifische Kosteneffizienz, also die Kosteneffizienz des n-ten Outputs x_n/K_n.

Unter Rückgriff auf das Universitätsbeispiel sind jetzt jedem der beiden Outputs beide Inputs simultan zuzurechnen. Statt faktorspezifischer Produktivitäten resultiert daraus für jeden Output nur noch eine Kennziffer, die wir als „Forschungseffizienz" bzw. „Lehreffizienz" bezeichnen können. Der Begriff „Produktivität" ist nicht mehr angemessen, weil die unterschiedlichen Inputmetriken für Arbeit und Kapital durch Gewichtung mit den Faktorpreisen w_A und w_K in eine gemeinsame monetäre Metrik überführt werden müssen:

$$\text{Forschungseffizienz} = \frac{\text{Publikationen}}{w_A \cdot a_{AP} \cdot \text{Arbeit} + w_K \cdot a_{KP} \cdot \text{Kapital}} = \frac{\text{Publikationen}}{\text{Publikationskosten}}$$

sowie

$$\text{Lehreffizienz} = \frac{\text{Absolventen}}{w_A \cdot a_{AA} \cdot \text{Arbeit} + w_K \cdot a_{KA} \cdot \text{Kapital}} = \frac{\text{Absolventen}}{\text{Absolventenkosten}}.$$

Da im Nenner Mengeneinheiten und im Zähler Geldeinheiten stehen, handelt es sich um Kosteneffizienzen. Die Kehrwerte zeigen die Kosten pro Publikation bzw. pro Absolvent an.

Anstelle von „outputspezifischen" Kennzahlen, ließe sich analog zu (3.10) bei einer Produktionseinheit, die M Inputs einsetzt, eine entsprechende Zahl „inputspezifischer Kennzahlen" folgenden Typs bilden:

$$\frac{g_1 \cdot b_{m1} \cdot x_1 + ... + g_N \cdot b_{mN} \cdot x_N}{z_m} = \frac{\sum_{n=1}^{N} g_n \cdot b_{mn} \cdot x_n}{z_m}. \tag{3.14}$$

Hier müssten jedem Input m die Anteile an den n verschiedenen Outputs anteilig zugerechnet werden, die er „erzeugt". Diese Anteile bezeichnen wir mit b_{mn}. Darüber hinaus müssen die Outputs wenigstens dann mit den Gewichten g_n gewichtet werden, wenn sie unterschiedliche Metriken aufweisen.

Das Uni-Beispiel bietet die Möglichkeit zur Bildung zweier inputspezifischer Kennzahlen, der „Arbeitseffizienz" und der „Kapitaleffizienz":

$$\text{Arbeitseffizienz} = \frac{g_P \cdot b_{AP} \cdot \text{Publikationen} + g_A \cdot b_{AA} \cdot \text{Absolventen}}{\text{Arbeit}}$$

und

$$\text{Kapitaleffizienz} = \frac{g_P \cdot b_{KP} \cdot \text{Publikationen} + g_A \cdot b_{KA} \cdot \text{Absolventen}}{\text{Kapital}}.$$

Da die Zahlen der Publikationen und der Absolventen nicht einfach addiert werden können, müssen sie gewichtet werden. Das Gewicht der Publikationen sei mit g_P und das Gewicht der Absolventen mit g_A bezeichnet. b_{AP} und b_{KP}, symbolisieren die anteiligen Beiträge von Arbeit und Kapital zur Produktion von Publikationen, während b_{AA} und b_{KA} die Beiträge von Arbeit und Kapital zur „Absolventenproduktion" darstellen. Dabei muss gelten $b_{AP} + b_{KP} = b_{AA} + b_{KA} = 1$.

Eine notwendige Voraussetzung für die Bildung der hier vorgestellten unvollständigen Kennzahlen ist eine exakte (anteilige) Zurechnung der Inputs zu den Outputs bzw. umgekehrt. Dazu sind entsprechende Dokumentationen (Zeit-, Verbrauchsmengenaufschreibungen etc.) erforderlich. Falls diese nicht existieren oder eine exakte, unstreitige Zurechnung des gesamten Inputs zu aufwändig oder nicht möglich ist, ist die Inputzurechnung willkürlich. Dieses Problem ist in der Kostenrechnung hinreichend bekannt. Lediglich sog. **Einzelkosten** sind eindeutig Produkten/Outputs zurechenbar. Sog. **Gemeinkosten** können den Outputs dagegen nur mit Hilfe einer Kostenstellen- und Kostenträgerrechnung kalkulatorisch und willkürlich zugerechnet werden.[99]

---

[99] Kosten sind nichts anderes als mit Inputpreisen bewertete Inputmengen. Daher verbirgt sich hinter dem Kostenzurechnungsproblem letztlich ein Mengenzurechnungsproblem.

Auch dies lässt sich mit Hilfe der Universität verdeutlichen. Während beispielsweise die unmittelbare Arbeitszeit der Dozenten in der Lehre inkl. Lehrvorbereitung, für Klausuren inkl. Korrekturen und in der Forschung eindeutig entweder Lehre oder Forschung (allerdings nur mittels Zeitaufschreibungen) zurechenbar ist, ist nicht eindeutig, wie deren Arbeitszeit im Rahmen der sog. akademischen Selbstverwaltung (Fachbereichs-/Fakultäts-/Senatssitzungen usw.) auf Forschung und Lehre zu verteilen ist. Gleiches gilt für die Arbeitszeit von Reinigungskräften, Hausmeistern, der Uni-Verwaltung, der Uni-Leitung oder die verbrauchten Mengen an Energie, Wasser etc. Bei outputspezifischen Kennzahlen tritt zudem das nur schwer lösbare Problem der Bestimmung geeigneter Outputgewichte auf.

Das Problem der eindeutigen Input-Output- bzw. Output-Input-Zurechnung stellt jedoch nicht zwangsläufig die Vergleichbarkeit verschiedener Einheiten in Frage. Auf der Basis einheitlicher Mengenzurechnungs- oder Kostenrechnungsstandards wären dennoch Vergleiche möglich. Letztere erfordern jedoch entweder freiwillige Vereinbarungen zwischen den Einheiten, die sich vergleichen bzw. verglichen werden oder anderenfalls gesetzliche Regeln. Ohne Zurechnungsstandards sind Kennzahlen unterschiedlicher Beobachtungseinheiten nicht vergleichbar.[100]

Kostenrechnungs- bzw. Zurechnungsstandards lösen aber nicht die weiteren Probleme unvollständiger Kennzahlen in Form a) unterschiedlicher Effizienzwertrangfolgen der einzelnen Kennzahlen, b) unterschiedlicher Produktionsstrukturen, c) unterschiedlicher Qualitäten bei In- und Outputs, d) unterschiedlicher Preisniveaus sowie e) unterschiedlicher Rahmenbedingungen.

ad a) Vergleicht man unvollständige Kennziffern verschiedener Produktionseinheiten, wird man mit großer Wahrscheinlichkeit feststellen, dass sich diese – unabhängig von der Frage einer Standardisierung – mehr oder minder voneinander unterscheiden. Darüber hinaus ist davon auszugehen, dass die einzelnen Produktionseinheiten bei verschiedenen einfachen oder eindimensionalen Kennziffern teils (relativ) gute und teils (relativ) schlechte Wirtschaftlichkeiten aufweisen.

Angenommen, wir vergleichen drei Universitäten A, B und C und normieren die besten Effizienzwerte auf 1 bzw. 100%. Dann wäre denkbar, dass die Uni A bezüglich der Forschungseffizienz den Wert 100% und bezüglich der

---

[100] Dies gilt auch für vollständige Kennzahlen.

Lehreffizienz den Wert 0,6 bzw. 60% aufweist. Letzteres bedeutet, dass die Lehreffizienz (nur) 60% der besten Einheit erreicht. Die Uni B weist eine Forschungs- und Lehreffizienz von jeweils 0,7 bzw. 70% und die Uni C spiegelbildlich zu A eine Forschungseffizienz von 60% und eine Lehreffizienz von 100% auf. Bei der Forschungseffizienz ergibt sich also die Uni-Rangfolge A, B, C und bei der Lehreffizienz die Rangfolge C, B, A. Damit liefern die „Partialeffizienzen" kein schlüssiges Bild über die „Gesamteffizienz" der Unis bzw. es lässt sich nicht sagen, welches die effizienteste Uni insgesamt ist.

ad b) Die Entscheidungsträger könnten bei unterschiedlichen Effizienzrangfolgen der einzelnen unvollständigen Effizienzkennziffern auf die Idee kommen, jeweils die besten Werte als Maßstab bzw. Zielvorgabe anzusetzen. Unter erneutem Rückgriff auf das Uni-Beispiel könnte die Uni A als Maßstab für Forschungseffizienz und die Uni C als Maßstab für Lehreffizienz gehalten werden und von allen Unis sowohl in der Lehre als auch in der Forschung Werte von 100% verlangt werden. Dann müsste Uni A ihre Effizienz in der Lehre absolut um 40% steigern, Uni B ihre Lehr- und Forschungseffizienz um jeweils 30% und die Uni C ihre Forschungseffizienz um 40%.

Diese Sichtweise abstrahiert jedoch von der durch die sog. **Technologie**[101] bedingten „Produktionsstruktur" der Universitäten. Es ist denkbar, dass die besten Teileffizienzwerte nur für sich genommen und nicht simultan erreichbar sind bzw. außerhalb der technisch möglichen Input-Output-Kombinationen liegen. Beispielsweise könnten sich die Uni A auf Forschung und die Uni C auf Lehre spezialisiert haben und (nur) deshalb die besten Teileffizienzen in ihren jeweiligen Spezialbereichen erreichen. Uni B weist möglicherweise deshalb keine Spitzeneffizienzwerte auf, weil sie keinen Schwerpunkt auf Forschung oder Lehre legt, sondern beide Felder gleichermaßen abdeckt. Tatsächlich dürften bei Mehrprodukteinheiten im Regelfall Skaleneffekte über alle Produkte und produktspezifische Skaleneffekte sowie darüber hinaus Verbund- bzw. Synergieeffekte wirken, die die Aussagekraft und die Eignung einfacher bzw. unvollständiger Effizienzwerte unterminieren. Das bedeutet, bei einer Effizienzbeurteilung kann nicht von der Produktstruktur und der Größe der Produktionseinheit abstrahiert werden. Vielleicht ist z. B. die Uni B nicht nur

---

[101] In der (Mikro-)Ökonomik versteht man unter dem Begriff „Technologie" alle technisch möglichen Input-Output-Kombinationen. Was technisch möglich ist, hängt vom technisch-organisatorischen Wissen und den entsprechenden Fähigkeiten ab.

weniger spezialisiert, sondern auch kleiner als die Unis A und C. Größenbereinigt könnte sie dann sogar effizienter als die beiden anderen Unis sein.

ad c) Die Outputs und Inputs von Organisationseinheiten können unterschiedliche Qualitäten aufweisen. Dabei existiert eine Vielzahl unterschiedlicher Qualitätskriterien. Speziell für die öffentliche Verwaltung dürften sich Qualitätsmerkmale wie die Bearbeitungsgeschwindigkeit, Fehler-/Widerspruchsquoten, Kundenfreundlichkeit (Zugänglichkeit des Angebots, Zeitkosten usw.) aufdrängen.

Kommen wir aber auf das Uni-Beispiel zurück: Publikationen und Ausbildungen können (sehr) unterschiedliche Qualitäten aufweisen. Dies gilt sowohl innerhalb eines Faches bzw. einer Fachrichtung als auch zwischen verschiedenen Fächern bzw. Fachrichtungen. Bei Veröffentlichungen versucht man Qualitätsunterschiede beispielsweise durch Zeitschriften-Rankings oder Zitationshäufigkeiten zu erfassen. Dies gelingt jedoch nur näherungsweise und macht bestenfalls Publikationen in einem Fach miteinander vergleichbar. Noch größere bis unlösbare Schwierigkeiten bringt der Qualitätsvergleich von Publikationen in verschiedenen Fächern bzw. Fachrichtungen mit sich. Wie vergleicht man beispielsweise Publikationen in Medizin mit denen in Jura oder Archäologie?

Die Qualitätsmessung von Absolventen/Abschlüssen ist ebenfalls alles andere als trivial. Abschlussnoten scheiden sowohl innerhalb eines Faches als auch zwischen den Fächern als Indikator von vornherein aus. Zum einen verhalten sich die Unis bzw. Fakultäten bei der Notenvergabe unterschiedlich inflationär und zum zweiten gibt es erhebliche Unterschiede zwischen den Fächern. So werden gute Noten in Jura eher zurückhaltend vergeben, während sie in den engeren Sozialwissenschaften eher leichtfertig verteilt werden. Andere Indikatoren könnten die Schnelligkeit, mit der Absolventen einen Arbeitsplatz finden, die Arbeitslosenquote oder das Durchschnitts- bzw. Lebenseinkommen der Absolventen verschiedener Unis bzw. Fachbereiche sein. Diese Indikatoren sind jedoch ebenfalls nicht unumstritten. Lebenseinkommensstudien sind z. B. nur mit erheblichem Aufwand und großer zeitlicher Verzögerung möglich.

Eine Lösung dieses Qualitätsvergleichsproblems könnte darin bestehen, nur Unis miteinander zu vergleichen, die gleiche Fachrichtungen aufweisen. Dies vermindert jedoch die Zahl vergleichbarer Einheiten. In manchen Fällen dürfte nur eine einstellige Zahl von Vergleichsobjekten übrig bleiben. Der reine Fakultäts- bzw. Fächervergleich stellt keine befriedigende Lösung dar, weil er von den unter b) genannten Produktionsstrukturen abstrahiert.

Neben der Qualität der Outputs ist grundsätzlich auch die Qualität der Inputs von Bedeutung. Exemplarisch sei in diesem Zusammenhang darauf hingewiesen, dass gut ausgebildetes und motiviertes Personal bessere Ergebnisse erwarten lässt als wenig ausgebildetes und wenig motiviertes Personal. Derartige Unterschiede werden wenigstens im öffentlichen Sektor kaum über Bezahlstrukturen ausgedrückt, so dass nach anderen Qualitätsindikatoren gesucht werden müsste.

Im Bereich sozialer Dienstleistungen, zu denen der Bildungs- und der Gesundheitssektor zu zählen ist,[102] spielt darüber hinaus die Qualität der „Klienten" eine nicht unerhebliche Rolle. Damit ist zum einen die Prädisposition und zum anderen die Mitwirkung (in der Medizin drückt dies der Begriff "Compliance" aus) der Schüler, Studierenden, Patienten gemeint. Beides spielt für das Ergebnis eine nicht zu vernachlässigende Rolle. Den Uni-Sektor betrifft dies im Bereich der Lehre. Mit begabten und motivierten Studenten lassen sich bessere Ergebnisse erreichen als mit weniger Begabten und Motivierten. Die Unis A, B, C können diesbezüglich verschiedene Grundgesamtheiten von Studierenden aufweisen. Bei Effizienzvergleichen wären also auch die entsprechenden Merkmale der Studierenden zu kontrollieren.

ad d) Sofern In- und Outputs mit Preisen gewichtet werden, ist zu berücksichtigen, dass erhebliche regionale Preisunterschiede bestehen können, die nicht Qualitätsunterschiede, sondern unterschiedliche örtliche Knappheitsverhältnisse und Marktstrukturen widerspiegeln. Beispielsweise sind die durchschnittlichen privaten Löhne/Entgelte in München oder Stuttgart signifikant höher als beispielsweise in Rostock oder Oldenburg oder etwa in Quedlinburg oder Görlitz. Aufgrund weitgehend einheitlicher Gehaltsstrukturen ist der öffentliche Sektor davon kaum betroffen.[103] Andere regionale Inputpreisunter-

---

[102] Soziale Dienstleistungen werden von Menschen an Menschen erbracht und erfordern die Mitwirkung derjenigen, an denen sie erbracht werden.

[103] Nominaleinkommensunterschiede sagen jedoch nichts über das (kaufkraftbereinigte) Realeinkommen. Bei gleichen Nominaleinkommen – wie im öffentlichen Dienst – ist das Realeinkommen in den neuen Bundesländern und strukturschwachen Regionen der alten Bundesländer höher als in den süddeutschen Großstädten. Deshalb ist die öffentliche Hand in den erstgenannten Regionen gegenüber der Privatwirtschaft auch wettbewerbsfähiger als im süddeutschen Raum. Die Gewinnbarkeit von qualifizierten Arbeitskräften

schiede – bei Immobilienkosten, Mieten, Dienstleistungen aller Art, Wasser- und Abwassergebühren bzw. -preisen etc. – treffen jedoch auch die öffentliche Hand.

Sofern unterschiedliche Inputpreisniveaus vorliegen, schneiden bei Effizienzvergleichen die Beobachtungseinheiten schlecht (gut) ab, die unter sonst gleichen Umständen hohe (niedrige) Input-Preise zu zahlen haben. Um in dem Uni-Beispiel zu bleiben, nehmen wir für Deutschland kontrafaktisch an, dass eine Uni A Kosten pro Arbeitszeiteinheit in Höhe von w_A^A hat und eine andere Uni B einen entsprechenden Kostensatz von w_A^B aufweist, mit $w_A^A > w_A^B$. Dann ist A allein deshalb weniger kosteneffizient. Selbst, wenn alle anderen Parameter der beiden Unis identisch sind („ceteris paribus") gilt nämlich

$$\frac{w_A^A \cdot a_{AP} \cdot \text{Arbeit} + w_K \cdot a_{KP} \cdot \text{Kapital}}{\text{Publikationen}} > \frac{w_A^B \cdot a_{AP} \cdot \text{Arbeit} + w_K \cdot a_{KP} \cdot \text{Kapital}}{\text{Publikationen}}.$$

Gegenteiliges gilt auf der Erlösseite. Kann die Uni A unter sonst gleichen Umständen (z. B. weil die Zahlungskraft der Studierenden höher ist) höhere Studiengebühren p_A^A als die Uni B mit p_A^B verlangen, dann folgt

$$\frac{g_P \cdot b_{AP} \cdot \text{Publikationen} + p_A^A \cdot b_{AA} \cdot \text{Absolventen}}{\text{Arbeit}} >$$

$$\frac{g_P \cdot b_{AP} \cdot \text{Publikationen} + p_A^B \cdot b_{AA} \cdot \text{Absolventen}}{\text{Arbeit}}.$$

Das heißt, die Arbeitseffizienz von Uni A ist allein deshalb höher als die von Uni B, weil die Studenten der Uni A (oder deren Eltern) wohlhabender sind.

Allgemein lässt sich also sagen, dass In- und Outputpreise dann nicht zur Gewichtung geeignet sind, wenn sie regional unterschiedlich sind. Unter sonst gleichen Umständen erscheinen Beobachtungseinheiten mit hohen Inputpreisen (geringen Outputpreisen) immer ineffizienter als Beobachtungseinheiten in Regionen mit geringen Inputpreisen (hohen Outputpreisen), auch wenn die Effizienzunterschiede allein aus unterschiedlichen, von den Beobachtungseinheiten nicht zu verantwortenden Preisniveaus resultieren. Eine (aufwendige)

---

in prosperierenden Großstädten würde durch die Wiedereinführung echter Ortszuschläge gefördert. Ursprünglich dienten Ortszuschläge tatsächlich zum (partiellen) Ausgleich von Kaufkraftunterschieden.

Möglichkeit zur Umgehung dieses Problems bietet (analog zu einer Inflationsbereinigung) die Indexierung mit den regionalen Preisniveaus.

ad e) Neben den Preisen können auch die rechtlichen Bestimmungen bzw. Rahmenbedingungen regional unterschiedlich sein. Aufgrund der föderalen Struktur in Deutschland gilt dies insbesondere auf der Ebene der Bundesländer. Der Rechtsrahmen determiniert zum Teil die Handlungs- und Produktionsmöglichkeiten oder mit anderen Worten die Erlöserzielungsmöglichkeiten und die Technologie der Beobachtungseinheiten. Deshalb ist bei einem Effizienzvergleich von Verwaltungs- bzw. Beobachtungseinheiten immer zu prüfen, ob und inwieweit rechtliche Bestimmungen Effizienzunterschiede determinieren. Der Rechtsrahmen ist für die Beobachtungseinheiten gegeben und darf ihnen deshalb nicht zur Last gelegt werden.

Vergleichen wir illustrierend Uni A in A-Land und Uni B in B-Land, bestimmt das durchaus unterschiedliche Landesrecht den Umfang der Selbstverwaltung und Bürokratie (also die Verwaltungskosten), Bezahlungs- und Einstellungsmöglichkeiten, die Erhebung von Studiengebühren, die Auswahl der Studierenden, (aufgrund unterschiedlicher Politiken bei Landeslizenzen und Mitgliedschaften in Konsortien) die Verfügbarkeit von Literatur etc.

Im Laufe dieses Kapitels dürfte nunmehr (hoffentlich) deutlich geworden sein, dass aussagefähige Kennziffern- bzw. Effizienzvergleiche ein durchaus komplexes und anspruchsvolles Unterfangen darstellen, dem mit einfachen bzw. eindimensionalen Kennzahlen nur selten gerecht zu werden ist. Was ist nun die Lösung?

Unter speziellen („seltenen"), aber eben nicht allgemeingültigen Umständen können einfache- bzw. eindimensionale Kennzahlen in Betracht gezogen werden. Diese sind abstrakt formuliert je eher geeignet, desto weniger unterschiedlich (homogener) die zu vergleichenden Einheiten sind. Wenn beispielsweise tatsächlich keine oder wenigstens keine signifikanten Größen- und Verbundeffekte, gleiche Qualitäten, gleiche Preise, gleiche Rechtsregime etc. vorliegen, kann an einfache Kennziffern gedacht werden. Allerdings ist damit das Input-Output-Zurechnungsproblem nicht gelöst. Seine Lösung erfordert einheitliche Standards. Ohne diese bleiben einfache Effizienzvergleiche nebulös.

Ansonsten existieren grundsätzlich zwei Verfahrensweisen. Zum einen kann versucht werden, der Heterogenität der Vergleichsobjekte durch die Bildung möglichst homogener Teilgruppen und die Vornahme von Vergleichen nur innerhalb dieser Teilgruppen zu begegnen. Dann wären beispielsweise Universitäten nach Größe, Fächerangebot, Bundesland etc. zu sortieren und nur die Unis miteinander zu vergleichen, die (weitgehend) identische Merkmale aufweisen. Letztlich wird diese Vorgehensweise in der Tendenz dazu führen, dass mit zunehmender Homogenität der Beobachtungseinheiten in einer Gruppe die Zahl der Vergleichsgruppen steigt und zugleich die Zahl der Beobachtungen in jeder Vergleichsgruppe abnimmt. Am Ende wird die Zahl wirklich vergleichbarer Einheiten in jeder Gruppe sehr klein sein oder sogar die Zahl eins annehmen, so dass das Bemühen um echte Vergleichbarkeit zur Paradoxie führt, dass es nichts mehr oder nur noch wenig zu vergleichen gibt.

Eine zweite Lösung stellen die im folgenden Kapitel (s. auch den Exkurs zum Benchmarking von Arbeitsgerichten) vorgestellten modernen Verfahren des mehrdimensionalen Wirtschaftlichkeitsvergleichs dar. Entsprechende Daten vorausgesetzt, ermöglichen speziell die Verfahren zur Ermittlung von Effizienzgrenzen sogar annähernd die Aufrechterhaltung der ceteris paribus-Annahme. Mit anderen Worten: Moderne Verfahren plus gute Daten erlauben den Vergleich auch unterschiedlicher Einheiten, weil wenigstens alle wichtigen effizienzrelevanten Einflüsse kontrolliert werden können.

**Exkurs: Eindimensionales vs. mehrdimensionales Benchmarking
am Beispiel eines Arbeitsgerichtsvergleichs**

In verschiedenen Bereichen des öffentlichen Sektors wird seit langem mit eindimensionalen Effizienzkennzahlen gearbeitet. So auch in der Gerichtsbarkeit, in der die Quote von erledigten Verfahren zu Richtern (die sog. Bayernstatistik) eine große Rolle spielt:

$$\text{Erledigungsquote („Bayernstatistik“)} = \frac{\text{erledigte Verfahren}}{\text{Richter}}.$$

Erledigungsquoten (und in anderen Bereichen analoge Kennziffern) dienen zum einen dem Vergleich verschiedener Einheiten (mit eventuellen Konsequenzen für die Finanz- und Personalausstattung etc.) und zum anderen zur Personalbeurteilung. Ein Richter, der mehr Fälle erledigt als ein anderer, hat größere Beförderungschancen usw.

Kennzahlen nach Art der Bayernstatistik führen leicht zu Fehleinschätzungen der tatsächlichen „Performance". Zur Erläuterung werden im Folgenden die Ergebnisse einer betriebswirtschaftlichen Untersuchung von SCHNEIDER (2004a, 2004b) über die Arbeitsgerichtsbarkeit in Deutschland vorgestellt.

In der nachfolgenden Tabelle sind neben der Erledigungsquote weitere eindimensionale Kennzahlen, nämlich die Vergleichsquote, die Quote schneller Verfahren, die Quote veröffentlichter Entscheidungen und die Quote bestätigter Entscheidungen (Erläuterungen unter der Tabelle) für neun Landesarbeitsgerichte (LAG) über den Zeitraum von 1980–1998 aufgeführt.

Wir erkennen bei den einzelnen Quoten zum Teil erhebliche Differenzen zwischen den Gerichten (beispielsweise wurden in Berlin 80% aller Fälle in höchstens 6 Monaten erledigt, während dies in Bremen nur auf 36% aller Verfahren zutraf) und je nach Kennziffer unterschiedliche Rangplätze der Landesarbeitsgerichte (während z. B. das LAG Berlin bei der Schnelligkeit den Rang 1 belegt, liegt es bei der Quote bestätigter Entscheidungen nur auf dem vorletzten Platz).

Die in der nachfolgenden Tabelle verwendeten Kennziffern sind natürlich nicht in der Lage, die tatsächlichen Leistungen bzw. den Output der Gerichte (SCHNEIDER spricht von „Gerichtserfolg") widerzuspiegeln und führen leicht zu Fehlbeurteilungen.

Zwischengerichtliche Unterschiede von neun westdeutschen Landesarbeitsgerichten nach einzelnen Erfolgsindikatoren im Zeitraum von 1980 bis 1998 [104] (Rangplätze in Klammern)

Landesarbeitsgericht	Erledigungsquote	Vergleichsquote	Quote schneller Verf.	Quote veröff. Entsch.	Quote bestät. Entsch.
Berlin	122 (7)	0,29 (5)	**0,80 (1)**	3,22 (5)	0,76 (8)
Baden-Württemberg	**164 (1)**	0,29 (5)	0,68 (3)	2,11 (7)	0,93 (4)
Bremen	116 (8)	0,28 (7)	0,36 (9)	4,99 (3)	0,86 (7)
Hessen	134 (4)	0,28 (7)	0,41 (8)	**6,63 (1)**	0,95 (2)
Hamburg	124 (6)	0,33 (3)	0,64 (6)	2,55 (6)	0,53 (9)
Niedersachsen	153 (2)	0,34 (2)	0,55 (7)	1,38 (8)	0,88 (6)
Rheinland-Pfalz	129 (5)	0,31(4)	0,71 (2)	3,44 (4)	**0,98 (1)**
Saarland	113 (9)	**0,43 (1)**	0,66 (4)	1,27 (9)	0,93 (4)
Schleswig-Holstein	144 (3)	0,24 (9)	0,65 (5)	5,91 (2)	0,95 (2)
Mittelwert	134	0,30	0,65	3,50	0,86

Fett: maximale und minimale Ausprägung

Erledigungsquote: Zahl der im Jahresverlauf erledigten Verfahren pro Richter;
Vergleichsquote: Anteil der Prozessvergleiche und Klagerücknahmen an allen erledigten Verfahren;
Quote schneller Verf.: Quote schneller Verfahren, d. h. Anteil der Verfahren, die nach bis zu 6 Monaten erledigt worden sind;
Quote veröff. Entsch.: Quote veröffentlichter Entscheidungen, d. h. Anteil der in der Datenbank "Juris" veröffentlichten Entscheidungen an allen erledigten Verfahren (in Prozent);
Quote best. Entsch.: Quote bestätigter Entscheidungen, d. h. Anteil der durch das BAG bestätigten Entscheidungen an den in "Juris" publizierten Entscheidungen.

Quelle: In Anlehnung an Schneider (2004a), S. 17.

Betrachten wir dazu die folgende Abbildung: Auf der Abszisse sind ein Quantitätsindikator (Erledigungsquote x_1) und auf der Ordinate ein Qualitätsindikator (Richtigkeitsquote x_2) abgetragen (wobei quantitative Qualitätsmessbarkeit unterstellt wird). Die sog. **Produktionsmöglichkeitenkurve** (auch „Transfor-

---

[104] Für Bayern, NRW und die neuen Bundesländer lagen keine (ausreichenden) Daten vor.

mationskurve") zeigt die bei gegebenem Input (Gerichtsausstattung, Verfahrensaufkommen) maximal möglichen Outputkombinationen. Dabei spiegelt sich der in den meisten Fällen vorliegende Zielkonflikt zwischen Quantität und Qualität wider: Je mehr Fälle c. p. entschieden werden (müssen), desto geringer dürfte die Zeit für eine sorgfältige Abwägung und Begründung sein, so dass die Quote richtiger Entscheidungen zurückgeht.

Produktionsmöglichkeiten und Effizienzsteigerungspotenzial von Gerichten

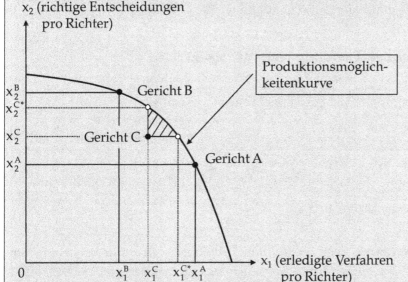

Schauen wir nur auf die Erledigungsquote, schneidet Gericht A besser als Gericht B ab, weil die Zahl der erledigten Verfahren pro Richter von Gericht A größer ist als dieselbe Zahl für Gericht B, $x_1^A > x_1^B$. Bezüglich der Richtigkeitsquote gilt das Gegenteil: $x_2^B > x_2^A$. Tatsächlich operieren beide Gerichte auf unterschiedlichen Punkten der Produktionsmöglichkeitenkurve. Deshalb sind beide effizient, produzieren dabei „lediglich" unterschiedliche Outputbündel. Anders beispielsweise das Gericht C. Es produziert zwar mehr Erledigungen pro Kopf als Gericht B ($x_1^C > x_1^B$) und mehr richtige Entscheidungen pro Kopf als Gericht A ($x_2^C > x_2^A$), bleibt jedoch unterhalb der Produktionsmöglichkeiten – operiert also ineffizient. Es könnte bei gleicher Ressourcenausstattung simultan sowohl mehr von beiden Outputs produzieren bzw. bei gegebener Menge richtiger Entscheidungen x_2^C statt x_1^C die Menge x_1^{C*} oder gegeben x_1^C, statt x_2^C

die Menge x_2^{C*} realisieren. Die Effizienzsteigerungsmöglichkeiten des Gerichts C werden durch die schraffierte Fläche „nordöstlich" von C dargestellt. Ausgeschöpft ist das Effizienzpotential jedoch erst dann, wenn ein Punkt auf der Transformationskurve erreicht ist.

SCHNEIDER schlägt zur Beurteilung des „Gerichtserfolgs" bzw. der Gerichtseffizienz (zu Recht) eine mehrdimensionale Beurteilung vor. Folgt man seinem Vorschlag, „produzieren" Gerichte auf abstrakter Ebene „Konfliktbeilegung" und „Rechtsschöpfung". Beide Outputkategorien weisen eine Quantitäts- und eine Qualitätsdimension auf (vgl. nachfolgende Tabelle).

Dimensionen des „Gerichtserfolges" (Grobschema)

	Quantität	Qualität
Konfliktbeilegung	Zahl der Erledigungen	Richtigkeit Vergleichsorientierung Dauer der Entscheidungen
Rechtsschöpfung	Zahl innovativer Ent- scheidungen	Richtigkeit Einfluss auf Rechtsfindung

Quelle: Schneider (2004a), S. 11.

Diese Outputdimensionen werden mit Hilfe der bereits in der ersten Tabelle dieses Exkurses aufgeführten Variablen operationalisiert. SCHNEIDER bildet analog zu den Gleichungen (3.9) bzw. (3.11) die vier folgenden Effizienzmaße/ „Modelle":

Modell 1 „Verfahren":

$$\frac{\text{erledigte Verfahren}}{\alpha_1 \cdot \text{Zahl der Richter} + \alpha_2 \cdot \text{neu eingereichte Verfahren} + \alpha_3 \cdot \text{Altbestand}}$$

Modell 2 „Quantität":

$$\frac{\beta_1 \cdot \text{erledigte Verfahren} + \beta_2 \cdot \text{publizierte Entsch.}}{\alpha_1 \cdot \text{Zahl der Richter} + \alpha_2 \cdot \text{neu eingereichte Verfahren} + \alpha_3 \cdot \text{Altbestand}}$$

Modell 3 „Vergleiche":

$$\frac{\beta_1 \cdot \text{Vergleiche} + \beta_2 \cdot \text{anders erl.Verf.} + \beta_3 \cdot \text{publiz. u. best. Entsch.}}{\alpha_1 \cdot \text{Zahl der Richter} + \alpha_2 \cdot \text{neu eingereichte Verfahren} + \alpha_3 \cdot \text{Altbestand}}$$

Modell 4 „Schnelligkeit":

$$\frac{\beta_1 \cdot \text{schnelle Verf.} + \beta_2 \cdot \text{langs. Verf.} + \beta_3 \cdot \text{publiz. u. best. Entsch.}}{\alpha_1 \cdot \text{Zahl der Richter} + \alpha_2 \cdot \text{neu eingereichte Verfahren} + \alpha_3 \cdot \text{Altbestand}}$$

Als Input wird in allen Modellen nicht nur die Zahl der Richter, sondern auch das sog. Verfahrensaufkommen aufgenommen. Das Verfahrensaufkommen pro Jahr setzt sich aus den (noch) unerledigten Verfahren der Vergangenheit („Altbestand") und den im Laufe des Jahres neu eingereichten Verfahren zusammen. Das Verfahrensaufkommen kann (und muss) deshalb als Input interpretiert werden, weil von den Gerichten maximal nur so viele Fälle erledigt werden können wie zu erledigen sind. Weniger (mehr) Verfahrensaufkommen lässt c. p. weniger (mehr) Fallerledigungen erwarten.

Modell 1 ist eine inputseitige Modifikation der Bayernstatistik. An diesem Modell lässt sich messen, wie sich die sukzessive Verbesserung/Verbreiterung des Ouputmaßes auf die Effizienzbeurteilung auswirkt. Im Modell 2 wird zusätzlich zur Quantität der Konfliktbeilegungen (Erledigungen) mit der Zahl der in Juris publizierten Entscheidungen ein wenigstens grober Indikator für die Rechtsschöpfung eingeführt. In Modell 3 werden die erledigten Verfahren in die beiden Teilmengen „Vergleiche" und „anders erledigte Verfahren" zerlegt. Diese Aufteilung berücksichtigt den qualitativen Unterschied der Verfahrensarten. Gerichte könnten geneigt sein, ihre Erledigungsquote zu steigern, indem sie aufwendige und langwierige Gerichtsverfahren durch Vergleiche substituieren. Anstelle der „nur" publizierten Entscheidungen wird jetzt die qualitativ vermutlich aussagekräftigere Zahl der publizierten und darüber hinaus vom Bundesarbeitsgericht als übergeordnete Instanz bestätigten Verfahren verwendet. Modell 4 unterscheidet sich von Modell 3 durch die Ersetzung der Variablen „Vergleiche" und „anders erledigte Verfahren" durch „schnelle" und „langsame" Verfahren. Ein Verfahren wird als „schnell" kategorisiert, wenn es innerhalb von sechs Monaten abgeschlossen wurde. Alle Verfahren von längerer Dauer werden als „langsam" eingeordnet.

Die Ermittlung der in der nächsten Tabelle aufgeführten Effizienzkennziffern erfolgte mit Hilfe der im nachfolgenden Kapitel behandelten „Data Envelopment Analysis". Dieses Verfahren berechnet die Input- und Outputgewichte so, dass die Effizienzwerte unter bestimmten Nebenbedingungen maximiert werden. Eine Nebenbedingung ist, dass der Effizienzwert maximal den Wert 1 oder alternativ 100% annehmen kann. Die Werte in der Tabelle sind als Prozent des maximal erreichbaren Effizienzwertes (hier 100%) zu interpretieren. Da es sich um Durchschnittswerte über den gesamten Beobachtungszeitraum handelt und kein Gericht in jedem Jahr vollkommen effizient arbeitete, liegen alle Werte unter 100%.

Durchschnittliche Produktivität von neun LAGen nach den vier DEA-Modellen im Zeitraum von 1980 bis 1998 (Rangplätze in Klammern)

Landesarbeits-gericht	Modell 1 „Verfahren"	Modell 2 „Quantität"	Modell 3 „Vergleiche"	Modell 4 „Schnelligkeit"
Berlin	**96,11 (1)**	**97,22 (1)**	**98,46 (1)**	**99,18 (1)**
Baden-Württemberg	92,78 (2)	92,93 (3)	94,03 (4)	94,83 (4)
Bremen	76,30 (9)	80,90 (9)	83,62 (9)	91,57 (8)
Hessen	82,89 (8)	90,41 (5)	92,16 (7)	97,18 (3)
Hamburg	84,91 (7)	86,30 (8)	87,47 (8)	89,05 (9)
Niedersachsen	89,68 (5)	89,68 (6)	92,93 (6)	92,17 (6)
Rheinland-Pfalz	91,19 (4)	92,56 (4)	93,91 (5)	94,25 (5)
Saarland	87,23 (6)	87,38 (7)	94,58 (3)	92,01 (7)
Schleswig-Holstein	92,41 (3)	95,67 (2)	97,19 (2)	97,30 (2)
Mittelwert	88,17	90,34	92,71	94,17

Fett hervorgehoben: minimale und maximale Ausprägung

Quelle: In Anlehnung an Schneider (2004a), S. 18.

Modell 1 zeigt einen durchschnittlichen Effizienzwert von 88,17%. Umgekehrt formuliert beträgt die Abweichung vom Idealzustand völliger Effizienz im Durchschnitt 11,83%. Ohne auf alle Details einzugehen – dies sei dem Leser überlassen – zeigt sich von Modell 1 zu Modell 4 mit zunehmend genauerer Outputmessung ein Anstieg des durchschnittlichen Effizienzwertes um immerhin 6% auf 94,17%. Gleichzeitig geht die Streuung der Effizienzwerte unter den Gerichten zurück. Dies lässt sich grob an der Differenz zwischen dem höchsten und dem niedrigsten Wert erkennen. In Modell 1 beträgt die Spanne $96{,}11 - 76{,}30 = 29{,}81$, während sie in Modell 4 nur noch $99{,}18 - 89{,}05 = 10{,}13$ beträgt, was ebenfalls dafür spricht, dass der Output zunehmend besser abgebildet wird.

Die Rangfolgen der Gerichte sind jetzt robuster als unter Verwendung der o. g. eindimensionalen Kennziffern. Das LAG Berlin liegt bei jeder Modellspezifikation auf Platz 1. Das LAG Bremen als „Gegenpol" dreimal auf Rang 9 und einmal auf Rang 8. Durchgehend relativ gut liegen die LAG von Schleswig-Holstein und von Baden-Württemberg. Das LAG Hamburg schneidet durchgehend schwach ab. Eine starke Reihenfolgeschwankung zeigt sich bei den LAG von Hessen und des Saarlandes. Hessen weist den größten Anteil schneller Verfahren und das Saarland die höchste Vergleichsquote auf. Dies schlägt sich in den Modellen 3 und 4 nieder. Nicht erstaunlicherweise führen die elaborierten Effizienzmaße zu teilweise gänzlich anderen Ergebnissen als die eindimensionalen Kennziffern.

Wichtig bei der Interpretation derartiger Ergebnisse ist das Bewusstsein dafür, dass (Effizienz-)Kennziffern keinen Beweis (für Effizienz oder Ineffizienz) darstellen. Kennzahlen können lediglich den Anlass für nähere Nachforschungen (analog zu einem Anfangsverdacht) liefern. Beispielsweise könnte das relativ schlechte Abschneiden mancher LAG auf Faktoren zurückzuführen sein, die bei der Effizienzanalyse nicht (ausreichend) berücksichtigt wurden/werden konnten. Die Berechnungen SCHNEIDERs basieren beispielsweise auf einem DEA-Modell mit konstanten Skalenerträgen. Falls aber tatsächlich Skalen-/Größeneffekte existieren, wäre ein Modell mit variablen Skaleneffekten besser geeignet und könnte eventuell die LAG mit schlechten Werten entlasten (der Anfangsverdacht entkräftet werden).

Unabdingbar für die Akzeptanz und hoffentlich positiven Effekte von Kennzahlenvergleichen ist neben sauberer Methodik eine vorsichtige und differenzierte Handhabung (also quasi das glaubhafte Versprechen auf faire Verfahren).

3.4.3   Vollständiger und vollkommener Wirtschaftlichkeitsvergleich

Im vorangehenden Kapitel haben wir die totale Faktorproduktivität (TFP) definiert und als „vollständigen Wirtschaftlichkeitsvergleich" bezeichnet, weil die TFP alle In- und Outputs berücksichtigt. Allerdings sind damit nicht alle wirtschaftlichkeitsrelevanten Spezifika der Produktionseinheiten jenseits der In- und Outputs – wie z. B. institutionelle Rahmenbedingungen, Eigentumsverhältnisse, Bevölkerungsstruktur, Bevölkerungsdichte und topographische Gegebenheiten (bei Netzversorgern), exogene Schocks wie Streiks, Unglücke etc. erfasst.

Die Faktorproduktivitätsanalyse (TFA) gehört zu den am weitesten in der Ökonomik verbreiteten Methoden des Wirtschaftlichkeits-/Effizienzvergleichs. Neben der Faktorproduktivitätsanalyse zählen die Data Envelopment Analysis (DEA) und die Stochastic Frontier Analysis (SFA) zu den wohl am häufigsten eingesetzten Wirtschaftlichkeitsvergleichsverfahren.[105] Alle drei genannten Methoden sind mehrdimensional bzw. vollständig im o. g. Sinne. Die DEA und die SFA können jedoch – anders als die TFA – so operationalisiert werden, dass sie auch vollkommen im o. g. Sinne sind. Sowohl die DEA als auch die SFA ermitteln sogenannte Effizienzgrenzen und ermöglichen damit Benchmarking i. e. S. Die TFA berechnet zwar keine Effizienzgrenzen, erlaubt aber eine kardinal skalierte Rangung von Faktorproduktivitätsindizes der untersuchten Beobachtungseinheiten. Definiert man die Einheit mit der höchsten Faktorproduktivität als Referenzpunkt und damit als Best-practice-Effizienzgrenze, führt die TFA ebenfalls zu einem echten Benchmarking.

3.4.3.1   Totale Faktorproduktivitätsanalyse[106]

Die (Benchmark-)Methode der **totalen Faktorproduktivitätsanalyse** (TFA) bzw. „Total factor productivity" (TFP) basiert auf Indizes. Abstrakt formuliert stellt ein Index die Veränderung(srate) eines Bündels zusammenhängender Variablen in Form einer reellen Zahl dar.

Den vielleicht bekanntesten Index stellt der Verbraucherpreisindex (VPI) dar, mit dessen Hilfe man die Ausgaben für bestimmte Güterbündel („Warenkörbe") zu unterschiedlichen Zeitpunkten in Relation zueinander setzt. Man bezeichnet diese spezielle Relation auch als allgemeine Preissteigerungs- oder Inflationsrate. Die Preissteigerungsrate bestimmt sich aus den Ausgaben für einen bestimmten Warenkorb zu einem bestimmten Zeitpunkt bezogen auf die Ausgaben für einen Referenzwarenkorb zu einem Basis- oder Referenzzeitpunkt. Da sich die Warenkörbe verschiedener Haushaltstypen unterscheiden,

---

[105] Eine Übersicht über die bekannten Verfahren zum Effizienzvergleich findet sich bei von Hirschhausen u. a. (2007).

[106] Vgl. im Folgenden insb. auch Coelli u. a. (2005), S. 85 ff.

muss man genau genommen für jeden Haushaltstyp separate Inflationsraten berechnen. Die jährliche Inflationsrate für einen Haushalt beispielsweise mit zwei Erwachsenen und zwei Kindern ergibt sich so aus dem typischen Warenkorb dieses Haushaltstyps im Jahre t+1 (beobachtetes oder laufendes Jahr) bezogen auf die Ausgaben für den Vergleichswarenkorb zum Zeitpunkt t (Basisjahr). Setzen wir t = 0, ermittelt sich die Preissteigerungsrate aus folgender Relation:

$$\text{Preissteigerungsrate}_{0,1} = \frac{\text{Warenkorbausgaben im Jahr 1}}{\text{Warenkorbausgaben im Jahr 0}}$$

Sind die Warenkorbausgaben in Periode 1 größer als in Periode 0, nimmt die Preissteigerungsrate einen Wert größer als Eins an („Inflation"). Im umgekehrten Fall liegt die Rate unter Eins, man spricht dann von „Deflation".

Die Inflationsrate für mehrere Jahre ergibt sich aus dem Produkt der jährlichen Inflationsraten im relevanten Zeitraum. Betrachten wir den Zeitraum t = 0, ... , T, berechnet sich die Inflationsrate $i_{0,T}$ aus $i_{0,1} \cdot i_{1,2} \cdot i_{2,3} \cdot ... \cdot i_{T-1,T}$. So berechnet sich die Preissteigerungsrate für zwei Jahre aus der Multiplikation der Preissteigerungsrate des ersten Jahres mit der Preissteigerungsrate des zweiten Jahres. Für die Preissteigerungsrate über drei Jahre sind die Preissteigerungsrate des ersten Jahres mit der des zweiten und des dritten Jahres zu multiplizieren usw. Beispielsweise weist das Statistische Bundesamt für 2011 einen VPI in Höhe von 2,1%, für 2012 einen VPI von 1,96% und für 2013 einen VPI von 1,54% aus. Damit beträgt der VPI 2013 mit dem Basisjahr 2010 ($VPI_{2010,2013}$) $VPI_{2010,2011} \cdot VPI_{2011,2012} \cdot VPI_{2012,2013}$ = 1,021 · 1,0196 · 1,0154 ≈ 1,057. Das heißt die Verbraucherpreise sind von 2010 bis 2013 um rund 5,7% gestiegen.

Der Indexgedanke lässt sich leicht auf die Faktorproduktivitätsanalyse übertragen, wenn man bedenkt, dass Produktionseinheiten (Betriebe) gewöhnlicherweise Produktionsfaktorbündel (Inputs) einsetzen, um Güterbündel (Outputs) zu erzeugen. Der Vergleich von Warenkörben und Input-Output-Bündeln ist formal äquivalent: Bezeichnen wir die Faktorproduktivität einer Beobachtungseinheit in der Basisperiode 0 als $\text{Output}_0/\text{Input}_0 = FP_0$ und die Faktorproduktivität in Periode 1 als $\text{Output}_1/\text{Input}_1 = FP_1$. Dann können wir die Faktorproduktivitätsentwicklung dieser Einheit von Periode 0 zu Periode 1 abstrakt als Index $(FP_1)/(FP_0)$ auffassen. Auf diese Weise lässt sich auch die Faktorproduktivitätsentwicklung einer oder mehrerer Beobachtungseinheiten im Zeitablauf ermitteln und ggf. miteinander vergleichen. Beispielsweise könnte man die Faktorproduktivitätsentwicklung einer Beobachtungseinheit

A von 2000 bis 2010 der Faktorproduktivitätsentwicklung einer Beobachtungseinheit B im gleichen Zeitraum gegenüberstellen. Auch Paare von unterschiedlichen Beobachtungseinheiten sind vergleichbar. Beispielsweise ließe sich die Faktorproduktivität einer Beobachtungseinheit D (FP_D) auf die Faktorproduktivität einer Beobachtungseinheit C (FB_C) beziehen: FP_D/FB_C.

Betrachten wir zunächst Produktionskosten. Diese ergeben sich aus dem Produkt von Faktorpreis und Faktormenge. Existiert nur ein einziger Produktionsfaktor, ergibt sich die Veränderung der Produktionskosten (ΔK) von einer Periode auf die andere folgendermaßen:

$$\Delta K = \frac{w_1 \cdot z_1}{w_0 \cdot z_0} = \frac{w_1}{w_0} \cdot \frac{z_1}{z_0}, \qquad (3.15)$$

wobei w_0, w_1 die Faktorpreise in Periode 0 und 1 und z_0, z_1 die Faktormengen in Periode 0 und 1 darstellen. Bei nur einem Produktionsfaktor lässt sich der Gesamteffekt leicht in einen Preis- und einen Mengeneffekt zerlegen. w_1/w_0 bezeichnet den **Preiseffekt** und z_1/z_0 den **Mengeneffekt**.

Werden jedoch mindestens zwei Produktionsfaktoren eingesetzt, ist die Zerlegung in Preis- und Mengeneffekt nicht mehr so einfach. Für ΔK gilt dann nämlich:

$$\Delta K = \frac{\sum_{m=1}^{M} w_{m1} \cdot z_{m1}}{\sum_{m=1}^{M} w_{m0} \cdot z_{m0}}. \qquad (3.16)$$

$m = 1, \ldots, M$ ist der Index der Produktionsfaktoren, w_{m1}/w_{m0} bezeichnet die Preisänderung des m-ten Gutes und z_{m1}/z_{m0} die Mengenänderung des m-ten Gutes. Preis- und Mengenänderungen treten zwar simultan auf, können jetzt aber nur bei Konstanthaltung der jeweils anderen Größe voneinander separiert werden. Das heißt, zur Ermittlung des Preisänderungseffektes muss man die Mengen konstant halten und zur Ermittlung des Mengenänderungseffektes sind umgekehrt die Preise konstant zu halten. Im ersten Fall erhält man einen **Preisindex**, im zweiten Fall einen **Mengenindex**.

Im Rahmen der Faktorproduktivitätsanalyse interessieren Mengenindizes, auf die wir uns im Folgenden konzentrieren.[107] Ein Mengenindex, der die Verän-

---

[107] Es ist grundsätzlich davon auszugehen, dass die Beobachtungseinheiten über die gewählte Technologie die Faktormengen, aber nicht die Faktorpreise beeinflussen können.

derung der eingesetzten Faktormengen im Zeitablauf misst, berechnet sich nach LASPEYRES[108] aus:

$$Z_{01}^{L} = \frac{\sum\limits_{m=1}^{M} w_{m0} \cdot z_{m1}}{\sum\limits_{m=1}^{M} w_{m0} \cdot z_{m0}} = \sum\limits_{m=1}^{M} \frac{z_{m1}}{z_{m0}} \cdot \alpha_{m0} \qquad (3.17)$$

Z_{01}^{L} beschreibt den **Mengenindex nach LASPEYRES** mit der Basisperiode 0 und der laufenden Periode 1.[109] $\alpha_{m0} = \dfrac{w_{m0} \cdot z_{m0}}{\sum\limits_{m=1}^{M} w_{m0} \cdot z_{m0}}$ bezeichnet den Anteil der Kosten des m-ten Produktionsfaktors an den Gesamtkosten.

Gleichung (3.17) bietet zwei Interpretationsmöglichkeiten. Zum einen kann der Laspeyres-Mengenindex als Relation des Wertes der Inputmengen in Periode 0 und in Periode 1 bei Faktorpreisen der Basisperiode 0 angesehen werden. Zum anderen kann er als mit Kostenanteilen gewichteter Durchschnitt der Inputmengenverhältnisse verstanden werden.

Allerdings weist der Laspeyres-Index nicht die theoretisch wünschenswerten Eigenschaften auf.[110] Er bildet lediglich die Ober- und Untergrenze des theoretisch idealen Indexes ab bzw. ist lediglich im Spezialfall einer linearen Produktionstechnologie exakt. Deshalb kommt bei empirischen Faktorproduktivitätsanalysen häufig der **Törnqvist-Index**[111] zum Einsatz. Dieser ist nicht nur in

---

[108] Nach Ernst Louis Étienne LASPEYRES (1834–1913).

[109] Das hochgestellte L steht für „Laspeyres". Analog stehen im Folgenden P für „Paasche", T für „Törnqvist" und CCD für „Caves, Christensen & Diewert".

Beim hier nicht näher behandelten – nach Hermann PAASCHE (1851–1925) benannten – **Paasche-Index** (Z_{01}^{P}), welcher alternativ verwendbar ist, werden die Faktormengen beider Perioden anders als beim Laspeyres-Mengenindex (Z_{01}^{L}) nicht mit den Preisen der Basisperiode 0, sondern mit den Preisen der laufenden Periode 1 bewertet:

$$Z_{01}^{P} = \left. \sum\limits_{m=1}^{M} w_{m1} \cdot z_{m1} \middle/ \sum\limits_{m=1}^{M} w_{m1} \cdot z_{m0} \right. .$$

[110] Gleiches gilt für den Paasche-Index.

[111] Benannt nach dem finnischen Statistiker Leo Waldemar TÖRNQVIST (1911–1983).

Spezialfällen, sondern bei allen Technologien exakt, die durch sog. transzendent-logarithmische Funktionen[112] approximierbar sind.

In der Version als Mengenindex stellt der Törnqvist-Index ein mit den Kostenanteilen $\alpha_{m0,1}$ gewichtetes geometrisches Mittel von Mengenverhältnissen dar. Mit der Basisperiode 0 und laufenden Periode 1 ist er folgendermaßen zu formulieren:

$$Z_{01}^T = \prod_{m=1}^{M} \left[\frac{z_{m1}}{z_{m0}} \right]^{\frac{\alpha_{m0} + \alpha_{m1}}{2}} \tag{3.18}$$

Logarithmiert schreibt sich dieser Index als

$$\ln Z_{01}^T = \sum_{m=1}^{M} \frac{\alpha_{m0} + \alpha_{m1}}{2} \cdot \ln\left(\frac{z_{m1}}{z_{m0}} \right). \tag{3.19}$$

Analog zum Input(mengen)index ist der Törnqvist-**Output(mengen)index** X_{01}^T zu bilden:

$$\ln X_{01}^T = \sum_{n=1}^{N} \frac{\beta_{n0} + \beta_{n1}}{2} \cdot \ln\left(\frac{x_{n1}}{x_{n0}} \right). \tag{3.20}$$

$x_{n0,1}$ bezeichnet die Mengen der n Outputs in Periode 0 bzw. 1. $\beta_{n0,1}$ beschreibt den Anteil der n Outputs an den Erlösen. Aus Inputmengen- und Outputmengenindex erhalten wir im nächsten Schritt den **Törnqvist-Produktivitätsindex**. Logarithmiert stellt sich der Produktivitätsindex einfach als Differenz zwischen dem Inputmengenindex und dem Outputmengenindex dar:

$$\ln\left(\frac{X_{01}^T}{Z_{01}^T} \right) = \sum_{n=1}^{N} \frac{\beta_{n0} + \beta_{n1}}{2} \cdot \ln\left(\frac{x_{n1}}{x_{n0}} \right) - \sum_{m=1}^{M} \frac{\alpha_{m0} + \alpha_{m1}}{2} \cdot \ln\left(\frac{z_{m1}}{z_{m0}} \right). \tag{3.21}$$

Dieser Index steigt (fällt), wenn sich die Outputmengen stärker (geringer) erhöhen als die Inputmengen. Mittels dieses Indexes lässt sich die Produktivitätsentwicklung einer Beobachtungseinheit im Zeitablauf darstellen. Man kann auch die Produktivitätsentwicklungen verschiedener Produktionseinheiten im Zeitablauf vergleichen. Auch die Produktivität zweier Einheiten i und j ist vergleichbar. In der formalen Darstellung müssen wir dazu ist lediglich den Zeitindex 0,1 durch einen Index der Beobachtungseinheiten i, j = 1, 2, ... , K ersetzen.

---

[112] Vgl. Abschnitt 3.4.3.3.

Allerdings eignet sich der in Gleichung 3.21 dargestellte Index lediglich für Vergleiche zwischen Wertepaaren bzw. zwischen zwei Beobachtungseinheiten (sog. bilaterale Vergleiche), nicht aber für Vergleiche zwischen mehr als zwei Beobachtungseinheiten (sog. multilaterale Vergleiche), weil die für multilaterale Vergleiche notwendige **Transitivität** nicht gewährleistet ist. Ein beliebiger Index I ist dann transitiv, wenn ein direkter Vergleich der Beobachtungseinheiten j und k mittels I zu dem gleichen Ergebnis führt wie ein indirekter Vergleich über eine dritte Beobachtungseinheit l. Für jede beliebige Beobachtungseinheit i, j und k muss also gelten: $I_{ij} = I_{ik} \cdot I_{kj}$. Wenn beispielsweise i 10% produktiver ist als k ($I_{ik} = 1{,}1$) und k 20% produktiver ist als j ($I_{kj} = 1{,}2$), dann ist i 32% produktiver als j. Demzufolge muss der Index I_{ij} den Wert 1,32 liefern.

Zur Verdeutlichung betrachten wir Tab. 3.2. Bei K Beobachtungen existieren K^2 mögliche Indizes I_{ij} von I_{11}, I_{12} bis I_{KK}. Damit sich eine eindeutige Ordnung der K Beobachtungen einstellt, muss sich jeder dieser K^2 Indizes widerspruchsfrei aus den zugehörigen Indexpaaren herleiten lassen. Das heißt, $I_{12} \cdot I_{21} = I_{11}$, $I_{13} \cdot I_{31} = I_{11}$, ... , $I_{21} \cdot I_{12} = I_{22}$, ... , $I_{23} \cdot I_{34} = I_{24}$, …, $L_{5K} \cdot L_{K8} = L_{58}$ etc.

Tab. 3.2: Indexpaare bei I Beobachtungseinheiten

I_{11}	I_{12}	...	I_{1K}
I_{21}	I_{22}	...	I_{2K}
⋮	⋮		⋮
I_{K1}	I_{K2}	...	I_{KK}

Um den Sachverhalt noch deutlicher zu machen, nehmen wir an, es gäbe drei Beobachtungseinheiten, z. B. Arbeitsagentur 1, Arbeitsagentur 2 und Arbeitsagentur 3, deren Faktorproduktivität verglichen werden solle. Bei drei Beobachtungseinheiten existieren insgesamt neun mögliche Vergleichspaare (vgl. Tab. 3.3). Man kann Einheit 1 auf Einheit 1 beziehen. Der zugehörige Index ist I_{11}. Der Index I_{21} bezieht Einheit 2 auf Einheit 1, der Index I_{31} Einheit 3 auf Einheit 1, der Index I_{12} Einheit 1 auf Einheit 2 usw.

Aus der Annahme, dass Einheit 2 10% produktiver ist als Einheit 1 und Einheit 1 20% produktiver ist als Einheit 3, resultieren die in Tabelle 3.3 enthaltenen logisch konsistenten bzw. transitiven Wertepaare. Die Werte auf der Hauptdiagonalen nehmen immer den Wert 1 an, weil dort jede Beobachtungseinheit auf sich selbst bezogen ist. Die Werte oberhalb der Hauptdiagonalen entsprechenden Kehrwerten der Werte unterhalb der Hauptdiagonalen, weil $I_{ij} = 1/I_{ji}$.

Tab. 3.3   Zahlenbeispiel einer transitiven Ordnung von Indizes mit drei Beobachtungen

I_{11}	I_{21}	I_{31}
I_{12}	I_{22}	I_{23}
I_{13}	I_{23}	I_{33}

1,00	0,91	1,20
1,10	**1,00**	1,32
0,83	0,76	**1,00**

Aus Tab. 3.3 ergibt sich eine klare und widerspruchsfreie Produktivitätsrangfolge. Unter Verwendung von Einheit 1 als Bezugspunkt bei vertikaler Betrachtung gilt Produktivität von Einheit 2 (1,10) > Produktivität von Einheit 1 (1,00) > Produktivität von Einheit 3 (0,83). Nähme man Einheit 2 als Referenz, ergäbe sich die gleiche Reihenfolge: 1 > 0,91 > 0,76 usw. Da die Indizes kardinal skaliert sind, kann man mit Einheit 2 als Bezugspunkt beispielsweise sagen, dass Einheit 1 91% der Produktivität von Einheit 2 aufweist. Einheit 3 zeigt nur 76% der Produktivität von Einheit 2.

Die horizontale Betrachtung liefert genau die gleiche Rangung. Man beachte, dass nun die Kehrwerte betrachtet werden und damit die Faktorproduktivität umso höher ist, je kleiner die Werte. Nimmt man exemplarisch Beobachtungseinheit 3 als Referenz, gilt wiederum Produktivität von Einheit 2 (0,76) > Produktivität von Einheit 1 (0,83) > Produktivität von Einheit 3 (1,00).

Auf der Suche nach einem Index, der anders als Gleichung (3.21) transitive (widerspruchsfreie) Index-Paare erzeugt, ist es Caves, Christensen und Diewert (1982) gelungen, den Törnqvist-Index (I^T) für alle Paare von Beobachtungseinheiten i, j = 1, 2, ... , K in folgenden transitiven Index I^{CDD} zu überführen:

$$I_{ij}^{CCD} = \prod_{k=1}^{K} \left[I_{ik}^{T} \cdot I_{kj}^{T} \right]^{\frac{1}{K}} .$$ (3.22)

In logarithmischer Form wird aus Gleichung (3.22)

$$\ln I_{ij}^{CCD} = \frac{1}{K} \sum_{k=1}^{K} \left[\ln I_{ik}^{T} + \ln I_{kj}^{T} \right] .$$ (3.22a)

Formel 3.22a lässt sich wiederum in folgenden Ausdruck umformen, wobei wir hier statt des allgemeinen Indexes I_{ij}^{CCD} den Inputmengen-Index Z_{ij}^{CCD} verwenden:

$$\ln Z_{ij}^{CCD} = \sum_{m=1}^{M} \frac{\alpha_{mi} + \bar{\alpha}_m}{2} \cdot \ln\left(\frac{z_i}{\bar{z}_m}\right) - \sum_{m=1}^{M} \frac{\alpha_{mj} + \bar{\alpha}_m}{2} \cdot \ln\left(\frac{z_{mk}}{\bar{z}_m}\right). \quad (3.23)$$

$\bar{\alpha}_m = \frac{1}{K}\sum_{k=1}^{K}\alpha_{mk}$ bezeichnet den durchschnittlichen Kostenanteil des m-ten Inputs über alle K Beobachtungseinheiten und $\bar{z}_m = \frac{1}{K}\sum_{k=1}^{K} z_{mk}$ die Durchschnittsmenge des m-ten Inputs über alle Beobachtungseinheiten.

Gleichung 3.23 lässt sich so interpretieren, dass zunächst jede Beobachtungseinheit an dem Durchschnitt der Beobachtungseinheiten gemessen und (erst) dann die Differenzen zwischen den Beobachtungseinheiten und dem Durchschnitt verglichen werden.

Analog zu Gleichung 3.23 kann der entsprechende Outputmengenindex ermittelt werden:

$$\ln X_{ij}^{CCD} = \sum_{n=1}^{N} \frac{\beta_{ni} + \bar{\beta}_n}{2} \cdot \ln\left(\frac{x_{ni}}{\bar{x}_n}\right) - \sum_{n=1}^{N} \frac{\beta_{nj} + \bar{\beta}_n}{2} \cdot \ln\left(\frac{x_{nj}}{\bar{x}_n}\right), \quad (3.24)$$

wobei $\bar{\beta}_n$ den durchschnittlichen Erlösanteil des n-ten Outputs und $\bar{x}_n$ die durchschnittliche Outputmenge des n-ten Outputs bezeichnet.

Da der totale Faktorproduktivitätsindex TFP_{ij}^{CCD} aus dem Quotienten aus Outputmengen- und Inputmengenindex resultiert, ergibt sich dieser aus den Gleichungen 3.23 und 3.24:

$$\ln TFP_{ij}^{CCD} = \ln\left(\frac{X_{ij}^{CCD}}{Z_{ij}^{CCD}}\right) = \sum_{n=1}^{N} \frac{\beta_{ni} + \bar{\beta}_n}{2} \cdot \ln\left(\frac{x_{ni}}{\bar{x}_n}\right) - \sum_{n=1}^{N} \frac{\beta_{nj} + \bar{\beta}_n}{2} \cdot \ln\left(\frac{x_{nj}}{\bar{x}_n}\right)$$

$$- \left[\sum_{m=1}^{M} \frac{\alpha_{mi} + \bar{\alpha}_m}{2} \cdot \ln\left(\frac{z_{mi}}{\bar{z}_m}\right) - \sum_{m=1}^{M} \frac{\alpha_{mj} + \bar{\alpha}_m}{2} \cdot \ln\left(\frac{z_{mj}}{\bar{z}_m}\right)\right]. \quad (3.25)$$

Gleichung 3.25 ist grundsätzlich für jedes Beobachtungspaar i, j zu berechnen. Allerdings reicht es für einen Produktivitätsvergleich auch aus, lediglich die Hauptdiagonale und die darunter oder darüber befindlichen Indizes zu ermitteln wie in Tab. 3.3 rechts. Diese Aufgabe kann in vier Teilschritte zerlegt werden, indem erstens der Outputmengenindex für Beobachtungseinheit i und dem Durchschnitt, zweitens der Outputmengenindex für Beobachtungseinheit j und dem Durchschnitt, drittens der Inputmengenindex für Beobachtungseinheit i und dem Durchschnitt sowie viertens der Inputmengenindex für Beobachtungseinheit j und dem Durchschnitt gebildet wird.

Der mittels Gleichung (3.25) beschriebene Faktorproduktivitätsindex wurde in einer Vielzahl empirischer Untersuchungen, wie es scheint, insbesondere im Verkehrssektor (Flughäfen, Fluglinien, Eisenbahnen etc.), verwendet.

3.4.3.2   Data Envelopment Analysis

Bei der **Data Envelopment Analysis** (DEA) handelt es sich um ein Verfahren der linearen Programmierung. Es wird eine abschnittsweise lineare „Umhüllende" als Effizienzgrenze berechnet. Da keine Schätzkoeffizienten bzw. Parameter zu ermitteln sind und kein Zufall existiert, wird die DEA als „nichtparametrisch-deterministisches" Verfahren bezeichnet.

Die Grundidee der DEA besteht in der Maximierung des Verhältnisses zwischen Input und Output für jede Beobachtungseinheit. Entsprechend des in Kapitel 2.1 vorgestellten ökonomischen Prinzips existieren zwei Varianten: a) die Maximierung des Outputs bei gegebenem Input („outputorientierte DEA") und b) die Minimierung des Inputs bei gegebenem Output („inputorientierte DEA"). Die folgende Darstellung beschränkt sich auf die inputorientierte DEA.

Formal lautet diese Aufgabe für alle k = 1, ... , K Beobachtungseinheiten:

$$\max_{g,h}! \quad \frac{\mathbf{g'x}_k}{\mathbf{h'z}_k} \tag{3.26}$$

In Worten: Maximiere den Quotienten aus gewichteten Outputs und gewichteten Inputs unter den Nebenbedingungen

$$\frac{\mathbf{g'x}_k}{\mathbf{h'z}_k} \leq 1 \text{ und} \tag{3.26a}$$

$$\mathbf{g, h} \geq 0. \tag{3.26b}$$

Mit $\mathbf{g'}$ ist der 1 × M (Zeilen-)Vektor der Outputgewichte und mit $\mathbf{h'}$ der 1 × M (Zeilen-)Vektor der Inputgewichte bezeichnet. $\mathbf{x}_k$ und $\mathbf{z}_k$ sind die (Spalten-)Vektoren der Outputs und der Inputs der k-ten Beobachtungseinheit. Nebenbedingung (3.26a) stellt sicher, dass die gewichteten Output-Input-Quotienten nicht größer als Eins sind. (3.26b) sorgt dafür, dass die Gewichte nicht kleiner als Null sind. Es müssen Werte für **g** und **h** gefunden werden, die unter den genannten Nebenbedingungen die Effizienzkennziffer maximieren.

Um diese Aufgabe mittels linearer Programmierung (LP) lösen zu können, bedarf es allerdings einer Umformulierung (bzw. einer Transformation in ein LP-Problem). Häufig wird das in (3.26) ausgedrückte Optimierungsproblem in folgender äquivalenter Weise formuliert:

$$\min_{\theta, \lambda} \theta! \tag{3.27}$$

$$-\mathbf{x}_k + \mathbf{X}\lambda \geq 0$$

$$\theta \mathbf{z}_k - \mathbf{Z}\lambda \geq 0$$

$$\lambda \geq 0.$$

Das LP-Problem (3.27) ist für jede Beobachtungseinheit zu lösen. λ ist ein N×1-Vektor mit Konstanten. $\mathbf{X}$ ist die Outputmatrix aller Beobachtungseinheiten. θ ist ein Skalar, welches die (technische) Effizienz der jeweiligen Beobachtungseinheit zum Ausdruck bringt und Werte zwischen 0 und 1 annehmen kann. Ein θ-Wert von 1 entspricht 100 %iger Effizienz. $1 - \theta$ drückt die relative Ineffizienz aus, die bei $\theta = 1$ Null ist.

Das in (3.27) formulierte Optimierungsproblem impliziert **konstante Skalenerträge** („Constant Returns of Scale" – CRS). Werfen wir dazu einen Blick auf Abb. 3.2a. Das bestmögliche Input-Output-Verhältnis (z/x = tan α) aller Beobachtungseinheiten weist die Beobachtungseinheit B auf. Bei konstanten Skalenerträgen bestimmt B die Effizienzgrenze und ist einzig zu 100% effizient. Alle anderen Beobachtungseinheiten werden an dieser Effizienzgrenze gemessen. Beispielsweise verbraucht die Beobachtungseinheit C zur Produktion von $\bar{x}$ mehr Input (entsprechend der Strecke s2) als eine vollkommen effiziente Einheit C' (entsprechend der Strecke s1). Die relative Effizienz von Einheit C gemessen an der CRS-Frontier ist also s1/s2 < 1. Bei einer DEA unter der Annahme konstanter Skalenerträge werden Einheiten miteinander verglichen, die verschiedene Skalenniveaus aufweisen. So befindet sich C auf einem höheren Skalenniveau als B.

Möchte man dies vermeiden, ist das LP-Problem unter der Annahme **variabler Skalenerträge** („Variable Returns of Scale" – VRS) zu formulieren. Dazu muss neben den in (3.27) genannten Bedingungen eine weitere Nebenbedingung eingeführt werden. Die Nebenbedingung $\mathbf{I1}'\lambda = 1$ sorgt für einen konvexen Verlauf der Effizienzgrenze – wie in Abb. 3.2b dargestellt. $\mathbf{I1}$ ist ein I×1-Vektor mit Einsen. Die Effizienzgrenze wird bei einem VRS-Modell nicht nur durch einen, sondern durch mehrere Datenpunkte bestimmt. Im in Abb. 3.2b aufgeführten Beispiel wird die VRS-Frontier nicht allein durch B, sondern auch durch die Punkte A, C, D und E aufgespannt. Zwischen diesen Punkten ist sie linear.

Abb. 3.2:   Deterministische Effizienzgrenzen

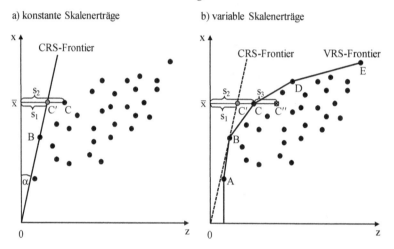

Das VRS-Modell hüllt Daten enger als das CRS-Modell ein, so dass in der Tendenz eine höhere technische Effizienz ausgewiesen wird. Beispielsweise liegt die Beobachtungseinheit C, die unter der Annahme konstanter Skalenerträge technisch ineffizient ist, bei unterstellten variablen Skalenerträgen auf der variablen Effizienzgrenze. Die rechts bzw. unterhalb der VRS-Frontier liegende Beobachtungseinheit C'' ist dagegen in jedem Fall ineffizient. Für ihre relative Effizienz gemessen an der VRS-Frontier gilt: $TE_{VRS} = s_2/(s_2 + s_3)$. Der Quotient aus dem Faktorverbrauch auf der CRS-Frontier (z. B. s_1 bei Punkt C') und dem Faktorverbrauch auf der Effizienzgrenze bei variablen Skalenerträgen bzw. VRS-Frontier (z. B. s_2 bei Punkt C) wird hier als Skaleneffizienz (SE) interpretiert: $SE = s_1/s_2 \leq 1$. Danach ist C nicht 100% skaleneffizient. Die relative Gesamteffizienz aus der technischen Effizienz bei variablen Skalenerträgen ($TE_{VRS} = s_2/(s_2 + s_3)$) multipliziert mit der Skaleneffizienz (s_1/s_2) ergibt die gesamte technische Effizienz, die auch als technische Effizienz bei konstanten Skalenerträgen bezeichnet wird: $TE_{CRS} = s_1/(s_2 + s_3)$.

Die durch (3.26) und (3.27) beschriebenen Optimierungsaufgaben berechnen die technische Effizienz. Kennt man neben Input- und Outputmengen auch die Faktorpreise, kann man mittels DEA die Kosteneffizienz berechnen. Verfügt man darüber hinaus Daten über die Absatzpreise, ist mittels DEA sogar die Gewinneffizienz ermittelbar.

Die bis hierher beschriebene DEA ermöglicht einen vollständigen Effizienzvergleich, weil alle Inputs und Outputs einbezogen werden können. Um einen „vollkommenen" Effizienzvergleich zu erreichen, welcher darüber hinaus auch die Rahmenbedingungen und Spezifika der Beobachtungseinheiten berücksichtigt, bestehen verschiedene Möglichkeiten.[113] Eine häufig empfehlenswerte Variante besteht in einer Erweiterung der DEA bzw. einer zweistufigen Vorgehensweise: Im ersten Schritt wird eine DEA mit den In- und Outputs durchgeführt. Im zweiten Schritt wird eine Regressionsanalyse vorgenommen, bei der die mit der DEA ermittelten Effizienzwerte in Abhängigkeit von „Umweltvariablen" geschätzt werden. Da die im zweiten Schritt geschätzten Effizienzwerte nicht größer als eins werden dürften, ist statt einer gewöhnlichen Regressionsanalyse eine sog. Tobit-Regression ratsam.

3.4.3.3   Stochastische Effizienzgrenzen

Die Ermittlung stochastischer Effizienzgrenzen („**Stochastic Frontier Analysis**" – SFA) erfolgt mittels ökonometrischer Verfahren bzw. bestimmter Varianten der Regressionsanalyse. Diese Methode erlaubt – anders als die DEA und die TFA – zufällige Einflüsse. Sie verlangt aber – ebenfalls anders als die DEA und die TFA – nach der Spezifikation von Funktionen. Daher handelt es sich um ein parametrisch-stochastisches Verfahren.

Grundsätzlich können für einzelwirtschaftliche Effizienzvergleiche Produktions-, Kosten- oder Gewinnfunktionen herangezogen werden. Aufgrund der spezifischen Zielsetzungen des öffentlichen Sektors scheiden Gewinnfunktionen auf jeden Fall in der öffentlichen Verwaltung und regelmäßig auch bei öffentlichen Unternehmen aus. Daher bleiben Produktions- und Kostenfunktionen zu betrachten.

Produktionsfunktionen geben die Beziehung zwischen Inputmenge(n) z_m als unabhängige Variablen und einer Outputmenge x als abhängige Variable wieder:

---

[113] Vgl. Coelli u. a. (2005), S. 190 ff.

$$x = x(z_1, z_2, \ldots, z_m).$$ (3.28)

Da nur eine abhängige Variable definiert werden kann, muss man zur Schätzung von Produktionsfunktionen bei Mehrproduktunternehmen auf einen „Kunstgriff" zurückgreifen. Dieser besteht in der Aggregation der verschiedenen Outputs ($x_1, \ldots x_n$) zu einem einzigen Outputindikator X.

Kostenfunktionen zeigen die funktionale Beziehung zwischen den (Produktions-)Kosten K als abhängige Variable sowie den Outputmengen ($x_1, \ldots, x_n$) und Faktorpreisen ($w_1, \ldots, w_m$) als unabhängige Variablen:

$$K = K(x_1, \ldots, x_n, w_1, \ldots, w_m).$$ (3.29)

Gleichung (3.29) gibt eine sog. kurzfristige Kostenfunktion ohne Fixkosten wieder. Bei langfristigen Kostenfunktionen sind Fixkosten F zusätzlich zu berücksichtigen:

$$K = K(x_1, \ldots, x_n, w_1, \ldots, w_m) + F.$$ (3.29a)

Die folgende Darstellung beschränkt sich aus Platzgründen auf Produktionsfunktionen.

Bei einer ökonometrischen Schätzung einer (Produktions- oder Kosten-)Funktion kann der funktionale Verlauf (linear, logarithmisch, exponentiell etc.) vorgegeben werden – wenn aufgrund theoretischer Überlegungen von einem bestimmten Funktionsverlauf auszugehen ist oder man eine entsprechende Annahme trifft. Beispielsweise wurde bei vielen älteren Produktionsfunktionsschätzungen – auf die wir uns hier exemplarisch beschränken – unterstellt, dass die zu schätzende Funktion vom sog. **Cobb-Douglas-Typ**[114] ist, d. h.

$$x = \beta_0 \prod_{n=1}^{N} z_n^{\beta_n}.$$ (3.30)

x bezeichnet die Outputmenge und z_n, mit n = 1, $\ldots$, N, die Inputmengen. Die Schätzkoeffizienten sind durch β_n symbolisiert.

Bei zwei Inputs z_1 und z_2 lautet die Funktion

$$x = \beta_0 z_1^{\beta_1} z_2^{\beta_2}.$$ (3.30a)

Durch Logarithmieren von (3.30) erhält man

$$\ln x = \ln \beta_0 + \sum_{n=1}^{N} \beta_n \ln z_n.$$ (3.30b)

Das Logarithmieren von (3.30a) ergibt

---

[114] Nach den U.S.-amerikanischen Ökonomen Charles W. COBB (1875–1949) und Paul H. DOUGLAS (1892–1976).

$$\ln x = \ln\beta_0 + \beta_1 \ln z_1 + \beta_2 \ln z_2.^{[115]} \qquad (3.30c)$$

Da der „wahre" Funktionsverlauf regelmäßig unbekannt ist und sich selten theoretisch a priori ableiten lässt, wird er in jüngeren Untersuchungen zumeist nicht vorgegeben, sondern durch flexible funktionale Formen approximiert. Verbreitet ist insbesondere der Typ der **transzendent-logarithmischen** (**„translog") Funktion**. Sie lautet in allgemeiner Form:

$$\ln x = \ln\beta_0 + \sum_{n=1}^{N}\beta_n \ln z_n + 0{,}5\sum_{n=1}^{N}\sum_{m=1}^{N}\beta_{nm} \ln z_n \ln z_m. \qquad (3.31)$$

Gleichung (3.31) ist nichts anderes als eine Erweiterung von Gleichung (3.30b) um den Term $0{,}5\sum_{n=1}^{N}\sum_{m=1}^{N}\beta_{nm} \ln z_n \ln z_m$.

Ein („technisches") Problem kann sich bei einer großen Zahl von unabhängigen Variablen ergeben, weil damit einhergehend gemäß Gleichung (3.31) die Zahl der Schätzkoeffizienten exponentiell wächst. Dazu ist eine ausreichende Zahl von Beobachtungen nötig. Ist diese nicht gegeben, müssen die Inputs zu Inputgruppen aggregiert werden.

Für den einfachen Fall nur zweier Inputs schreibt sich (3.31) als

$$\ln x = \ln\beta_0 + \beta_1 \ln z_1 + \beta_2 \ln z_2 + 0{,}5\beta_3(\ln z_1)^2 + 0{,}5\beta_4(\ln z_2)^2 + \beta_5 \ln z_1 \ln z_2. \qquad (3.31a)$$

Die (kursiv gesetzten) Koeffizienten $\beta_0, \dots, \beta_n$ können bei einer ausreichenden Zahl von Beobachtungen („empirischen Daten") ökonometrisch geschätzt werden. Das allgemeine ökonometrische Schätzmodell („einfache Methode der kleinsten Quadrate" bzw. **„Ordinary Least Squares"** – OLS) lautet in Matrizenschreibweise:

$$\mathbf{x} = \mathbf{Z}\boldsymbol{\beta} + \mathbf{e}. \qquad (3.32)$$

$\mathbf{x}$ bezeichnet den (K×1) Outputvektor, $\mathbf{Z}$ die (K×(N+1)) Inputmatrix, $\boldsymbol{\beta}$ den ((N+1)×1) Vektor der Schätzkoeffizienten und $\mathbf{e}$ den (K×1) Vektor der sog. Residuen („Störterme").[116] K stellt die Zahl der Beobachtungen und N die Zahl der Inputs dar. Die k = 1, ... , K Residuen sind annahmegemäß normalverteilt

---

[115] Häufig wird $\ln\beta_0 = \alpha$ gesetzt.

[116] Matrizen werden üblicherweise in einem Zeilen × Spalten-Format dargestellt. Die Zahl der k = 1, ... , K Beobachtungen entspricht der Zeilenzahl und die Zahl der n = 1, ... , N Inputs der Spaltenzahl der Input-Matrix. Daher hat Z ein K×N-Format. Spezifiziert man das Modell (wie üblich) mit einer Konstanten, kommt eine erste Spalte mit lauter Einsen hinzu. Dann hat Z ein K×(N+1)-Format. Die Konstante β_0 ist dann im Vektor $\boldsymbol{\beta}$ der Schätzkoeffizienten enthalten. x, $\boldsymbol{\beta}$ und e sind Spaltenvektoren, sie enthalten K Zeilen und eine Spalte (K×1).

mit dem Erwartungswert 0 und der Varianz σ_e^2, d. h. e ~ N[0, σ_e^2]. Die Residu-
en fangen fehlerhaft gemessene Daten, evt. fehlende Variablen sowie unge-
naue Modellspezifikationen auf und ermöglichen positive oder negative Abweichungen von der deterministischen Produktionsfunktion $\bar{x} = Z\beta$. In
Abb. 3.3 entspricht $\bar{x} = Z\beta$ der gestrichelten Linie (OLS). Die schwarzen Punkte stellen die tatsächlichen (x, z)-Wertepaare jeder Beobachtungseinheit dar.
Das Residuum $e_A > 0$ der Beobachtungseinheit A führt beispielsweise dazu,
dass der beobachtete Punkt A oberhalb der geschätzten Produktionsfunktion
bzw. des Punktes A' liegt. A' ist der (ohne Zufall) zu erwartende Punkt von
Beobachtungseinheit A. Die Beobachtungseinheit B weist dagegen ein negatives Residuum $e_B < 0$ auf. Daher liegt B unterhalb des zu erwartenden Punktes
B'.[117]

Abb. 3.3:   Stochastische Produktionsfrontier vs. OLS-Produktionsfunktion

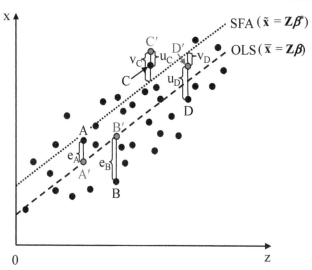

Man könnte nun auf die Idee kommen, die Residuen als Effizienzabweichun-
gen von der Produktionsfunktion zu interpretieren. Positive Residuen würden
dann eine überdurchschnittliche Effizienz und negative Residuen eine unter-

---

[117] Der tatsächliche Output von Beobachtungseinheit A beträgt $x_A = z_A\beta + e_A$ und liegt oberhalb von $\bar{x}_A = z_A\beta$. $\bar{x}_A$ symbolisiert den ohne Zufall bei gegebenem Input zu erwartenden
Output von Beobachtungseinheit A. z_A bezeichnet die Zeile bzw. den Zeilenvektor aus
der Datenmatrix Z, welche die Faktoreinsatzmengen der Beobachtungseinheit A enthält.
Entsprechend gilt $x_B = z_B\beta - e_B < \bar{x}_B = z_B\beta$.

durchschnittliche Effizienz anzeigen. Diese Interpretation wäre jedoch nur dann zulässig, wenn es neben Abweichungen von der durch die OLS-Produktionsfunktion ermittelten „Normaleffizienz" kein „statistisches Rauschen" („Statistical noise") gäbe.

Bei einer Stochastic Frontier Analysis werden statt eines Störterms **e** zwei miteinander unkorrelierte Residualgrößen **v**, **u** modelliert:

$$\mathbf{x} = \mathbf{Z}\boldsymbol{\beta}^* + \mathbf{v} - \mathbf{u}. \text{[118]} \tag{3.33}$$

v erfasst analog zu **e** in Gleichung (3.32) das statistische Rauschen, während **u** Ineffizienz abbildet. Die u_k nehmen anders als die e_k und die v_k ausschließlich nichtnegative Werte an. Die v_k werden als normalverteilt angenommen, also $v_k \sim N[0, \sigma_v^2]$, während über die u_k verschiedene Verteilungsannahmen getroffen werden können – beispielsweise die Halbnormalverteilungsannahme $u_k \sim N^+[0, \sigma_u^2]$ oder die Annahme einer beschnittenen Normalverteilung $u_k \sim N^+[\mu, \sigma_u^2]$.

Die technische Effizienz der k-ten Beobachtung (TE_i) errechnet sich aus

$$TE_k = \frac{\mathbf{z}_k^{'}\boldsymbol{\beta}^* + v_k - u_k}{\mathbf{z}_k^{'}\boldsymbol{\beta}^* + v_k}, \tag{3.34}$$

wobei $\mathbf{z}_k^{'}$ der (1×N) Vektor der Inputs der k-ten Beobachtung und damit der k-ten Zeile von **Z** ist. Wegen $u_k \geq 0$ ist $TE_k \leq 1$. TE_k zeigt die relative Effizienz.

Kann man auf **Panel-Daten**[119] zurückgreifen, sind anstelle des OLS-Modells das sog. Fixed Effect Model (FEM) oder das sog. Random Effect Model (REM) zu verwenden. Der Vorteil dieser beiden Modelle gegenüber dem OLS-Modell liegt in der Möglichkeit der Berücksichtigung individueller Merkmale der Beobachtungseinheiten oder anders formuliert deren Heterogenität.

Gleichung (3.33) entspricht in der Struktur dem folgenden **Random-Effect-Model**:

$$x_{kt} = \alpha + \mathbf{z}_{kt}^{'}\boldsymbol{\beta} + v_{kt} - u_k. \tag{3.35}$$

---

[118] Bei Kostenfunktionen gilt dagegen $\mathbf{x} = \mathbf{Z}\boldsymbol{\beta} + \mathbf{v} + \mathbf{u}$.

[119] Der Begriff „Panel-Daten" meint, dass für jede Beobachtungseinheit k = 1, … , K Daten über mehrere Perioden t = 1, … , T vorliegen. Hätte man beispielsweise für jede Beobachtungseinheit jährliche Daten über einen Zeitraum von insg. drei aufeinanderfolgenden Jahren, würde man von einem „Drei-Jahres-Panel" sprechen.

x_{kt} und v_{kt} bezeichnen den Output bzw. den Zufallsstörterm der k-ten Beobachtung zum Zeitpunkt t mit t = 1, ... , T. Der Zeilenvektor z'_{kt} beinhaltet die Inputs der k-ten Beobachtung in t. u_k gibt die „Individualität" jeder Beobachtungseinheit wieder. Wichtig ist der Hinweis, dass u_k für jede Beobachtungseinheit über den Beobachtungszeitraum konstant ist.

Beim **Fixed Effect Model** erfolgt die Erfassung der Beobachtungsspezifika statt über u_k mittels sog. Dummy-Variablen (0-1-Variablen) α_k:

$$x_{kt} = \alpha_k + z'_{kt}\beta + v_{kt}. \tag{3.36}$$

Analog zum REM ist der Individualeffekt bzw. sind die α_k für jede Beobachtungseinheit über den Panel-Zeitraum konstant.

Nun kann man die u_k in Gleichung (3.35) sowie die α_k in Gleichung (3.36) auch als (relative) Ineffizienz interpretieren. Dies ist aber deshalb problematisch, weil erstens die u_k bzw. α_k im Regelfall sowohl Spezifika als auch (In-)Effizienz enthalten dürften. Zweitens impliziert die Interpretation als (In-)Effizienz in diesen Modellen die Annahme einer über die gesamte Zeit konstanten (In-)Effizienz jeder Beobachtung. De facto kann sich die (In-)Effizienz einer Einheit jedoch im Zeitablauf verändern.

Vor diesem Hintergrund wurden in den letzten Jahren für Panel-Daten verbesserte Schätzverfahren entwickelt, in denen die Individualität der Beobachtungseinheiten von deren (In-)Effizienz separiert wird. Exemplarisch seien das jeweils von Greene (2005) vorgeschlagene „**True random effect model**"

$$x_{kt} = \alpha + \gamma_k + z_{kt}\beta + v_{kt} - u_{kt} \tag{3.35a}$$

sowie das „**True fixed effect model**"

$$x_{kt} = \alpha_k + z_{kt}\beta + v_{kt} - u_{kt} \tag{3.36a}$$

erwähnt. In beiden Fällen werden Individualität und (In-)Effizienz getrennt erfasst. In (3.35a) wird die als konstant angenommene Heterogenität der Beobachtungseinheiten mittels der zeitinvarianten Variable γ_k ausgedrückt, während die im Zeitablauf als variabel angesehene relative Ineffizienz durch u_{kt} erfasst wird. In (3.36a) kommt die Heterogenität durch die zeitinvariante Dummy α_k zum Ausdruck. u_{kt} nimmt wie in (3.35a) die zeitvariable relative Ineffizienz auf.

3.4.3.4   Beurteilung der Methoden/Verfahren für Wirtschaftlichkeitsvergleiche

Die vorangehenden Ausführungen haben zunächst verdeutlicht, dass einfache bzw. „eindimensionale" Kennzahlen, die nur einen Input und einen Output erfassen, im Regelfall unbrauchbar sind. Lediglich bei – eher die Ausnahme stellenden – Einproduktbetrieben, die homogene Güter bzw. Dienstleistungen erstellen, oder zufällig exakt vergleichbaren („ceteris paribus"-)Teileinheiten von Mehrproduktbetrieben sind einfache Kennzahlen aussagekräftig.

Bei Mehrprodukteinheiten sind grundsätzlich mehrdimensionale Kennzahlen angezeigt, die alle In- und Outputs erfassen. Dies entspricht dem Konzept der totalen Faktorproduktivität und wurde als „vollständiger Wirtschaftlichkeitsvergleich" bezeichnet. Dem Anspruch eines vollständigen Vergleichs genügen sowohl die Totale Faktoranalyse (TFA) als auch die Data Envelopment Analysis (DEA) und die Stochastische Effizienzgrenzenanalyse (Stochastic Frontier Approach – SFA).

Die beiden letztgenannten Verfahren können so eingesetzt werden, dass nicht nur eine vollständige, sondern auch eine „vollkommene Effizienzanalyse" im Sinne der Berücksichtigung aller weiteren Variablen, die neben den Inputs und Outputs effizienzrelevant sind, erreicht wird (die Merkmale der drei Verfahren sind in Tab. 3.4 zusammengefasst). Die TFA kann dies nicht leisten, weil sie ausschließlich auf In- und Outputmengenindizes basiert. Liegen neben In- und Outputs weitere signifikante Effizienzeinflussfaktoren vor, kann diesem Sachverhalt im Rahmen der TFA lediglich durch die Bildung möglichst homogener Vergleichsgruppen Rechnung getragen werden. Tendenziell führt eine steigende Homogenität der Beobachtungseinheiten in einer Vergleichsgruppe jedoch zu einer steigenden Zahl von immer kleiner werdenden Vergleichsgruppen. Im Extremfall konvergiert die Zahl der Beobachtungseinheiten pro Vergleichsgruppe gegen den Wert eins. Dies bedeutet nichts anderes, als dass die Beobachtungseinheiten letztlich (doch) nicht miteinander vergleichbar sind. Damit sind die Grenzen der Vergleichsgruppenbildung und der Anwendung der TFA auf heterogene Produkte respektive Produktionseinheiten aufgezeigt.

Die TFA und die DEA sind jeweils nichtparametrisch und nichtstochastisch (deterministisch), es wird also erstens kein funktionaler Zusammenhang zwischen In- und Outputs aufgestellt, sondern es werden ausschließlich Effizienzkennziffern berechnet und zweitens existieren annahmegemäß keine zufälligen Ereignisse. Bei der DEA müssen zudem zwangsläufig a priori-

Annahmen über Skaleneffekte getroffen werden. Die SFA schätzt dagegen konkrete Parameterwerte, so dass sich neben Effizienzkennziffern z. B. auch im Vorhinein unbekannte Größen-(Skalen-) und Verbundeffekte (und damit auch optimale Betriebsgrößen) ermitteln lassen. Auch wird Zufall angenommen.

Gerade bei flexiblen Funktionalverläufen können sehr viele Parameter zu schätzen sein – die Zahl der Parameter steigt exponentiell mit der Zahl der Inputs bei Produktionsfunktionen bzw. der Zahl der Outputs und der Faktorpreise bei Kostenfunktionen. Dies kann dazu führen, dass die sog. Zahl der Freiheitsgrade – als Differenz zwischen der Zahl der Beobachtungen (k) und der Zahl der zu schätzenden Parameter (l) minus 1 – nicht ausreicht, um die Parameter (zuverlässig) zu schätzen. Wenn beispielsweise 40 Beobachtungen vorliegen und 50 Parameter zu schätzen sind, wäre die Zahl der Freiheitsgrade negativ und eine Schätzung unmöglich. Bei 50 Beobachtungen und 40 Parametern, beträgt der Freiheitsgrad $k - l - 1 = 9$. In diesem Fall wäre zwar eine ökonometrische Schätzung möglich, aufgrund des geringen Freiheitsgrades wären die Teststatistiken jedoch sehr unzuverlässig. Als „Daumenregel" solle die Zahl der Freiheitsgrade mindestens 30, besser mindestens 60 betragen. Dies setzt entsprechend große Datensätze voraus.

Tab. 3.4:   Eigenschaften, Datenanforderungen und Datenverarbeitungsmöglichkeiten
             von TFA, DEA und SFA[120]

Eigenschaften	TFA	DEA	SFA
„vollständig" (Erfassung aller Inputs u. Outputs)	ja	ja	ja
„vollkommen" (Erf. aller effizienzrelevanten Einflüsse)	nein	ja	ja
stochastisch	nein	nein	ja
parametrisch	nein	nein	ja
Notwendigkeit von Daten über In- u. Outputs			
Inputmengen	ja	ja	ja
Outputmengen	ja	ja	ja
Inputpreise	ja	nein	nein*
Outputpreise	ja	nein	nein#
Eignung für öffentliche Verwaltungen	nein	ja	ja
Eignung für öffentliche Unternehmen	ja	ja	ja
Verarbeitung von Daten nach Zeit und Raum			
Querschnittdaten	ja	ja	ja
Längsschnittdaten	ja	nein	nein
Panel-Daten	ja	ja	ja

* bei Produktions- aber nicht bei Kostenfunktionen
# bei Produktions- und Kostenfunktionen

Das ökonometrische Modell und damit die SFA basieren zudem auf bestimmten statistischen Annahmen. So müssen beispielsweise die Residuen spezielle Eigenschaften aufweisen und die erklärenden Variablen dürfen nicht zu stark untereinander korrelieren. Daher müssen die Modellannahmen bei ökonometrischen Verfahren getestet und ggf. durch geeignete Schätzer bzw. Modellmodifikationen korrigiert werden. Dies ist grundsätzlich mit entsprechendem Aufwand verbunden.

Art und Umfang der benötigten Daten stellen einen weiteren, wichtigen Aspekt dar. Die TFA erfordert ausschließlich Informationen über die Input- und

---

[120]   Eine ähnliche Übersicht findet sich z. B. bei Coelli u. a. (2005), S. 312.

Outputmengen sowie über die Faktor- und Güterpreise. Die DEA benötigt als Minimum lediglich In- und Output-Indikatoren, die auch unterschiedliche kardinale Metriken aufweisen können. Dies ist gerade bei der Analyse von Produktionseinheiten von Bedeutung, die keine (Markt-)Preise erzielen können – wie öffentliche Verwaltungen, (Hoch-)Schulen, Gesundheits- und viele öffentliche Kultureinrichtungen. Für die SFA werden – in Abhängigkeit davon, ob Kosten- oder Produktionsfunktionen geschätzt werden (sollen) – mindestens Daten über Output- und Inputmengen oder über Outputmengen und Faktorpreise benötigt.[121] Bei fehlenden Preisinformationen beschränkt sich der SFA auf Produktionsfunktionen. Damit ist die TFA nur bei öffentlichen Produktionseinheiten anwendbar, die Absatzpreise erzielen („öffentliche Unternehmen"), während die DEA und die SFA in der Produktionsfunktionsvariante auch bei öffentlichen Produktionseinheiten ohne Marktpreise („öffentliche Verwaltungen") einsetzbar sind.

Um qualitative, institutionelle Differenzen u. ä. zu berücksichtigen, werden Informationen benötigt, die über Input- und Outputdaten hinausgehen. Bei der SFA und der zweistufigen DEA können dazu neben Indikatoren über die Produktqualität häufig einfach sog. Dummy-Variablen verwendet werden. Dummies nehmen den Wert 1 an, wenn ein Merkmal erfüllt ist und den Wert 0 an, wenn ein Merkmal nicht erfüllt ist. Möchte man beispielsweise Rechtsformen- oder Rechtsnormenunterschiede berücksichtigen, kann man verschiedene Dummies für verschiedene Rechtsformen bzw. Bundesländer/Staaten mit verschiedenen Rechtsregimes kreieren.[122]

Die verfügbaren Daten können sich hinsichtlich Zeit und Raum unterscheiden. Sofern von einer Beobachtungseinheit Daten über mehrere Perioden zur Verfügung stehen, spricht man von Zeitreihen- oder Längsschnittdaten. Mit **Zeitreihendaten** lassen sich jedoch keine Effizienzgrenzen ermitteln. Daher reichen Zeitreihendaten für die DEA und die SFA nicht aus. Im Rahmen einer

---

[121] Die Ermittlung von Gewinneffizienz hatten wir weiter oben vor dem Hintergrund der Aufgaben/Ziele der öffentlichen Hand grundsätzlich ausgeschlossen.

[122] Institutionen können einen signifikanten Einfluss auf die Effizienz haben. Beispielsweise wird häufig behauptet, dass die öffentliche Hand in privatrechtlichen Formen flexibler und wirtschaftlicher agieren könne als in öffentlich-rechtlicher Form. Gleiches kann für unterschiedliche Rechtsnormen in verschiedenen Gebietskörperschaften gelten. Wenn beispielsweise ein Bundesland kompliziertere, weniger nutzbringende Vorschriften als ein anders Bundesland erlässt, kann sich dies messbar auf die Effizienz der betroffenen Produktionseinheiten in diesen Bundesländern auswirken.

TFA zeigen Längsschnittdaten „lediglich" die Entwicklung der Faktorproduktivität einer Beobachtungseinheit im Zeitablauf. Greift man auf Daten mehrerer Beobachtungseinheit in einem bestimmten Zeitraum bzw. zu einem bestimmten Zeitpunkt zurück, handelt es sich um **Querschnittsdaten**. Derartige Daten können von allen drei hier diskutierten Verfahren verarbeitet werden. Zur Berücksichtigung unbeobachtbarer Heterogenität bzw. für das True random effect model und das True fixed effect model sind Querschnittsdaten jedoch nicht hinreichend. Dazu werden sog. **Panel-Daten** (Querschnitts-Längsschnitt-Daten) benötigt. Ein Panel-Datensatz enthält für mehrere Beobachtungseinheiten Daten über mehrere Perioden. Damit ist der Informationsgehalt von Panel-Daten größer als der von reinen Längsschnitt- oder Querschnittsdaten. In Bezug auf die Datenmenge bzw. Größe des Datensatzes stellt die TFA die geringsten Ansprüche. Sie benötigt nur wenige, im Extremfall nur zwei Beobachtungen – entweder von zwei Beobachtungseinheiten in einer Periode oder von einer Beobachtungseinheit in zwei Perioden. Tendenziell wird der SFA von den hier diskutierten Verfahren die größten Datenmengen benötigen, weil statistische Tests mit einer entsprechenden Zahl von Freiheitsgraden durchzuführen sind.

Es kann im Übrigen nicht vorausgesetzt werden, dass die verwendeten Daten frei von Mess-, Rechen- oder Übertragungsfehlern sind. Bei allen Verfahren wirken sich Datenfehler unmittelbar auf die Effizienzkennahlen der von fehlerhaften Daten betroffenen Beobachtungseinheiten aus. Weist eine Beobachtungseinheit k Datenfehler auf, überträgt sich dieser Fehler bei der TFA auf alle Indizes I_{ij} mit $k = i$ und/oder $k = j$. Beim Faktorproduktivitätsindex nach Caves, Christensen und Diewert wirkt sich jeder Datenfehler sogar auf alle Indizes aus, weil sich Datenfehler zwangsläufig in den Mittelwerten für die Inputs- und Outputs $\bar{z}_n$, $\bar{x}_n$ niederschlagen. Die Größe des letztgenannten Fehlers hängt von der Zahl der Beobachtungen und der Größe des Fehlers ab. Bei der DEA sind neben dem Effizienzwert der datenfehlerbehafteten Beobachtungseinheit auch die Effizienzwerte der in der Nähe befindlicher Beobachtungseinheiten verzerrt, wenn die datenfehlerbehaftete Beobachtungseinheit die Umhüllende bzw. Effizienzgrenze (mit)aufspannt. Bei der SFA sind die Auswirkungen von Datenfehlern einzelner Beobachtungen auf die Effizienzwerte anderer Beobachtungseinheiten schwer zu prognostizieren. Prinzipiell können fehlerhafte Daten (sog. Ausreißer) die gesamte Effizienzgrenze verschieben und damit die Effizienzwerte aller anderen Beobachtungen beeinflussen. Allerdings dürfte dieser Effekt gerade bei flexiblen funktionalen Formen und wegen der im Vergleich zur DEA mildernde Wirkung des über die Störterme modellierten Zufalls zumeist zu vernachlässigen sein. Vor diesem Hintergrund sind die Daten unabhängig von der Methode auf mögliche Fehler zu überprüfen und ggf. zu korrigieren.

Es sei auch nochmals explizit darauf hingewiesen, dass bei wertmäßigen Daten, die aus dem internen oder externen Rechnungswesen der Beobachtungseinheiten entnommen werden, besondere Vorsicht geboten ist. Diese Daten sind aufgrund bestehender Ansatz- und Bewertungsspielräume bzw. mangels Standardisierung häufig nicht unmittelbar vergleichbar und erfordern u. U. aufwendige Datenbereinigungen. Dies spricht grundsätzlich eher für reine Mengenbetrachtungen – also eher für die Schätzung von Produktions- als von Kostenfunktionen bei der SFA bzw. dem Ansatz von reinen Input- und Outputmengen bei der DEA.

Vorsicht ist auch bei der Ergebnisinterpretation und daraus gezogenen Schlussfolgerungen geboten. Wirtschaftlichkeitskennziffern sagen nichts über Ursache-Wirkungs-Beziehungen aus. Eine (relativ) schlechte Kennziffer lässt nicht zwangsläufig auf schlechtes Wirtschaften schließen und umgekehrt. Zunächst stellt sie „lediglich" den Anlass für eine tiefergehende Analyse der Ursachen dar. Dabei kann sich dann herausstellen, dass (relativ) gut oder schlecht gewirtschaftet wurde. Es kann aber herauskommen, dass die Kennziffer(n) ungeeignet bzw. von der untersuchten Einheit nicht zu vertretende Ursachen/Umstände vorliegen.

Welche Methode im konkreten Einzelfall einzusetzen ist, hängt letztlich vom Informationsbedarf der Adressaten sowie der Menge und Qualität der verfügbaren Daten ab. Sollen zum Beispiel nur Effizienzkennziffern mit Hilfe von nichtmonetären Input- und Outputindikatoren berechnet werden und ist die Fallzahl relativ gering, so dass zuverlässige statistische Tests kaum durchführbar sind, spricht dies tendenziell für die DEA. Sind dagegen umfangreiche Daten vorhanden und besteht ein Interesse an funktionalen Zusammenhängen, ist eher die SFA angezeigt. Die TFA ist ein Methodenkandidat bei einer (sehr) geringen Zahl von Beobachtungen und dem Vorhandensein von mengen- und wertmäßigen Input- und Outputdaten. Um die Ergebnisse abzusichern, kann durchaus der parallele Einsatz verschiedener Methoden infrage kommen. So ist es – wie bei der Berechnung von Effizienzgrenzen zur Bestimmung von Netzentgelten – nicht völlig unüblich, die DEA und die SFA nebeneinander einzusetzen. Abstrakte Präferenzen für eine Methode oder der

Kenntnisstand über eine Methode sollten bei der Methodenwahl nicht im Vordergrund stehen.

Für alle drei hier behandelten Methoden steht „bezahlbare", auf handelsüblichen Rechnern lauffähige Software zur Verfügung, so dass diesbezüglich keine Einsatzhindernisse bestehen. Hinderlich dürfte vor allem das notwendige fachlich-methodische Wissen sein, welches für den sachgerechten Einsatz der Methoden und auch zum Verständnis bzw. zur Interpretation der Ergebnisse erforderlich ist. In der öffentlichen Verwaltung, den Rechnungsprüfungsbehörden und auch bei den einschlägig bekannten Unternehmensberatungen liegt hier der entscheidende Engpass. Zumeist ist das notwendige Know-how schlicht nicht vorhanden.

Dieser Sachverhalt impliziert folgende durchaus „harte" Aussage: Wenn aussagefähige Wirtschaftlichkeitsvergleiche durchgeführt werden sollen, ist das dafür notwendige Personal auszubilden und selbst vorzuhalten oder einzukaufen. Möchte oder kann man dies nicht, sollte man grundsätzlich auf Wirtschaftlichkeitsvergleiche verzichten, weil dann bestenfalls unsachgemäße bzw. unbrauchbare (eindimensionale) Untersuchungen durchgeführt werden. Darauf basierende Diskussionen können nur gehaltlos und wenig zielführend sein.

4   Wirtschaftlichkeitsuntersuchungen

Dieses Kapitel ist in fünf Unterkapitel gegliedert. In Kapitel 4.1 werden die notwendigen terminologischen Abgrenzungen und kontextuale Klarstellungen vorgenommen. Kapitel 4.2 gibt die statischen und dynamischen Verfahren der betriebswirtschaftlichen Investitionsrechnung (im vorliegenden Kontext auch als „einzelwirtschaftliche Verfahren" bezeichnet) wieder. Die sog. volks- bzw. gesamtwirtschaftlichen Verfahren sind Gegenstand von Kapitel 4.3. Der Frage nach adäquaten Diskontraten bzw. der dazu erforderlichen Vorgehensweise wird in Kapitel 4.4. nachgegangen. Kapitel 4.5 stellt die Grundlagen der monetären Bewertung von Risiko im Rahmen von Wirtschaftlichkeitsuntersuchungen vor. Schließlich wird in Kapitel 4.6 herausgearbeitet, wann welche Verfahren geeignet bzw. „angemessen" sind.

4.1   Einführung

In diesem Unterabschnitt werden Begriffe erklärt, die Perspektivenabhängigkeit der Ergebnisse von Wirtschaftlichkeitsuntersuchungen sowie die Möglichkeit der Überführung der Quotientendarstellung in eine Differenzendarstellung gezeigt.

4.1.1   Begriffe

Wirtschaftlichkeitsuntersuchungen zielen auf die ökonomische Bewertung (auch „Evaluation") öffentlicher Projekte (synonym „Maßnahmen" oder „Vorhaben"). Die im vorangehenden Kapitel behandelten **Wirtschaftlichkeitsvergleiche** richten sich dagegen auf den Vergleich **öffentlicher Produktionseinheiten** (gleichbedeutend „öffentliche Betriebe" = öffentliche Verwaltungen + öffentliche Unternehmen) „im laufenden Betrieb".

Wirtschaftlichkeitsuntersuchungen wird primär a) die Aufgabe zugewiesen zu klären, ob geplante öffentliche Projekte „ökonomisch sinnvoll" (= wirtschaftlich) sind, um darauf aufbauend über Projektdurchführung oder -ablehnung zu entscheiden. Wirtschaftlichkeitsuntersuchungen können (und sollten) aber auch b) dazu eingesetzt werden, laufende Projekte zu begleiten, um möglichst frühzeitig Informationen über Abweichungen von den zu Projektbeginn erwarteten Kosten und Wirkungen zu liefern sowie c) den Erfolg abgeschlossener Projekte zu ermitteln.[123]

Vor Projektbeginn („ex ante") sind zwei Situationen zu unterscheiden. Zum einen kann es um die Frage gehen, ob es vorteilhaft ist, ein Projekt für sich genommen durchzuführen oder nicht (**„isolierte Projektbewertung"**). Diese klassische „Ja-Nein-Situation" weist also tatsächlich zwei Alternativen auf, auch wenn nur die Realisation eines Projektes zur Disposition steht. Daher kann man auch von einem **„unechten Alternativenvergleich"** sprechen.[124] In der zweiten Situation ist das beste bzw. wirtschaftlichste Projekt aus einer Menge von mindestens zwei Projektalternativen – neben der immer existierenden Möglichkeit, nichts zu tun – auszuwählen. De facto stehen damit mindestens drei Alternativen zur Auswahl. Weil jedoch mindestens zwei verschiedene Projekte zur Disposition stehen, kann von einem **„echten Alternativenvergleich"** gesprochen werden.

Bei laufenden Projekten geht es grundsätzlich um die Frage, ob das betrachtete Projekt abgebrochen, unverändert oder in veränderter Form weitergeführt werden soll. Dies entspricht einem echten Alternativenvergleich. Bei abgeschlossenen Projekten sind keine Entscheidungen mehr über das Projekt selbst zu treffen. Hier geht es zum einen um Rechenschaft der politisch und administrativ Verantwortlichen gegenüber den Wählern bzw. Steuerzahlern sowie zum anderen um Lehren für zukünftige Projekte.

Der **Begriff „öffentliches Projekt"** ist weit zu fassen. Dazu zählen – wie bereits in Kapitel 2.3 erwähnt – beispielsweise Beschaffungsmaßnahmen verschiedenster Art, Infrastrukturinvestitionen, aber auch Gesetzgebungsvorhaben und politische Maßnahmen aller Art. Damit beschränkt sich das (potentielle) Anwendungsgebiet von Wirtschaftlichkeitsuntersuchungen nicht auf haushaltswirksame Maßnahmen, sondern erstreckt sich im Grundsatz auf öffentliche Vorhaben jeglicher Art.

Die ebenfalls in Kapitel 2.3 vorgestellten haushaltsrechtlichen Bestimmungen lassen offen, was unter dem Begriff „Wirtschaftlichkeitsuntersuchungen"

---

[123] Vgl. Kapitel 2.3.

[124] Sachlogisch existieren keine „alternativlosen" Situationen – auch wenn dies im politischen Raum suggeriert werden mag. Die Möglichkeit zu agieren und die Möglichkeit, nicht zu agieren besteht immer. Verfassungsjuristen sprechen manchmal von schicksalhaften Ereignissen. Sie mögen dabei hoffentlich erkennen, dass die Entscheidungen in diesen Situationen nicht schicksalhaft sind, sondern rational getroffen werden können.

(WU) konkret zu verstehen ist. Dieser Begriff ist (auch) in den Wirtschaftswissenschaften nicht generell eingeführt, sondern am ehesten in dem speziellen Fachgebiet der Finanzwissenschaften bekannt. Am häufigsten findet sich dieser Terminus wohl in Verwaltungshinweisen bzw. einschlägigen Arbeitsanleitungen/Handreichungen für die Bundes-, Landes- und kommunale Ebene.[125]

Unter dem speziell im Kontext öffentlicher Projekte gebräuchlichen Terminus „Wirtschaftlichkeitsuntersuchungen" sind tatsächlich verschiedene einzelwirtschaftliche (betriebswirtschaftliche) und gesamtwirtschaftliche (volkswirtschaftliche) Verfahren/Methoden zu subsumieren. Die wirtschaftswissenschaftliche Literatur spricht in ihrem betriebswirtschaftlichen Zweig im Allgemeinen von **„Investitionsrechnungen"**.[126] Im volkswirtschaftlichen Zweig wird – gelegentlich unter der Überschrift **„Kosten-Nutzen-Untersuchungen"** („Economic Appraisal (Methods)") – zwischen der Kosten-Nutzen-Analyse, der Kosten-Wirksamkeits-Analyse und der Nutzwertanalyse unterschieden.[127] Rürup/ Hansmeyer (1984) verwenden in diesem Zusammenhang den Begriff **„Entscheidungstechniken"**. Die Europäische Kommission sieht u. a. die Kosten-Wirksamkeits-Analyse und die Kosten-Nutzen-Analyse als Methoden (synonym „Verfahren") an, welche im Rahmen des **„Impact Assessments"** zur vergleichenden Darstellung verschiedener Optionen in Betracht kommen (vgl. EuKomm 2009). In der Gesundheitsökonomik ist die Bezeichnung (gesundheitsökonomische) **„Evaluationen"** gebräuchlich.[128]

Wir folgen hier der im vorliegenden Kontext üblichen Unterteilung in **einzelwirtschaftliche** (synonym „betriebswirtschaftliche") und **gesamtwirtschaftliche** (gleichbedeutend „volkswirtschaftliche") Verfahren (vgl. Abb. 4.1). Die betriebswirtschaftlichen Verfahren lassen sich in Methoden der statischen und der dynamischen Investitionsrechnung einteilen. Die zumeist den volkswirtschaftlichen Methoden zugerechnete Nutzwertanalyse nimmt tatsächlich eine Zwischenstellung ein, da sie sowohl bei einzelwirtschaftlichen als auch bei gesamtwirtschaftlichen Entscheidungen zum Einsatz kommen kann (dem ent-

---

[125] Vgl. z. B. BMVBS (2013), BMF (2011), Finanzbehörde Hamburg (2005), Senatsverwaltung Berlin (2007), VIFG (2008), FM NRW (2007, 2014), IM Brandenburg (2012).

[126] Vgl. z. B. Bieg/Kußmaul (2009), Blohm/Lüder/Schäfer (2012), Kruschwitz (2011) und Perridon/Steiner/Rathgeber (2012).

[127] Vgl. z. B. Boardman u. a. (2011) und Hanusch (2011).

[128] Vgl. z. B. Drummond u. a. (2005) und Schöffski/von der Schulenburg (2012).

sprechend ist sie in Abb. 4.1 zwischen einzel- und gesamtwirtschaftlichen Verfahren verortet).

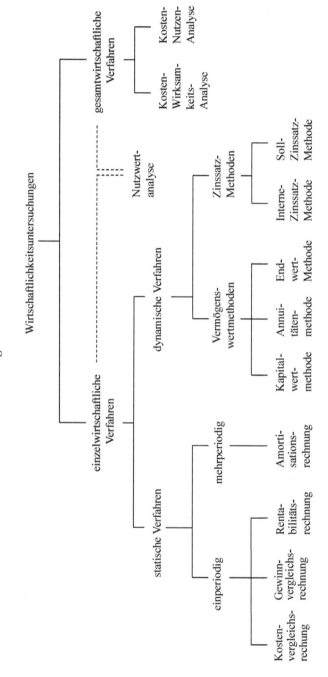

Abb. 4.1:   Arten von Wirtschaftlichkeitsuntersuchungen

4.1.2   Perspektivenabhängigkeit

Einzelwirtschaftliche Verfahren betrachten die Folgen einer Investitionsentscheidung (Maßnahme) aus der Perspektive der Gebietskörperschaft als „Investor". Damit werden ausschließlich die wirtschaftlich-finanziellen Wirkungen auf die Gebietskörperschaft selbst („interne Wirkungen") erfasst. Volks-
oder gesamtwirtschaftliche Verfahren berücksichtigen darüber hinaus – bei
Abwesenheit interner Wirkungen sogar ausschließlich – nichthaushaltwirk-
same bzw. bei Dritten oder Außenstehenden auftretende Effekte („externe
Wirkungen"). Beispielhaft seien die Zeiteffekte und Bürokratiekosten öffentlicher Maßnahmen bei privaten Haushalten und Unternehmen oder die Um-
weltkosten und -nutzen öffentlicher Projekte genannt.

Zur Verdeutlichung des grundsätzlichen Unterschieds zwischen einzelwirtschaftlichen und gesamtwirtschaftlichen Verfahren unterscheiden wir nun
zwischen internen (einzelwirtschaftlichen) Wirkungen, bezeichnet als „interne
Nutzen" (N_{int}) und „interne Kosten" (K_{int}), sowie externen (nichteinzelwirt-
schaftlichen) Wirkungen, die wir als „externe Nutzen" (N_{ext}) und „externe
Kosten" (K_{ext}) bezeichnen. „Nutzen" und „Kosten" stehen hier als Metaphern
für wenigstens innerhalb von Zähler und Nenner mengen- oder wertmäßig in
gleiche Metriken überführte Größen.[129]

Einzelwirtschaftliche Verfahren betrachten in dieser Terminologie die Relation

$$\frac{N_{int}}{K_{int}},\tag{4.1}$$

während sich gesamtwirtschaftliche Verfahren auf den Quotienten

$$\frac{N_{int} + N_{ext}}{K_{int} + K_{ext}}\tag{4.1a}$$

bzw. die jeweiligen Kehrwerte richten. Die Quotienten (4.1) und (4.1a) sind
nur höchst zufällig identisch. Damit wird deutlich, dass einzel- und gesamtwirtschaftliche Betrachtungen im Allgemeinen unterschiedliche Wirtschaft-

---

[129] Sofern ein Projekt verschiedene, mittels unterschiedlicher Metriken erfasste Inputs/Out-
    comes und/oder Outputs/Outcomes generiert (vgl. Kapitel 2.1.3), müssen die Inputs/Out-
    comes bzw. Outputs/Outcomes jeweils in eine gemeinsame Metrik überführt („aggre-
    giert") werden (vgl. hierzu auch Kapitel 3.4.2). Dies geschieht üblicherweise durch eine
    geldliche Bewertung („Monetarisierung") oder die Bildung sog. Nutzwerte (vgl. Kapitel
    4.3.3).

lichkeitsrelationen für einzelne Projekte und auch unterschiedliche Rangfolgen der untersuchten Projekte erwarten lassen.

Analog lässt sich der Unterschied zwischen lokalen bzw. regionalen und überregionalen Sichtweisen sowie zwischen kurz- und langfristigen Betrachtungen verdeutlichen. Bezeichnen wir regionale Nutzen und Kosten mit N_{reg} und K_{reg} sowie überregionale Nutzen und Kosten mit $N_{überreg}$ und $K_{überreg}$, wird im Allgemeinen gelten:

$$\frac{N_{reg}}{K_{reg}} \neq \frac{N_{überreg}}{K_{überreg}} \neq \frac{N_{reg} + N_{überreg}}{K_{reg} + K_{überreg}} . \tag{4.2}$$

Ein gutes Beispiel für diesen Unterschied dürfte das Projekt Stuttgart 21 (S21) sein. Den weitaus größten Teil der Kosten dieses Projektes übernimmt der Bund zum einen indirekt über die Deutsche Bahn AG und zum anderen direkt über den Etat des Bundesverkehrsministeriums. Die Stadt Stuttgart und das Land Baden-Württemberg steuern nur einen vergleichsweise geringen Teil bei. Da S21 zum großen Teil de facto ein Stadtentwicklungsprojekt ist, dessen Nutzen regional anfällt, ist davon auszugehen, dass S21 aus lokaler Sicht ein wesentlich besseres Nutzen-Kosten-Verhältnis aufweist als aus Bundessicht.[130]

Unterscheiden wir zwischen kurzfristigen und langfristigen Nutzen (N_{kurzfr} und N_{langfr}) sowie zwischen kurz- und langfristigen Kosten (K_{kurzfr} und K_{langfr}), ist ebenfalls von der grundsätzlichen Nichtübereinstimmung der entsprechenden Nutzen-Kosten-Verhältnisse auszugehen:

$$\frac{N_{kurzfr}}{K_{kurzfr}} \neq \frac{N_{langfr}}{K_{langfr}} \neq \frac{N_{kurzfr} + N_{langfr}}{K_{kurzfr} + K_{langfr}} . \tag{4.3}$$

Ein einfaches Beispiel stellen Infrastrukturmaßnahmen dar. Ermittelt man deren Wirtschaftlichkeit beispielsweise über einen 5-Jahreszeitraum, wird man voraussichtlich ein schlechteres Ergebnis als über einen 20-jährigen Zeitraum erhalten, weil am Anfang hohe Investitionskosten stehen, während die Nutzenströme erst über einen längeren Zeitraum zur Geltung kommen.

Hier zeigt sich also erneut die bereits in Kapitel 3 herausgearbeitete Perspektivenabhängigkeit des Wirtschaftlichkeitsbegriffs bzw. des bei Wirtschaftlichkeitsvergleichen und Wirtschaftlichkeitsuntersuchungen erzielten Ergebnisses.

---

[130] Vor diesem Hintergrund war es auch völlig verfehlt, die Volksabstimmung über S21 auf regionaler Ebene stattfinden zu lassen. Sie hätte auf Bundesebene durchgeführt werden müssen, weil die Bundesbürger den weitaus größten Teil der Kosten schultern müssen.

In aller Regel hängt es u. a. von der Sichtweise/vom Standpunkt ab, ob ein Projekt wirtschaftlich ist, bzw. welche Projektreihenfolge aus einer Wirtschaftlichkeitsuntersuchung folgt. Deshalb ist bei der Präsentation von Wirtschaftlichkeitsuntersuchungen deutlich zu machen, aus welchem Blickwinkel sie durchgeführt wurden und sind eventuell die aus verschiedenen Perspektiven erzielten Ergebnisse einander gegenüberzustellen.

4.1.3   Von der Quotienten- zur Differenzendarstellung

In den Kapiteln 2 und 3 wurde Wirtschaftlichkeit grundsätzlich als Quotient von Input- und Outputgrößen dargestellt, weil die Quotientendarstellung zum einen dem allgemeinen haushaltsrechtlichen Verständnis entspricht und zum anderen die in Wirtschaftlichkeitsvergleichen verwendeten Kennziffern regelmäßig Quotienten sind. Im Rahmen von Wirtschaftlichkeitsuntersuchungen dienen jedoch häufig nicht Quotienten, sondern Differenzen von Output- und Inputgrößen als Entscheidungskalkül. Darüber hinaus werden in Wirtschaftlichkeitsuntersuchungen großenteils andere Rechengrößen als in Wirtschaftlichkeitsvergleichen verwendet.

Um dadurch eventuell entstehende Irritationen zu vermeiden, soll an dieser Stelle kurz auf den Zusammenhang zwischen der Quotienten- und der Differenzendarstellung sowie auf die Rechengrößen eingegangen werden. Beginnen wir mit den Rechengrößen. Die in der Betriebswirtschaftslehre weit verbreiteten Vermögenswert- und Zinssatzmethoden rechnen aufgrund bestimmter Annahmen über die Zielsetzung von Investoren mit Einzahlungen und Auszahlungen und beispielsweise nicht mit Erträgen und Aufwendungen oder Erlösen und Kosten. Die in der Volkswirtschaftslehre gebräuchliche Methode der Kosten-Nutzen-Analyse rechnet alle Wirkungen in Geldeinheiten um. Positive Wirkungen werden als „Nutzen" und negative Wirkungen als „Kosten" bezeichnet.

Sofern Inputs und Outputs/Outcomes in der gleichen (Geld-)Metrik abgebildet werden (und nur dann!), wie dies bei den eben genannten Methoden der Fall ist, lässt sich die Quotientendarstellung leicht in eine Differenzendarstellung überführen – wie jetzt gezeigt wird.

Bezeichnen wir die Differenz zwischen (diskontierten) Einnahmen (E) und Ausgaben (A) bzw. zwischen (diskontierten) Nutzen (N) und Kosten (K) jeweils mit Δ,

$$\Delta = E - A \text{ bzw. } \Delta = N - K,$$

folgt daraus

$$\frac{E}{A} = 1 + \frac{\Delta}{A} \text{ bzw. } \frac{N}{K} = 1 + \frac{\Delta}{K}. \tag{4.4}$$

Die Maximierung von Δ führt also simultan zur Maximierung der zugehörigen Quotienten E/A und N/K. Daher ist die wirtschaftlichste Lösung mit dem besten E/A- bzw. N/K-Verhältnis zugleich die mit der größten E/A- bzw. N/K-Differenz.

Als Mindestvoraussetzung für die Projektdurchführung gilt: E − A > 0 bzw. N − K > 0. Daraus folgen E > A bzw. N > K und E/A > 1 bzw. N/K > 1. Auch in diesem Kontext sind Quotienten und Differenzen äquivalent.

Ebenso entspricht die Rangfolge der Projekte, die sich aus Differenzen ergibt, der sich aus Quotienten ergebenden Rangfolge. Nehmen wir zu Illustration an, der Kapitalwert eines Projektes 1 beträgt $\Delta_1 = E_1 − A_1$, während sich der Kapitalwert eines anderen Projektes 2 auf $\Delta_2 = E_2 − A_2$ beläuft. Wenn $\Delta_1 > \Delta_2$, gilt auch $E_1/A_1 > E_2/A_2$. Daher sind die Quotienten- und Differenzendarstellung bei identischen kardinalen Metriken in Zähler und Nenner äquivalent und führen zu gleichen Ergebnissen.

4.2   Einzelwirtschaftliche Verfahren der Investitionsrechnung

Die betriebswirtschaftlichen Verfahren der Investitionsrechnung[131] sind entweder „statisch" oder „dynamisch". „Statisch" bedeutet, dass die zeitliche Struktur der durch die Investitionsentscheidung induzierten Zahlungs- bzw. Erfolgsströme nicht berücksichtigt wird. Beispielsweise werden Kosten oder Erlöse, die zu einem Zeitpunkt t anfallen, genauso behandelt wie zu einem späteren Zeitpunkt t + x anfallende Kosten/Erlöse. Mit anderen Worten: Bei statischen Investitionsrechnungen werden Erlöse und Kosten in Höhe eines bestimmten Betrages − z. B. 100.000 € − im Jahr 2015 genauso behandelt wie Erlöse und Kosten in Höhe von 100.000 € im Jahr 2035.

Anders dagegen bei der dynamischen Investitionsrechnung: Dort wird die zeitliche Struktur von Zahlungen durch Auf- oder Abzinsung berücksichtigt bzw. werden zu unterschiedlichen Zeitpunkten anfallende Zahlungen mitei-

---

[131] Für eine ausführliche Darstellung und Diskussion der betriebswirtschaftlichen Investitionsrechnung vgl. z. B. Bieg/Kußmaul (2009), Blohm/Lüder/Schäfer (2012), Kruschwitz (2011) und Perridon/Steiner/Rathgeber (2012).

nander vergleichbar gemacht („zeitliche Homogenisierung"). So erhält eine Zahlung von 100.000 € heute bei jedem beliebigen positiven Diskontsatz einen höheren Wert bzw. ein höheres Gewicht als der gleiche Betrag, wenn er erst – sagen wir – in 10 oder 20 Jahren anfällt.

Auf die einzelwirtschaftliche Nutzwertanalyse – ein Verfahren der nichtfinanziellen Investitionsrechnung – soll in diesem Abschnitt nicht eingegangen werden. Die Eigenschaften und Probleme der Nutzwertanalyse werden bei den gesamtwirtschaftlichen Verfahren angesprochen.

4.2.1 Statische Verfahren

Die statischen Investitionsrechnungsverfahren sind entweder einperiodig oder mehrperiodig. Zu den einperiodigen Verfahren zählen die Kostenvergleichsrechnung und die Gewinnvergleichsrechnung sowie die Rentabilitätsrechnung. Ein statisch-mehrperiodiges Verfahren ist die (statische) Amortisationsrechnung.[132]

4.2.1.1 Einperiodige Verfahren

Bei den einperiodigen Verfahren kann sich der Planungszeitraums des Investors durchaus über mehrere Jahre (Perioden) erstrecken, so dass die Bezeichnung „einperiodig" eventuell missverständlich ist. „Einperiodig" bringt hier zum Ausdruck, dass nicht die konkreten Zahlenwerte eines jeden Jahres, sondern für jede Rechen- bzw. Erfolgsgröße lediglich ein für den gesamten Planungszeitraum angenommener **Jahresdurchschnittswert** angesetzt wird. Diese Vorgehensweise berücksichtigt nicht, dass sich die Werte der Erfolgsgrößen von Jahr zu Jahr stark unterscheiden und verschiedenen Entwicklungen (Trends) folgen können. Infolgedessen behandeln einperiodige Verfahren ein Projekt mit hohen Anfangskosten und/oder späten Gewinnen genauso wie ein Projekt mit geringen Anfangskosten und/oder frühen Gewinnen, falls die Durchschnittswerte über die Laufzeit des Projektes identisch sind.

---

[132] Die Darstellung von statischen Verfahren wird inzwischen von einigen Autoren für verzichtbar gehalten (vgl. Schneider 2008, S. 605 und Kruschwitz 2011 im Vorwort zur 13. Auflage). „Früher war es üblich, die statische Methoden ausführlich zu beschreiben und sie im Anschluss daran kräftig zu kritisieren" (Kruschwitz, S. V). Wir stellen diese Methoden dennoch dar, weil sie erstens aus der Praxis nicht vertrieben sind (so dass eine Auseinandersetzung weiterhin notwendig scheint) und sie zweitens in bestimmten (einfachen) Situationen ein grobes Hilfsmittel darstellen können.

Mit anderen Worten: Die Verteilung von Erlösen, Kosten, Gewinnen über die Zeit bzw. die zeitliche Struktur der relevanten Erfolgsgrößen wird von den einperiodigen Verfahren nicht beachtet. Da Investoren gewöhnlicherweise den zeitlichen Strukturen der genannten Stromgrößen jedoch nicht indifferent gegenüberstehen, werden einperiodige Verfahren den Informationsbedürfnissen von Investoren nur dann einigermaßen gerecht, wenn wir erstens bezüglich der zeitlichen Verteilung der Stromgrößen verschiedener Projekte Identität oder große Ähnlichkeit unterstellen und zweitens davon ausgehen, dass der Investor die zeitliche Struktur der Erfolgsgrößen jedes in die Investitionsrechnung einbezogenen Projektes für akzeptabel hält.

Nehmen wir zur Verdeutlichung der Problematik folgendes Zahlenbeispiel: Angenommen, ein Investor hat die Wahl zwischen drei Projekten A, B und C mit einem einheitlichen Planungshorizont von fünf Jahren, bei denen er zum Zeitpunkt 0 jeweils 100 Geldeinheiten (GE) investieren muss. Jedes dieser drei Projekte induziert jedoch einen anderen Strom an Erlösen (vgl. Tab. 4.1).

Tab. 4.1:   Ausgangsdaten für drei konkurrierende Projekte

	Zeitpunkt (Jahr)							
	0	1	2	3	4	5		
Projekt	Anfangsinvestition (Kosten)	jährliche Erlöse					Summe Erlöse	Ø Erlös pro Jahr
A	100	28	29	30	31	32	150	30
B	100	30	30	30	30	30	150	30
C	100	10	20	30	40	50	150	30

Sofern die einzigen Kosten des Investors in der Anfangsinvestition bestehen und er diese Kosten auf den Planungszeitraum gleichmäßig umlegt, betragen seine Kosten pro Jahr 100 / 5 = 20 GE. Der jahresdurchschnittliche Erlös beläuft sich bei allen drei Projekten auf 150 / 5 = 30 GE, so dass der Jahresnettoerlös (Gewinn) bei 10 GE liegt. Eine einperiodische (Durchschnitts-)Betrachtung liefert für alle drei Maßnahmen das gleiche Ergebnis, obwohl kaum anzunehmen ist, dass der Investor bei genauer Kenntnis der Zahlenreihen alle drei Projekte als gleichwertig einstufen würde. Dies mag näherungsweise für die Maßnahmen A und B zutreffen. Investition C dagegen dürfte anders beurteilt werden als A und B. Wir sollten davon ausgehen, dass jeder „normale" Investor A bzw. B gegenüber C vorziehen wird, weil ein Großteil der Erlöse bei C später anfällt als bei A und B. Selbst wenn die Zahlungsreihen aller drei Projekt identisch wären, müsste sich der Investor genauer überlegen, ob er für einen durchschnittlichen jährlichen Reinerlös in Höhe von $(150 - 100) / 5 = 10$ GE bereit ist, 100 GE zum Zeitpunkt 0 zu opfern.

Stellen wir nun die einperiodischen Verfahren etwas genauer vor. Bei der **Gewinnvergleichsrechnung** lautet das Entscheidungskalkül: Wähle die Investition mit dem größten (jahresdurchschnittlichen) Gewinn und vermeide auf jeden Fall verlustbringende Projekte. In die Gewinnberechnung gehen üblicherweise die Erlöse infolge einer Investition, kalkulatorische Abschreibungen und kalkulatorische Zinsen, sonstige Fixkosten sowie variable Kosten ein.

Die **Kostenvergleichsrechnung** verwendet die gleichen Kostengrößen wie die Gewinnvergleichsrechnung, blendet jedoch die Erlöse und damit auch den Gewinn aus. Dies ist nur dann zweckmäßig, wenn davon auszugehen ist, dass die Erlöse unabhängig von der Investition sind bzw. die zu vergleichenden Investitionsalternativen zu identischen Erlösen führen. Bei der Kostenvergleichsrechnung gilt die Entscheidungsregel: Wähle die Alternative mit den geringsten Kosten.

Betrachten wir zur Gewinn- bzw. Kostenvergleichsrechnung ein Beispiel mit zwei Investitionsmöglichkeiten (Projekten) A und B (vgl. Tab. 4.2). Da sich beide Verfahren lediglich durch die (Nicht-)Berücksichtigung der Erlöse und damit der (Un-)Möglichkeit der Gewinnberechnung unterscheiden, können sie in einer Tabelle dargestellt werden. Man könnte auch sagen, die Kostenvergleichsrechnung ist ein Teil (in Tab. 4.2 grau unterlegt) der Gewinnvergleichsrechnung.

Tab. 4.2:   Gewinn- und Kostenvergleichsrechnung für zwei Projekte

Projekt/Maßnahme	A		B	
Erlöse pro Jahr (nur Gewinnvergleichsrechnung)		800.000		1.000.000
Anschaffungskosten (A_0)	1.000.000		1.200.000	
Nutzungsdauer t (in Jahren)	5		3	
(kalk.) Abschreibungen (A_0 / t)		200.000		400.000
(kalk.) Zinsen (5% auf ½ A_0)		25.000		30.000
sonstige Fixkosten pro Jahr		80.000		120.000
variable Kosten pro Jahr		320.000		250.000
Gesamtkosten pro Jahr		625.000		800.000
Gewinn (Erlöse – Kosten) pro Jahr (nur Gewinnvergleichsrechnung)		175.000		200.000

Es werden folgende Annahmen getroffen: Anschaffungswert A_0 der Investition A = 1.000.000 €, Anschaffungskosten A_0 der Investition B = 1.200.000 €, Nutzungsdauer t der Investition A = 5 Jahre, Nutzungsdauer t der Investition B = 3 Jahre, der Restwert der Investition nach Ablauf der Nutzungsdauer beträgt in beiden Fällen null €, die kalkulatorischen Abschreibungen erfolgen linear entsprechend der Nutzungsdauer, d. h. kalk. Abschreibungen = $\dfrac{A_0}{t}$, der kalkulatorische Zinssatz i beträgt 5% auf das durchschnittlich gebundene Kapital, d. h. kalk. Zinsen = $\dfrac{A_0}{2}$ · i. Für die Gewinnvergleichsrechnung wird zudem unterstellt, dass das Projekt A jährliche Erlöse in Höhe von 800.000 € generiert, während die Alternative B einen Jahreserlös von 1.000.000 € erzeugt.

Folgten wir der Kostenvergleichsrechnung, wäre Alternative A auszuwählen. A verursacht nämlich um 175.000 € geringere Kosten pro Jahr als B. Entsprechend der Gewinnvergleichsrechnung wäre jedoch das Projekt B zu favorisieren, da es einen um 25.000 € höheren Jahresgewinn aufweist. Da die Kostenvergleichsrechnung von Erlösen/Investitionsnutzen abstrahiert, birgt sie bei unterschiedlichen Erlösen/Investitionsnutzen der Maßnahmen die Gefahr der Bevorzugung der schlechteren Alternative. Sie kann sogar zu verlustbringenden bzw. zu unter Nutzengesichtspunkten ungerechtfertigten Investitionen führen. Oder anders formuliert: Sie erlaubt gar keinen Wirtschaftlichkeitsvergleich, weil Wirtschaftlichkeit gemäß der Ausführungen in Abschnitt 2.1 die Gegenüberstellung von Inputs und Outputs – hier Kosten und Erlösen oder

Kosten und Leistungen – erfordert. Daher ist grundsätzlich der Gewinnvergleichsrechnung gegenüber der Kostenvergleichsrechnung der Vorzug zu geben.

Allerdings werfen beide Verfahren – über die Ignoranz der genaueren zeitlichen Verteilung der Erfolgsstromgrößen hinaus – Fragen auf. Erstens erfordert Investition A einen um 200.000 € geringeren Kapitaleinsatz als Investition B. Welcher Erlös ließe sich mit dieser Summe erzielen, wenn der Investor für A anstelle für B votieren würde? Zweitens unterstellt die Gewinnvergleichsrechnung, dass der jährliche Gewinn von Alternative B auch im vierten und fünften Jahr eintritt. Wenn dies jedoch nicht der Fall ist, wäre Investition A vorzuziehen, denn A bringt über die Laufzeit von fünf Jahren einen Gewinn von $5 \cdot 175.000 = 875.000$ €, während B bei dreijähriger Laufzeit nur $3 \cdot 200.000 = 600.000$ € erwirtschaftet. Wie hoch wären die Erlöse und Kosten einer eventuell im vierten Jahr vorgenommenen Ersatz- oder Nachfolgeinvestition für B?

Diese Fragen dürften verdeutlichen, dass die Gewinn- und die Kostenvergleichsrechnung nur dann brauchbar sind, wenn Investitionen mit gleicher Nutzungsdauer und gleichem Kapitaleinsatz verglichen werden. Ansonsten stellen die verglichenen Projekte keine echten bzw. vollständigen Alternativen dar und die genannten Verfahren sollten nicht eingesetzt werden. Die Kostenvergleichsrechnung erfordert darüber hinaus erstens die Annahme gleicher Erlöse oder identischer „Wertstiftung" der zu vergleichenden Alternativen und zweitens die Unterstellung eines Gewinn- oder Nutzenüberschusses über die Kosten.

Die **Renditevergleichsrechnung** (auch „Rentabilitätsrechnung" oder „Rentabilitätsvergleichsrechnung") berücksichtigt, dass Investitionen unterschiedlich viel Kapital binden (können), indem sie die (Perioden-)Gewinne in Relation zum (durchschnittlichen) Kapitaleinsatz setzt.[133] Im Rahmen einer Rentabilitätsrechnung ist – anders als bei der Gewinn- und Kostenvergleichsrechnung – der Gewinn <u>vor</u> den kalkulatorischen Eigenkapitalzinsen zu verwenden. Würde man bei der Gewinnermittlung die kalkulatorischen Eigenkapitalzinsen ansetzen, erhielte man nicht die tatsächliche Durchschnittsverzinsung des eingesetzten Kapitals, sondern die über den kalkulatorischen Zins hinausgehende Verzinsung. Gemäß der Rentabilitätsrechnung ist die Investition mit

---

[133] Zum Teil wird anstelle des durchschnittlichen Kapitaleinsatzes der ursprüngliche Kapitaleinsatz zugrunde gelegt.

der höchsten Rendite zu wählen, vorausgesetzt die geforderte Mindestrendite wird nicht unterschritten. Bei Nichterreichen der Mindestrendite ist von einer Maßnahme abzusehen.

Die Rendite bzw. Rentabilität (auch: „Return on Investment" – ROI) errechnet sich nach der Formel

$$\text{Rendite (Rentabilität)} = \frac{\text{(jährlicher) Gewinn vor Zinsen}}{\text{(durchschnittlicher) Kapitaleinsatz}}. \qquad (4.5)$$

Mit den Zahlen aus Tab. 4.2 ergibt sich gemäß Formel (4.5) für Projekt A eine jährliche Rendite von 200.000 / (1.000.000 / 2) = 40%. Die Rendite des B-Projektes beläuft sich dementsprechend auf 230.000 / (1.200.000 / 2) = 38,33%. Hiernach wäre Projekt A zu bevorzugen. Die Renditevergleichsrechnung kommt hier zu einem anderen Ergebnis als die Gewinnvergleichsrechnung, weil der Kapitaleinsatz beider Alternativen divergiert. Bei gleichem Kapitaleinsatz wäre das Ergebnis bezüglich der Projektreihenfolge identisch.

Ebenso wie für die Gewinn- und Kostenvergleichsrechnung gilt für die Renditevergleichsrechnung, dass sie nur in den Fällen brauchbar ist, in denen Nutzungsdauern und Kapitaleinsatz der zu vergleichenden Investitionen übereinstimmen. Folgende Fragen verdeutlichen dies: Falls der Investor das Projekt A realisiert, kann er dann die im Vergleich zu B nicht benötigten 200.000 € ebenfalls zu 40% verzinsen? Würde eine Anschlussinvestitionen für B im vierten und fünften Jahr tatsächlich 38,33% bringen? Könnte die Rendite für die Anschlussinvestition nicht so hoch sein, dass die Entscheidung zugunsten von A falsch ist?

4.2.1.2   Ein mehrperiodiges Verfahren – Die Amortisationsrechnung

Die (statische) **Amortisationsrechnung** (auch „Kapitalrückflussrechnung" oder „Pay-off-Methode") knüpft anders als die eben behandelten einperiodigen Verfahren nicht an Erfolgsgrößen (Kosten und Erlösen), sondern an Zahlungen an. Zudem wird bei der Kumulationsvariante dieses Verfahrens nicht mit periodisierten Durchschnittswerten, sondern mit „jahresspezifischen" Werten gearbeitet.[134]

Die Amortisationsrechnung richtet sich auf die Beantwortung der Frage: Nach wie vielen Jahren macht sich eine Investition bezahlt bzw. wie lange dauert es,

---

[134] Es gibt auch eine dynamische Amortisationsrechnung, welche als Variante der Kapitalwertmethode angesehen werden kann (vgl. Blohm/Lüder/Schäfer, 2012, S. 68 ff.).

bis das eingesetzte Kapital durch (Zahlungs-)Rückflüsse wieder gewonnen ist? Der Rückfluss (auch „Cash Flow") ist eine Nettogröße. Er ist definiert als Differenz zwischen laufenden Einzahlungen und laufenden Auszahlungen. Der Zeitpunkt, an dem die (Netto-)Rückzahlungen das eingesetzte Kapital (bzw. die Anfangsauszahlung) genau ausgleichen, wird als „Amortisationszeit", „kritische Nutzungsdauer" oder auch „Kapitalwiedergewinnungszeit" bezeichnet. Die Entscheidungsregel lautet: Wähle die Investition mit der kürzesten Amortisationsdauer! Sofern eine Höchstdauer vorgegeben wird, ist diese als Nebenbedingung zu beachten.

Zwei Varianten der Amortisationsrechnung sind bekannt: Die Kumulationsmethode und die Durchschnittsmethode. Nach der **Kumulationsmethode** werden die für jedes Jahr anfallenden Zahlungen (Ein- und Auszahlungen) vom ersten Jahr an addiert (kumuliert). Bei der **Durchschnittsmethode** wird der durchschnittliche jährliche Rückfluss auf den (anfänglichen) Kapitaleinsatz bezogen. Damit lässt sich feststellen, in welchem bzw. ab welchem Jahr die Einzahlungen die mit dem Projekt verbundenen Auszahlungen ausgleichen respektive die Auszahlungen wieder „eingespielt" sind.

Zum Vergleich der Projekte A und B, deren Durchschnittswerte bereits aus Tab. 4.2 bekannt sind, mit Hilfe der Amortisationsrechnung benötigen wir jahresgenaue Rückflüsse. Wir müssen dabei bedenken, dass der Rückfluss der Differenz zwischen laufenden Ein- und Auszahlungen entspricht. Sofern Erlöse im gleichen Jahr Einzahlungen sind und Kosten mit Ausnahme der kalkulatorischen Kosten im betreffenden Jahr zu Auszahlungen führen, gilt die vereinfachte Beziehung Gewinn + kalkulatorische Kosten = Rückfluss.

Die entsprechenden Werte sind in Tab. 4.3 wiedergeben. Der jährliche Rückfluss von Projekt A schwankt zwischen 300.000 und 500.000 € mit einem Durchschnittswert von 400.000 €, während der Rückfluss von Projekt B zwischen 0 (im Jahr 1) und 1.260.000 € (im Jahr 3) variiert, wobei sich im Durchschnitt 630.000 € ergeben.

Tab. 4.3: Berechnung der Amortisationsdauer für zwei Projekte (Kumulationsmethode)

Zah- lungs- zeit- punkt t	Projekt A		Projekt B	
	Rückfluss pro Perio- de	Rückfluss (kumu- liert)	Rückfluss pro Perio- de	Rückfluss (kumu- liert)
0	-1.000.000	-1.000.000	-1.200.000	-1.200.000
1	400.000	-600.000	0	-1.200.000
2	450.000	-150.000	630.000	-570.000
3	350.000	200.000	1.260.000	690.000
4	500.000	700.000		
5	300.000	1.000.000		

Wenden wir die Kumulationsmethode an, ist zu erkennen, dass das eingesetzte Kapital in beiden Fällen im dritten Jahr wieder gewonnen wird. Unterstellen wir über das Jahr gleichmäßig verteilte Zahlungen, kann die Wiedergewinnungszeit genauer bestimmt werden. Für die Wiedergewinnungsdauer von Projekt A gilt dann:

$$2 + \frac{150.000}{150.000 + 200.000} = 2{,}43 \text{ Jahre,}$$

während dieser Zeitraum für Maßnahme B

$$2 + \frac{570.000}{570.000 + 690.000} = 2{,}45 \text{ Jahre}$$

beträgt.

Sind die jährlichen Rückflüsse der Investition in etwa konstant, kann man auch die Durchschnittsmethode zurückgreifen. Dann gilt:

$$\text{Amortisationsdauer} = \frac{\text{ursprünglicher Kapitaleinsatz}}{\text{durchschnittlicher Rückfluss pro Jahr}}. \qquad (4.6)$$

Entsprechend Gleichung (4.6) ergibt sich mit den aus Tab. 4.2 überführten Zahlen der Tab. 4.4 für Investition A eine Amortisationszeit von 1.000.000 / 400.000 = 2,5 Jahren. Investition B weist demnach eine Kapitalrückflusszeit von 1.200.000 / 630.000 = 1,9 Jahren auf.

Tab. 4.4:   Berechnung der Amortisationszeit zweier Projekte (Durchschnittsmethode)

Maßnahme/Investition	A		B	
Anschaffungswert (A_0)	**1.000.000**		**1.200.000**	
Nutzungsdauer t (in Jahren)	5		3	
(kalk.) Abschreibungen (A_0 / t)		200.000		400.000
(kalk.) Zinsen i (5% auf ½ A_0)		25.000		30.000
Durchschnittlicher Gewinn pro Jahr		175.000		200.000
durchschnittlicher Rückfluss pro Jahr	400.000		630.000	
Amortisationszeit	2,5		1,9	

Die nach der Kumulationsmethode und Durchschnittsmethode ermittelten Wiedergewinnungszeiträume sowie die Projektreihung weichen voneinander ab. Ursache ist der diskontinuierliche(re) Rückfluss bei Projekt B, welcher bei Anwendung der Durchschnittsmethode hier zu verfälschten Ergebnissen führt. Damit ist demonstriert, dass die Durchschnittsmethode wirklich nur bei halbwegs konstanten Rückflüssen eingesetzt werden sollte.

Die Amortisationszeit bildet primär das Investitionsrisiko ab: Je geringer die Zeit bis zum Ausgleich des eingesetzten Kapitals, als desto geringer wird das Investitionsrisiko angesehen, da mit zunehmender Laufzeit die Prognoseunsicherheit steigt. Entscheidungen auf der Basis dieses Verfahrens garantieren jedoch nicht den höchsten Gewinn (Überschuss), weil die Restlebensdauer nach Ablauf der Amortisationszeit unberücksichtigt bleibt. So kann die Investition mit der längeren Amortisationszeit insgesamt einen höheren Überschuss erzeugen als diejenige mit kürzerer Amortisationszeit. Das Risiko einer längeren Amortisationsdauer müsste dann genauer gegen eine höhere Gewinnchance abgewogen werden. In der Literatur wird die Amortisationsrechnung daher nur als ergänzendes Verfahren empfohlen.

Gegen die (statische) Amortisationsrechnung ist ansonsten im Kern die gleiche Kritik vorzubringen, wie gegen die übrigen statischen Verfahren. Insbesondere berücksichtigt sie wie alle statischen Verfahren nicht wertmäßig den zeitlichen Verlauf der Zahlungen. Die Durchschnittsrechnung ist nur bei relativ konstanten Rückflüssen empfehlenswert. Ansonsten ist die exaktere Kumulationsmethode zu wählen.

4.2.1.3   Beurteilung der statischen Investitionsrechnung

Die beiden Haupteinwände gegen die statischen Verfahren der Investitionsrechnung sind:

- Erstens klammern statische Verfahren die zeitliche Struktur von Zahlungs- bzw. Erfolgsgrößen aus, da sie mit fiktiven (durchschnittlichen) Jahresrechnungsperioden arbeiten. So führen im Zeitablauf fallende Gewinne (Kosten) bei konstanten Durchschnittswerten nicht zu anderen Ergebnissen als steigende Gewinne (Kosten). Sofern realistischerweise Zeitpräferenzen und/ oder Opportunitätskosten existieren, ist diese Vorgehensweise unangemessen.

- Zweitens lassen sich mit Hilfe dieser Verfahren nur Alternativen vergleichen, die hinsichtlich Nutzungsdauer und Kapitaleinsatz identisch sind. Hingegen erlaubt es die statische Investitionsrechnung nicht, Projekte mit unterschiedlichen Nutzungsdauern und Kapitalbedarfen zu bewerten.

Speziell die Kostenvergleichsrechnung und auch die Amortisationsrechnung bereiten ein weiteres Problem: Sie garantieren beim Alternativenvergleich nicht die Wahl der Investition mit dem höchsten Gewinn. Die Kostenvergleichsrechnung führt möglicherweise sogar zu verlustbehafteten Investitionen, weil sie gar keinen Wirtschaftlichkeitsvergleich i. e. S. darstellt. Deshalb ist sie – unter der (impliziten) Annahme der Projektvorteilhaftigkeit – nur für den Alternativenvergleich, nicht aber zur Beurteilung einzelner Projekte geeignet. Die Anwendung der Gewinnvergleichsrechnung im öffentlichen Sektor dürfte dagegen im Grundsatz daran scheitern, dass keine Gewinnerzielungsabsicht bzw. keine Gewinnerzielungsmöglichkeit besteht.

Da reale Investitionen selten „echte" Alternativen sind, weil (neben differierenden zeitlichen Zahlungsstrukturen) Kapitaleinsatz und Dauer eben nicht übereinstimmen, dürfte die statische Investitionsrechnung in den meisten Fällen ungeeignet sein. Ihr Einsatzfeld beschränkt sich auf einfache und kurzfristige Maßnahmen. Der wohl einzige Charme der statischen Investitionsrechenverfahren liegt in ihrer Einfachheit. Die Einfachheit mag in den Zeiten vor der allgemeinen Verfügbarkeit von leistungsfähigen (Klein-)Computern und Software ein gewichtiger Grund für diese Verfahren gewesen sein – kann heute jedoch nicht mehr angeführt werden.

4.2.2 Dynamische Verfahren

Bevor die Verfahren der dynamischen Investitionsrechnung typisiert und einzelne Verfahren vorgestellt werden, soll zum besseren Verständnis a) auf die Herstellung der Vergleichbarkeit von zu unterschiedlichen Zeitpunkten anfallende Zahlungen durch Verzinsung sowie b) die Herstellung einer Vergleichbarkeit von Investitionen mit unterschiedlichem Kapitaleinsatz und unterschiedlicher Laufzeit durch vollständige Finanzpläne bzw. Ergänzungsfinanzierungen und Ergänzungsinvestitionen eingegangen werden.

Bei den Verfahren wollen wir uns im Wesentlichen auf die Kapitalwertmethode und Interne-Zinsfuß-Methode beschränken. Dies lässt sich damit begründen, dass diese beiden Methoden die derzeit wohl populärsten Verfahren der dynamischen Investitionsrechnung sind.[135] Zudem liefert die Kapitalwertmethode unter noch zu nennenden Voraussetzungen die gleiche Beurteilung wie die übrigen Vermögenswertmethoden.

4.2.2.1 Grundlagen der dynamischen Investitionsrechnung

Die beiden o. g. Hauptmängel der statischen Investitionsrechnung lassen sich prinzipiell mittels der dynamischen Investitionsrechnung beheben. Zum einen berücksichtigt die dynamische Investitionsrechnung durch Ab- und Aufzinsung der zu unterschiedlichen Zeitpunkten anfallenden Zahlungen die Struktur von Zahlungsströmen. Zum Zweiten ist es mittels dynamischer Investitionsrechenverfahren grundsätzlich möglich, auch Alternativen mit unterschiedlichem Kapitaleinsatz und differierender Nutzungsdauer zu echten Alternativen und damit überhaupt erst vergleichbar zu machen. Letzteres geschieht mittels (teilweise fiktiver) Ergänzungsinvestitionen und Ergänzungsfinanzierungen[136] bzw. durch die Aufstellung (vereinfachter) vollständiger Finanzpläne.[137]

---

[135] Vgl. Graham/Harvey (2001) und Niermeier u. a. (2008).

[136] In der Literatur finden sich für Investitionen, die zur Herstellung der Vergleichbarkeit von konkurrierenden Investitionen eingesetzt werden, auch die Begriffe „Differenz-", „Supplement-", „Komplementär-" oder „Zusatzinvestitionen" (vgl. z. B. Perridon/Steiner/Rathgeber, 2012, S. 60).

[137] Diesen Begriff verwendet Kruschwitz (2011). Bei unvollkommenem Kapitalmarkt unterscheidet sich der vollständige Finanzplan von den Darstellungen in den anderen Lehrbüchern dadurch, dass explizit (projektunabhängige) Basiszahlungen und Konsumentnahmen ungleich null möglich sind.

a) Berücksichtigung der zeitlichen Struktur von Zahlungsreihen durch Verzinsung

In diesem Abschnitt wollen wir das Prinzip der Berücksichtigung der zeitlichen Struktur von Zahlungsreihen bzw. der „zeitlichen Homogenisierung" mittels Verzinsung verdeutlichen. Damit soll erreicht werden, dass Zahlungen die zu unterschiedlichen Zeitpunkten anfallen, miteinander vergleichbar sind.

Zuallererst stellt sich allerdings die Frage, warum der Zahlungszeitpunkt eines beliebigen Geldbetrages – sagen wir 100 Geldeinheiten (GE) – überhaupt relevant ist. Warum ist es nicht gleichgültig, ob wir 100 GE jetzt, in einem Jahr, in zwei Jahren oder zu einem anderen Zeitpunkt erhalten? Die Antwort lautet: Weil es Opportunitätskosten, Inflation, Risiko und Zeitpräferenzen gibt!

Opportunitätskosten (= entgangener Nutzen) treten auf, wenn wir das Geld, welches wir heute erhalten, anders als Geld, welches wir erst später erhalten, zwischenzeitlich gewinnbringend anlegen könn(t)en. So würden bei positiven Renditen aus 100 GE, die wir heute erhielten, in einem Jahr vielleicht 103 GE oder 105 GE oder mehr. Der Verzicht auf die sofortige Zahlung zugunsten einer späteren Zahlung bedeutet also, dass wir auf die mögliche Rendite aus dem Erhalt der sofortigen Zahlung verzichten. Dieser Renditeverzicht entspricht den Opportunitätskosten einer späteren Zahlung.

Inflation bedeutet, dass die Preise für Güter und Produktionsfaktoren im Zeitablauf steigen. Bei Inflation sind die Kaufkraft und damit der Wert eines bestimmten Zahlbetrages umso geringer, je ferner er in der Zukunft liegt. Deshalb wird die sofortige bzw. frühe Zahlung gegenüber einer späteren Zahlung bevorzugt.

Des Weiteren können wir nicht (immer) vollkommen sicher sein, dass wir in Zukunft versprochene Zahlungen tatsächlich erhalten – z. B. weil Schuldner inzwischen insolvent, verstorben oder verschwunden sind. Wir selbst könnten vor dem vereinbarten Zahlungszeitpunkt krank oder verstorben sein, so dass uns die Zahlung dann nichts mehr oder nur weniger als angenommen nützt. Diese Situation wird als **„Unsicherheit"** oder **„Risiko"** bezeichnet.[138] Auch dies ist ein Grund, warum zukünftige Zahlungen einen geringeren Wert aufweisen (können) als gegenwärtige Zahlungen.[139]

---

[138] Vgl. Abschnitt 4.5.1.

[139] In Kapitel 4.5 wird allerdings gezeigt, dass Risiko nicht über Zinssätze, sondern mit Hilfe von sog. Sicherheitsäquivalenten abgebildet werden sollte.

Schließlich können **Zeitpräferenzen** als Folge von **Ungeduld und/oder Kurz-sichtigkeit** (sog. Myopie) existieren. Allein aufgrund von reiner Ungeduld oder Kurzsichtigkeit mag ein Wirtschaftssubjekt eine sichere Zahlung jetzt ge-genüber der gleichen Zahlung zu einem späteren Zeitpunkt präferieren.

Kommen wir nun zur **Technik des Auf- und Abzinsens**. Auf- und Abzinsen bewirkt, dass Zahlungen zu unterschiedlichen Zeitpunkten einen unterschied-lichen Wert aufweisen. Ohne Auf- und Abzinsen würden Zahlungen zu unter-schiedlichen Zeitpunkten und damit auch unterschiedliche Zahlungsreihen gleichbehandelt, was aus den ebengenannten Gründen unangemessen ist.

Nehmen wir beispielhaft an, eine heutige Investition in Höhe von 100 GE führt in den kommenden fünf Jahren jeweils zu einer Rückzahlung in Höhe von 30 GE. Die Zahlungsreihe lautet also entsprechend der jährlichen Zahlungszeit-punkte $-100 + 30 + 30 + 30 + 30 + 30$. Das negative Vorzeichen zeigt eine Aus-zahlung, positive Vorzeichen zeigen eine Einzahlung. Ohne zeitliche Homo-genisierung würden wir die Einzelwerte der Zahlungsreihe einfach addieren. Als Summe aller Ein- und Auszahlungen erhielten wir dann den Wert 50 (GE).

Um zu berücksichtigen, dass die Zahlungen zu unterschiedlichen Zeitpunkten anfallen, müssen wir sie auf einen einheitlichen Zeitpunkt beziehen. Üblichen-cherweise wird als Bezugszeitpunkt entweder das Ende oder der Anfang der Laufzeit der Zahlungsreihe gewählt. Der erste Ansatz läuft hier auf die Frage hinaus, welche Summe die genannte Zahlungsreihe nach fünf Jahren liefert. Dies entspricht der Bestimmung des sog. **Endwertes**. Der Endwert wird mit-tels Aufzinsung ermittelt. Die zweite Vorgehensweise gleicht der Frage nach dem heutigen Wert der Zahlungsreihe, gleichbedeutend ihres **Barwertes** – auch als **„Gegenwartswert" oder „Kapitalwert"** bezeichnet. Deren Bestim-mung erfolgt mittels Abzinsung („Diskontierung").

Zur Illustration der Mechanik des Aufzinsens betrachten wir Abb. 4.2. z_0 be-zeichnet eine Zahlung zum Zeitpunkt $t = 0$ (t_0). t_0 meint den gegenwärtigen Zeitpunkt („heute"). Sofern sich z_0 in jeder Periode mit dem Zinssatz i ver-zinst, erhält man am Ende der ersten Periode (zum Zeitpunkt t_1), den Betrag $z_0 \cdot (1 + i) = z_1$. Am Ende der zweiten Periode (t_2) hat sich dieser Betrag zwei-mal verzinst, so dass sich dann der Betrag $z_0 \cdot (1 + i) \cdot (1 + i) = z_0 \cdot (1 + i)^2 = z_2$ ergibt usw. Am Ende des Betrachtungszeitraums T wurde der Anfangsbetrag bei vorschüssiger Zahlungsweise T-mal verzinst. Daher beläuft sich der End-betrag auf $z_0 \cdot (1 + i)^T = z_T$.

Abb. 4.2:   Aufzinsung (Zinseszinsrechnung)

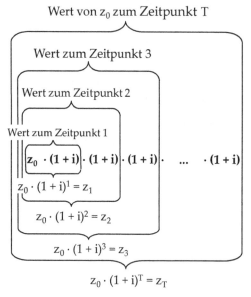

Wert von z_0 zum Zeitpunkt T

Wert zum Zeitpunkt 3

Wert zum Zeitpunkt 2

Wert zum Zeitpunkt 1

$$z_0 \cdot (1 + i) \cdot (1 + i) \cdot (1 + i) \cdot \quad \ldots \quad \cdot (1 + i)$$

$$z_0 \cdot (1 + i)^1 = z_1$$

$$z_0 \cdot (1 + i)^2 = z_2$$

$$z_0 \cdot (1 + i)^3 = z_3$$

$$z_0 \cdot (1 + i)^T = z_T$$

Ein Beispiel: Sie erhalten heute z_0 = 1.000 €. Sie investieren diesen Betrag unverzüglich und erzielen eine Rendite i in Höhe von 5% (in Dezimalschreibweise i = 0,05) pro Periode, für die wir im Folgenden ein Jahr setzen. Dann können Sie zum Zeitpunkt t_1 über einen Betrag in Höhe von 1.000 · (1 + 0,05) = 1.050 € verfügen. Nach zwei Jahren ergeben sich 1.000 · (1 + 0,05)² = 1.102.50 €, nach drei Jahren 1.000 · (1 + 0,05)³ = 1.157.60 € usw. In allgemeiner Schreibweise gilt für den Wert am Ende der Periode t $z_t = z_0 \cdot (1 + i)^t$. $(1 + i)^t$ bezeichnet den **Aufzinsungsfaktor**.

Abzinsen bzw. Diskontieren wirkt genau gegenteilig. Zur Bestimmung des Barwertes (z_0) eines Betrags z der zum Zeitpunkt t (z_t) gezahlt wird, dividieren wir z_t durch $(1 + i)^t$, d. h. $z_0 = z_t/(1 + i)^t = z_t \cdot (1 + i)^{-t}$. Dies ist die exakte Umkehrung der Aufzinsung. $1 / (1 + i)^t$ bzw. $(1 + i)^{-t}$ bezeichnet den **Abzinsungsfaktor** oder gleichbedeutend den **Diskontfaktor**. Der Barwert von 1.157.60 €, die in drei Jahren gezahlt werden, beträgt bei einem Zinssatz von 5% 1.157.60 €/ $(1 + 0,05)^3$ = 1.000 € usw.

Greifen wir auf die Zahlungsreihe –100 + 30 + 30 + 30 + 30 + 30 zurück. Tab. 4.5 zeigt, dass sich unter Berücksichtigung des zeitlichen Anfalls der Zahlungen (der Zahlungsstruktur) andere Werte für die Zahlungsreihe als bei einer Nominalbetrachtung ergeben. Nominal beträgt der Wert der Zahlungsreihe 50 GE (Spalte 2). Sowohl der End- als auch der Barwert liegen unterhalb dieses Nominalwertes.

Tab. 4.5: Nominal-, Bar- und Endwert einer Zahlungsreihe*

	Endwertbestimmung			Barwertbestimmung		
t	Nominal-werte	Aufzinsungs faktoren $(1+i)^{T-t}$ bei i = 5%	End-werte	Nomi-nal-werte	Abzinsungs faktoren $1/(1+i)^t$ bei i – 5%	Bar-werte
0	-100,00	$\times 1{,}05^5 =$	-127,63	-100,00		-100,00
1	30,00	$\times 1{,}05^4 =$	36,47	30,00	$\times (1/1{,}05) =$	28,57
2	30,00	$\times 1{,}05^3 =$	34,73	30,00	$\times (1/1{,}05^2) =$	27,21
3	30,00	$\times 1{,}05^2 =$	33,08	30,00	$\times (1/1{,}05^3) =$	25,92
4	30,00	$\times 1{,}05^1 =$	31,50	30,00	$\times (1/1{,}05^4) =$	24,68
5	30,00		30,00	30,00	$\times (1/1{,}05^5) =$	23,51
Summe	50,00	Endwert der Zahlungsreihe	**38,14**	50,00	Barwert der Zahlungsreihe	**29,88**

* Die Werte sind – wie auch zum Teil in den nachfolgenden Tabellen – gerundet, so dass sich Rundungsfehler ergeben können.

Zur Ermittlung des **Endwertes** ist aufzuzinsen. Eine sofortige Auszahlung in Höhe von 100 GE ergibt nach Ablauf von fünf Jahren bei einem Zinssatz in Höhe von i = 0,05 den Endwert $-100 \cdot (1 + 0{,}05)^5 = -127{,}63$ (zur Erinnerung: Auszahlungen bzw. Zahlungsabflüsse weisen im Gegensatz zu Einzahlungen bzw. Zahlungszuflüssen ein negatives Vorzeichen auf). In Worten: Wenn ich mir heute 100 GE leihe und ausgebe, muss ich dafür zum hier exemplarisch gewählten 5%igen Kalkulationszins in fünf Jahren 127,63 GE zurückzahlen. Falls ich die 100 GE meinem eigenen Vermögen entnehme, stehen mir aufgrund der dadurch entgangenen Zinsen in fünf Jahren 127,63 GE weniger zur Verfügung. Heute 100 GE auszugeben verursacht also – beim genannten Kalkulationszinssatz – in jedem Fall eine Ausgabe bzw. einen Einzahlungsverzicht in Höhe von 127,63 GE in fünf Jahren.

Abb. 4.3a: Aufzinsung und Endwertermittlung

| -100,00 | -75,00 | -48,75 | -21,19 | 7,75 | 38,14 |

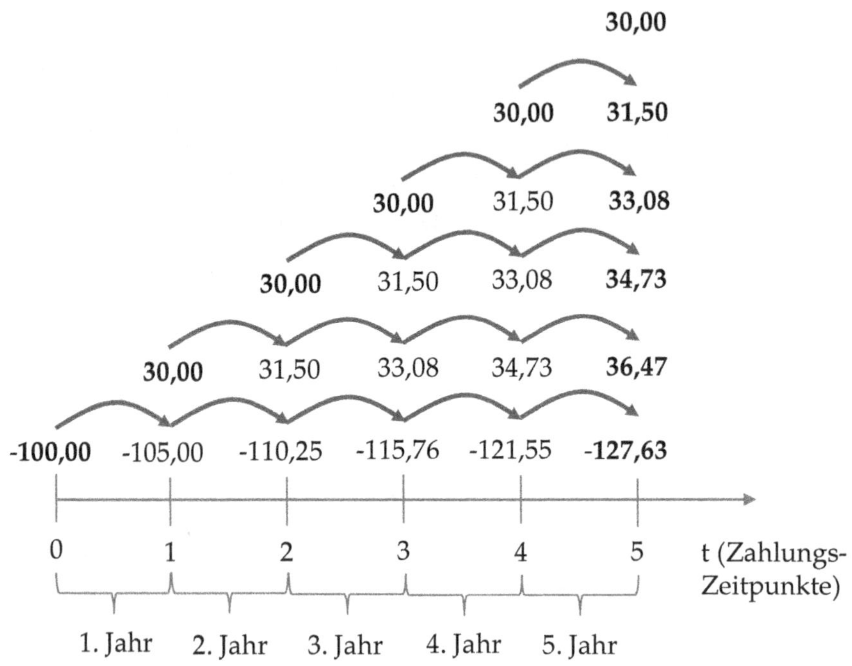

30,00

30,00   31,50

30,00   31,50   33,08

30,00   31,50   33,08   34,73

30,00   31,50   33,08   34,73   36,47

| -100,00 | -105,00 | -110,25 | -115,76 | -121,55 | -127,63 |

| 0 | 1 | 2 | 3 | 4 | 5 | t (Zahlungs-Zeitpunkte) |

1. Jahr   2. Jahr   3. Jahr   4. Jahr   5. Jahr

Für die übrigen Zahlungen nehmen wir an, dass sie zu den Zeitpunkten 1, 2, 3, 4 und 5, d. h. am Ende des ersten, zweiten, dritten, vierten und fünften Jahres, („nachschüssig") gezahlt werden. Bei sofortiger Anlage einer Einzahlung von 30 GE am Ende des ersten Jahres (zum Zeitpunkt t_1) stehen mir am Ende des fünften Jahres (zum Zeitpunkt t_5) $30 \cdot (1{,}05)^4 = 36{,}47$ GE zur Verfügung. Die Rückzahlung am Ende des zweiten Jahres kann bei sofortiger Anlage innerhalb des betrachteten Zeitraums noch drei Mal verzinst werden, so dass am Ende aus dieser Zahlung $30 \cdot (1{,}05)^3 = 34{,}73$ GE werden usw. In Abb. 4.3a ist veranschaulicht, wie sich aus den Anfangsbeträgen zu den Zeitpunkten t die Endbeträge zum Zeitpunkt 5 entwickeln.

Abb. 4.3b: Abzinsung und Barwertermittlung

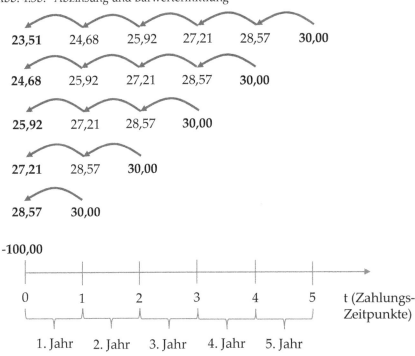

Aus der gesamten Zahlungsreihe stehen dem Investor nach fünf Jahren insgesamt 38,14 GE zur Verfügung (nach vier Jahren wären es 7,75 GE, nach 3 Jahren -21,19 GE usw. – wie durch Summieren der zum Zeitpunkt t angehäuften Beträge in der obersten Zeile von Abb. 4.3a erkennbar ist). Der Endwert einer (Investitions-)Zahlungsreihe ist folgendermaßen interpretierbar: Er gibt an, über welches Geldvermögen ein Investor am Ende des Planungshorizontes (hier nach fünf Jahren) verfügt, nachdem er das eingesetzte Kapital samt Verzinsung zurückgezahlt hat. Dies entspricht der Geldvermögensänderung infolge der Investition.

Zur **Barwert**bestimmung der Zahlungsreihe aus Tab. 4.5 wird abgezinst. Die sofortigen Ausgaben, –100 GE, brauchen allerdings nicht abgezinst zu werden. 30 GE, die (erst) in einem Jahr entgegengenommen werden können, sind heute weniger wert als 30 GE. Dies ergibt sich allein schon aus der Überlegung, dass wir – positive Habenzinsen vorausgesetzt – heute weniger als 30 GE einsetzen müssen, um in einem Jahr über 30 GE zu verfügen. Wir könnten nämlich einen Betrag (x) kleiner als 30 GE heute verzinslich anlegen, der in einem Jahr exakt 30 GE entspräche. Wie groß oder klein x ist, hängt vom Zinssatz (i) ab. Es gilt:

$x \cdot (1 + i) = 30$. Daraus folgt $x = 30 / (1 + i)$. Setzen wir $i = 5\% = 0,05$, folgt $x = 30 \cdot (1 / 1,05) = 28,57$. Analog ist für 30 GE in zwei Jahren zu rechnen. $30 / (1 + i)^2 = 27,21$ usw. Der Abzinsungsmechanismus wird mittels Abb. 4.3b visualisiert. Der Barwert der Zahlungsreihe beträgt 29,88 GE (Summe der diskontierten Zahlungen in $t = 0$). Sofern der Barwert größer als null ist, ist die Verzinsung größer als der Kalkulationszins. Sofern der Kalkulationszins die Opportunitätskosten widerspiegelt, sollte die zugrundliegende Investition durchgeführt werden.

Zahlungsreihen können sehr lang sein, so dass auch die Darstellung des End- oder Barwertes jeder einzelnen Zahlung sehr umfangreich werden kann. Um die Darstellung zu verkürzen, wird der **Summenoperator** Σ („Sigma"), verwendet. Betrachten wir dazu Tab. 4.6. Nehmen wir an, über einen Zeitraum von 10 Jahren wird jährlich 1 Euro gezahlt. Genaugenommen müssen wir uns darüber Gedanken machen, wann dieser Euro im laufenden Jahr gezahlt wird. In der Finanzmathematik wird in diesem Zusammenhang zwischen zwei Zahlungsweisen unterschieden: Zum einen der Zahlungsweise am Anfang der Periode („**vorschüssig**") und zum anderen der Zahlungsweise am Ende der Periode („**nachschüssig**"). Wenn wir von vorschüssigen Zahlungen ausgehen, die Zahlungszeitpunkte also t_0, t_1, t_2, ... , t_9 sind, und jeder gezahlte Euro sofort nach Zahlungseingang mit 5% p.a. verzinst wird, beträgt der Endwert dieser Zahlungsreihe nach zehn Jahren 13,21 € (Summe Spalte 3). Umgekehrt beträgt der Wert dieser Zahlungsreihe zum Zeitpunkt 0 (Barwert oder Kapitalwert) 8,11 € (Summe Spalte 5). Wird der Euro dagegen jährlich am Jahresende („nachschüssig") gezahlt, liegen die Zahlungszeitpunkte bei t_1, t_2, t_3, ... , t_{10}. Der Endwert der Zahlungsreihe beträgt dann 12,58 € (Summe Spalte 7) und der Barwert 7,72 € (Summe Spalte 9). Der Unterschied zwischen vorschüssiger und nachschüssiger Zahlungsweise ergibt sich aus dem Umstand, dass bei nachschüssiger Zahlung jeder Euro einmal bzw. ein Jahr weniger verzinst wird als bei vorschüssiger Zahlungsweise – eben weil er jeweils ein Jahr später anfällt.[140]

Zur Berechnung ihres End- oder Barwertes muss jede einzelne Zahlung mit dem entsprechenden Auf- oder Abzinsungsfaktor multipliziert werden. An-

---

[140] Nicht nur bei einzelwirtschaftlichen Verfahren, sondern auch bei der Kosten-Nutzen-Analyse wird die Technik der Diskontierung verwendet. Anders als Zahlungen fließen Nutzen und Kosten zumeist regelmäßig, so dass dort die Annahme fester Kosten- und Nutzenflusszeitpunkte nur eine Approximation an die Realität darstellt.

schließend müssen die einzelnen End- oder Barwerte addiert werden (s. Summenzeile). Ungekürzte Formeln zum Ausdruck dieser Vorgehensweise wären also regelmäßig sehr lang. Für die Spalte (2) müsste man schreiben: $1 \cdot 1{,}05^{10} + 1 \cdot 1{,}05^9 + 1 \cdot 1{,}05^8 + \ldots + 1 \cdot 1{,}05^1$. Der entsprechende Ausdruck für die Spalte (4) wäre $1 \cdot 1{,}05^0 + 1 \cdot 1{,}05^{-1} + 1 \cdot 1{,}05^{-2} + \ldots + 1 \cdot 1{,}05^{-9}$. Usw.

Tab. 4.6: Zahlungsreihen und Summenformeln

1	2	3	4	5	6	7	8	9
	vorschüssige Zahlungen				nachschüssige Zahlungen			
	vgl. Formel (4.7a)		vgl. Formel (4.7b)		vgl. Formel (4.8a)		vgl. Formel (4.8b)	
	Aufzinsungsfaktor		Abzinsungsfaktor		Aufzinsungsfaktor		Abzinsungsfaktor	
t	$i = 0{,}05$		$i = 0{,}05$		$i = 0{,}05$		$i = 0{,}05$	
0	$1{,}05^{10} =$	1,6289	$1{,}05^{-0} =$	1,0000				
1	$1{,}05^9 =$	1,5513	$1{,}05^{-1} =$	0,9524	$1{,}05^9 =$	1,5513	$1{,}05^{-1} =$	0,9524
2	$1{,}05^8 =$	1,4775	$1{,}05^{-2} =$	0,9070	$1{,}05^8 =$	1,4775	$1{,}05^{-2} =$	0,9070
3	$1{,}05^7 =$	1,4071	$1{,}05^{-3} =$	0,8638	$1{,}05^7 =$	1,4071	$1{,}05^{-3} =$	0,8638
4	$1{,}05^6 =$	1,3401	$1{,}05^{-4} =$	0,8227	$1{,}05^6 =$	1,3401	$1{,}05^{-4} =$	0,8227
5	$1{,}05^5 =$	1,2763	$1{,}05^{-5} =$	0,7835	$1{,}05^5 =$	1,2763	$1{,}05^{-5} =$	0,7835
6	$1{,}05^4 =$	1,2155	$1{,}05^{-6} =$	0,7462	$1{,}05^4 =$	1,2155	$1{,}05^{-6} =$	0,7462
7	$1{,}05^3 =$	1,1576	$1{,}05^{-7} =$	0,7107	$1{,}05^3 =$	1,1576	$1{,}05^{-7} =$	0,7107
8	$1{,}05^2 =$	1,1025	$1{,}05^{-8} =$	0,6768	$1{,}05^2 =$	1,1025	$1{,}05^{-8} =$	0,6768
9	$1{,}05^1 =$	1,0500	$1{,}05^{-9} =$	0,6446	$1{,}05^1 =$	1,0500	$1{,}05^{-9} =$	0,6446
10					$1{,}05^0 =$	1,0000	$1{,}05^{-10} =$	0,6139
Σ		13,2068		8,1078		12,5779		7,7217

Durch den Summenoperator, symbolisiert durch das Zeichen Σ, lässt sich die Darstellung der Berechnung von End- und Barwerten deutlich verkürzen. Sofern unterstellt wird, dass a) die Zahlungen zu diskreten, äquidistanten Zeitpunkten $t = 0, \ldots, T$ erfolgen, b) Soll- und Habenzinssatz identisch sind (also ein **„vollkommener Kapitalmarkt"** vorliegt – dies bedeutet identische Zinssätze für Ein- und Auszahlungen) und c) der Zinssatz über die Projektdauer unverändert bleibt (man spricht dann von einer **„flachen Zinskurve"**), lassen sich End- und Barwerte von Zahlungsreihen bei **vorschüssigen Zahlungen** mit Hilfe folgender Summenformeln darstellen:

$$\text{Endwert}_v = \sum_{t=0}^{T-1} z_t \cdot (1+i)^{T-t} \qquad\qquad (4.7a)$$

und

$$\text{Barwert}_v = \sum_{t=0}^{T-1} \frac{z_t}{(1+i)^t} = \sum_{t=0}^{T-1} (z_t) \cdot (1+i)^{-t} . \qquad (4.7b)$$

T bezeichnet die Länge des Planungszeitraums, t ist der Perioden- bzw. Jahresindex und z_t stellt die Nettozahlung (positiv oder negativ) in Periode t dar.

Spalte 2 in Tab. 4.6 schreibt sich gemäß Gleichung (4.7a) wegen $z_t = 1$ für alle t und T = 10 als $\sum_{t=0}^{9} 1{,}05^{10-t}$. Der Barwert nach Gleichung (4.7b) schreibt sich als $\sum_{t=0}^{9} 1{,}05^{-t}$. Die Summation wird vom Startwert, hier t = 0, bis zum Höchstwert, hier T - 1, durchgeführt.

Bei **nachschüssigen Zahlungen** sind folgende Notationen anzusetzen:

$$\text{Endwert}_n = \sum_{t=1}^{T} z_t \cdot (1+i)^{T-t} \qquad\qquad (4.8a)$$

oder

$$\text{Barwert}_n = \sum_{t=1}^{T} \frac{z_t}{(1+i)^t} = \sum_{t=1}^{T} z_t \cdot (1+i)^{-t} . \qquad (4.8b)$$

Gleichung (4.8a) bedeutet für Spalte 6 in Tab. 4.6 $\sum_{t=1}^{10} 1{,}05^{10-t}$. Spalte 8 wird gem. Gleichung (4.8b) durch $\sum_{t=1}^{10} 1{,}05^{-t}$ abgekürzt. Bei nachschüssigen Zahlungen beginnt die Summation bei 1 und läuft bis zum Höchstwert T. Bei Endwerten läuft der Index im Exponenten (T – t) „abwärts", während er bei Barwerten „aufwärts" mittels t gezählt wird.

Der Übergang der Summe der Auf- bzw. Abzinsungsfaktoren von vor- zu nachschüssigen Zahlungen und umgekehrt ist leicht zu erkennen. Wenn Sie die Spalten 2 und 6 in Tab. 4.6 miteinander vergleichen, werden Sie feststellen, dass die Division von Spalte 2 durch 1,05 bzw. gleichbedeutend die Multiplikation mit $1{,}05^{-1}$ genau die Werte von Spalte 6 ergibt und umgekehrt die Multiplikation von Spalte 6 mit 1,05 exakt die Werte der in Spalte 2 dargestellten Zahlungsreihe liefert. Mit anderen Worten: Die Abzinsung von Spalte 2 mit (1 + i) ergibt Spalte 6 und umgekehrt ergibt die Aufzinsung von Spalte 6 mit (1 + i) die Zahlungsreihe in Spalte 2. Analog führt die Abzinsung von Spalte 4 mit (1 + i) zu Spalte 8 und die entsprechende Aufzinsung von Spalte 8 zu Spalte 4. Dies lässt sich mit den Zahlen aus Tab. 4.6 nachprüfen: $13{,}21 \cdot 1{,}05^{-1} = 12{,}58$ und $12{,}58 \cdot 1{,}05^{1} = 13{,}21$ bzw. $8{,}11 \cdot 1{,}05^{-1} = 7{,}72$ und $7{,}72 \cdot 1{,}05^{1} = 8{,}11$.

Formal lässt sich die Überführung vorschüssiger Zahlungsreihen in nachschüssige Zahlungsreihen folgenderweise beschreiben:

$$(1+i)^{-1} \cdot \sum_{t=0}^{T-1} z_t \cdot (1+i)^{T-t} = \sum_{t=0}^{T-1} z_t \cdot (1+i)^{T-t-1} = \sum_{t=1}^{T} z_t \cdot (1+i)^{T-t} \qquad (4.9a)$$

bzw.

$$(1+i)^{-1} \cdot \sum_{t=0}^{T-1} z_t \cdot (1+i)^{-t} = \sum_{t=0}^{T-1} z_t \cdot (1+i)^{-t-1} = \sum_{t=1}^{T} z_t \cdot (1+i)^{-t} . \qquad (4.9b)$$

In den Gleichungen (4.9a) und (4.9b) werden jeweils durch Multiplikation mit $(1+i)^{-1}$ Gleichung (4.7a) in Gleichung (4.8a) und Gleichung (4.7b) in Gleichung (4.8b) überführt. Diese Multiplikation bewirkt, dass die vorschüssige Zahlungsreihe bei der Endwertberechnung einmal weniger aufgezinst bzw. bei der Barwertberechnung einmal mehr abgezinst wird und damit exakt der gleichen nachschüssig verzinsten Zahlungsreihe entspricht. Durch Multiplikation mit $(1+i)^1$ lassen sich (wie jeder Leser selbst nachvollziehen kann) die Gleichungen (4.8a) und (4.8b) in die Gleichungen (4.7a) und (4.7b) zurückführen.

Auch Barwert und Endwert einer Zahlungsreihe lassen sich ineinander überführen. Der Barwert des Endwertes ergibt den Endwert des Barwertes. Wenn Sie die Zahlungsreihe in den Spalte 2 und 3 von Tab. 4.6 mit $1{,}05^{10}$ abzinsen bzw. gleichbedeutend mit $1{,}05^{-10}$ multiplizieren, erhalten Sie die Zahlungsreihe in den Spalten 4 bzw. 5. Zinsen Sie dagegen die Zahlungsreihe in Spalte 4 bzw. 5 mit $1{,}05^{10}$ auf, erhalten Sie die Zahlungsreihe in Spalte 2 bzw. 3. In Zahlen: $13{,}21 \cdot 1{,}05^{-10} = 8{,}11$ und $8{,}11 \cdot 1{,}05^{10} = 13{,}21$. Gleiches gilt – wie Sie leicht nachrechnen können – für die Spalten 6/7 und 8/9.

Dieser Zusammenhang ist formal leicht zu zeigen. Wir diskontieren Gleichung 4.7a mit $(1+i)^{-T}$ und erhalten

$$(1+i)^{-T} \cdot \sum_{t=0}^{T-1} z_t \cdot (1+i)^{T-t} = \sum_{t=0}^{T-1} (z_t) \cdot (1+i)^{-t} . \qquad (4.10a)$$

Das heißt, der mit $(1+i)^{-T}$ diskontierte Endwert der vorschüssigen Zahlungsreihe ist mit deren Barwert identisch.

Analog dazu zinsen wir Gleichung (4.7b) mit $(1+i)^T$ auf. Daraus ergibt sich:

$$(1+i)^{T} \cdot \sum_{t=0}^{T-1} z_t \cdot (1+i)^{-t} = \sum_{t=0}^{T-1} z_t \cdot (1+i)^{T-t} . \qquad (4.10b)$$

Der mit $(1+i)^T$ aufgezinste Barwert entspricht dem Endwert.

Exkurs: Zum Unterschied zwischen nominalen und realen Größen

Das Thema Diskontierung hilft uns, den Unterschied zwischen nominalen und realen Größen zu verstehen. Nominale Werte sind nicht um Inflation bereinigt. Reale ökonomische Größen sind inflationsbereinigt. Vielen Menschen fällt es schwer, zwischen Nominal- und Realgrößen zu unterscheiden.

Ein Beispiel dafür, wie unter der Nutzung der Inflation reale Einkommenskürzungen erreicht werden können, liefert der – vom Verwaltungsgericht Koblenz dem Bundesverfassungsgericht vorgelegte – rheinland-pfälzische Weg zur (realen) Kürzung der Beamtenbesoldung. Der Landtag von Rheinland-Pfalz beschloss für die Jahre 2012 bis 2016 eine jährliche Erhöhung der Beamtenbesoldung um 1%. In der folgenden Tabelle ist die Wirkung für Inflationsraten in Höhe von 2%, 2,25% und 2,5% durchgerechnet.

t	Jahr	Besoldungs-anpassung (1%)	Infla-tion 1 (2%)	Infla-tion 2 (2,25%)	Infla-tion 3 (2,5%)	Real-einkom-men 1	Real-einkom-men 2	Real-einkom-men 3
1	2012	101,00	102,00	102,25	102,50	99,02	98,78	98,54
2	2013	102,01	104,04	104,55	105,06	98,05	97,57	97,09
3	2014	103,03	106,12	106,90	107,69	97,09	96,38	95,67
4	2015	104,06	108,24	109,31	110,38	96,14	95,20	94,27
5	2016	105,10	110,41	111,77	113,14	95,19	94,04	92,89

Bei einer Inflationsrate von 2% sinkt das Beamteneinkommen unter Berücksichtigung der Preissteigerungsrate bis 2016 auf 95,19% des Einkommens von 2012. Beträgt die Inflationsrate 2,25%, kommt es zu einer Einkommenssenkung auf 94,04% und bei 2,5% Inflation auf 92,89% des Ausgangseinkommens. Dies entspricht der Division von Spalte 3 bei t = 5 durch die Spalten 4, 5 und 6.

Zur exakten Ermittlung des Realeinkommens in Periode t (E_t) ist folgende Formel zu verwenden: $E_t = 100 \cdot (1 + r)^t/(1 + i)^t$. r bezeichnet die prozentuale Einkommenserhöhung, i die Inflationsrate und t den Zeitindex. Als Näherungslösung kann man von der Einkommenssteigerung die Inflationsrate abziehen:

$$E_t = 100 \cdot (1 + r - i)^t.$$

Die beschriebene Art der Einkommenskürzung ist polit-ökonomisch äußerst reizvoll, weil reale Kürzungen von den Menschen weniger bemerkt werden als nominale Kürzungen. Analog verhält es sich z. B. mit der „Kalten Progression" bei der Einkommensbesteuerung. Durch die Besteuerung des Nominal- und nicht des Realeinkommens steigt die reale Steuerlast (fast) unbemerkt.

Die gleichen Transformationen lassen sich mit nachschüssigen Zahlungsreihen durchführen. Der interessierte Leser mag dies für sich nachvollziehen.

Die Umformungen in den Gleichungen (4.10a) und (4.10b) dürften nun (endgültig) verdeutlicht haben, dass End- und Barwert sozusagen zwei Seiten der gleichen Medaille sind. Bei der Bestimmung des Endwertes wird eine Zahlungsreihe vom Ende her betrachtet, während sie beim Barwert vom Anfang her gesehen wird.

b) Berücksichtigung unterschiedlicher Kapitaleinsätze und Laufzeiten beim Alternativenvergleich

Bei den statischen Verfahren der Investitionsrechnung wurde bereits deutlich gemacht, dass konkurrierende Investitionsprojekte aufgrund unterschiedlicher Laufzeit und unterschiedlichem Kapitaleinsatz häufig nicht wirklich miteinander vergleichbar sind. Im Rahmen der dynamischen Investitionsrechnung versucht man, eine Vergleichbarkeit über **vollständige Finanzpläne** bzw. **Ergänzungsinvestitionen** sowie **Ergänzungsfinanzierungen** herzustellen. Diese Komplementär- oder Zusatzinvestitionen werden den Zahlungsreihen der zu bewertenden Investitionsprojekte so hinzugefügt, dass auch bei unterschiedlichem Kapitaleinsatz und/oder unterschiedlicher Laufzeit von realen Investitionen eine Vergleichbarkeit gegeben ist.

Ergänzungsinvestitionen können **realer** (z. B. in Form einer Produktionsanlage, eines Gebäudes oder einer Infrastrukturinvestition) oder rein **finanzieller** (in Form einer Kapitalmarktanlage) Natur sein. Da die Ermittlung realer Ergänzungsinvestitionen zumeist mit Schwierigkeiten verbunden ist, werden häufig nur finanzielle Ergänzungsinvestitionen unter zudem vereinfachenden Annahmen einbezogen. So wird unterstellt, dass die Laufzeit jeder Ergänzungsinvestition und -finanzierung genau eine Periode bzw. ein Jahr beträgt. Darüber hinaus wird angenommen, Ergänzungsfinanzierungen und -investitionen seien beliebig teilbar, Investitionen seien stets unbeschränkt, Finanzierungen entweder unbeschränkt oder beschränkt möglich und der Habenzins (Sollzins) von Investitionen (Finanzierungen) sei unabhängig vom Investitionsvolumen (Finanzierungsvolumen).[141]

Zur Verdeutlichung wollen wir im Folgenden zwei Investitionen A und B gegenüberstellen. Einmal soll dies mit Hilfe einer realen Zusatzinvestition ge-

---

[141] Vgl. z. B. Kruschwitz (2011), S. 40 ff.

schehen. Zweitens werden wir ausschließlich mit fiktiven Ergänzungsmaßnahmen arbeiten. Der erste Fall wird auch als **„vollständiger Vorteilhaftigkeitsvergleich"** bezeichnet, während für den zweiten Fall der Begriff **„vereinfachter bzw. begrenzter Vorteilhaftigkeitsvergleich"** Verwendung findet.[142]
Wir greifen dabei teilweise auf die Zahlen aus Tab. 4.3 zurück. Ferner unterstellen wir hier, dass erstens Soll- und Habenzinssätze voneinander abweichen
(man spricht in diesem Fall von „unvollständigen Finanzmärkten") und zweitens die Zinssätze im Zeitablauf schwanken (dieser Fall wird mit dem Ausdruck „nicht-flache Zinskurve" umschrieben). In Tab. 4.7a seien die dem Planer bekannten Daten über Zahlungen und Zinssätze zusammengefasst.

Tab. 4.7a: Zahlungen und Zinssätze zweier Projekte

Zeitpunkt	0	1	2	3	4	5
Soll-Zinssatz		0,10	0,11	0,08	0,10	
Habenzinssatz					0,06	0,05
Nettozahlung Projekt A	-1.000.000	400.000	450.000	350.000	500.000	300.000
Nettozahlung Zusatzinvestition zu Projekt A	-200.000	80.000	100.000	100.000		
Nettozahlung Projekt B	-1.200.000	0	630.000	1.260.000	0	0

Projekt A weist einen um 200.000 GE geringeren Kapitalbedarf auf als Projekt
B. Also stellt sich die Frage, ob es zur Herstellung eines mit Projekt B überein-
stimmenden Kapitalbedarfs die Möglichkeit gibt, dieses Geld in eine reale Investition zu stecken oder nicht. Eine entsprechende Finanzanlage kommt bei
gespaltenen Zinsen – wie hier angenommen – nicht in Betracht, denn die zu
kalkulierenden (Soll-)Zinsen wären höher als die zu kalkulierenden (Haben-)
Zinserträge. Die folgenden Rechnungen basieren alternativ a) auf der Annahme, es existiert eine reale Zusatzinvestition mit der in Tab. 4.7a ausgewiesenen
Zahlungsreihe über drei Jahre und b) auf der Unterstellung, eine Realinvestiti-
on sei nicht möglich oder werde ignoriert.

Mit den Zahlen aus Tab. 4.7a können wir einen **vollständigen Finanzplan** für
das Projekt A einmal inklusive einer realen Zusatzinvestition und einmal mit

---

[142] Vgl. Perridon/Steiner/Rathgeber (2012), S. 59.

ausschließlich fiktiven finanziellen Ergänzungsmaßnahmen sowie für das Projekt B aufstellen (vgl. Tab. 4.7b).[143]

Tab. 4.7b: Vollständiger und begrenzter Vorteilhaftigkeitsvergleich

Zeitpunkt	0	1	2	3	4	5
Projekt A mit realer Ergänzungsinvestitionen (vollständiger Vorteilhaftigkeitsvergleich)						
Zahlungen Projekt A	-1.000.000	400.000	450.000	350.000	500.000	300.000
Ergänzungsinvestition (real)	-200.000	80.000	100.000	100.000		
Finanzierung (10%)	1.200.000	-1.320.000				
(Ergänzungs-)Finanzierung (11%)		840.000	-932.400			
(Ergänzungs-)Finanzierung (8%)			382.400	-412.992		
Ergänzungsinvestition (6%)				-37.008	39.228	
Ergänzungsinvestition (5%)					-539.228	566.190
Endvermögen						**866.190**
Projekt A ohne reale Ergänzungsinvestitionen (begrenzter Vorteilhaftigkeitsvergleich)						
Zahlungen Projekt A	-1.000.000	400.000	450.000	350.000	500.000	300.000
Finanzierung (10%)	1.000.000	-1.100.000				
(Ergänzungs-)Finanzierung (11%)		700.000	-777.000			
(Ergänzungs-)Finanzierung (8%)			327.000	-353.160		
(Ergänzungs-)Finanzierung (10%)				3.160	-3.476	
Ergänzungsinvestition (5%)					-496.524	521.350
Endvermögen						**821.350**
Projekt B (Annahme: keine reale Zusatzinvestition möglich)						
Zahlungen Projekt B	-1.200.000	0	630.000	1.260.000	0	0
Finanzierung (10%)	1.200.000	-1.320.000				
(Ergänzungs-)Finanzierung (11%)		1.320.000	-1.465.200			
(Ergänzungs-)Finanzierung (8%)			835.200	-902.016		
Ergänzungsinvestition (6%)				-357.984	379.463	
Ergänzungsinvestition (5%)					-379.463	398.436
Endvermögen						**398.436**

Entsprechend der üblichen Annahmen wird unterstellt, jede fiktive Ergänzungsfinanzierung und Ergänzungsinvestition habe eine Laufzeit von exakt einem Jahr. So müsste der für die Anfangsinvestitionen aufzunehmende Kre-

---

[143] Die Finanzpläne könnten noch um (investitionsunabhängige) Basiszahlungen und Entnahmen ergänzt werden (vgl. dazu Kruschwitz 2011, S. 48 ff.). Für den hier verfolgten didaktischen Zweck ist dies nicht notwendig.

dit (Ergänzungsinvestition) nach einem Jahr mit dem Sollzinssatz verzinst zurückgezahlt werden. Der Saldo aus den Rückzahlungen aus ergänzenden Maßnahmen und Investitionseinzahlungen nach einem Jahr legt fest, ob dann eine fiktive Ergänzungsfinanzierung (bei negativem Saldo) oder eine Ergänzungsinvestition (bei positivem Saldo) erfolgt. Im zweiten Jahr sind Ergänzungsfinanzierungen wiederum verzinst zurückzuzahlen, während Ergänzungsinvestitionen mit dem Habenzinssatz verzinst zurückfließen. Der Saldo der Zahlungen nach dem zweiten Jahr entscheidet darüber, ob zu diesem Zeitpunkt eine Ergänzungsfinanzierung oder eine Ergänzungsinvestition erfolgt usw.

Der (Gesamt-)Zahlungssaldo inkl. Ergänzungsfinanzierung bzw. Ergänzungsinvestition beträgt am Ende eines jeden Jahres null, d. h. Zahlungsdefizite werden zum Sollzinssatz vollständig kreditfinanziert, während Zahlungsüberschüsse vollständig investiert werden und eine Rendite abwerfen, die dem in dem entsprechenden Jahr geltenden Habenzins entsprechen.

Im konkreten Zahlenbeispiel bedingt Projekt A zum Zeitpunkt 0 eine Investition in Höhe von 1.000.000 GE (da Real- und Finanzinvestitionen einen Geldabfluss bzw. eine Auszahlung implizieren, weisen sie negative Vorzeichen auf). Projekt B erfordert eine Investition in Höhe von 1.200.000 GE. Die Finanzierung erfolgt hier durch Kreditaufnahme (= ergänzende Finanzierung). Sofern Maßnahme A durch die Zusatzinvestition ergänzt wird, müssen bei Projekt A und Projekt B nach einem Jahr jeweils 1.200.000 · 1,1 = 1.320.000 GE zurückgezahlt werden. Ohne Zusatzinvestition belaufen sich im Rahmen von Projekt A Zinsen und Tilgung und damit die Auszahlungen infolge des Anfangskredits auf 1.000.000 · 1,1 = 1.100.000 GE. Daneben erbringt die Investitionen A nach einem Jahr Einzahlungen von 400.000 GE. Mit Zusatzinvestition fließen sogar 480.000 GE zurück. Auf diesen Fall wollen wir uns nun konzentrieren.

Nach einem Jahr besteht ein (Netto-)Finanzierungsbedarf bzw. die Notwendigkeit einer Kreditaufnahme in Höhe von 840.000 GE. Die Kreditrückzahlung inkl. Zinsen bewirkt nach zwei Jahren eine Auszahlung von (840.000 · 1,11 =) 932.400 GE. Verrechnet mit den Investitionseinzahlungen in Höhe von insgesamt 550.000 GE bleibt nach dem zweiten Jahr ein Nettozahlungsmittelbedarf von 382.400 GE, der nach dem dritten Jahr wiederum verzinst zurückzuzahlen ist. Nach dem dritten Jahr entsteht erstmalig ein Zahlungsmittelüberschuss von 37.008 GE. Nach dem vierten Jahr fließen aus Projekt A und der finanziellen Ergänzungsinvestition (Anlage des Zahlungsmittelüberschusses nach Periode 3) 539.228 GE zurück, die nun zum Habenzinssatz investiert werden (deshalb Auszahlung nach Periode 4). Am Ende des fünften Jahres kommen wiederum die Rückflüsse aus der Anfangsinvestition und der finanziellen Ergänzungsinvestition zusammen und ergeben einen Zahlungsmittelbestand (Endwert) von 866.190 GE. Entsprechende Berechnungen (die vom Leser analog nachvollzogen werden können) für Alternative A mit ausschließlich finanziellen Ergänzungsinvestitionen und Alternative B ergeben Endwerte von 821.350 und 398.436 GE.

Danach ist Projektalternative A unabhängig davon, ob mit einer realen Zusatzinvestition oder ohne diese gerechnet wird, eindeutig gegenüber B vorzuziehen. Die Einbeziehung der realen Zusatzinvestition, sofern sie möglich ist, verbessert den Alternativenvergleich. Grundsätzlich gilt, dass ein vollständiger Vorteilhaftigkeitsvergleich anzustreben ist, weil der vereinfachte bzw. begrenzte Vorteilhaftigkeitsvergleich ungenauer ist und bei hinreichenden Differenzen zwischen der Rendite realer Zusatzinvestitionen und dem Kalkulationszinsfuß sogar zu Fehlentscheidungen führen kann.[144]

Würden wir einen vollkommenen Kapitalmarkt, d. h. identische Soll- und Habenzinsen unterstellen, würden sich die mit finanziellen Ergänzungsinvestitionen verbundenen Aus- und Einzahlungen exakt ausgleichen. Unter diesen speziellen Umständen haben finanzielle Ergänzungsinvestitionen weder Einfluss auf den Barwert noch auf das Endvermögen und können infolgedessen ignoriert werden. Mit anderen Worten: Unter der Voraussetzung des vollkommenen Kapitalmarktes brauchen wir lediglich die Zahlungen aus Realinvestitionen betrachten.[145]

4.2.2.2   Verfahren der dynamischen Investitionsrechnung

Die vorangehenden Ausführungen zur Verzinsung und zu vollständigen Finanzplänen respektive Ergänzungsfinanzierungen und -investitionen helfen uns bei der Typisierung/Differenzierung der dynamischen Investitionsrechenverfahren. Die dynamischen Verfahren der Investitionsrechnung lassen sich in **Vermögenswertmethoden** und **Zinssatzmethoden** differenzieren (vgl. Abb. 4.1). Erstere ermitteln den Vermögenszuwachs bei gegebenem Zinssatz während der Planungsperiode. Letztere ermitteln den Zinssatz bei gegebenem Vermögen. Vermögenswert- und Zinssatzmethoden richten sich entweder auf

---

[144] Ein Beispiel dafür liefern Perridon/Steiner/Rathgeber (2012), S. 59 ff.

[145] Auch eventuelle Basiszahlungen wären dann irrelevant (vgl. Kruschwitz, 2011, S. 53 ff.).

den Wert des Vermögens am Anfang der Planungsperiode (Kapital-, Bar- oder Gegenwartswert) oder auf den Vermögenswert am Ende des Planungszeitraumes (Endwert).

Die genannten Methoden liefern verschiedene Informationen. Deshalb muss sich ein Investor zunächst fragen, welche Informationen er benötigt. Dies wiederum dürfte von seiner Zielsetzung abhängen. Möchte ein Investor am Ende der Laufzeit/Nutzungsdauer einer Investition bei einer von ihm bestimmten regelmäßigen Entnahme, die größer oder gleich null sein kann, über ein möglichst großes Vermögen verfügen („Vermögensstreben"), kann er die beste Alternative mittels bestimmter Rechenregeln ermitteln.[146] Unter bestimmten Voraussetzungen oder Annahmen münden diese allgemeinen Regeln in die **Kapitalwertmethode** oder die **Endwertmethode**. Zielt das Interesse des Investors darauf, am Ende des Planungszeitraumes ein bestimmtes Vermögen größer oder gleich null zu besitzen, dabei aber möglichst große jährliche Entnahmen tätigen zu können („Einkommensstreben"), kann er die beste Lösung wiederum mittels allgemeiner Rechenregeln ermitteln.[147] Unter speziellen Voraussetzungen vereinfachen sich diese Regeln zur hier nicht näher behandelten **Annuitätenmethode**.[148]

Die Zinssatzmethoden dienen der Ermittlung „kritischer Zinssätze". Die **interne Zinssatzmethode** sucht nach dem Zinsfuß, bei dem der Kapitalwert einer Investition den Wert null annimmt. Dagegen dient die **Sollzinssatzmethode** zur Bestimmung des Zinssatzes, bei dem der Vermögensendwert null beträgt.

Allen Verfahren der dynamischen Investitionsrechnung ist gemein, dass sie – im Gegensatz zu den Methoden der statischen Investitionsrechnung – ausschließlich mit Ein- und Auszahlungen arbeiten. Anschaffungsauszahlungen werden anders als bei den statischen, einperiodigen Verfahren direkt erfasst und nicht indirekt durch Abschreibungen auf den Planungszeitraum verteilt.

---

[146] Diese Regeln sind bei Kruschwitz (2011, S. 48 ff.) beschrieben.

[147] Vgl. dazu Kruschwitz (2011), S. 64 ff.

[148] Hierbei wird der über die gesamte Laufzeit gleichbleibende Betrag ermittelt, welcher neben Zins und Tilgung in jeder Periode zur Verfügung steht bzw. ausgeschüttet werden kann. Eine Investition ist dann – isoliert betrachtet – vorteilhaft, wenn die Annuität größer als Null ist (vgl. dazu z. B. Perridon/Steiner/Rathgeber 2012 und S. 57 ff., Blohm/Lüder/Schäfer 2012, S. 66 ff.).

Wir wollen uns im Folgenden auf die beiden – zumindest in der Praxis – populärsten Verfahren der dynamischen Investitionsrechnung, nämlich die Kapitalwertmethode und die Methode des internen Zinssatzes beschränken, ohne dabei die Bezüge zu verwandten Verfahren zu vernachlässigen.

a) Kapitalwertmethode

Die Kapitalwertmethode zählt zu den Vermögenswertmethoden. Sie basiert auf zwei wesentlichen Annahmen: Einerseits auf der Annahme eines **vollkommenen Kapitalmarktes** (d. h. Soll- und Habenzinssatz sind – anders als in Tab. 4.7a – identisch) und andererseits auf der Unterstellung einer **flachen Zinskurve** (d. h. – ebenfalls anders als in Tab. 4.7a – eines im Zeitablauf konstanten Kalkulationszinssatzes).

Die Berechnung von Endwerten (wie in Tab. 4.7b) vereinfacht sich unter den Bedingungen des vollkommenen Kapitalmarktes zur Kapitalwertmethode.[149] Mit anderen Worten: Die Kapitalwertmethode stellt einen Spezialfall der Endwertmaximierung dar. Beide Verfahren sind unter den genannten Voraussetzungen/Annahmen äquivalent bzw. liefern die gleiche Projektreihung und sind für Investoren geeignet, die das Ziel der Vermögensendwertmaximierung verfolgen.[150]

Der Kapitalwert- oder Nettobarwert (NBW) errechnet sich folgendermaßen:

$$\boxed{NBW = \sum_{t=0}^{T}(E_t - A_t) \cdot (1+i)^{-t}}^{[151]} \tag{4.11}$$

---

[149] Bei nichtflacher Zinskurve muss der für jede Subperiode zwischen den Zahlungszeitpunkten τ-1 und τ geltende Zinssatz eingesetzt werden. Beispielsweise gilt für den Nettobarwert einer Zahlung zum Zeitpunkt $\tau = 3$ (NBW_3): $NBW_3 = (E_3 - A_3) \cdot (1 + i_{2,3})^{-1} \cdot (1 + i_{1,2})^{-1} \cdot (1 + i_{0,1})^{-1}$.

Allgemein gilt die (auf den ersten Blick vielleicht abschreckende) Formel

$$NBW = \sum_{t=0}^{T}(E_t - A_t) \cdot \prod_{\tau=0}^{t}(1 + i_{\tau-1,\tau})^{-1}$$

, mit $i_{-1,0} = 0$ (vgl. Kruschwitz 2011, S. 59). Π („Pi") steht für den „Produktoperator". Dieser kürzt multiplikative Verknüpfungen ab. Beispielsweise verkürzt er den Ausdruck $(1 + i_0) \cdot (1 + i_1) \cdot \ldots \cdot (1 + i_T)$ zu $\prod_{t=0}^{T}(1 + i_t)$.

[150] Vgl. dazu Kruschwitz (2011), S. 53 ff.

[151] In Gleichung (4.11) sind die Anfangsinvestition I_0 und der eventuelle Liquidationserlös zum Zeitpunkt T L_T in der Zahlungsreihe (implizit) enthalten. Gliedert man beide Größen explizit aus, schreibt man statt (4.11):

Das Prinzip wurde bereits im Abschnitt 4.2.2.1 vorgestellt. Der Unterschied zu Gleichung (4.7b) besteht in der Aufgliederung der (Brutto-)Zahlungen zum Zeitpunkt t z_t in ihre möglichen Nettobestandteile, nämlich den zum Zeitpunkt t anfallenden Einzahlungen E_t und Auszahlungen A_t.

Ein positiver (negativer) Nettobarwert/Kapitalwert zeigt zum einen an, dass die effektive Verzinsung des in jeder Periode gebundenen Kapitals höher (geringer) ist als der Kalkulationszins. Zum Zweiten zeigt er den konkreten Nettobarwert des durch eine Investition erzeugten Geldvermögenszuwachses an. Das Entscheidungskalkül der Kapitalwertmethode lautet: a) Tätige keine Investition mit einem negativen Kapitalwert (weil dann die kalkulatorische Verzinsung nicht erreicht wird) und b) tätige bei mehreren zur Auswahl stehenden Investitionen diejenige mit dem höchsten Kapitalwert (weil dann der größtmögliche Geldvermögenszuwachs erreicht wird).

Zur beispielhaften Anwendung der Kapitalwertmethode bzw. Berechnung des Nettobarwertes zweier Investitionen (vgl. Tab. 4.8) greifen wir wieder auf die Zahlen aus Tab. 4.3 zurück. Danach liefert Projekt A einen Nettobarwert in Höhe von 737.868 GE, während sich der Nettobarwert von Projekt B auf 459.864 GE beläuft. Danach sind beide Investitionen absolut vorteilhaft, Projekt A ist jedoch aufgrund des deutlich höheren Kapitalwertes vorzuziehen.

Tab. 4.8:   Kapitalwertberechnung zweier Projekte

Zeit-punkt t	Diskont-faktoren 1/ (1+i)^t für i = 5%	Projekt A		Projekt B		Differenzinvest. B - A	
		Netto-zahlungen (Zeitwert)	Netto-zahlungen (Barwert)	Netto-zahlungen (Zeitwert)	Netto-zahlungen (Barwert)	Netto-zahlungen (Zeitwert)	Nettozah-lungen (Barwert)
0	1,0000	-1.000.000	-1.000.000	-1.200.000	-1.200.000	-200.000	-200.000
1	0,9524	400.000	380.952	0	0	-400.000	-380.952
2	0,9070	450.000	408.163	630.000	571.429	180.000	163.265
3	0,8638	350.000	302.343	1.260.000	1.088.435	910.000	786.092
4	0,8227	500.000	411.351			-500.000	-411.351
5	0,7835	300.000	235.058			-300.000	-235.058
	Summe	1.000.000	737.868	690.000	459.864	-310.000	-278.004

Hinweis: Die ausgewiesenen Diskontfaktoren sind auf vier Stellen hinter dem Komma gerundet. Die ausgewiesenen Barwerte sind dagegen mit den exakten Diskontsätzen berechnet und auf ganze Zahlen gerundet.

$$NBW = -I_0 + \sum_{t=1}^{T}(E_t - A_t)\cdot(1+i)^{-t} + L_T \cdot(1+i)^{-T}.$$

Da sich beide Projekte hinsichtlich Kapitaleinsatz und Laufzeit unterscheiden, müssten nun – wie oben ausgeführt wurde – Ergänzungsinvestitionen und Finanzierungen vorgenommen werden. Sofern wir von realen Zusatzinvestitionen absehen, z. B. weil sie nicht möglich sind, bleiben lediglich finanzielle Ergänzungsmaßnahmen. Unter den bei der Kapitalwertmethode angenommenen Bedingungen des vollkommenen Kapitalmarktes werden finanzielle Komplementärinvestitionen und Komplementärfinanzierungen zu einem einheitlichen Zinsfuß verzinst. Dann weisen Komplementärmaßnahmen jedoch stets einen Kapitalwert von null auf und brauchen dementsprechend nicht explizit berücksichtigt werden.[152] Es reicht also aus, ausschließlich die sich aus den (Real-) Investitionen ergebenden Zahlungsreihen zu betrachten bzw. es spielt keine Rolle, ob zu den jeweiligen Zahlungszeitpunkten ein Finanzmittelüberschuss oder ein Finanzmitteldefizit besteht.

Die gleiche Projektrangfolge wie der explizite Vergleich der Investitionsalternativen A und B liefert im Übrigen ein impliziter Vergleich über die sog. Differenzinvestition aus beiden Projekten.[153] Zur Konstruktion der Differenzinvestition wird die Investition mit der zunächst geringeren Kapitalbindung (hier Projekt A) von derjenigen mit der anfangs höheren Kapitalbindung (hier Projekt B) abgezogen (vgl. die beiden rechten Spalten in Tab. 4.8). Der Nettobarwert dieser Differenzinvestition (B – A) ist hier negativ, d. h. A liefert einen höheren Nettobarwert. Der Barwert der Differenzinvestition in Höhe von –278.004 GE entspricht exakt der Differenz zwischen dem Nettobarwert von Projekt B und dem Nettobarwert von Projekt A (459.864 – 737.868 = –278.004). Um beim impliziten Vergleich sicherzugehen, dass eine absolute Vorteilhaftigkeit gegeben ist, muss neben dem Kapitalwert der Differenzinvestition allerdings auch der Kapitalwert der vorteilhaften Investition berechnet werden.

In diesem Abschnitt haben wir bisher von realen Investitionen abstrahiert. Es ist jedoch denkbar, dass – selbst bei einer Unmöglichkeit von Zusatzinvestitionen während der Laufzeit einer Investition – bereits zu Beginn des Planungszeitraumes bekannt ist, dass eine Investition eine oder mehrere Nachfolgeinvestition(en) haben wird. In diesem Fall sind die Zahlungen der Nachfolger in den Investitionsvergleich einzubeziehen.

---

[152] Vgl. Abschnitt 4.2.2.1 b).

[153] Vgl. auch Blohm/Lüder/Schäfer (2012), S. 51 f.

Sofern der Investor nur weiß, dass die Nachfolger der untersuchten Investitionen gleiche oder ähnliche Funktionen/Eigenschaften aufweisen werden (so werden z. B. Klärwerke oder Infrastrukturinvestitionen mit hoher Wahrscheinlichkeit Nachfolger haben), nicht aber die Zahlungsreihen der Nachfolgeinvestitionen und die Endzeitpunkte dieser Ketteninvestitionen kennt, kann man für jede Investition näherungsweise eine unendliche Investitionskette annehmen. Jedes Glied dieser Ketten weist identische Zahlungsreihen und Lebensdauern auf, die mit den jeweiligen Anfangsinvestitionen übereinstimmen. Durch die Gegenüberstellung des Kapitalwertes solcher Investitionsketten lässt sich die beste Variante ermitteln.[154]

Verfügt der Investor dagegen genauere Informationen über die Zahlungsreihen von Nachfolgeinvestitionen bis zu einem in endlicher Entfernung liegenden Prognosezeitpunkt, können Zahlungen bis zum Ende dieses Planungshorizontes berücksichtigt werden. Weichen die Prognosehorizonte miteinander zu vergleichender Investitionen voneinander ab, sollte bis zum Ende der Laufzeit der Investition(skette) mit dem kürzesten Zeithorizont gerechnet werden. Falls das Ende des Planungszeitraumes nicht mit dem Endpunkt eines Gliedes einer Investitionskette übereinstimmt, sind für noch nicht verbrauchte Investitionen die Liquidationserlöse oder die Barwerte von Restnutzungsdauern anzusetzen.

Im folgenden Beispiel wird unterstellt, dass nach Ablauf von drei Jahren für das bereits bekannte Beispielprojekt B eine Nachfolgeinvestition zu tätigen ist. Für diese Nachfolgeinvestition ist zum Zeitpunkt t = 3 von einem Investitionsvolumen in Höhe von 1.400.000 GE auszugehen. In Zeitpunkt t = 4 wird ein Nettorückfluss von 700.000 GE erwartet. Am Ende des fünfjährigen Planungshorizontes betrage die Summe aus Geldrückfluss und Liquidationserlös/diskontiertem Restnutzungsdauerbarwert 1.330.000 GE (vgl. Tab. 4.9).

In diesem Beispiel beträgt der kumulierte Kapitalwert von Projekt B und seiner Nachfolgeinvestition bezogen auf den fünfjährigen Planungszeitraum 868.473 GE. Unter Berücksichtigung seines Nachfolgers ist nunmehr Projekt B gegenüber Projekt A vorzuziehen.

Zum Abschluss dieses Abschnittes ist noch etwas über den Zusammenhang zwischen Kapitalwertmethode, Endwertmethode und Annuitätenmethode zu sagen. Unter den Bedingungen des vollständigen Kapitalmarktes (und bei

---

[154] Vgl. dazu Blohm/Lüder/Schäfer (2012), S. 52 ff.

gleichem Planungshorizont) sind alle drei Methoden äquivalent. Das heißt, die Investition mit dem größten Kapitalwert ist auch die mit dem höchsten Endwert[155] und darüber hinaus auch diejenige, die das höchste Entnahmeniveau sicherstellt. Im Falle des vollständigen Kapitalmarktes sind also Vermögens- und Einkommensmaximierung komplementäre Ziele.[156] Folglich wäre die Kapitalwertmethode allein ausreichend, um alle Investoren, die entweder ein möglichst großes Endvermögen oder eine möglichst große regelmäßige Entnahme anstreben, mit den notwendigen Informationen zu versorgen. Endwert- und Annuitätenmethode wären überflüssig. Die Annuitätenmethode wird (unter der Annahme eines vollständigen Kapitalmarktes) lediglich dann benötigt, wenn man nicht nur die Vorteilhaftigkeit von Investitionen, sondern auch die genaue Höhe der maximal möglichen Auszahlungen ermitteln möchte.

Tab. 4.9:   Kapitalwertberechnung bei Nachfolgeinvestition

Zeit-punkt t	Diskont-faktoren 1/(1+i)^t für i=5%	Projekt A		Projekt B		Projekt B m. Nachfolgeinv.		
		Netto-zahlungen (Zeitwert)	Netto-zahlungen (Barwert)	Netto-zahlungen (Zeitwert)	Netto-zahlungen (Barwert)	Netto-zahlungen (Zeitwert)	Nach-folgeinv. (Zeitwert)	Nach-folgeinv. (Barwert)
0	1,0000	-1.000.000	-1.000.000	-1.200.000	-1.200.000	-1.200.000		
1	0,9524	400.000	380.952	0	0	0		
2	0,9070	450.000	408.163	630.000	571.429	630.000		
3	0,8638	350.000	302.343	1.260.000	1.088.435	1.260.000	-1.400.000	-1.209.373
4	0,8227	500.000	411.351				700.000	575.892
5	0,7835	300.000	235.058				1.330.000	1.042.090
Summe		1.000.000	737.868	690.000	459.864	690.000		408.609
								459.864
								868.473

Die Endwertmethode bzw. die rechnerisch ausführliche Bestimmung des Endwerts[157] kommt ins Spiel, wenn wir von der (zwar die Berechnungen deutlich vereinfachende, aber unrealistische) Annahme eines vollständigen Kapi-

---

[155] Der Endwert entspricht unter den genannten Bedingungen dem aufgezinsten Kapitalwert und umgekehrt (vgl. Gleichungen 4.10a und 4.10b). Ausführlicher Kruschwitz (2011), S. 53 ff.

[156] Dieses Phänomen ist in der Fachliteratur als „Fishers Separationstheorem" bekannt (vgl. dazu z. B. Kruschwitz, 2011, S. 76 ff.).

[157] Die Endwertmethode unterstellt für Soll- und Habenzins jeweils eine flache Zinskurve, während mittels ausführlicher Berechnung auch im Zeitablauf schwankende Zinsen handhabbar sind.

talmarktes abgehen.[158] Bei unvollständigen Kapitalmärkten bzw. **gespaltenem Zinssatz** können (müssen aber nicht) Vermögens- und Einkommensmaximierung einander zuwiderlaufende Ziele sein. Das heißt, ein Investor, der ein größtmögliches Endvermögen erreichen möchte, muss unter Umständen einer anderen Investition den Vorzug geben als ein Investor, welcher größtmögliche Ausschüttungen erzielen möchte. Die jeweils optimale Lösung lässt sich mit Hilfe allgemeiner Rechenregeln, deren Logik sich aus der Idee des vollständigen Finanzplans erschließt[159] oder für den Fall der Endwertmaximierung bei jeweils konstanten („flachen"), aber gespaltenen Soll- und Habenzinsen mit der (Vermögens-)Endwertmethode[160] ermitteln.

b) Methode des internen Zinssatzes

Die Methode des internen Zinsfußes ist in der Betriebswirtschaftslehre umstritten. Von einigen Autoren (z. B. Kruschwitz) wird sie rundweg abgelehnt. In der Praxis dagegen scheint dieses Verfahren dagegen durchaus beliebt. Daher ist es an dieser Stelle angebracht, kurz auf die Eigenschaften der Interne-Zinssatz-Methode einzugehen.[161]

Der mittels dieser Methode zu ermittelnde interne Zinssatz ist der Zinssatz, der den Kapitalwert bzw. Nettobarwert (NBW) einer Investition gleich null werden lässt. Mathematisch lässt er sich aus der Lösung der folgenden Gleichung bestimmen:

$$NBW = \sum_{t=0}^{T}(E_t - A_t)\cdot(1+i)^{-t} = 0.$$ (4.12)

Ökonomisch wird der interne Zinssatz interpretiert als „Verzinsung, die in jedem Zahlungszeitpunkt auf das dann noch gebundene Kapital erreicht werden kann"[162] oder als Grenzzinssatz, bei dem die in Rede stehende Investition einer Geldanlage (zum Kalkulationszinssatz) vorzuziehen ist.[163] Ein (einzelnes)

---

[158] Die Annuitätenmethode ist bei abweichenden Soll- und Habenzinsen nicht anwendbar.

[159] Vgl. Tab. 4.7b und vertiefend Kruschwitz (2011), S. 48 ff.

[160] Vgl. hierzu Blohm/Lüder/Schäfer (2012), S. 72 ff.

[161] Genau genommen ist mindestens zwischen der „Interne-Zinssatz-Methode" i. e. S. und der Sollzinssatzmethode zu unterscheiden (vgl. dazu Blohm/Lüder/Schäfer, 2012, S. 80 ff.).

[162] Blohm/Lüder/Schäfer (2012), S. 80.

[163] Vgl. Troßmann (1998), S. 141.

Projekt ist nach diesem Verfahren also nur dann empfehlenswert, wenn der mittels Gleichung (4.12) errechnete interne Zinsfuß über dem Kapitalmarktzinssatz bzw. Kalkulationszinssatz liegt.

Die Methode des internen Zinssatzes bereitet einige Probleme. Zum Ersten weiß jeder mathematisch bewanderte Leser, dass Gleichung (4.12) ein Polynom n-ten (hier T-ten) Grades darstellt, so dass je nach Gestalt der Zahlungsströme entweder eine eindeutige oder mehrere reelle Lösungen oder keine reelle Lösung zu finden ist bzw. sind. Welches ist im zweiten Fall die „richtige" Lösung? Was macht man, wenn überhaupt keine reelle und damit keine ökonomisch interpretierbare Zahl zu finden ist?

Zweitens wird bei der internen Zinsfußmethode grundsätzlich (implizit) unterstellt, dass sich Einzahlungsüberschüsse bzw. finanzielle Ergänzungsinvestitionen zum internen Zinssatz verzinsen. Dies widerspricht nicht nur der dieser Methode zugrunde liegende Eingangsannahme, dass finanzielle Mittel unbeschränkt am Kapitalmarkt zum (einheitlichen) Kalkulationszinssatz aufgenommen und angelegt werden können, sondern ist zudem unrealistisch und willkürlich. Man würde beim Vergleich zweier oder mehrerer Investitionen mit unterschiedlichen internen Zinssätzen annehmen, dass sich die zugehörigen finanziellen Ergänzungsinvestitionen mit den jeweils ermittelten internen Zinssätzen und damit verschieden verzinsen. Mit anderen Worten: Man geht davon aus, dass sich beliebige Beträge zu beliebigen Zinssätzen anlegen lassen. Dies erklärt zum einen, warum die interne Zinssatzmethode häufig andere Ergebnisse liefert als die Kapitalwertmethode und zum Zweiten, warum Alternativinvestitionen nicht anhand ihrer internen Verzinsung verglichen werden sollten.

Nur unter sehr speziellen Bedingungen scheint die Methode des internen Zinsfußes brauchbar. Dies ist bei der Beurteilung einzelner Investitionen dann der Fall, wenn **„isoliert durchführbare Investitionen"** vorliegen. Derartige Investitionen sind nach Blohm/Lüder/Schäfer (2012, S. 81 f.) dadurch charakterisiert, dass die während des Planungszeitraumes entstehenden Einnahmeüberschüsse ausschließlich zur Verzinsung und Amortisation des eingesetzten Kapitals verwendet werden bzw. der mittels internem Zinssatz ermittelte Vermögenswert in jedem Zahlungszeitpunkt nicht positiv ist. Auf diese Weise wird die ansonsten erforderliche – und unrealistische – Annahme der Anlage von Einnahmenüberschüssen zum Kalkulationszinssatz umgangen.

Möchte man verschiedene Investitionen einander gegenüberstellen, ist dies (wie von Blohm/Lüder/Schäfer 2012, S. 87 ff. vorschlagen) bestenfalls (bei gleicher Laufzeit) über die interne Verzinsung der Differenzinvestition möglich. Diese Differenzinvestitionen müssen zudem isoliert durchführbar sein, d. h. Einnahmenüberschüsse werden während des gesamten Planungszeitraumes ausschließlich zur Verzinsung und Amortisation des eingesetzten Kapitals verwendet, so dass der Wiederanlagezins irrelevant ist. Dann und nur dann liefert die Interne-Zinssatz-Methode die gleiche Projektreihung wie die Kapitalwertmethode.

Insgesamt sind die Annahmen, unter denen die interne Zinssatzmethode „funktioniert" also sehr speziell, so dass das Verfahren des internen Zinssatzes nur bedingt einsetzbar ist. Auch angesichts des tendenziell höheren Rechenaufwandes ist zu den Vermögenswertmethoden zu raten.[164] Ein nach Vermögen bzw. Einkommen strebender Investor braucht dieses Verfahren im Übrigen gar nicht, weil sein Informationsbedarf durch die Vermögenswertmethoden gedeckt wird.

Eine weitere Zinssatzmethode, die bei unvollkommenem Kapitalmarkt (mit Zinsspaltung) zur Anwendung kommen kann, ist die sog. **Sollzinssatzmethode** bzw. deren Varianten.[165] Die Sollzinssatzmethode bestimmt – bei gegebenem Habenzinssatz – den kritischen Sollzinssatz, bei dem der Vermögensendwert den Wert null annimmt. Der so bestimmte Sollzinssatz zeigt an, welche Verzinsung sich bei gegebenem Habenzinssatz auf das zu jedem Zahlungszeitpunkt noch gebundene Kapital (negative Vermögen) erzielen lässt. Ebenso wie die Methode des internen Zinssatzes ist die Anwendung der Sollzinssatzmethode an sehr spezielle Voraussetzungen (isoliert durchführbaren Differenzinvestitionen bzw. gleiche Vorzeichen von Alternativen und Differenzinvestition zu jedem Zeitpunkt) gebunden und aus der Sicht eines einkommens- oder vermögensstrebenden Investors wiederum irrelevant.

4.2.2.3   Beurteilung der dynamischen Investitionsrechnung

Im Vergleich zur statischen Investitionsrechnung stellt die dynamische Investitionsrechnung vom Prinzip her eine deutliche Verbesserung dar, erstens weil

---

[164] Immerhin lässt sich die Lösung selbst in einfachen Fällen nur mittels Näherungsverfahren bzw. numerisch bestimmen. Dies ist zwar heutzutage machbar, aber immerhin aufwändiger als bei den anderen Verfahren.

[165] Vgl. Blohm/Lüder/Schäfer, 2012, S. 92 ff.

die zeitliche Struktur von Zahlungen berücksichtigt wird und weil zweitens mit Hilfe von Ergänzungsinvestitionen auch Investitionen mit unterschiedlichem Kapitaleinsatz und unterschiedlicher Laufzeit zu echten Alternativen und damit vergleichbar gemacht werden können.

Allerdings erfordern rechentechnische Erleichterungen bzw. die Handhabung von in der Realität eben doch häufig komplexen Entscheidungssituationen auch im Bereich der dynamischen Investitionsrechnung vereinfachende Annahmen, die den grundsätzlichen Vorteil der dynamischen Investitionsrechnung gegenüber der statischen Investitionsrechnung zu einem gewissen Teil wieder aufzehren.

Alle Verfahren der dynamischen Investitionsrechnung gehen erstens davon aus, dass die Zahlungen über den Planungszeitraum in ihrer Höhe und zeitlichen Verteilung prognostiziert werden können. Bei Anwendung der hier näher diskutierten Kapitalwertmethode (und auch anderer Vermögenswertverfahren wie die Annuitätenmethode und die Interne-Zinssatz-Methode) werden zudem ein vollkommener Kapitalmarkt, d. h. eine Übereinstimmung von Soll- und Habenzinssatz und eine flache Zinskurve, d. h. ein über den Planungshorizont konstanter Zinssatz, unterstellt. Unter diesen Voraussetzungen liefern Kapitalwert- und Annuitätenmethode die gleichen Ergebnisse. Da die Kapitalwertmethode den Vermögensendwert und die Annuitätenmethode die Auszahlungen maximiert, besteht zwischen beiden Zielen kein Konflikt.

Allerdings sollte nicht vergessen werden, dass die unrealistischen Annahmen dieser wenige Informationen erfordernden und mathematisch recht leicht zu handhabenden Verfahren, (auch) diese Verfahren nur zur Näherungslösungen führen. Gehen wir von der (unrealistischen) Annahme eines vollkommenen Kapitalmarktes ab, führt uns die Vermögensendwertmethode (bei Vermögensstreben) zum Ziel. Lassen wir darüber hinaus im Zeitablauf schwankende Soll- und Habenzinssätze zu (was allerdings deren Kenntnis und damit zusätzliche Informationen bedingt), können wir mit bestimmten Rechenregeln sowohl für einen nach einem maximalen Endvermögen als auch für einen nach maximaler Ausschüttung strebenden Investor die optimale Lösung bestimmen. Je größer die Menge der einem Investor zur Verfügung stehenden relevanten Informationen ist, desto eher sollte er anstelle der vereinfachten Verfahren zur Berechnung von Vermögens- und Auszahlungswerten eine genauere Berechnung mittels der allgemeinen Investitionsrechenregeln vornehmen.

Grundsätzlich abzuraten ist von den Zinssatzmethoden. Diese sind nur unter sehr speziellen Bedingungen vernünftig einsetzbar. Ansonsten liefern sie irreführende Ergebnisse. Der Verzicht auf Zinssatzmethoden ist im Übrigen kein großer Verlust, denn für Investoren mit Vermögens- und Einkommensstreben reichen die Vermögenswertmethoden vollkommen aus. Dies gilt im Übrigen auch für die öffentliche Hand, sofern wir Vermögensstreben i. S. geringstmöglicher Auszahlungen (Opportunitätskosten) für öffentliche Projekte unterstellen.

4.3 Gesamtwirtschaftliche Verfahren der Wirtschaftlichkeitsrechnung

Zu den gesamtwirtschaftlichen Verfahren der Wirtschaftlichkeitsrechnung sind die Nutzwertanalyse (NWA), die Kosten-Wirksamkeits-Analyse (KWA) und die Kosten-Nutzen-Analyse (KNA) zu zählen, die zum Teil – so in der alten Fassung des Haushaltsgrundsätzegesetzes – unter den Begriff „**Kosten-Nutzen-Untersuchungen**" zusammengefasst werden. Bevor näher auf die einzelnen Verfahren eingegangen wird, soll zunächst der Unterschied zwischen einer einzelwirtschaftlichen (betriebswirtschaftlichen) und einer gesamtwirtschaftlichen (volkswirtschaftlichen) Betrachtung verdeutlicht werden.

4.3.1 Abgrenzung von den einzelwirtschaftlichen Verfahren

Die „gesamtwirtschaftliche" Sichtweise bedeutet, dass ein Projekt nicht allein in Hinblick auf die Betroffenheit der öffentlichen Hand und den damit verbundenen Haushaltswirkungen untersucht wird, sondern grundsätzlich alle Wirkungen bzw. die Wirkungen auf alle Betroffenen (Bürger, Mitarbeiter, Unternehmen) bzw. auf die „Gesellschaft" einbezogen werden. Die gesellschaftlichen Wirkungen staatlicher Entscheidungen lassen sich regelmäßig nicht oder zumindest nicht allein durch einzelwirtschaftliche Verfahren abbilden. Das heißt die einzelwirtschaftlichen Investitionsrechenverfahren geben keine oder nur eine unvollständige Auskunft über die gesellschaftlichen Effekte von Investitionen/Projekten/Maßnahmen.

Ursächlich für die Nichteignung einzelwirtschaftlicher Verfahren in diesem Kontext ist die Tatsache, dass diese Verfahren mit einzelwirtschaftlichen Rechengrößen wie Erlöse/Kosten/Zahlungen arbeiten, die auf Marktinformationen basieren. Da a) für bestimmte Güter keine Märkte existieren oder b) die genannten Rechengrößen selbst bei existierenden Märkten nur einen Teil aller Effekte abbilden, können einzelwirtschaftliche Verfahren die gesellschaftlichen Wirkungen öffentlicher Projekte nicht (vollständig) erfassen.[166]

ad a) Märkte bestehen nicht für sog. **öffentliche** bzw. **nichtmarktliche Güter**.[167] Ursächlich für die „Nichtmarktlichkeit" ist in der Regel die Nichtanwendung oder Nichtanwendbarkeit des Ausschlussprinzips. Ohne das **Ausschlussprinzip** können auch Personen, die nicht für Güter zahlen bzw. keinen Beitrag zu ihrer Bereitstellung leisten, in den Genuss des Konsums dieser Güter kommen. Bei Abwesenheit des Ausschlussprinzips werden die Wirtschaftssubjekte ihren „wahren" Nutzen bzw. ihre „wahre" Zahlungsbereitschaft leugnen, um die entsprechenden Güter kostenlos zu nutzen (sog. **Trittbrettfahrerverhalten**). Infolgedessen kann – jedenfalls ohne Zwang – kein privater Anbieter die mit der Güterproduktion verbundenen Kosten durch entsprechende Erlöse decken. Also wird es zu keinem oder bestenfalls zu einem – an wohlfahrtsökonomischen Maßstäben gemessen – zu geringem Güterangebot kommen.[168] Typische öffentliche Güter sind äußere und innere Sicherheit inkl. eines funktionierenden Rechtssystems, soziale Sicherheit, Umweltschutz, der Hochwasserschutz und große Teile der Infrastruktur.

---

[166] Vgl. auch Formeln (4.1) und (4.1a).

[167] Dazu zählen auch sog. **externe Effekte**. Damit sind positive oder negative „Nebenwirkungen" bei der Güterproduktion oder beim Güterkonsum gemeint. Beispielsweise sind Schadstoffemissionen bei der Produktion von Gütern wie Elektrizität, bei der Gebäudeheizung oder beim Gütertransport als negative externe Effekte zu klassifizieren. Gleiches gilt für ruhestörende Partys oder Autospazierfahrten. Hier handelt es sich um negative externe Effekte der Freizeitgestaltung (des „Konsums"). Negative externe Effekte können auch als „Ungüter" (im Englischen als „Bads") bezeichnet werden. Positive externe Effekte entstehen beispielsweise, wenn ein Stausee, der primär der Stromerzeugung und/oder der Wasserversorgung dient, quasi nebenbei neue Freizeit- und Erholungsmöglichkeiten (Baden, Schwimmen, Segeln, Surfen etc.) bietet.

[168] Externe Effekte können als Spezialfall öffentlicher Güter verstanden werden. Die Emittenten positiver externer Effekte können die Nutznießer nicht zur Zahlung heranziehen, zugleich existiert gewöhnlich keine Rivalität im Konsum, d. h. viele Nutznießer können diese Effekte gleichzeitig nutzen, ohne sich gegenseitig zu beeinträchtigen. Bei negativen externen Effekten existiert ebenfalls grundsätzlich keine Rivalität. Die Abwehr negativer externer Effekte wirft das Trittbrettfahrerproblem auf – weshalb hier im Übrigen das sog. **Coase-Theorem** (wonach externe Effekte durch private Verhandlungen zwischen Empfänger und Entsender internalisiert werden) nicht greifen dürfte. Deshalb existieren ohne staatliche Interventionen zu viele negative und zu wenig positive externe Effekte.

ad b) Die betrieblichen Rechengrößen Einnahmen/Einzahlungen/Erlöse und Ausgaben/Auszahlungen/Kosten erfassen – selbst bei Abwesenheit externer Effekte[169] – den bei den Konsumenten/Abnehmern und auf vorgelagerten Produktionsstufen entstehenden Nutzen lediglich unvollständig. Nutzenwirkungen sowohl auf der Nachfrageseite als auch auf der Angebotsseite werden bei der Kosten-Nutzen-Analyse mit Hilfe des **Rentenkonzeptes** abgebildet.[170] **Konsumentenrenten** sind definiert als die Differenz zwischen der Zahlungsbereitschaft der Konsumenten/Nachfrager für ein Gut und dem Betrag, den sie tatsächlich für das Gut an den Anbieter zahlen.[171] Nur der tatsächlich gezahlte Betrag schlägt sich im einzelwirtschaftlichen Rechnungswesen inklusive der einzelwirtschaftlichen Investitionsrechnung als Einzahlung bzw. Erlös nieder. Damit unterschätzen einzelwirtschaftliche Rechengrößen die durch die Zahlungsbereitschaft der Nachfrager zum Ausdruck kommende tatsächliche Wertschätzung von abgesetzten Gütern.[172] Auf der Auszahlungs- bzw. Kostenseite gilt grundsätzlich das Gegenteil: Zahlungen der Anbieter an die Besitzer von Produktionsfaktoren (Arbeit, Kapital) und an die Anbieter von Vorprodukten und Vorleistungen beinhalten grundsätzlich Produzenten- bzw. Anbieterrenten. Das heißt, für die Produktionsfaktoren, Vorprodukte und Vorleistungen wird normalerweise mehr gezahlt, als man Faktorbesitzern und Anbietern vorgelagerter Produktionsstufen mindestens zahlen müsste, um sie für die ihnen entstehenden (Opportunitäts-)Kosten zu kompensieren und sie damit zur Bereitstellung der Produktionsfaktoren bzw. Vorleistungen zu bewegen. Deshalb überschätzen die Größen des einzelwirtschaftlichen Rechnungswesens – bei Abwesenheit externer Effekte – die tatsächlichen (Produktions-) Kosten.

---

[169] Im Falle von nicht internalisierten negativen externen Effekten werden die tatsächlichen (gesellschaftlichen) Kosten durch das einzelbetriebliche Rechnungswesen unterschätzt. Bei positiven externen Effekten werden die tatsächlich auftretenden Nutzen unterschätzt.

[170] Zum Rentenkonzept vgl. Kap. 4.3.5.

[171] Wir abstrahieren hier von Steuern.

[172] Dies wäre nur dann nicht der Fall, wenn es einem Anbieter gelänge, vollständige Preisdiskriminierung zu betreiben. In diesem Fall würden die Konsumenten für jede Einheit eines Gutes tatsächlich einen Preis in Höhe ihrer Wertschätzung zahlen. Anbieter versuchen zum Teil in der Tat, ihre Erlöse durch Preisdiskriminierung zu steigern. Wir dürfen aber davon ausgehen, dass dies so gut wie nie vollständig gelingt. Damit bleibt die Aussage, dass Erlöse die Wertschätzung von Produkten grundsätzlich unterschätzen, unangetastet.

4.3.2 Das Ausmaß der Monetarisierung in den gesamtwirtschaftlichen Verfahren

Folgt man den vorangehenden Ausführungen, besteht die prinzipielle Aufgabe der gesamtwirtschaftlichen Analyse also darin, nicht nur die durch einzelwirtschaftliche Erfolgs- und Zahlungsgrößen zum Ausdruck kommenden Effekte, sondern auch Renten und nichtmarktliche Güter einschließlich externer Effekte in Geldeinheiten zu erfassen. Damit ergibt sich bei einer gesamtwirtschaftlichen Betrachtung ein höherer Informationsbedarf als bei einer einzelwirtschaftlichen Betrachtung.

Die Ermittlung von Renten und die wertmäßige Erfassung von nichtmarktlichen Gütern einschließlich externer Effekte ist methodisch recht anspruchsvoll und aufwändig. Zudem scheint es in gewissen Kreisen und bestimmten Kontexten – z. B. bei der Bewertung von Leben und Gesundheit – Aversionen gegen eine monetäre Bewertung zu geben. Dies mag erklären, warum es neben der Kosten-Nutzen-Analyse (KNA) andere Verfahren zur Untersuchung von gesamtwirtschaftlichen Projektwirkungen – namentlich die Nutzwertanalyse (NWA) und die Kosten-Wirksamkeits-Analyse (KWA) – gibt, die zumindest teilweise auf eine Wirkungsmessung in Geldeinheiten verzichten.

In Tab. 4.10 sind die gesamtwirtschaftlichen Verfahren entsprechend des Ausmaßes der Verwendung von Wert- bzw. Geldgrößen gegenübergestellt. Die Nutzwertanalyse (NWA) verzichtet auf jegliche Monetarisierung der Projektwirkungen. Diese Methode erfasst weder die Inputseite (Ressourcenverbrauch, Nutzenentgang) noch die Output-/Outcomeseite (Ergebnisse, Wirkungen) durchgehend wertmäßig. Vielmehr werden alle Projektwirkungen in Punktwerte „umgerechnet". Die Kosten-Wirksamkeits-Analyse (KWA) stellt dagegen die Inputseite in Geldeinheiten dar, während die Outputs/Outcomes durch einen einzigen oder mehrere unterschiedlich skalierte Ergebnisindikatoren, jedoch nicht in Geldeinheiten abgebildet werden. Einen Spezialfall der KWA stellt die Kosten-Nutzwert-Analyse dar. Im Gegensatz zur „einfachen" NWA werden die Ergebnisse/Wirkungen zu einem einzigen Indikator aggregiert, der – und dies ist der Unterschied zur „einfachen" NWA – auf den Präferenzen/Wertungen von Betroffenen bzw. Testpersonen basiert. Allein die Kosten-Nutzen-Analyse erfasst alle Wirkungen auf der Input- und auf der Output-/Outcome-Seite in Form geldlicher „Kosten" und „Nutzen".

In der Literatur wird zum Teil – immer noch – behauptet, dass es nicht möglich sei, alle Projektwirkungen wertmäßig zu erfassen. Die (angeblich) nicht bewertbaren Wirkungen werden dort als „intangibel" bezeichnet. Diese „intangiblen Effekte" sollen nach Auffassung der Autoren dieser Bücher im Rahmen einer Kosten-Nutzen-Analyse separat neben den finanziellen Wirkungen ausgewiesen werden.

Der Verfasser vertritt dagegen die Position, dass es aufgrund des methodischen Fortschritts in den letzten Jahrzehnten möglich (geworden) ist, alle Projektwirkungen zu monetarisieren.[173] Es stellt sich lediglich die Frage, welche Kosten man bereit ist, dafür zu tragen. Sofern diese Kosten nicht „zu hoch" sind, sollte eine umfassende Monetarisierung angestrebt werden, denn die Teilung in monetarisierte und nichtmonetarisierte Effekte ist erstens willkürlich und zweitens methodisch inkonsistent.

Tab. 4.10:   Wirtschaftlichkeitsuntersuchungen – Gesamtwirtschaftliche Verfahren

| Art des Verfahrens | Art der Erfassung der Projektwirkungen | |
	Output-/Outcome-seite (Nutzen)	Inputseite (Kosten)
Nutzwertanalyse – NWA	**nichtmonetär** (mittels Punktwerten)	**nichtmonetär** (mittels Punktwerten)
Kosten-Wirksamkeits-Analyse – KWA („Cost-effectiveness Analysis")	**nichtmonetär** (mittels je nach Kontext einem oder mehreren Indikatoren)	**monetär**
Kosten-Nutzwert-Analyse – KNWA[1]) („Cost-utility Analysis")	**nichtmonetär** (mittels vereinheitlichter „Nutzwerte", z. B. „Quality Adjusted Life Years")	**monetär**
Kosten-Nutzen-Analyse – KNA („Cost-benefit Analysis")	**monetär**	**monetär**

[1]) Unterfall der KWA

---

[173] Zur Monetarisierung nichtmarktlicher Güter vgl. z. B. Pommerehne (1987) und Mitchell/Carson (1989).

Diese Inkonsistenz führt dazu, dass die Entscheidungsträger zwischen **„tangiblen" und „intangiblen" Effekten** abwägen müssen. Dies ist nur dann unproblematisch, wenn a) entweder die in Geldeinheiten erfassten Nutzen größer sind als die monetarisierten Kosten und zugleich die intangiblen Effekte insgesamt als positiv angesehen werden oder b) im umgekehrten Fall, bei dem die Kosten größer sind als der Nutzen und zudem die intangiblen Effekte insgesamt negativ bewertet werden. Im Fall a) wird man sich für und im Fall b) gegen das Projekt entscheiden.

Was aber, wenn c) der Nutzen die Kosten überschreitet, aber die intangiblen Effekte als negativ angesehen werden oder wenn d) die intangiblen Effekte positiv, jedoch die Kosten größer als der Nutzen sind? In den Fällen c) und d) müssen schließlich doch die monetarisierten gegen die nichtmonetarisierten Wirkungen abgewogen werden. Dabei besteht durchaus die Gefahr, dass die nichtmonetarisierten („weichen") Effekte bei den Projektentscheidungen eher unter den Tisch fallen als die geldlich erfassten („harten") Wirkungen. Dann würden die Gegner einer geldlichen Bewertung bestimmter Wirkungen vermutlich das Gegenteil von dem erreichen, was sie erreichen wollen. Demnach ist es nicht nur konsequent, sondern auch ratsam, von vornherein eine durchgehende Monetarisierung der zu bewertenden Projekte anzustreben.

4.3.3   Nutzwertanalyse

Im Rahmen von Nutzwertanalysen werden weder Input noch Output/Outcome in Geldeinheiten gemessen. Stattdessen werden alle relevanten Projektwirkungen („Wirksamkeiten") in Punktwerte umgerechnet, gewichtet und zusammengefasst.

In einem ersten Schritt sind Projektziele zu formulieren. Im hier verwendeten Beispiel der Bewertung zweier alternativer Verkehrssysteme – U-Bahn versus Straßenbahn – werden vier Zielbereiche definiert: Benutzerziele, Betriebskostenersparnisse, Umweltziele und die Reduktion von Unfällen (vgl. Tab. 4.11). Diese Zielbereiche werden weiter in Teilziele wie Verbesserung des Fahrkomforts und Zeitersparnis untergliedert. Für jedes Teilziel werden im nächsten Schritt zumeist unterschiedlich gemessene und skalierte Wirksamkeitsmaßstäbe eingesetzt.[174] Um zu einem einheitlichen Bewertungsschlüssel zu gelan-

---

[174] Im vorliegenden Beispiel werden bezüglich der Umweltziele ordinale Skalen und ansonsten kardinale Skalen verwendet.

gen, werden in einem weiteren Schritt die unterschiedlichen Ausprägungen der Wirksamkeitsmaßstäbe einem Bewertungsschlüssel unterworfen, der hier von 1 bis 5 Punkten reicht.

In einem weiteren Schritt ist für jede Projektalternative die zu erwartende Ausprägung der Wirksamkeitsmaßstäbe – hier als „Zielertrag" bezeichnet – zu ermitteln (vgl. Tab. 4.12). Diese Zielerträge werden entsprechend des Bewertungsschlüssels in „Zielerfüllungsgrade" (Punktwerte) umgerechnet. Die Zielerfüllungsgrade werden anschließend gewichtet, woraus sich für die Erreichung eines jeden Teilziels ein „Teilnutzwert" ergibt. Schließlich werden die Teilnutzwerte jeder Projektalternative zum (Gesamt-)Nutzwert addiert. In unserem Beispiel schlägt so die U-Bahn die Straßenbahn mit einem (Gesamt-)Nutzwert von 3,5 zu 2,7.

Bei der NWA wird häufig – so auch im vorliegenden Beispiel – von einer (ungefähren) Kostengleichheit der analysierten Projekte ausgegangen. Ist diese Voraussetzung nicht gegeben, werden Kosten häufig als negative Teilnutzwerte erfasst.

Tab. 4.11:   Zielsystem, Wirksamkeitsmaßstäbe und Bewertungsschlüssel
            alternativer Verkehrsprojekte

Zielsystem	Wirksamkeitsmaßstab	Bewertungsschlüssel				
		1	2	3	4	5
A. Benutzerziele:						
A1. Verbesserung des Fahrkomforts	Wahrscheinlichkeit, einen Sitzplatz zu finden (in %)	unter 30	30-50	51-70	71-90	über 90
A2. Zeitersparnis durch						
A21. hohe Geschwindigkeit	Durchschnittsgeschwindigkeit (in km/h)	unter 10	10-40	41-70	71-100	über 100
A22. wenige Umsteigevorgänge	Ø Zahl der Umsteigevorgänge	über 3	3	2	1	0
A23. geringere Wartezeiten	Ø Wartezeit (in Minuten)	über 15	11-15	6-10	2-5	unter 2
A24. viele Zusteigemöglichkeiten	Ø Entfernung zur nächsten Zusteigemöglichkeit (in km)	über 0,7	0,51-0,7	0,31-0,5	0,1-0,3	unter 0,1
B. Betriebskostenersparnisse						
B1. Personaleinsparungen	Anzahl eingesparter Personen in Geldeinheiten (TEUR)	0	1-10	11-30	31-50	über 50
B2. Sachkostensenkungen		0	1-20	21-60	61-100	über 100
C. Umweltziele						
C1. Verringerung des Verkehrslärms	Ausmaß des Verkehrslärms (verbal)	sehr groß	erheblich	mittel	gering	minimal
C2. Weniger Luftverschmutzung	Ausmaß der Luftverschmutzung (verbal)	sehr groß	erheblich	mittel	gering	minimal
D. Reduktion der Unfallgefahr						
D1. Weniger Unfälle mit Personenschaden	Anzahl verhinderter Unfälle im Jahr	0	1-3	4-6	7-10	über 10
D2. Weniger Unfälle mit Sachschaden	Anzahl verhinderter Unfälle im Jahr	0	1-7	8-14	15-20	über 20

Quelle: Hanusch (2011), S. 179.

Die Mängel der NWA sind offenkundig: Durch die Wahl des Zielsystems, die Festlegung des Bewertungsschlüssels und die Gewichtung der Zielerfüllungsgrade lässt sich jedes beliebige Ergebnis erzeugen. Da die Festlegung der genannten Parameter nicht durch die Betroffenen (Fahrgäste, Anwohner, Auto-fahrer etc.), sondern durch den oder die Planer erfolgt, spiegeln sich im Er-gebnis – anders als bei der Kosten-Nutzwert-Analyse und der Kosten-Nutzen-Analyse – die Präferenzen und Absichten der Planer/Berater und nicht die der Bürger wider. Des Weiteren ist die NWA ausschließlich auf die Reihung von Alternativen ausgerichtet und dementsprechend für die Beurteilung einzelner Projekte ungeeignet.

Um überhaupt Aussagen über die absolute Sinn-/Vorteilhaftigkeit der Projekte treffen zu können, wären Kosteninformationen vonnöten. Aber auch diese dürften im Rahmen der NWA kaum weiterhelfen. Angenommen, die Realisie-rungskosten jedes Projektes beliefen sich auf 100 Mio. €. Ist ein Nutzwert von 3,5 oder einer von 2,7 diesen Betrag wert? Oder bedarf es dazu eines Nutzwer-tes von 0,8117, 12,665 oder 32.000.000.000?

Tab. 4.12: Nutzwertanalyse alternativer Verkehrsprojekte

Zielsystem (Wirksamkeitsdimension)	Gewichte	U-Bahn			Straßenbahn		
		Zieler-trag	Zielerfül-lungs-grad	Teilnutz-wert	Zieler-trag	Zielerfül-lungs-grad	Teilnutz-wert
A. Benutzerziele:	[0,3]						
A1. Verbesserung des Fahrkomforts (%)	0,1	80	4	0,4	60	3	0,3
A2. Zeitersparnisse durch	[0,2]						
A21. hohe Geschwindigkeit (Ø km/h)	0,05	90	4	0,2	20	2	0,1
A22. wenige Umsteigevorgänge (Ø Zahl)	0,05	2	3	0,15	2	3	0,15
A23. geringere Wartezeiten (Ø Minuten)	0,05	5	4	0,2	10	3	0,15
A24. viele Zusteigemöglichkeiten (Ø km)	0,05	0,8	1	0,05	0,6	2	0,1
B. Betriebskostenersparnisse:	[0,3]						
B1. Personaleinsparungen (Anzahl Personen	0,15	40	4	0,6	0	1	0,15
B2. Sachkostensenkungen (TEUR)	0,15	10	2	0,3	50	3	0,45
C. Umweltziele:	[0,2]						
C1. Verringerung des Verkehrslärms (verbales Ausmaß)	0,1	minimal	5	0,5	erheblich	2	0,2
C2. Weniger Luftverschmutzung (verbales Ausmaß)	0,1	minimal	5	0,5	minimal	5	0,5
D. Reduktion der Unfallgefahr:	[0,2]						
D1. Weniger Unfälle mit Personenschäden (Unfälle/Jahr)	0,1	5	3	0,3	4	3	0,3
D2. Weniger Unfälle mit Sachschäden (Unfälle/Jahr)	0,1	10	3	0,3	12	3	0,3
Summe der Gewichte	1	Nutzwert		3,5	Nutzwert		2,7

Quelle: Hanusch (2011), S. 182.

Jetzt wird hoffentlich verständlich, warum viele Ökonomen der Nutzwertana-lyse ablehnend gegenüberstehen. Wesentlicher Kritikpunkt ist die fehlende Trennung von (Wirkungs-)Analyse und Entscheidung bzw. die persönliche Einflussnahme der Planer auf die Analyseergebnisse. *„Methoden, die dem Politi-ker die Bewertung gleich mitliefern, wie etwa die Nutzwertanalyse, oder bei denen nicht scharf zwischen der Schätzung und der Bewertung von Programmwirkungen* *unterschieden wird, sind weder im Bereich der Wissenschaft noch im Bereich der Politikberatung brauchbar."*[175]

Der wohl einzige, aber bei weitem nicht überwältigende Charme der Nutzwertanalyse besteht darin, dass sie keinerlei methodische Kenntnisse und lediglich der Anwendung der Grundrechenarten bedarf. Aus Sicht von Planern und Entscheidungsträgern können aber natürlich gerade die Einfachheit und die Manipulationsanfälligkeit dieser Methode reizvoll sein: Man gibt das gewünschte Ergebnis vor und erreicht es leicht durch die Betätigung der verschiedenen Stellhebel. Zudem dürfte eine NWA regelmäßig mit wenig Aufwand und eigenem Personal durchführbar sein. Die Einschaltung von Fachleuten scheint unnötig.

Daher sollte die NWA allenfalls bei kleinen Projekten, die keinen großen Bewertungsaufwand rechtfertigen, zum Einsatz kommen. Man sollte dieses Verfahren dann vor allem nutzen, um die diversen Projektwirkungen zu verdeutlichen. Durch alternative Gewichtungen sollte auch der Einfluss der Gewichte auf die Nutzwerte und damit die Projektreihenfolge offen gelegt werden.

4.3.4   Kosten-Wirksamkeits-Analyse

Die Kosten-Wirksamkeits-Analyse kann man allgemein verstehen als die Gegenüberstellung der nicht in Geldeinheiten gemessenen Projektwirkungen ("Wirksamkeiten") und der in Geld ausgedrückten Kosten. Sofern alle Projektwirkungen zu einem einzigen Indikator der Wirksamkeit aggregiert werden, welcher auch die Wertschätzung der Betroffenen widerspiegelt, spricht man von einer „Kosten-Nutzwert-Analyse". Letztere ist also ein Spezialfall der Kosten-Wirksamkeits-Analyse.

4.3.4.1   Kosten-Wirksamkeits-Analyse i. e. S.

Anknüpfend an das vorangehende Beispiel lässt sich das Prinzip der Kosten-Wirksamkeits-Analyse darstellen. Grundsätzlich werden bei diesem Verfahren die Wirksamkeiten (im Sprachgebrauch der NWA die **„Zielerträge"**) aufgeführt und den Kosten gegenübergestellt.

Die KWA gibt in der vorliegenden Form mit mehreren oder gar einer Vielzahl von Wirksamkeitsmaßen selten eine eindeutige Projektrangung. Dies wäre nur dann der Fall, wenn eine Alternative den anderen Alternativen bezüglich aller

---

[175] Eekhoff (1986), S. 62.

Zielerträge und auch der Kosten überlegen wäre. Im vorangehenden Beispiel ist diese Situation nicht gegeben. Dort ist die U-Bahn der Straßenbahn zwar bezüglich einiger Kriterien überlegen, in Bezug auf andere Kriterien aber unterlegen (vgl. Tab. 4.13).

Während bei der NWA die entweder von den Durchführenden der Analyse oder den Entscheidungsträgern stammenden Gewichte aufgedeckt werden, liegt es bei der KWA im Ermessen der Entscheidungsträger, eine Gewichtung der Zielerreichungsgrade vorzunehmen und die Alternative auszuwählen, die unter Berücksichtigung der Kosten am ehesten gerechtfertigt ist. Die Nichtoffenlegung der Gewichtungen impliziert diesbezügliche Intransparenz.

Die Abwägung vieler unterschiedlich skalierter Wirkungsdimensionen untereinander und gegen die Projektkosten dürfte zudem eine erhebliche kognitive Herausforderung für die Entscheidungsträger darstellen und nicht zu deren Entlastung beitragen.

Tab. 4.13:   Zielerträge und Kosten alternativer Verkehrsprojekte

Wirksamkeitsdimension	Zielerträge	
	U-Bahn	Straßenbahn
Wahrscheinlichkeit, einen Sitzplatz zu finden	80%	60%
Durchschnittsgeschwindigkeit	90 km/h	20 km/h
Umsteigevorgänge	2	2
Wartezeiten	5 min.	10 min.
Entfernung zur nächsten Zusteigemöglichkeit	0,8 km	0,6 km
Anzahl eingesparter Personen	40	0
Sachkostensenkungen	10.000 €	50.000 €
Ausmaß des Verkehrslärms	minimal	erheblich
Ausmaß der Luftverschmutzung	minimal	minimal
Anzahl verhinderter Unfälle m. Personenschaden	5 pro Jahr	4 pro Jahr
Anzahl verhinderter Unfälle o. Personenschaden	10 pro Jahr	12 pro Jahr
Kosten	100 Mio. €	50 Mio. €

Die KWA ist letztendlich wie die NWA eine „Notfallmethode", die nur dann verwendet werden sollte, wenn es sich um kleine Projekte handelt, die keine besseren, teureren Methoden rechtfertigen.

Das durch die Berücksichtigung vieler Wirksamkeitsdimensionen verursachte Entscheidungsproblem wird vereinfacht, wenn nur ein einziger hinreichend konkreter Wirksamkeitsmaßstab verwendet wird bzw. eine Maßnahme eine klare Zielrichtung hat. Bildet man dagegen – wie im vorangehenden Beispiel der Nutzwertanalyse – abstrakte Nutzwerte, wären x-(Nutzwert-)Punkte gegen x € abzuwägen, was – wie oben illustriert – kaum rational entscheidbar ist.

Insbesondere in der Medizin werden Maßnahmen/Therapien/Diagnostiken häufig anhand eines einzigen Wirkungsmaßstabes beurteilt. Zum Beispiel lässt sich der Erfolg von Maßnahmen gegen Bluthochdruck durch die bei den Behandelten erreichte durchschnittliche Blutdrucksenkung abbilden. Erfolgsmaße wie die Zahl entdeckter Krankheiten (bei Diagnoseverfahren) oder die Zahl beschwerdefreier Tage sind ebenfalls relativ leicht handhabbar. Verbreitet ist auch der aufwendigere Indikator „Gewinn an (qualitätsbereinigten) Lebensjahren". Auf anderen Gebieten kann man grundsätzlich analog verfahren. Beispielsweise könnten die Wirkung von arbeitsmarktpolitischen Programmen durch die Zahl der neu geschaffenen qualitätsbereinigten Arbeitsplätze und bildungspolitische Aktionen anhand von PISA-Punkten[176] gemessen werden.

Ein Problem einfacher oder eindimensionaler Wirkungsmaßstäbe besteht darin, dass damit nur Maßnahmen vergleichbar sind, deren Wirkungen sich durch einen bestimmten Maßstab – z. B. Blutdruck – abbilden lassen. Maßnahmen mit unterschiedlichen Zielrichtungen und Wirkungen – beispielsweise auf Blutdruck, auf Cholesterinblutwerte, Schmerzintensität, Beweglichkeit – sind nicht vergleichbar. Zweitens lassen sich bei Verwendung einfacher Indikatoren Nebenwirkungen nicht abbilden. Diese Probleme haben – wenigstens auf dem Gebiet der gesundheitsökonomischen Evaluation – zur Entwicklung sog. generischer Maße/Indikatoren geführt. Diese Maße – auch als „Nutzwerte" bezeichnet – sollen den Vergleich von Maßnahmen mit unterschiedlichen Zielrichtungen und Nebenwirkungen ermöglichen. Die Gegenüberstellung dieser Nutzwerte und den damit verbundenen Kosten führt zur Kosten-Nutzwert-Analyse.

---

[176] In den im Rahmen des von der OECD entwickelten Programme for International Student Assessment durchgeführten sog. PISA-Studien werden Schülerleistungen mit Hilfe einer normierten Punkteskala erfasst. Solche Punktwerte kann man prinzipiell als Outcome-Indikator verwenden. Deren Qualität ist natürlich im Einzelfall zu hinterfragen (zur – methodischen – Kritik an der PISA-Studie 2003 vgl. Wuttke 2007).

4.3.4.2   Kosten-Nutzwert-Analyse

Die Kosten-Nutzwert-Analyse (KNWA) ist im Gesundheitswesen verbreitet.[177] Als generischer Ergebnisindikator (Nutzwert) dienen dabei häufig qualitätsbereinigte Lebensjahre (**Q**uality **A**djusted **L**ife **Y**ears – QALYs).[178] Mittels dieses Indikators können prinzipiell völlig verschiedene – also grundsätzlich auch nichtmedizinische – Maßnahmen verglichen werden, sofern sie lebensverlängernd wirken. Die Qualitätsbereinigung wird vorgenommen, um eine wirkliche Vergleichbarkeit zu gewährleisten.

Hintergrund dieser Verfahrensweise sind diverse Experimente und Befragungen, die – wie auch der gesunde Menschenverstand – darauf schließen lassen, dass Menschen den Wert (Nutzen) einer Lebensverlängerung von dem damit einhergehenden Gesundheitszustand bzw. der Lebensqualität abhängig machen. Es ist eben nicht das Gleiche, ob man z. B. ein Jahr bei vollkommener Gesundheit länger lebt oder dabei mangels Mobilität ans Bett gefesselt ist.

Um verschiedene Gesundheitszustände miteinander zu vergleichen, werden diese gemäß des QALY-Konzeptes auf eine Skala zwischen 0 (Tod) und 1 (vollkommene Gesundheit) normiert. Diese Skalen werden über Befragungen und Entscheidungsexperimente mit Testpersonen gewonnen. Folglich spiegeln sich in den QALYs die Präferenzen von Testpersonen bzw. potentiell betroffener Personen und nicht die der Planer, Analytiker oder Entscheidungsträger wider. Änderungen von Gesundheitszuständen werden auf dieser Skala (z. B. als Differenz zwischen Skalenwert mit Behandlung und Skalenwert ohne Therapie) abgebildet. Multipliziert man die Skalenwertänderung bzw. -differenz mit der Wirkungsdauer der zu untersuchenden Maßnahme bei den behandelten Personen, erhält man die durch die Maßnahme gewinnbaren bzw. gewonnenen qualitätsbereinigten Lebensjahre.

Zur Verdeutlichung des QALY-Konzeptes betrachten wir Abb. 4.4. Auf der Ordinate ist der Lebensqualitätsindex abgetragen, während die Abszisse die Länge des Lebens (Lebensquantität) skaliert. Nehmen wir an, eine Person wird zum Zeitpunkt 0 vollkommen gesund geboren. Im Laufe des Lebens schwankt die Lebensqualität durch Erkrankungen und Umwelteinflüsse. Zum Zeitpunkt t_k trete nun eine schwere Erkrankung ein. Unbehandelt würde das Leben ent-

---

[177] Vgl. z. B. Garber (2000), Drummond u. a. (2005).

[178] Ausführlicher zum QALY-Konzept z. B. Schöffski/von der Schulenburg (2012), S. 71 ff. und Drummond u. a. (2005), S. 173 ff. u. 326 ff.

lang der „Lebenslinie" L_1 verlaufen und zum Zeitpunkt T_1 enden. Nun sei eine Therapie zur Behandlung der Erkrankung verfügbar. Diese Therapie würde entlang der „Lebenslinie" L_2 zwischen den Zeitpunkten t_k und t^* zu einer geringeren Lebensqualität führen als bei Nichtbehandlung. Ab t^* sei die Lebensqualität mit oder nach der Therapie jedoch höher. Das Leben würde dann zum Zeitpunkt T_2 enden. Der nominale Gewinn an Lebensjahren wäre $T_2 - T_1$. Der Gewinn an qualitätsbereinigten Lebensjahren ergibt sich dagegen aus der Differenz der Flächen (Integrale) unter L_2 und L_1. Dies entspricht in Abb. 4.4 der Differenz zwischen den Flächen B und A, also B – A.

Setzt man die mit einem Programm/einer Therapie gewinnbaren QALYs in Relation zu den Programmkosten, erhält man den Kosten-Wirksamkeits-Quotienten des Programms: Programmkosten/Zahl der QALYs = Kosten pro gewonnenem bzw. gewinnbarem qualitätsbereinigten Lebensjahr. Stellt man die Kosten pro zusätzlichem Lebensjahr verschiedener Programme in aufsteigender Reihenfolge gegenüber, ergeben sich Programm- oder Maßnahmen-Ranglisten (sog. **League tables**). Diese „League tables" sollen den Entscheidungsträgern (und evt. auch der Öffentlichkeit) Informationen über die relative Vorteilhaftigkeit bzw. (Outcome-)Effizienz von Programmalternativen geben.

Abb. 4.4:   Lebensquantität und -qualität – dargestellt mittels QALYs

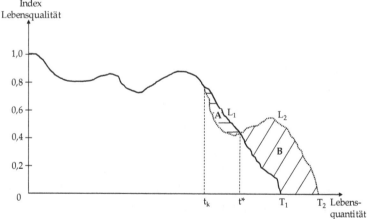

Ein aus Großbritannien stammendes Beispiel für ein League table findet sich in Tabelle 4.14. Danach ließe sich ein qualitätsbereinigtes Lebensjahr am kostengünstigsten für nur 220 £ (in Preisen von 1990) durch Cholesterin-Tests und eine cholesterinfreie oder cholesterinarme Ernährung von Personen mit hohem Blut-Cholesterinspiegel gewinnen. Alle anderen in der Tabelle aufgeführten Prozeduren weisen zum Teil sehr viel ungünstigere Kosten-Outcome-Verhältnisse auf.

Allerdings sind derartige „Programm-Hitlisten", die aus einer Zusammenstellung der Ergebnisse verschiedener Kosten-Nutzwert-Analysen resultieren, mit Vorsicht zu interpretieren. Zum Ersten sind die Ergebnisse verschiedener Kosten-Nutzwert-Analysen aufgrund methodischer Unterschiede oder differierender gesellschaftlicher und sozialer Kontexte nicht unbedingt miteinander vergleichbar. Zweitens wird im vorliegenden Beispiel z. B. nicht unterschieden, ob sagen wir vier Personen jeweils ein Viertel Lebensjahr oder zehn Personen ein Zehntel eines Lebensjahres gewinnen. Es bleibt auch offen, ob sich die Lebensqualität von Personen mit hoher oder geringer Lebensqualität erhöht. Mit anderen Worten: League tables geben keine Auskunft über die Verteilungswirkungen der aufgeführten Maßnahmen. Fehlende „Verteilungsinformationen" können gewünscht, aber auch unerwünscht sein.

Tab. 4.14:   Programm-Rangliste („League table") gesundheitspolitischer Maßnahmen

Maßnahme	Gegenwartswert der Kosten eines zusätzlichen QALYs (in £ 1990)
Cholesteroltest und ausschließliche Diät	220
Neurochirurgischer Eingriff bei einer Kopfverletzung	240
Rat des Hausarztes, das Rauchen einzustellen	270
Neurochirurgischer Eingriff bei subarachnoidaler Hirnblutung	490
Anti-hypertensive Therapie zur Vermeidung eines Schlaganfalls	940
Schrittmacherimplantation	1.100
Herzklappen-Ersatz bei einer Aortenstenose	1.140
Hüftendoprothese	1.180
Cholesteroltest und anschließende Behandlung	1.480
Koronare Bypass-Operation wegen schwerer Angina pectoris	2.090
Nierentransplantation	4.710
Brustkrebsreihenuntersuchung	5.780
Herztransplantation	7.840
Kontrolle des Gesamt-Serumcholesterins und Behandlung	14.150
Heim-Hämodialyse	17.260
Koronare Bypass-Operation wegen leichter Angina pectoris	18.830
Ambulante Peritonealdialyse	19.870
Krankenhaus-Hämodialyse	21.970
Erythropoietin Behandlung bei Anämie von Dialyse-Patienten (bei angenommener 10 %iger Reduktion der Mortalität)	54.380
Neurochirurgischer Eingriff bei bösartigen intrakraniellen Tumoren	107.780
Erythropoietin Behandlung bei Anämie von Dialyse-Patienten (bei angenommener Konstanz der Mortalität)	126.290

Quelle: Schöffski/von der Schulenburg (2012), S. 82.

Ein weiteres Problem stellen Skalen- bzw. Größeneffekte dar. Die in den Tabellen angegebenen Durchschnittskosten beziehen sich jeweils auf ein bestimmtes Skalenniveau. Falls wir steigende Grenzkosten der Untersuchung und Behandlung unterstellen, werden die Kosten pro QALY für jede Maßnahme mit zunehmendem Durchdringungsgrad der Bevölkerung steigen. So könnte es sein, dass sich die Kosten zur Gewinnung eines Lebensjahres mittels Cholesterin-Tests zwischen dem 10 millionsten und dem 20 millionsten Einwohner –

anders als bei den ersten der Maßnahme unterworfenen Einwohnern – nicht mehr auf 220 £, sondern vielleicht auf 2.220 £ belaufen. Es könnte also sinnvoll sein, Cholesterin-Tests auf einen bestimmten Personenkreis zu begrenzen und darüber hinaus andere Maßnahmen vorzuziehen. Dies ist jedoch aus Maßnahmenranglisten nicht ohne weiteres zu erkennen.

Kosten-Nutzwert-Ranglisten nach Art der League tables sind also im Grunde nur dann vorbehaltlos aussagekräftig, wenn zum einen die Wirkungen gleich bzw. vergleichbar sind und zum zweiten keine Größeneffekte vorliegen. Nur unter diesen Voraussetzungen erlauben Kosten/Nutzwert-Quotienten eine eindeutige Bestimmung der Projekt-Reihenfolge.

Betrachten wir nun ein Beispiel, in dem Skalen- bzw. Größeneffekte vorliegen. Wir nehmen an, es sind zwei sich gegenseitig nicht ausschließende Programme mit verschiedenen Ausbaustufen bzw. Durchführungsvarianten zu untersuchen. Programm I weist fünf Ausbaustufen A – E auf und Programm II umfasst drei Ausbaustufen F – H. A ist die niedrigste und E die höchste Ausbaustufe von Programm I, während F die niedrigste und H die höchste Ausbaustufe von Programm II darstellt. Mit jeder nächsthöheren Ausbaustufe steigen sowohl die Zahl der QALYs bzw. gewonnener Lebensjahre als auch die Kosten. Wir gehen ferner davon aus, dass die beiden Programme unabhängig von ihrer Ausbaustufe miteinander kombiniert werden können. Darüber hinaus besteht die Möglichkeit, nichts zu tun (Variante 0).

In den Spalten 2 bis 4 von Tabelle 4.15 sind für jede Programmausbaustufe die Gesamtkosten (K), der absolute Gewinn an (qualitätsbereinigten) Lebensjahren (LJ) und die Kosten pro gewonnenem Lebensjahr (Durchschnittskosten = K / LJ) aufgeführt. Spalte 5 beinhaltet die zusätzlichen Kosten einer Programmausweitung z. B. von A nach B oder von F nach G (ΔK). Die durch eine Programmerweiterung zusätzlich gewonnenen Lebensjahre (ΔLJ) finden sich in Spalte 6. Spalte 7 zeigt die mit einem Übergang von einer Programmvariante zur nächsten (Programmausweitung) verbundenen Kosten pro zusätzlich gewonnenem Lebensjahr ($\Delta K / \Delta LJ$).

Programm I koste in Variante A 1 Mio. € und gewinnt dabei im Vergleich zum Status Quo ohne jegliche Maßnahme 40 qualitätsbereinigte Lebensjahre – im Folgenden einfach als Lebensjahre bezeichnet. Die Durchschnittskosten (Kosten pro Lebensjahr) betragen also 25.000 €. Variante B kostet 1,8 Mio. € bei einem absoluten Gewinn von 50 Lebensjahren. Dies entspricht 36.000 € pro Lebensjahr. Variante C führt zu einem Gewinn von 60 Lebensjahren bei Kosten in Höhe von 2 Mio. €. Damit betragen die Kosten pro Lebensjahr 33.333 € usw.

Tab. 4.15:   Kosten und Gewinn an Lebensjahren durch Varianten zweier Programme (Beispiel)

1	2	3	4	5	6	7
Variante	Kosten (K)	gewonnene Lebens-jahre (LJ)	Kosten pro Lebensjahr (K/LJ)	Zusatzkosten gegenüber der vorherigen Variante (ΔK)	zusätzl. gewonnene Lebensjahre (ΔLJ)	Kosten pro Lebensjahr bei Programmausdehnung(ΔK/ΔLJ)
Programm I						
0	0	0	0			
A	1.000.000	40	25.000	1.000.000	40	25.000
B	1.800.000	50	36.000	800.000	10	80.000
C	2.000.000	60	33.333	200.000	10	20.000
C	2.000.000	60	33.333	1.000.000	20	50.000
D	4.000.000	80	50.000	2.000.000	20	100.000
E	8.000.000	100	80.000	4.000.000	20	200.000
Programm II						
0	0	0	0			
F	1.800.000	30	60.000	1.800.000	30	60.000
G	2.200.000	35	62.857	400.000	5	80.000
H	2.800.000	40	70.000	600.000	5	120.000

Die unterste Stufe von Programm II – sie entspricht Variante F – kostet 1,8 Mio. € und bewirkt einen Gewinn von 30 Lebensjahren. Damit kostet ein gewonnenes Lebensjahr hier 60.000 € etc. Betrachtet man allein die Durchschnittskosten (Kosten pro gewonnenem Lebensjahr – K / LJ) aller Varianten, kommt man zu folgender Reihung: A, C, B, D, F, G, H, E. Variante A weist die geringsten und Variante E die höchsten Durchschnittskosten auf.[179]

In einem ersten Schritt lässt sich nun die Variante B ausschließen, weil sie nicht auf der Effizienzgrenze („Frontier") der Varianten von Programm I liegt

---

[179]   Es sei darauf hingewiesen, dass bei längerfristigen Programmen diskontierte Kosten und Nutzwerte einzusetzen sind (vgl. dazu z. B. Drummond u. a. 2005, S. 109 ff.). In diesem Fall liegt quasi eine dynamische Kosten-Nutzwert-Analyse vor.

bzw. von anderen Varianten dominiert wird (vgl. Abb. 4.5). Wenn es nämlich möglich wäre, die Ausbaustufen A und C jeweils zu halbieren, würde man mit 0,5 A und 0,5 C genauso wie mit Variante B 50 Lebensjahre gewinnen. Allerdings würden die Kosten bei einer Kombination von A und C nur $0,5 \cdot 1.000.000 + 0,5 \cdot 2.000.000 = 1.500.000$ € betragen.[180] Der Ausschluss aller dominierten bzw. ineffizienten Varianten – in der graphischen Darstellung liegen diese links bzw. oberhalb („nordwestlich") der Programmeffizienzgrenzen – stellt regelmäßig den ersten Schritt einer Kosten-Nutzwert-Analyse dar. Im vorliegenden Beispiel existiert mit B nur eine dominierte Maßnahme. Lägen noch weitere dominierte Maßnahmen vor, wären auch diese zu eliminieren.

Die Inklusion von Variante B verfälscht auch die Berechnung der Inkrementalkosten pro gewonnenem Lebensjahr. Dann würde ein Übergang von A zu B bedeuten, dass ein durch B gewonnenes zusätzliches Lebensjahr 80.000 € und bei einem Übergang von B zu C nur 20.000 € kostet. Schließen wir dagegen richtigerweise B aus und konzentrieren uns auf den relevanten Übergang von A zu C, erhalten wir Zusatzkosten in Höhe von 50.000 € pro Lebensjahr.

Die Analyse der durchschnittlichen Inkrementalkosten $\Delta K / \Delta LJ$ pro Lebensjahr hilft uns nun beim zweiten Schritt, nämlich der Ermittlung der optimalen bzw. wirtschaftlichsten Kombination der auf der Effizienzgrenze liegenden Programmvarianten. Ziel ist es, die gewinnbaren Lebensjahre bei gegebenen Kosten zu maximieren. Hiernach erhalten wir unter Ausscheidung von B die Reihenfolge A, C, F, G, D, H, E. Danach wäre bei knappen Ressourcen zuallererst die Variante A durchzuführen. Stünde noch Geld zur Verfügung, wäre als nächstes auf Stufe C aufzustocken. Falls das Budget dann immer noch nicht ausgeschöpft wäre, wäre des Weiteren zu Variante C von Programm I Variante F von Programm II hinzuzufügen usw. Diese anhand der Inkrementalkosten der Varianten entstandene Rangfolge, unterscheidet sich von der o. g. Reihenfolge nach den Durchschnittskosten. Im Vergleich zur Durchschnittskostenbetrachtung ist hier D hinter F und G zurückgefallen.

---

[180] Das Beispiel basiert auf dem Konzept der erweiterten Dominanz. Erweiterte Dominanz bedeutet, dass die Kosteneffektivitätsrate $\Delta K / \Delta LJ$ einer Variante größer ist als die der nächst wirksameren Variante bzw. eine Linearkombination zweier Alternativen eine dritte Alternative strikt dominiert. Strikte Dominanz würde dagegen vorliegen, wenn B entweder bei geringerem Outcome die gleichen Kosten wie C oder bei gleichem Outcome höhere Kosten als C verursachte.

Abb. 4.5:   Kosten und Wirksamkeit verschiedener Ausbringungsniveaus
             zweier Maßnahmen (Beispiel)

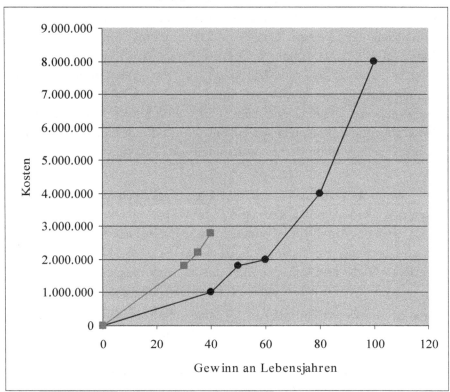

Die sukzessive Steigerung des Ausgaben- und Wirkungsniveaus ist in
Tab. 4.16 zusammengefasst. Spalte 3 zeigt die schrittweise kumulierten Kosten
der Programmvarianten (Σ Kosten) respektive das mit zunehmendem Wir-
kungsniveau erforderliche Budget. Würde man beispielsweise Programm I in
Variante C und zusätzlich Programm II in Variante F realisieren, wären dazu
3,8 Mio. € erforderlich. Insgesamt ließen sich damit 90 Lebensjahre (Spalte 5)
gewinnen. Auf maximalem Niveau würden beide Programme 10,8 Mio. € kosten und einen Gewinn von 140 Lebensjahren erbringen. Mit zunehmendem
Outcome steigen die Kosteninkremente (Spalte 6) pro Lebensjahr und die
Durchschnittskosten pro gewonnenem Lebensjahr (Spalte 7) bezogen auf die
Gesamtmaßnahmen. Es liegen also fallende Skalenerträge vor.

Bei der Auswahl der Varianten bzw. der Aufstellung des Gesamtprogramms
kommen die Entscheidungsträger nicht umhin, ihre Zahlungsbereitschaft oder

Zahlungsfähigkeit für den Gewinn an Lebensjahren zu offenbaren. Dies kann auf zweierlei Weise geschehen. Zum einen können die Entscheidungsträger explizit sagen, was sie für ein zusätzliches Lebensjahr zu zahlen bereit sind. Daraus ergibt sich dann das erforderliche Budget. Wären die Entscheidungsträger z. B. bereit, maximal 100.000 € für ein gewonnenes Lebensjahr zu zahlen, wären Programm I in Variante D und zusätzlich Programm II in Variante G zu realisieren. Das dazu erforderliche Budget beträgt 6,2 Mio. €.

Tab. 4.16:   Kumulierte Programmwirkungen (Beispiel)

1	2	3	4	5	6	7
Gesamt-pro-gramm	Zusatz-kosten (Δ K)	Gesamt-kosten (Σ K)	zu-sätzl. LJ (Δ LJ)	LJ insg. Σ LJ	Inkremen-talkosten pro LJ Δ K/ Δ LJ	Durch-schnitts-kosten Σ K/ Σ LJ
0						
A	1.000.000	1.000.000	40	40	25.000	25.000
C	1.000.000	2.000.000	20	60	50.000	33.333
C + F	1.800.000	3.800.000	30	90	60.000	42.222
C + G	400.000	4.200.000	5	95	80.000	44.211
D + G	2.000.000	6.200.000	20	115	100.000	53.913
D + H	600.000	6.800.000	5	120	120.000	56.667
E + H	4.000.000	10.800.000	20	140	200.000	77.143

In der Praxis werden dagegen regelmäßig Budgets für bestimmte Maßnahmen/Zwecke zur Verfügung gestellt. Würden hier z. B. zusammen 6,5 Mio. € für die Programme I und II bewilligt, folgt daraus, dass die implizite Zahlungsbereitschaft für ein Lebensjahr zwischen 100.000 und 120.000 € liegt. Mit 6,5 Mio. € lassen sich zwar die Varianten D und G verwirklichen, für D und H reicht der Betrag jedoch nicht mehr. Das heißt, die Entscheidungsträger sind nicht bereit, 120.000 € für ein weiteres Lebensjahr zu zahlen. So viel würde es nämlich kosten, wenn man H realisierte.[181]

---

[181]   Nun könnte man argumentieren, man würde ja gern mehr Geld für Programme zur Gewinnung von Lebensjahren ausgeben, aber dies sei nicht möglich. Bei Licht besehen überzeugt diese Behauptung nicht. Denn man kann regelmäßig auf andere Programme, die nicht auf den Gewinn von Lebensjahren angelegt sind, verzichten oder diese Programme kürzen, um mehr Geld für die Gewinnung von Lebensjahren zur Verfügung stellen zu können.

Das Beispiel verdeutlicht, dass es in einer Welt knapper Ressourcen logisch unmöglich ist, die Bewertung von Leben oder Lebensjahren zu vermeiden. Damit greift ein häufig zugunsten der KWA vorgetragenes Argument nicht. Diejenigen, die die KWA favorisieren, weil diese Methode keine Bewertung von Leben, Gesundheit, Bildung, Umwelt etc. erforderlich zu machen scheint, sind letztlich doch gezwungen, Kosten gegen Ergebnisse (Outcome) abzuwägen. Diese Abwägung erfolgt zumeist unausgesprochen (implizit) durch die Bewilligung von Budgets. Daher kann man bestenfalls sagen, dass die explizite, nicht aber die implizite Bewertung von Gütern/Ergebnissen vermeidbar ist.

Angesichts der Unvermeidlichkeit einer geldlichen Bewertung, stellt sich die Frage, wie viele Mittel der oder die Entscheidungsträger für zusätzliche Outcome-Einheiten zur Verfügung stellen sollten. Was ist ein zusätzliches Lebensjahr tatsächlich wert? Sind es 20.000 €, 100.000 €, 500.000 € oder mehr? Darauf gibt die Kosten-Nutzwert-Analyse keine Antwort. Damit kommt ein optimales Programmniveau, bei dem sich die Kosten und der Wert eines zusätzlichen Lebensjahres die Waage halten, höchstens zufällig zustande.[182]

Des Weiteren beschränkt sich der Anwendungsbereich der KNWA auf Projekte, deren Wirkungen/Outcomes sich durch ein generisches Nutzwertwertmaß abbilden lassen. Dies ist bei medizinischen Diagnose- und Therapiemöglichkeiten der Fall. Bei Projekten mit verschiedenen Wirkungsdimensionen verliert dagegen die KNWA schnell ihren Charme. Beispielsweise wirken sich Verkehrsprojekte nicht nur auf Leben und Gesundheit, sondern auch auf Reisezeiten und -kosten, auf den Landschaftsverbrauch usw. aus. Man könnte dann bestenfalls die Gesundheitswirkungen mit Hilfe des QALY-Ansatzes bewerten. Für die übrigen Wirkungen müssten andere Indikatoren verwendet werden. Dann landet man letztlich bei einer Nutzwertanalyse mit integrierter, auf eine oder bestimmte Wirkungen beschränkter KNWA. Damit wäre nicht viel gewonnen.

---

[182] In der Fachsprache liefert die Kosten-Nutzwert-Analyse technisch effiziente Programme oder Programmvarianten. Dies garantiert jedoch kein optimales Ausbringungsniveau und damit keine allokative Effizienz.

4.3.5   Kosten-Nutzen-Analyse

Wie oben bereits angemerkt, sind im Gegensatz zur Nutzwertanalyse und zur Kosten-Wirksamkeits-Analyse bei einer Kosten-Nutzen-Analyse (KNA) prinzipiell <u>alle</u> Projektwirkungen in Geldeinheiten auszudrücken.[183]

Grundsätzlich erfasst die KNA Nutzen und Kosten mit Hilfe des Rentenkonzepts bzw. des Konzeptes des sozialen Überschusses. Die **Konsumentenrente** wurde bereits in Abschnitt 3.3.2 vorgestellt. Sie bildet den Überschuss der Zahlungsbereitschaft der Konsumenten über den von ihnen für eine bestimmte Menge eines bestimmten Gutes zu zahlenden Betrag. Spiegelbildlich dazu stellt die **Produzentenrente** den Überschuss der Erlöse der Anbieter über den Betrag dar, den man ihnen mindestens zahlen müsste, damit sie eine bestimmte Menge eines bestimmten Gutes anbieten.

Zur Ermittlung der Konsumentenrente auf einem Markt benötigt man die (Markt-)Nachfragefunktion und für die Ermittlung der Produzentenrente die (Markt-)Angebotsfunktion. Erstere resultiert aus den individuellen Nachfragefunktionen der privaten Haushalte und gibt die marginale Zahlungsbereitschaft (synonym „Grenzzahlungsbereitschaft") der Nachfrager wieder. Dies ist die Zahlungsbereitschaft für jede zusätzliche Mengeneinheit eines Gutes. Im Normalfall sinkt der Grenznutzen mit jeder weiteren Mengeneinheit, die den Nachfragern zur Verfügung steht. Damit geht auch die Grenzzahlungsbereitschaft zurück. Die **Angebotsfunktion** bildet sich aus den individuellen Angebotsfunktionen der Anbieter, die wiederum deren Grenzkosten reflektieren. Im Normalfall werden steigende Grenzkosten angenommen.[184]

Abb. 4.6 stellt den sozialen Überschuss graphisch dar. Auf der Ordinate ist der Preis (p) und auf der Abszisse ist die Menge (x) für ein beliebiges Gut n abgetragen. Im angenommenen Marktgleichgewicht, welches graphisch dem Schnittpunkt G von Nachfrage- und Angebotsfunktion[185] auf dem Markt für das Gut n entspricht, stimmt die Konsumentenrente (KR) mit dem Dreieck

---

[183] Die Kosten-Nutzen-Analyse kann hier nur skizzenhaft behandelt werden. Für eine ausführliche Darstellung vgl. z. B. Mühlenkamp (1994) und Boardman u. a. (2011).

[184] Dies ist Standardlehrstoff der Mikroökonomik, welcher sich in (nahezu) jedem mikroökonomischen Lehrbuch findet (vgl. z. B. Pindyck/Rubinfeld 2013 oder Schumann/Meyer/Ströbele 2011).

[185] Hier werden entsprechend den üblichen Lehrbuchkonventionen tatsächlich die inverse Nachfragefunktion N = p(x) und die inverse Angebotsfunktion A = A(x) verwendet.

überein, welches durch die Eckpunkte $\bar{p}$, G und p* oberhalb des Marktpreises p* aufgespannt wird. $\bar{p}$ bezeichnet den sog. Höchstpreis. Kein Konsument ist bereit, diesen Preis zu zahlen, so dass bei $\bar{p}$ und allen (noch) höheren Preisen die Nachfragemenge Null ist. Die Konsumentenrente entspricht der Differenz aus dem Betrag, den die Konsumenten für die Menge x* auszugeben bereit wären (d. h. ihrer Zahlungsbereitschaft), und dem Betrag, den sie tatsächlich zahlen. Die Zahlungsbereitschaft wird durch die Fläche unter der Nachfragefunktion im Intervall zwischen 0 und x* angezeigt.[186] Die Zahlungsbereitschaft für eine bestimmte Gütermenge ist monetärer Ausdruck des Nutzens, den diese Gütermenge bei den Konsumenten stiftet. Tatsächlich müssen die Konsumenten „nur" den Betrag p* · x* ausgeben. Die Konsumentenrente als Differenz zwischen beiden Größen ist also als Überschuss der Zahlungsbereitschaft über den tatsächlich zu zahlenden Betrag und damit als „Nettoverbrauchernutzen" interpretierbar.

Abb. 4.6:   Der soziale Überschuss

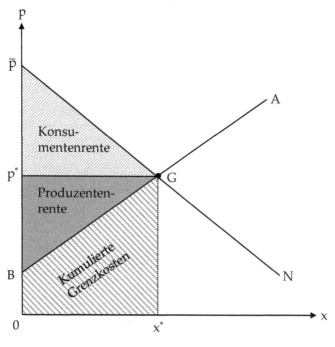

---

[186] Die Fläche unter der Nachfragefunktion lässt sich durch Integration der Nachfragefunktion errechnen. Analog dazu lassen sich Flächen unter Angebotsfunktionen durch Integration der Angebotsfunktion ermitteln.

Das Dreieck mit den Eckpunkten p*, G und B unterhalb des Marktpreises ist Abbild der Produzentenrente (PR). Die Ausgaben der Konsumenten p* · x* stimmen exakt mit den Einnahmen der Produzenten bzw. Anbietern überein. Den Anbietern müssten jedoch annahmegemäß für jede Mengeneinheit lediglich die Grenzkosten gezahlt werden, damit sie diese Mengeneinheit anbieten. Die Fläche unter der Angebotsfunktion zwischen 0 und x* gibt die kumulierten Grenzkosten für die Menge x* wieder. Die Produzentenrente ist damit der Überschuss der Erlöse über die notwendigen Zahlungen und damit ein Nettomaß für den „Produzentennutzen".

Für den **sozialen Überschuss** (SÜ), der als Maß für den gesellschaftlichen Nettonutzen (bzw. die sog. **Wohlfahrt**) fungiert, gilt: SÜ = PR + KR. Im Marktgleichgewicht stimmen Grenznutzen und Grenzkosten überein, so dass – bei Abwesenheit jeglicher Form von Marktversagen – das Marktgleichgewicht zugleich das Maximum des sozialen Überschusses auf diesem Markt impliziert. Jedes staatliche Projekt, welches den Marktpreis verändert, würde unter diesen idealtypischen Umständen zu einem Wohlfahrtsverlust führen.

Zur Veranschaulichung der grundsätzlichen Vorgehensweise bei der Bewertung öffentlicher Projekte mittels KNA nehmen wir beispielhaft an, die öffentliche Hand realisiere ein Verkehrsprojekt, welches die Transport- bzw. die Produktionskosten von Transportunternehmen senkt. Dies können wir auf dem Markt für Transportleistungen als Verschiebung der Grenzkosten- und damit der Angebotsfunktion der Verkehrsunternehmen nach unten von A auf A' interpretieren (vgl. Abb. 4.7). Daraus folgt ausgehend von dem ursprünglichen Marktgleichgewicht G das neue Marktgleichgewicht G', welches den Preis von Transportleistungen von p* auf p** reduziert und zu einer Mengenausweitung von x* auf x** führt.

Vor der Projektrealisation (oder alternativ ohne das Projekt) entspricht die Konsumentenrente der Verkehrsleistungsnachfrager dem schraffierten Dreieck a: KR = a. Nach Projektausführung entspricht sie der Summe aus den Flächen a, b und d, also KR* = a + b + d. Die Produzentenrente kommt vor dem bzw. ohne das Projekt durch die Flächen b und c zum Ausdruck: PR = b + c. Nach Projektdurchführung entspricht sie den Flächen c und e, d. h. PR* = c + e. Die Konsumenten gewinnen also b + d, während die Produzenten e – b gewinnen. Der Nettoeffekt/Nettonutzen des Projektes bzw. die Veränderung des sozialen Überschusses (ΔSÜ) ist KR* – KR = (a + b + c + d + e) – (a + b + c) = d + e. Darüber hinaus bringen Verkehrsprojekte typischerweise (Reise-)Zeitgewinne. Die Zeitgewinne werden durch die Multiplikation der gewonnenen Zeiteinheiten (h) mit adäquaten Geldwerten pro Zeiteinheit (GEₕ) monetarisiert.

Vom Projektnutzen in Form von ΔSÜ und Zeitgewinnen sind die Projektkosten abzuziehen. Zu diesen zählen auf jeden Fall die Kosten der öffentlichen Hand (Kö) für das Projekt in Form der Investitions- und laufenden Betriebskosten. Ferner existieren möglicherweise sog. externe Effekte, die ebenfalls einzurechnen sind. Bei Verkehrsprojekten ist von negativen externen Effekten bzw. externen Kosten (Kₑ) – z. B. in Gestalt von Umweltbelastungen – auszugehen. Damit gilt für den Projektwert (W) in diesem Beispiel: $W = \Delta S\ddot{U} + h \cdot GE_h - K_\ddot{o} - K_e$.

Abb. 4.7:   Änderung des sozialen Überschusses durch ein staatliches Projekt

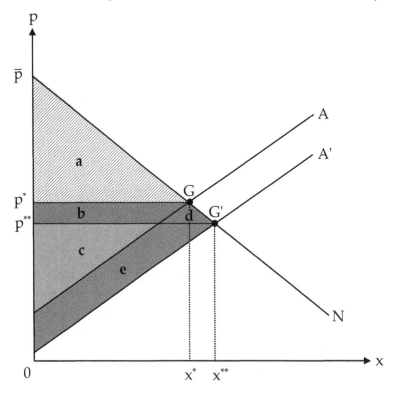

Bei öffentlichen Projekten, die langfristige Wirkungen entfalten, sind die damit verbundenen periodischen Kosten- und Nutzenströme auf einen Zeitpunkt zu beziehen, was regelmäßig durch Diskontierung auf den Zeitpunkt t = 0 bzw.

durch Ermittlung des Nettobarwerts (NBW) geschieht. Dann entspricht die Kosten-Nutzen-Analyse formal der Kapitalwertmethode, mit allerdings anderen Rechengrößen. Anstelle von Ein- und Auszahlungen werden Nutzen und Kosten angesetzt. Der Nettobarwert eines Projektes errechnet sich aus

$$NBW = \sum_{t=0}^{T} (N_t - K_t) \cdot (1+i)^{-t}.$$
(4.13)

N_t bezeichnet den monetarisierten Nutzen, K_t die monetarisierten Kosten zum Zeitpunkt bzw. in der Periode t und i den Diskontsatz.

Kommen wir nun auf das in Abschnitt 4.3.4.2 im Rahmen der Kosten-Nutzwert-Analyse (KNWA) verwendete Beispiel zur Gewinnung qualitätsbereinigter Lebensjahre (QALYs) zurück. Statt des Nutzwertes eines Lebensjahres wie im Rahmen der KNWA ist im Rahmen einer Kosten-Nutzen-Analyse (KNA) dessen Geldwert zu ermitteln. Dies wirft die Frage auf, wie Leben(sjahre) adäquat zu bewerten sind.[187] Methodisch existieren dazu zwei Ansätze. Der erste Bewertungsansatz zielt auf die Beobachtung von realem (Markt-)Verhalten. Da tatsächlich beobachtbar ist, dass in bzw. auf risikoreichen bzw. unfallträchtigen Berufen/Arbeitsplätzen unter sonst gleichen Umständen (gleiche Qualifikation, Arbeitszeit etc.) höhere Löhne als anderswo gezahlt werden, lässt sich durch ökonometrische Methoden der Anteil am Lohn isolieren, welcher zusätzlich für das Risiko gezahlt wird („hedonischer Lohn") und quasi die von den Arbeitnehmern geforderte Risikoprämie darstellt. Daraus kann auf den Wert eines statistischen Menschenlebens bzw. Lebensjahres geschlossen werden. Dieser Ansatz wird als **„Revealed Preferences Approach"** bezeichnet, weil er auf realem bzw. offenbartem Verhalten basiert. Ein zweiter Ansatz – die sog. **„Contingent Valuation"** – arbeitet mit Befragungen bzw. sog. Laborexperimenten. Beispielsweise könnte man eine repräsentative Personengruppe nach ihrer Zahlungsbereitschaft für eine bestimmte Sicherheitstechnik (z. B. im Auto), die die Wahrscheinlichkeit eines tödlichen Unfalls reduziert, oder hier eher für Maßnahmen, die die Lebenserwartung erhöhen, befragen. Dadurch werden quasi hypothetische Märkte kreiert, mit deren Hilfe sich der Wert eines Menschenlebens bzw. eines Lebensjahres ebenfalls ermitteln lässt.[188]

---

[187] An dieser Stelle werden einige Leser(inn)en möglicherweise empört reagieren, weil sie die Monetarisierung von Leben(sjahren) aus „moralischen" oder „ethischen" Gründen ablehnen. Dazu sollten Sie den Exkurs „Ökonomik vs. Ethik – Teil 2" lesen.

[188] Vgl. dazu z. B. Drummond u. a. (2005), S. 215 ff. und Schöffski/von der Schulenburg (2012), S. 374 ff.

Exkurs: Ökonomik versus Ethik? – Teil 2

Die Monetarisierung von Leben(sjahren) wird aus „moralischen" oder „ethischen" Gründen häufig abgelehnt. Aus Sicht des Verfassers ist diese Ablehnung zwar auf den ersten Blick nachvollziehbar, aber bei genauerer Analyse zum einen logisch inkonsistent und zum zweiten möglicherweise irrational.

Zum ersten: Nehmen wir an, es muss a) entschieden werden, ob ein Verkehrsprojekt durchgeführt werden soll oder nicht bzw. b) es muss zwischen zwei Verkehrsprojekten entschieden werden. Bei a) gäbe es ohne das Projekt x Verkehrstote, mit dem Projekt gäbe es x – 1 Verkehrstote. Das Projekt koste 2 Mio. €. Würde man das Projekt nicht durchführen, würde man das Menschenleben implizit mit weniger als 2 Mio. bewerten. Würde man es durchführen, würde man das Menschenleben mit mindesten 2 Mio. € bewerten. Bei b) unterstellen wir, ein Verkehrsprojekt A hätte einen Nettobarwert in Höhe von 4 Mio. € und ein Verkehrsprojekt B einen Nettobarwert in Höhe von 6 Mio. €. In beiden Fällen wäre die Bewertung von Leben als unmöglich bzw. Menschenleben als „intangibel" angesehen worden. Daher sei die Zahl der zu erwartenden Verkehrstoten in beiden Fällen lediglich als zusätzliche Information zu den Barwerten gegeben. Bei A nehmen wir 15 Tote und bei B 10 Tote an. Würde man sich unter expliziter Ablehnung der monetären Bewertung von Leben für A entscheiden, brächte man damit unvermeidlich zum Ausdruck, dass die Wertschätzung für ein (statistisches) Menschenleben weniger als 400.000 € beträgt. Die Abwägung von Leben und Gesundheit gegen Geld oder Opportunitätskosten ist im „wirklichen Leben" regelmäßig unvermeidlich.

Zum zweiten: Die Ablehnung der unvermeidlichen Abwägung von Menschenleben gegen andere Güter in expliziter Form führt lediglich dazu, dass diese Abwägung auf implizite und undurchschaubare Art geschieht. Dies ist inkompatibel mit rationalem Handeln, es sei denn die (psychischen) Kosten der Entscheidung über Menschenleben werden als so hoch erachtet, dass sie lieber dem Zufall überlassen wird.

Damit ist die Ökonomik nicht „zynisch" – wie Kritiker und Gegner behaupten. Ungünstigstenfalls kann man der Ökonomik vorwerfen, dass sie die – zugegebenermaßen unangenehme – Realität nicht ausblendet, sondern sich explizit mit ihr auseinandersetzt.

Mit Hilfe beider Verfahren lassen sich die marginale Zahlungsbereitschaft (MZB) bzw. ein funktionaler Zusammenhang zwischen der MZB und der

Menge der gewonnenen Lebensjahre (LJ) generieren. Diesen funktionalen Zusammenhang bezeichnen wir als **„Pseudo-Nachfragefunktion"**, weil er nicht unmittelbar aus beobachtbaren Marktdaten (direkte Märkte für Leben und Gesundheit existieren mangels Handelbarkeit bzw. Übertragbarkeit nicht – ebenso wie z. B. bei Umweltgütern), sondern mittelbar abgeleitet wird.

In Abb. 4.8 erkennen Sie eine horizontal verlaufende Pseudo-Nachfrage- bzw. Zahlungsbereitschaftsfunktion (MZB) für qualitätsbereinigte Lebensjahre (QALYs), die hier als LJ bezeichnet sind. Das heißt, wir gehen von einem konstanten Grenznutzen bzw. konstanter Zahlungsbereitschaft für LJ aus. Diese Annahme ist insofern plausibel als – anders als bei nicht qualitätsbereinigten Lebensjahren – ein Gewinn an Lebensjahren nicht mit Nutzeneinbußen durch verschlechterte Gesundheit bzw. Lebensqualität verbunden ist. Die Grenzkosten (GK) bzw. Kosten für ein zusätzliches LJ steigen dagegen. Auch diese Annahme ist plausibel, weil es gewöhnlicherweise mit zunehmender Zahl an Lebensjahren immer schwieriger und damit kostenintensiver wird, weitere Lebensjahre zu gewinnen.

Abb. 4.8:   Auswirkung einer staatlichen Maßnahme zur Gewinnung von Lebensjahren

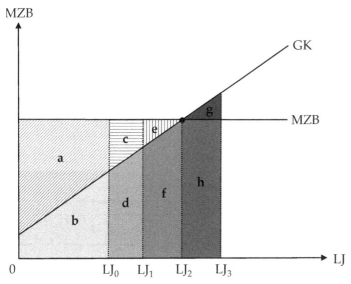

In der Ausgangssituation seien LJ_0 Lebensjahre erreicht. Dabei entsteht für die Bevölkerung ein Nutzen, der durch die Flächen a + b dargestellt wird. Die Kosten für die Regierung betragen b. Sofern keine weiteren Effekte zu berücksichtigen sind, beläuft sich der Nettonutzen bzw. die Wohlfahrt in dieser Situation (W_0) auf $W_0 = a + b - b = a$. Nun stellen wir uns vor, die Regierung stünde vor der Wahl, zusätzliche Mittel in Höhe von d, d + f oder d + f + h für die Gewinnung weiterer Lebensjahre zur Verfügung zu stellen. Damit würde die Zahl der gewonnen Lebensjahre von LJ_0 auf LJ_1, LJ_2 oder LJ_3 wachsen. Welche dieser drei Alternativen sollte die Regierung auswählen?

Würde die Regierung das Budget um d erhöhen, wäre der Nutzenzuwachs dieser Maßnahme $\Delta W_1 = c + d - d = c$. Würde die Regierung noch weitere Mittel mit einem Volumen von f zur Verfügung stellen, würden diese Mittel einen weiteren Wohlfahrtsgewinn in Höhe von $\Delta W_2 = e + f - f = e$ generieren. Nun könnte die Regierung das Budget nochmals um einen Betrag in Höhe von h aufstocken. Die mit diesem Schritt verbundene Wohlfahrtsänderung wäre $\Delta W_3 = h - (h + g) = -g$. Dieser Schritt würde also zu einem Wohlfahrtsverlust führen. Die Regierung sollte ihn nicht gehen. Optimal wäre die Budgetsteigerung um den Betrag d + f. Genau dies wäre das Resultat einer Kosten-Nutzen-Analyse.

Setzen wir nun nach der abstrakten Darstellung das bei der Kosten-Nutzwert-Analyse verwendete Zahlenbeispiel aus dem vorangehenden Kapitel fort. Wir unterstellen nunmehr, dass nicht nur die Kosten, sondern auch der Nutzen bzw. der Gewinn an qualitätsbereinigten Lebensjahren der dort aufgeführten Programmalternativen in Geldgrößen ausgedrückt ist. Dazu müssen wir den Wert eines qualitätsbereinigten Lebensjahres bzw. die marginale Zahlungsbereitschaft dafür kennen. Nehmen wir an, sie beträgt gemäß den Ergebnissen einer zuvor durchgeführten „Contingent Valuation" oder aufgrund von „Revealed Preferences" konstant 125.000 €. Dann ergeben sich die in Tab. 4.17 dargestellten Zahlen.

Tab. 4.17:   Kosten und Nutzen der Programmalternativen

1	2	3	4	5	6	7	8	9	10	11
Alternative	Σ Kosten	Σ LJ	Δ Kosten	Δ LJ	Σ Nutzen	Δ Nutzen	ΔK/ΔLJ	ΔN/ΔLJ	ΔN/ΔLJ - ΔK/ΔLJ	ΣNutzen - ΣKosten
A	1.000.000	40	1.000.000	40	5.000.000	5.000.000	25.000	125.000	100.000	4.000.000
C	2.000.000	60	1.000.000	20	7.500.000	2.500.000	50.000	125.000	75.000	5.500.000
C + F	3.800.000	90	1.800.000	30	11.250.000	3.750.000	60.000	125.000	65.000	7.450.000
C + G	4.200.000	95	400.000	5	11.875.000	625.000	80.000	125.000	45.000	7.675.000
D + G	6.200.000	115	2.000.000	20	14.375.000	2.500.000	100.000	125.000	25.000	8.175.000
D + H	6.800.000	120	600.000	5	15.000.000	625.000	120.000	125.000	5.000	8.200.000
E + H	10.800.000	140	4.000.000	20	17.500.000	2.500.000	200.000	125.000	-75.000	6.700.000

Demzufolge ist der Nutzen von Programm I in Alternative A mit 5 Mio. € zu beziffern. Variante C dieses Programms ergibt einen Nutzen von 7,5 Mio. €. Der Nutzen von Variante F von Programm II beträgt 3,75 Mio. € etc. (vgl. Spalte 6 von Tab. 4.17). Die Inkrementalkosten zur Gewinnung eines QALYs entsprechen denen aus Tab. 4.16 (vgl. Spalte 8 in Tab. 4.17), der Inkrementalnutzen ist konstant (Spalte 9). Der Inkrementalnettonutzen (Inkrementalnutzen minus Inkrementalkosten sinkt aufgrund der steigenden Inkrementalkosten. Bei der Variantenkombination E + H ist er sogar negativ (Spalte 10).

Vergleicht man Spalte (2), in der die kumulierten Gesamtkosten aufgeführt sind, mit dem ihnen gegenüberstehenden Gesamtnutzen in Spalte (6), weist jede Projektvariante einen Nutzenüberschuss auf (Spalte 11). Das heißt, jede Variante bzw. Variantenkombination ist für sich genommen vorteilhaft und von daher zu befürworten. Unter Verwendung der Nutzwert- bzw. Kosten-Wirksamkeits-Analyse kann man nicht zu einer solchen Aussage gelangen. Bei den beiden letztgenannten Verfahren bleibt immer unklar, ob ein Projekt – in welcher Variante auch immer – durchgeführt werden sollte oder nicht, weil dort Kosten und Ergebnisse auf unterschiedlichen Skalen abgebildet werden.

Darüber hinaus erlaubt uns die Kosten-Nutzen-Analyse die Auswahl der besten Alternative, d. h. derjenigen mit dem absolut höchsten Nettonutzen (Nutzen – Kosten). Es ist leicht zu erkennen, dass es – soweit keine engeren Budgetgrenzen existieren – sinnvoll ist, die Variantenkombination D + H zu wählen. Sie erbringt noch einen positiven Inkrementalnutzen und den höchsten Nettonutzen aller zur Auswahl stehenden Alternativen. Diese Kombination liefert 8,2 Mio. € „Nettonutzen". Dazu müssten 6,8 Mio. € bereitgestellt werden. Reicht das Budget nicht aus, um den optimalen Programmumfang zu finanzieren, sind die Projekte entsprechend der inkrementellen Nettonutzen (Spalte 10 in Tab. 4.16) zu ordnen und die Projekte mit dem höchsten Inkrementalnettonutzen zu finanzieren. Das heißt bei einem Budget von 2 Mio. € wäre C zu realisieren, bei einem Budgetvolumen von 4 Mio. € dagegen die Varianten C + F.[189] Graphisch wird dieser Sachverhalt in Abb. 4.9 deutlich. Dort sind die Kosten und Nutzen der einzelnen Programmstufen gegenübergestellt.

---

[189] Die Nutzenmaximierung bei gegebenem Budget entspricht dem in Abschnitt 2.1 dargestellten Maximalprinzip. An dieser Stelle wird deutlich, dass die Maximierung des gesellschaftlichen Nutzens nicht die Maximierung des Output-/Input bzw. des Nutzen-Kosten-Verhältnisses („juristisches Optimalprinzip") impliziert, dieses wäre bei Beschränkung auf Variante A der Fall, sondern die Einhaltung der Optimalbedingung Inkrementalkos-

Möglicherweise gibt es noch bessere Alternativen als die bisher zur Auswahl gestellten. Wir sehen aus Spalte (10) von Tab. 4.17, dass der Nettozusatznutzen der Kombination D + H noch positiv ist, während der zusätzliche Nettonutzen der Kombination E + H bereits negativ ist. Dies deutet darauf hin, dass es eine noch bessere Alternative geben könnte. Wären die Programme nicht nur stufenweise, sondern stetig erweiterbar, läge die optimale Variante, d. h. die Variante mit dem höchsten Nettonutzen zwischen den beiden genannten Variantenpaketen. Damit ließen sich zwischen 120 und 140 Lebensjahre gewinnen.[190]

Abb. 4.9:   Optimale Projektdimension

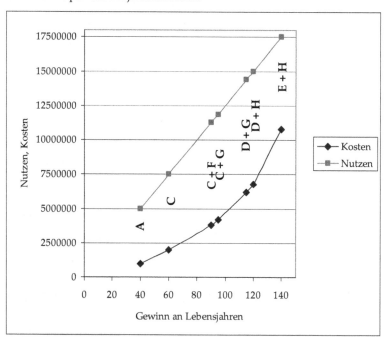

ten = Inkrementalnutzen bzw. Grenzkosten = Grenznutzen. Nur dann wird der Nettonutzen maximiert.

[190] Dies wäre (nur) dann möglich, wenn H in Kombination mit E ausgedehnt werden könnte, so dass die Zahl der gewonnenen Lebensjahre gegenüber der Kombination D + H steigt. Beispiel: 1,9 · H + 0,025 · E rettet gegenüber der Kombination D + G 10 zusätzliche Lebensjahre und kostet zusätzlich 1.240.000 Mio. €. Damit belaufen sich die Kosten pro zusätzlichem Lebensjahr auf 124.000 €. Insgesamt werden so 125 Lebensjahre bei Gesamtkosten in Höhe von 7.440.000 € gerettet.

Im Übrigen sollte man E + H auf keinen Fall wählen, selbst wenn die erforderliche Summe von 10,8 Mio. GE aufbringbar wäre. Die im Vergleich zu der Kombination D + H einzusparenden 4 Mio. GE sollten in ein anderes Projekt mit positivem Nettonutzen gesteckt werden. Der an andere Stelle entgangene Nutzen entspricht den – zu vermeidenden – Opportunitätskosten der unwirtschaftlichen Überdehnung des Projektes.

4.3.6   Beurteilung der gesamtwirtschaftlichen Verfahren

Von den hier vorgestellten drei Verfahren ist die **Nutzwertanalyse (NWA)** unter methodischen Gesichtspunkten das eindeutig schlechteste Verfahren. Die NWA liefert keine seriöse Entscheidungsunterstützung. Bestenfalls wird sich der Analytiker bei der Anwendung über die Art der Wirkungen verschiedener Projekte klar. Die Zusammenführung der verschiedenen Wirkungen zu Nutzwerten ist jedoch in höchstem Maße von den Vorlieben des Anwenders geprägt und damit willkürlich. Selbst wenn die ermittelten Nutzwerte frei von dieser Kritik wären, ließen sie lediglich eine Reihung verschiedener Projekte zu, ohne Aussagen über deren absolute Vorteilhaftigkeit zu ermöglichen. Es könnte also sein, dass selbst oder gerade die von diesem Verfahren als beste Alternative identifizierte oder gar alle Alternativen mehr kosten als sie nützen.

Die immerwährende Behandlung dieses Verfahrens in einschlägigen Lehrbüchern und in Arbeitsanleitungen zu Wirtschaftlichkeitsuntersuchungen sowie die anscheinend relativ große Beliebtheit dieses Verfahrens in der Praxis lässt sich wohl nur aus zwei Gründen erklären. Zum einen eben gerade aus der Manipulationsanfälligkeit: Mit diesem Verfahren lässt sich am leichtesten das gewünschte Ergebnis produzieren. Zum Zweiten erfordert dieses Verfahren keine tiefgehenden methodischen Kenntnisse, so dass es von jeder Person, die die vier Grundrechenarten beherrscht, anwendbar ist. „Manipulationseignung" und „Volkstümlichkeit" können jedoch nicht ernsthaft zu Gunsten dieses Verfahrens vorgebracht werden. Folglich gehört die Nutzwertanalyse schlichtweg aus dem Instrumentenkasten der Wirtschaftlichkeitsuntersuchungen verbannt.

Die **Kosten-Wirksamkeits-Analyse (KWA)** misst die Projektwirkungen mit Hilfe einer oder mehrerer nichtmonetären Skalen und stellt sie den in Geldeinheiten erfassten Projektkosten gegenüber. Sofern die Projektwirkungen nicht zu einem Wirkungsindikator bzw. einem Wert auf einer Skala aggregiert werden, wie dies bei der Kosten-Nutzwert-Analyse der Fall ist, dürfen die

Entscheidungsträger unter Umständen viele verschiedenartige und auf unterschiedlichen Skalen abgebildete Projektwirkungen gegeneinander und gegen die Projektkosten abwägen.

Angesichts der daraus resultierenden kognitiven Herausforderung stellt sich die Frage, ob die Kosten-Wirksamkeits-Analyse in dieser Form tatsächlich eine Hilfe/Unterstützung für Entscheidungsträger darstellt. Bei der Variante der **Kosten-Nutzwert-Analyse (KNWA)** müssen die Entscheidungsträger „lediglich" Nutzen- oder Outcome-Indikatoren wie gewonnene Lebensjahren gegen die damit verbundenen Kosten abwägen. Die Wahl eines einzigen Outcome-Indikators setzt allerdings voraus, dass ein Projekt tatsächlich nur eine Wirkungsdimension hat bzw. sich alle Wirkungen zu einem einzigen brauchbaren Indikator aggregieren lassen. Dies dürfte bei vielen Projekten aufgrund ihrer Wirkungsvielfalt nicht gelingen.

Des Weiteren lässt sich letztlich die Bewertung von vermeintlich nicht bewertbaren Gütern wie Leben, Gesundheit, Umwelt, Kultur etc. mit dieser Methode doch nicht vermeiden, so dass die KWA bei Licht besehen diesen vermeintlichen Vorteil gegenüber der Kosten-Nutzen-Analyse verliert. Zudem liefert die KWA keine Informationen über die absolute Vorteilhaftigkeit von Alternativen. Folglich ist in dieser Hinsicht der gleiche Einwand wie gegenüber der NWA anzubringen. Immerhin ermöglicht die Unterform der Kosten-Nutzwert-Analyse das Ausscheiden von kostenineffizienten Projektalternativen. Anders als die NWA stellt insbesondere die Kosten-Nutzwert-Analyse kein „Laienverfahren" dar, denn die Ermittlung von Nutzwerten, beispielsweise in Form gewonnener qualitätsbereinigter Lebensjahre, ist methodisch und analytisch durchaus anspruchsvoll.

Letzteres gilt in noch stärkerem Maße für die **Kosten-Nutzen-Analyse (KNA)**. Die Durchführung einer KNA erfordert speziellen Sachverstand und ist mit relativ hohem Aufwand verbunden, der wohl eher selten auf administrativer Ebene vorhanden bzw. dort bewältigbar ist. Infolgedessen wird man zur Durchführung von Kosten-Nutzen-Analysen vermutlich in den meisten Fällen spezialisierte Analytiker (Forschungsinstitute, Beraterbüros etc.) beauftragen müssen. Vielleicht wäre es die beste Lösung, wenn zur Vermeidung von Interessenkonflikten – wie von verschiedener Seite vorgeschlagen[191] – diese Aufgabe den Rechnungshöfen oder ähnlichen Instanzen zugeordnet würde.

---

[191] Vgl. z. B. Eekhoff (1986), S. 75 f. u. Downs/Larkey (1986), S. 135 ff.

Ein entscheidender Vorteil der KNA gegenüber den anderen Verfahren liegt in der einheitlichen Skalierung aller Projektwirkungen in Geldeinheiten. Damit erlaubt die KNA als einziges der zur Debatte stehenden Verfahren Aussagen über die absolute Vorteilhaftigkeit einzelner Projektalternativen. Zudem vermag sie auch eindeutig die unter Kosten-Nutzen-Gesichtspunkten vorteilhafteste Alternative zu identifizieren. Unter bestimmten Voraussetzungen lässt sich sogar die optimale Variante bzw. das optimale Ausmaß eines Projektes ermitteln. Schließlich lassen sich auch Projekte mit verschiedenen Wirkungsdimensionen bzw. aus unterschiedlichen Politikbereichen miteinander vergleichen.

Oft werden gegen eine Monetarisierung von Projektwirkungen – wie sie bei der KNA konsequent geschieht – a) ethisch-moralische Bedenken und der b) Einwand der „technischen" Unmöglichkeit vorgebracht. Oben wurde bezüglich des ersten Einwandes demonstriert, dass ein Verzicht auf eine monetäre Bewertung oder Güterabwägung unmöglich ist. Daher läuft dieser Einwand ins Leere. Die Kosten-Nutzen-Analyse führt lediglich zu einer expliziten monetären Bewertung, während die Bewertung bei den anderen Verfahren unausgesprochen (implizit) stattfindet. Insofern ist die KNA das transparentere, „ehrlichere" Verfahren.

Zudem basiert die Bewertung auf den Präferenzen der Betroffenen und nicht auf den Interessen und Vorlieben von Planern und Politikern. Eine Manipulation der Ergebnisse durch Zieldefinitionen, Bewertungsschlüssel und Gewichtungen wie bei der NWA ist nicht möglich, weil die KNA ohne diese Verfahrensschritte auskommt. Die Bewertung von Wirkungen bzw. von Nutzen und Kosten erfolgt über real existierende Märkte bzw. die Zahlungsbereitschaften der Betroffenen und nicht durch die Analytiker.

Der Einwand b), bestimmte Projektwirkungen seien einer monetären Bewertung nicht zugänglich („intangibel"), wird durch gebetsmühlenartige Wiederholung nicht richtig. Zumeist wird die Kritik an der Monetarisierung mit dem Hinweis auf bestimmte, ungeeignete Bewertungsverfahren begründet, die früher tatsächlich im Rahmen von KNA eingesetzt wurden. Diese Verfahren werden heute aber – zumindest wenn nach gegenwärtigem Stand der Bewertungstechnik gearbeitet wird – nicht mehr eingesetzt. Offensichtlich ignoriert diese Kritikerfraktion den methodischen Fortschritt, der in den letzten 20–30 Jahren insbesondere bei der monetären Bewertung nichtmarktlicher Güter erreicht wurde. Richtig ist vielmehr die Aussage, dass die monetäre Bewertung bestimmter Effekte sehr aufwendig sein kann. Daher rechtfertigt nicht die grundsätzliche Unmöglichkeit, sondern bestenfalls ein unvertretbar hoher Aufwand den Verzicht auf die monetäre Erfassung von Projektwirkungen, wodurch allerdings die logische Konsistenz einer KNA zerstört wird und die Entscheidungsträger gezwungen werden, „tangible" gegen „intangible" Effekte abzuwägen.

4.4   Zur Bedeutung und Bestimmung des Diskontsatzes

In Kapitel 4.2.2 zur dynamischen Investitionsrechnung wurde die Technik der Auf- und Abzinsung demonstriert. Die Höhe der anzusetzenden Zinssätze und ihre Bestimmung wurden dort jedoch ausgeklammert. Für praktische Wirtschaftlichkeitsuntersuchungen stellt sich gleichwohl die Frage, welche konkreten Zinssätze in Wirtschaftlichkeitsuntersuchungen anzusetzen sind – 2%, 3%, 5%, 10% oder andere Werte? – bzw. wie angemessene Zinssätze zu bestimmen sind.

Die Antwort auf diese Frage ist weder trivial noch unbedeutend. Bevor hier in Kapitel 4.4.2 auf die Bestimmung adäquater Zinssätze eingegangen wird, soll in Kapitel 4.4.1 die Wirkung des Zinssatzes auf den Wert von Zahlungs- bzw. Wertströmen und sein Zusammenwirken mit der zeitlichen Struktur der Zahlungs- oder Wertströme verdeutlicht werden, um zu begründen, warum eine sorgfältige und methodisch korrekte Bestimmung von Kalkulationszinssätzen bei dynamischen Wirtschaftlichkeitsuntersuchungen äußerst wichtig ist.

4.4.1   Die Bedeutung des Diskontsatzes und der Zahlungsstruktur

In Kapitel 4.2.2.1 wurde erkennbar, dass bei positiven Diskontsätzen der Wert einer zukünftigen Zahlung umso geringer ist, je weiter sie in der Zukunft liegt. Dies gilt für jeden beliebigen Diskontsatz größer als Null.

An dieser Stelle soll zum einen verdeutlicht werden, dass die Diskontierung zu einer invers exponentiellen Wertminderung, d. h. zu einem zunächst starken Wertverlust, der mit zunehmendem Betrachtungshorizont abnimmt, führt. Zum zweiten wird die Stärke des inversen Exponentialeffektes in Abhängigkeit vom Diskontsatz demonstriert. Betrachten wir dazu Tab. 4.18. Dort sind exemplarisch Abzinsungsfaktoren für verschiedene Zinssätze bei Laufzeiten von 10, 20, 30, 40 und 50 Jahren dargestellt. Um die Exponentialwirkung zu erkennen, ist die Tabelle spaltenweise bzw. vertikal zu lesen. Der Barwert eines Euros, der in 10 Jahren gezahlt wird, beträgt bei einem Zinssatz von 2,5%

ca. 78 Cent (oder gleichbedeutend 78% des Ausgangswertes). Nach 20 bzw. 30
bzw. 40 bzw. 50 Jahren sinkt der Barwert eines Euros bei diesem Zinssatz auf
61,03 bzw. 47,67 bzw. 37,24 bzw. 29,09 Cent (bzw. den entsprechenden Prozentwerten des Ausgangswertes). Der Wertverlust ist in den ersten Jahren relativ stark, fällt dann jedoch. Konkret beträgt der Wertverlust eines Euros im
ersten Jahrzehnt 22 Cent. Im zweiten Jahrzehnt beträgt der weitere Wertverlust 17 Cent, im dritten Jahrzehnt 13 Cent, im vierten Jahrzehnt 11 Cent und
im fünften Jahrzehnt 8 Cent.

Tab. 4.18:   Ausgewählte Abzinsungsfaktoren bei unterschiedlichen Zinssätzen und
             Laufzeiten

Zinssatz	2,5%	5%	7,17734%	10%	15%
Abzinsungs-faktor bei t = 10	$(1{,}025)^{-10}$ 0,7812	$(1{,}05)^{-10}$ 0,6139	$(1{,}0717734)^{-10}$ 0,5000	$(1{,}10)^{-10}$ 0,3855	$(1{,}15)^{-10}$ 0,2472
Abzinsungs-faktor bei t = 20	$(1{,}025)^{-20}$ 0,6103	$(1{,}05)^{-20}$ 0,3769	$(1{,}0717734)^{-20}$ 0,2500	$(1{,}10)^{-20}$ 0,1486	$(1{,}15)^{-20}$ 0,0611
Abzinsungs-faktor bei t = 30	$(1{,}025)^{-30}$ 0,4767	$(1{,}05)^{-30}$ 0,2314	$(1{,}0717734)^{-30}$ 0,1250	$(1{,}10)^{-30}$ 0,0573	$(1{,}15)^{-30}$ 0,0151
Abzinsungs-faktor bei t = 40	$(1{,}025)^{-40}$ 0,3724	$(1{,}05)^{-40}$ 0,1420	$(1{,}0717734)^{-40}$ 0,0625	$(1{,}10)^{-40}$ 0,0221	$(1{,}15)^{-40}$ 0,0037
Abzinsungs-faktor bei t = 50	$(1{,}025)^{-50}$ 0,2909	$(1{,}05)^{-50}$ 0,0872	$(1{,}0717734)^{-50}$ 0,0313	$(1{,}10)^{-50}$ 0,0085	$(1{,}15)^{-50}$ 0,0009

Dieser Effekt ist bei jedem Zinssatz erkennbar, mit steigenden Zinssätzen allerdings immer stärker ausgeprägt. Sehr anschaulich ist der Zinssatz 7,17734%,
bei dem sich der Wert nach jeweils 10 Jahren halbiert. Nach 10 Jahren hat der
Euro noch die Hälfte, nach 20 Jahren noch ein Viertel, nach 30 Jahren noch ein
Achtel – usw. – des ursprünglichen Wertes. Bei einem Zinssatz von 15% gehen
im ersten Jahrzehnt über 75% des Wertes verloren, im zweiten Jahrzehnt gut
weitere 18%, im dritten knapp 5% usw. Graphisch ist dies in Abb. 4.10 verdeutlicht.

Je länger die Laufzeit, desto drastischer sind die Unterschiede bei den Diskontfaktoren. Während der Barwert eines Euros nach 50 Jahren bei 2,5% immerhin
noch knapp 30% beträgt, beträgt er bei 10% nur noch knapp 9 Cent. Bei einem

Zinssatz von 15% ist er nur noch 9/10.000stel € = 0,09 Cent wert – also quasi wertlos.

Damit steigen nicht nur die absoluten, sondern auch die relativen Unterschiede zwischen den Barwerten mit der Zeitdauer. Bei einem Zinssatz in Höhe von 2,5% beträgt der Barwert das 1,27-fache des Barwerts bei einem Zinssatz von 5%, das 1,56-fache des Barwerts bei einem Zinssatz von 7,17734%, das 2,02-fache des Barwerts bei einem Zinssatz von 10% und das 3,16-fache des Barwerts bei einem 15%igen Zinssatz (Verhältnis der Barwerte in Zeile 2). Nach 50 Jahren lauten die entsprechenden Quotienten (Barwertverhältnisse) 3,34; 9,31; 34,15 und 315,28. Verwenden wir also beispielsweise statt eines 2,5%igen Zinses bei 50jähriger Laufzeit einen Zinssatz in Höhe von 10%, ist der Barwert des ersten Falls um den Faktor 34,15 größer als im zweiten Fall. Das Verhältnis der Barwerte bei Zinssätzen von 2,5% zu 15% beträgt sogar 315,28!

Abb. 4.10: Inflation bei ausgewählten Diskontsätzen

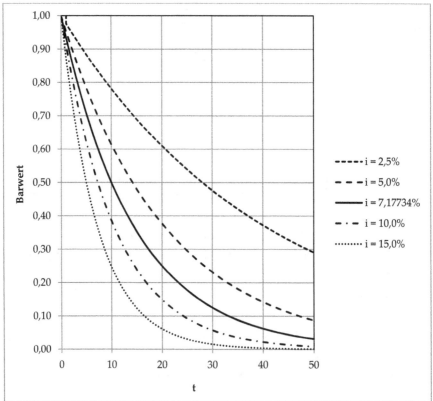

Der beschriebene Effekt gilt nicht nur für Einzelzahlungen, sondern auch für Zahlungsreihen, da letztere nichts anderes als eine Menge von Einzelzahlungen darstellen. Verteilen wir beispielsweise eine bestimmte Auszahlungssumme über mehr als eine Periode, ist ihr Barwert umso geringer, je weiter wir die Zahlungen bei gegebenem Zins in die Zukunft verlagern. Deshalb ist im Falle einer Diskontierung (und nur dann) neben dem Zinssatz auch die zeitliche Struktur der Zahlungsreihe bzw. die zeitliche Verteilung relevant. Diskontierung und die zeitliche Struktur von Zahlungsreihen sind im Zusammenhang zu sehen.

Tab. 4.19: Auswirkungen der Zahlungsstruktur auf den Barwert von Zahlungsreihen

Zeit-punkt (t)		i = 5%	i = 10%		i = 5%	i = 10%		i = 5%	i = 10%
	Geld-betrag (nomi-nal)	Geld-betrag (diskon-tiert)	Geld-betrag (diskon-tiert)	Geld-betrag (nomi-nal)	Geld-betrag (diskon-tiert)	Geld-betrag (diskon-tiert)	Geld-betrag (nomi-nal)	Geld-betrag (diskon-tiert)	Geld-betrag (diskon-tiert)
1	-50,00	-50,00	-50,00	-100,00	-100,00	-100,00	-150,00	-150,00	-150,00
2	-50,00	-47,62	-45,45	-100,00	-95,24	-90,91	-150,00	-142,86	-136,36
3	-50,00	-45,35	-41,32	-100,00	-90,70	-82,64	-150,00	-136,05	-123,97
4	-50,00	-43,19	-37,57	-100,00	-86,38	-75,13	-150,00	-129,58	-112,70
5	-50,00	-41,14	-34,15	-100,00	-82,27	-68,30	-150,00	-123,41	-102,45
6	-50,00	-39,18	-31,05	-100,00	-78,35	-62,09	-150,00	-117,53	-93,14
7	-50,00	-37,31	-28,22	-100,00	-74,62	-56,45	-150,00	-111,93	-84,67
8	-50,00	-35,53	-25,66	-100,00	-71,07	-51,32	-150,00	-106,60	-76,97
9	-50,00	-33,84	-23,33	-100,00	-67,68	-46,65	-150,00	-101,53	-69,98
10	-50,00	-32,23	-21,20	-100,00	-64,46	-42,41	-150,00	-96,69	-63,61
11	-150,00	-92,09	-57,83	-100,00	-61,39	-38,55	-50,00	-30,70	-19,28
12	-150,00	-87,70	-52,57	-100,00	-58,47	-35,05	-50,00	-29,23	-17,52
13	-150,00	-83,53	-47,79	-100,00	-55,68	-31,86	-50,00	-27,84	-15,93
14	-150,00	-79,55	-43,45	-100,00	-53,03	-28,97	-50,00	-26,52	-14,48
15	-150,00	-75,76	-39,50	-100,00	-50,51	-26,33	-50,00	-25,25	-13,17
16	-150,00	-72,15	-35,91	-100,00	-48,10	-23,94	-50,00	-24,05	-11,97
17	-150,00	-68,72	-32,64	-100,00	-45,81	-21,76	-50,00	-22,91	-10,88
18	-150,00	-65,44	-29,68	-100,00	-43,63	-19,78	-50,00	-21,81	-9,89
19	-150,00	-62,33	-26,98	-100,00	-41,55	-17,99	-50,00	-20,78	-8,99
20	-150,00	-59,36	-24,53	-100,00	-39,57	-16,35	-50,00	-19,79	-8,18
Σ	-2000,00	-1152,02	-728,84	-2000,00	-1308,53	-936,49	-2000,00	-1465,05	-1144,15

In Tab. 4.19 sind drei unterschiedliche Auszahlungsströme über 20 Jahre dargestellt, deren Auszahlungssumme nominal (undiskontiert) jeweils 2.000 Geldeinheiten (GE) beträgt. Die linke Zahlungsreihe weist in den ersten 10 Jahren jeweils Auszahlungen in Höhe von 50 GE und in den folgenden 10 Jahren Auszahlungen in Höhe von je 150 GE auf. Die mittlere Zahlungsreihe weist gleichmäßig über die gesamte Laufzeit Auszahlungen in Höhe von 100 GE auf. Dagegen fallen bei der rechten Zahlungsreihe in den ersten 10 Jahren jeweils Auszahlungen in Höhe von 150 GE und in der zweiten Hälfte der Laufzeit jeweils 50 GE pro Jahr an. Demzufolge kann man sagen, dass die Masse der Auszahlungen bei der linken Zahlungsreihe relativ spät stattfindet, bei der mittleren Zahlungsreihe gleichmäßig verteilt ist und bei der rechten Zahlungsreihe relativ früh liegt.

Diskontieren wir die drei Zahlungsreihen, wird die linke Zahlungsreihe den geringsten, die mittlere Zahlungsreihe den mittleren und die rechte Zahlungsreihe bei gegebenem Zinssatz den höchsten Barwert aufweisen. Dies gilt bei jedem positiven Zinssatz. Je weiter wir die Zahlungsmasse in die Zukunft verlagern, desto geringer ist unabhängig vom Zinssatz der Barwert und umgekehrt. Die Minimierung des Barwertes einer bestimmten Auszahlungssumme erreichen wir, indem wir den Gesamtbetrag erst am Ende der Laufzeit zahlen. Verteilen wir die 2.000 Geldeinheiten nicht über einen Zeitraum von 20 Jahren, sondern zahlen sie erst in 20 Jahren in einem Betrag, erhalten wir unter Entnahme der Diskontfaktoren aus Tab. 4.18 für i = 5% 2.000 · 0,3769 ≈ 753,75 GE und für i = 10% 2.000 · 0,1486 ≈ 297,29 GE. Geringere Barwerte dieser Auszahlungssumme sind bei gegebenem Zinssatz nicht möglich.

Natürlich sinkt der Barwert einer gegebenen Zahlungsreihe mit steigendem Zinssatz. Deshalb sind die Barwerte beim exemplarisch in Tab. 4.19 zugrundegelegten Zinssatz in Höhe von 5% geringer als bei einer ebenfalls exemplarisch gewählten 10%igen Verzinsung.

In Tab. 4.19 werden Zahlungsreihen mit in der Summe gleichen Nominalwerten verglichen. Heben wir die Annahme gleicher Nominalwerte auf, kann Diskontierung sogar dazu führen, dass Zahlungsreihen mit nominal summarisch höheren Beträgen einen geringeren Barwert aufweisen als Zahlungsreihen mit einer geringeren Nominalsumme. Dies sei mit Hilfe von Tab. 4.20 demonstriert. Dort vergleichen wir die Zahlungsreihen eines hypothetischen öffentlichen Projektes, von dem wir annehmen, dass es in zwei Varianten realisiert werden kann – zum einen in Eigenregie (in konventioneller Variante – KV) oder als sog. **Public Private Partnership (PPP)** mit privater Finanzierung.

Bei der konventionellen Variante investiert die öffentliche Hand in t = 0 unmittelbar 20 Mio. GE in das Projekt (Bau einer Infrastruktur). In den folgenden 20 Jahren werden für den Unterhalt jährlich 1.000.000 GE angesetzt. Bei der Finanzierungs-PPP erstellt eine private Projektgesellschaft die Infrastruktur auf eigene Rechnung und übernimmt gleichzeitig die Finanzierung. Den Anschaffungspreis und ihre insgesamt höheren Finanzierungskosten legt sie ab t = 1 über das jährlich zu zahlende PPP-Entgelt um (dies entspricht einem Ratenkauf der Infrastruktur durch die öffentliche Hand). Deshalb muss das PPP-Entgelt bei ansonsten gleicher Wirtschaftlichkeit höher sein als die jährlichen Folgezahlungen in der konventionellen Variante. Hier sind als jährliche PPP-Rate 2.500.000 GE unterstellt. Sofern die Unterhaltsausgaben denen der kon-

ventionellen Variante entsprechen, stellt der Betrag von 1,5 Mio. GE an dem
jährlichen PPP-Entgelt den Ratenkaufanteil dar. Da die Infrastruktur keine
unmittelbaren finanziellen Rückflüsse erzielt, finden in beiden Varianten nur
Auszahlungen statt, so dass alle Zahlenwerte negativ sind.

Tab. 4.20:   Wirtschaftlichkeitsvergleich bei unterschiedlichen Zahlungsstrukturen mit
             unterschiedlichen Diskontsätzen

t	undiskontiert		i = 2,5%		i = 5%	
	KV	PPP	KV	PPP	KV	PPP
0	-20.000.000	0	-20.000.000	0	-20.000.000	0
1	-1.000.000	-2.500.000	-975.610	-2.439.024	-952.381	-2.380.952
2	-1.000.000	-2.500.000	-951.814	-2.379.536	-907.029	-2.267.574
3	-1.000.000	-2.500.000	-928.599	-2.321.499	-863.838	-2.159.594
4	-1.000.000	-2.500.000	-905.951	-2.264.877	-822.702	-2.056.756
5	-1.000.000	-2.500.000	-883.854	-2.209.636	-783.526	-1.958.815
6	-1.000.000	-2.500.000	-862.297	-2.155.742	-746.215	-1.865.538
7	-1.000.000	-2.500.000	-841.265	-2.103.163	-710.681	-1.776.703
8	-1.000.000	-2.500.000	-820.747	-2.051.866	-676.839	-1.692.098
9	-1.000.000	-2.500.000	-800.728	-2.001.821	-644.609	-1.611.522
10	-1.000.000	-2.500.000	-781.198	-1.952.996	-613.913	-1.534.783
11	-1.000.000	-2.500.000	-762.145	-1.905.362	-584.679	-1.461.698
12	-1.000.000	-2.500.000	-743.556	-1.858.890	-556.837	-1.392.094
13	-1.000.000	-2.500.000	-725.420	-1.813.551	-530.321	-1.325.803
14	-1.000.000	-2.500.000	-707.727	-1.769.318	-505.068	-1.262.670
15	-1.000.000	-2.500.000	-690.466	-1.726.164	-481.017	-1.202.543
16	-1.000.000	-2.500.000	-673.625	-1.684.062	-458.112	-1.145.279
17	-1.000.000	-2.500.000	-657.195	-1.642.988	-436.297	-1.090.742
18	-1.000.000	-2.500.000	-641.166	-1.602.915	-415.521	-1.038.802
19	-1.000.000	-2.500.000	-625.528	-1.563.819	-395.734	-989.335
20	-1.000.000	-2.500.000	-610.271	-1.525.677	-376.889	-942.224
Σ	-40.000.000	-50.000.000	-35.589.162	-38.972.906	-32.462.210	-31.155.526
	-10.000.000		-3.383.743		1.306.684	

In der Summe führt die konventionelle Variante zu Nominalausgaben in Höhe
von 40 Mio. GE, während die PPP-Variante summarische Ausgaben in Höhe
von 50 Mio. GE erfordert. Bei einem zur Diskontierung angesetzten Zinssatz in
Höhe von 2,5% ist die konventionelle Variante um ca. 3,38 Mio. GE günstiger.
Wird dagegen mit einem 5%igen Zinssatz kalkuliert, ist die PPP um ca. 1,31

Mio. GE im Vorteil. Die höhere Diskontierung führt also dazu, dass die Variante, die den öffentlichen Haushalt über die Zeit mit einem nominal höheren Betrag belastet, in der WU besser abschneidet.[192]

An dieser Stelle wird das Zusammenwirken zwischen Zahlungsstruktur und Zinssatz sehr deutlich. Durch Verlagerungen von Zahlungen auf späte(re) Zeitpunkte in Verbindung mit einem hohen Diskontsatz können für Auszahlungsreihen mit nominal deutlich höheren Zahlungssummen günstigere Barwerte errechnet werden als für nominal deutlich günstigere Zahlungsreihen. Daher kann durchaus die Versuchung bestehen, politisch gewünschte Projekte durch die beiden Stellschrauben „Zinssatz" und „Gestaltung der Zahlungsreihen" in ein günstiges Licht zu stellen. Mit der Mechanik der Finanzmathematik ist es relativ einfach, entweder die konventionelle oder die PPP vorteilhaft erscheinen zu lassen. Dies ist ein nicht zu verkennender Schwachpunkt der dynamischen Wirtschaftlichkeitsrechnung.

Um Manipulationsmöglichkeiten wenigstens einzuschränken, sind haushaltsrechtliche Bestimmungen und unterstützende Ausführungen in den einschlägigen Leitfäden zu Wirtschaftlichkeitsuntersuchungen erforderlich, in denen Vorgaben zur Höhe bzw. zur Ermittlung von Diskontsätzen gemacht werden. Diese Thematik ist Gegenstand des folgenden Kapitels.[193]

4.4.2 Zur Bestimmung des Diskontsatzes

Die in den bisherigen Rechenbeispielen verwendeten Zinssätze wurden „aus der Luft gegriffen", was für die damit verfolgten didaktischen Zwecke ausrei-

---

[192] Es besteht die Gefahr, dass zukünftige Haushaltsbelastungen unterschätzt werden. „*Zur umfassenden Beurteilung sollte daher neben der Ermittlung der Barwerte als Entscheidungsgröße auch die Summe der Zeitwerte – als tatsächlich haushaltswirksame Größe – dargestellt und den Entscheidungsträgern bewusst gemacht werden*" (FM NRW 2007, S. 56). Dies dürfte jedoch nicht ausreichen. Deshalb ist die Finanzplanung dahingehend zu verbessern, dass alle zu erwartenden Zahlungen nicht nur über drei Jahre in die Zukunft, wie in der derzeitigen mittelfristigen Finanzplanung (MifriFi), sondern über die gesamte Projektlaufzeit projiziert werden und die **finanzielle Tragfähigkeit** von Projekten analysiert wird.

[193] Derzeit besteht in Deutschland und anderen europäischen Staaten ein Anreiz, PPP zur Umgehung von Schuldenregeln zu nutzen, weil de facto in den meisten Fällen nur die unmittelbare Kreditaufnahme der öffentlichen Hand, nicht aber die mittelbare Verschuldung über Finanzierungs-PPP als Staatsverschuldung gewertet wird. Deshalb bedarf es einer Änderung der entsprechenden Regeln für die Aufstellung von Jahresabschlüssen und die Finanzstatistik (vgl. Mühlenkamp 2014).

chend und zweckmäßig ist. Allerdings ist im nächsten Schritt zu klären, welcher Diskontsatz/welche Diskontsätze bei konkreten Wirtschaftlichkeitsuntersuchungen tatsächlich verwendet werden sollte(n). Diese Frage ist keineswegs rein akademischer Natur, weil Diskontsätze – wie in Kapitel 4.4.1 gezeigt – erheblichen Einfluss auf den Bar- bzw. Kapitalwert von Projekten haben. Deshalb können unangemessene oder fehlerhaft zugrunde gelegte Diskontsätze zu signifikanten Ergebnisverfälschungen führen.

Rechtlich-verfahrensmäßig ist die Frage nach den richtigen Diskontsätzen auf staatlicher Ebene einfach zu beantworten: Die Zinssätze werden auf Bundes- und Landesebene zentral vorgegeben. Für die obersten Bundesbehörden legt das Bundesfinanzministerium (BMF) jährlich einen einheitlichen nominalen Kalkulationszinssatz (sog. Durchschnittszinssatz) für Wirtschaftlichkeitsuntersuchungen gem. § 7 BHO per Rundschreiben fest. Dieser betrug beispielsweise 3,3% für 2011, 3,1% für 2012 und 1,7% für 2013.

Weiter heißt es in diesen Rundschreiben etwas sibyllinisch: *„Für Wirtschaftlichkeitsvergleiche* (es müsste heißen „Wirtschaftlichkeitsuntersuchungen" – Anm. des Verf.) *bei finanziell bedeutsamen und längerfristigen Maßnahmen, für die Handlungsalternativen mit einem wesentlichen privaten Finanzierungsanteil infrage kommen* (Hervorhebungen durch den Verf.), *sollen Zinssätze für gleiche Laufzeiten und Stichtage zugrunde gelegt werden."*[194] Damit ist gemeint, dass in diesem speziellen Fall, d. h. bei sog. **Öffentlich-Privaten-Partnerschaften (ÖPP)** oder neudeutsch **„Public Private Partnerships" (PPP)**[195] mit (wesentlicher) privater Finanzierung – abweichend vom Durchschnittszinssatz (bzw. von einer flachen Zinskurve) – für jeden Zahlungszeitpunkt der Zinssatz verwendet werden soll, den der Bund für eine laufzeitäquivalente Finanzierung zu zahlen hat. Dies entspricht der Zugrundelegung einer nichtflachen Zinskurve bzw. der sog. Zinsstrukturkurve.

Auf Ebene der Bundesländer ist die Lage – wie nicht anders zu erwarten – unterschiedlich: Einige Bundesländer übernehmen die Vorgaben des BMF, andere geben eigene, davon abweichende Diskontsätze vor. Die Situation auf kommunaler Ebene ist unübersichtlich. Auch hier scheint es – wenn überhaupt Vorgaben existieren – keine einheitliche Linie zu geben. Die unverbind-

---

[194] BMF (2014).

[195] Zu ÖPP bzw. PPP vgl. z. B. Mühlenkamp (2012b).

lichen landes- und kommunalspezifischen Leitfäden zu Wirtschaftlichkeitsuntersuchungen empfehlen in der Tendenz Durchschnittszinssätze.

Der Jurist oder die Juristin mag nun auf staatlicher Ebene befriedigt sein (wird aber auf kommunaler Ebene möglicherweise eine eindeutige Regelung vermissen), die Ökonomin oder der Ökonom ist es nicht, weil er oder sie sich die Frage stellt, welche Vorgehensweise vorzuziehen ist – a) Durchschnittszinssätze oder b) laufzeitabhängige Kalkulationszinssätze?

Vor dem Hintergrund des für die öffentliche Haushaltswirtschaft grundsätzlich geltenden Gesamtdeckungsprinzips liegt die Bildung eines **Durchschnittszinssatzes** nahe. Nach dem ursprünglich kameralistischen **Gesamtdeckungsprinzip** (auch: „Nonaffektationsprinzip") werden alle Ausgaben durch alle Einnahmen gedeckt. Übertragen auf die Doppik sind alle Aufwendungen durch alle Erträge bzw. alle Auszahlungen durch alle Einzahlungen zu decken. Demnach müsste davon ausgegangen werden, dass jedes öffentliche Projekt anteilig aus allen Finanzierungsformen (Krediten, Anleihen etc.) finanziert wird. Bezeichnen wir die Volumina der S verschiedenen Finanzierungen einer Gebietskörperschaft mit V_s, und die zugehörigen Zinssätze mit i_s, wobei $s = 1, \ldots, S$, dann ließe sich der durchschnittliche Refinanzierungszins d dieser Gebietskörperschaft folgendermaßen berechnen:

$$d \;=\; \frac{\sum\limits_{s=1}^{S} V_s \cdot i_s}{\sum\limits_{s=1}^{S} V_s}, \tag{4.14}$$

d. h., der Durchschnittszins stellt das mit den Finanzierungsvolumina der verschiedenen Finanzierungen gewichtete Mittel aller von der Gebietskörperschaft gezahlten Zinssätze dar. Tatsächlich ist der von einer Gebietskörperschaft im Durchschnitt gezahlte Zinssatz nur schwer bestimmbar, weil die dazu benötigten Informationen nicht vorliegen bzw. der damit verbundene Aufwand zu groß ist. Deshalb wird in der Praxis regelmäßig mit mehr oder weniger groben Näherungen gearbeitet. Für Berlin wird beispielsweise der Jahresdurchschnitt der Zinsen für 10-jährige Bundesanleihen zuzüglich eines Aufschlags von 0,2% empfohlen.[196]

---

[196] Vgl. Senatsverwaltung Berlin (2007), S. 18. Der Aufschlag dürfte wegen der im Vergleich zum Bund schlechteren Finanzierungskonditionen des Landes gewählt worden sein.

Die zum Teil als Alternative oder Ersatz für laufzeiteinheitliche Durchschnittszinsen vorgeschlagenen laufzeitabhängige Zinssätze werden durch sog. „**Zinsstrukturkurven**" (neudeutsch „**Yield curves**") abgebildet. Eine Zinsstrukturkurve (ZSK) gibt den Zusammenhang zwischen dem (Effektiv-) Zinssatz und der Wertpapier- bzw. Kreditlaufzeit – oder genauer zwischen den Renditen bzw. Zinsen und dem Zeitpunkt der Fälligkeit – wieder. Dabei können selbstverständlich nur Wertpapiere/Kredite mit gleichen (Ausstattungs-)Merkmalen (Kündigungsmöglichkeiten, Ausfallrisiko, Inflationsschutz usw.) verglichen werden. Das heißt, für unterschiedliche Wertpapiere/Kreditarten sind separate Zinsstrukturkurven zu bilden.

Im vorliegenden Kontext werden die (auch „**Spot-rates**" genannten) Effektivrenditen von hypothetisch risikofreien **Nullkuponanleihen** (neudeutsch „**Zerobonds**") zugrunde gelegt. Bei einer Nullkuponanleihe werden die über die Laufzeit anfallenden Zinsen und die Tilgung erst am Ende der Laufzeit (bei „Endfälligkeit") in einem Betrag gezahlt. Bundeswertpapiere gelten wegen ihres AAA-Ratings derzeit als nahezu risikolos, so dass sie dem Idealbild von risikofreien Zerobonds nahekommen. Das BMF verweist zur konkreten Anwendung in dem o. g. Rundschreiben auf die Zinssätze für börsennotierte Bundeswertpapiere, die für Laufzeiten von 1 bis 30 Jahren tagesaktuell dem Online-Angebot der Deutschen Bundesbank entnehmbar sind.[197]

Im Idealfall sind Nullkuponanleihen für alle relevanten Laufzeiten auf dem Kapitalmarkt beobachtbar. Da jedoch in der Realität regelmäßig nicht für jede Laufzeit Anleihen beobachtbar sind, ist die Herleitung einer Zinsstrukturkurve tatsächlich etwas komplexer. Die Deutsche Bundesbank verwendet dazu das sog. SVENSSON-Verfahren.[198]

---

[197] Vgl. Deutsche Bundesbank, Kapitalmarktstatistik, Tägliche Zinsstruktur am Rentenmarkt, Börsennotierte Bundeswertpapiere, http://www.bundesbank.de/Navigation/DE/ Statistiken/Zeitreihen_Datenbanken/Makrooekonomische_Zeitreihen/its_list_node.html? listId=www_s140_it03a, Abruf am 04.06.2014.

[198] Benannt nach dem schwedischen Ökonomen Lars Erik Oscar SVENSSON (*1947). Für längere Laufzeiten als von der Bundesbank angegeben müssen die Spot-rates basierend auf dieser Methode selbst ermittelt werden. Zur Berechnung von Zinsstrukturkurven vgl. z. B. Schich (1997), Hewicker/Cremers (2011) oder den Leitfaden des BMVBS (2013, S. 27).

Zur Illustration greifen wir beispielhaft auf die in Tab. 4.21 dargestellte 10-jährige Zinsstruktur für Bundesanleihen und sog. Jumbo-Pfandbriefe zurück.[199]

Tab. 4.21: Renditen und Restlaufzeiten von Bundesanleihen und Jumbo-Pfandbriefen

Restlaufzeit in Jahren	1	2	3	4	5	6	7	8	9	10
Bundesanleihen										
Rendite in %	0,04	0,04	0,13	0,27	0,45	0,60	0,85	1,05	1,25	1,43
Jumbo-Pfandbriefe										
Rendite in %	0,47	0,44	0,53	0,70	0,91	1,11	1,31	1,50	1,67	1,80

Quelle: Börse Frankfurt (2014), http://www.boerse-frankfurt.de/de/anleihen/zinsstruktur kurven, Abruf am 04.06.14.

Die Rendite für Bundesanleihen steigt ab dem zweiten Jahr mit zunehmender (Rest-)Laufzeit kontinuierlich von 0,04% auf 1,43%. Bei den „Jumbos" dagegen fällt die Rendite zunächst, um ab einer Laufzeit von zwei Jahren von 0,44% auf 1,8% anzusteigen. Tab. 4.21 gibt den Stand zum Zeitpunkt des Abrufs wieder. Sie ist damit – wie jede Zinsstruktur(kurve) – nur eine Momentaufnahme, weil sich die Konditionen entsprechend der Marktentwicklung jederzeit verändern können. Abb. 4.11 visualisiert den Zusammenhang.

Die (nominale) Zinsstrukturkurve beinhaltet die Inflationserwartungen der Marktteilnehmer und – da der Nominalzins abzüglich der Inflationsrate den Realzins ergibt – deren Erwartungen über die Entwicklung des Realzinsniveaus. Mit zunehmender Laufzeit steigt das Risiko, dass die reale Entwicklung von den Erwartungen zum Zeitpunkt des Wertpapierkaufs abweicht (Prognoserisiko).[200] Dies betrifft auch das Risiko, dass sich der Liquiditätsbedarf der

---

[199] Laut Börse Frankfurt werden als Jumbo-Pfandbrief Pfandbriefe bezeichnet, „deren Emissionsvolumen bei mindestens einer Milliarde Euro liegt. Der Begriff Jumbo-Pfandbrief ist dabei nicht gesetzlich definiert, es gibt aber Mindeststandards vom Verband deutscher Pfandbriefbanken." Börse Frankfurt, http://www.boerse-frankfurt.de/de/lexikon/ j/jumbo+pfandbrief+826, Abruf am 04.06.14.

[200] Das Inflationsrisiko lässt sich durch inflationsbereinigte Zinssätze ausschalten. In der Tat bietet der Bund auch inflationsindexierte Anleihen an. Allerdings geschieht dies relativ

Anleger auf unvorhergesehene Weise verändert. Daher steigt (bei risikoaversen Anlegern) der Zins mit zunehmender Laufzeit. Ein mit der Laufzeit steigender Zinssatz wird als **„normale Zinsstruktur"** bezeichnet. In Abb. 4.11 verläuft die Zinsstruktur für beide Wertpapiertypen ab zweijähriger Laufzeit „normal". Bei den Bundesanleihen ist die ZSK für ein- und zweijährige Laufzeiten „flach". Für Jumbo-Pfandbriefe ist sie am Anfang sogar „invers", d. h. das Zinsniveau fällt mit steigender Laufzeit.

Abb. 4.11:   Zinsstrukturkurve für Bundesanleihen und Jumbo-Pfandbriefe über einen Zeitraum von 10 Jahren (Jumbo blau bzw. dunkel)

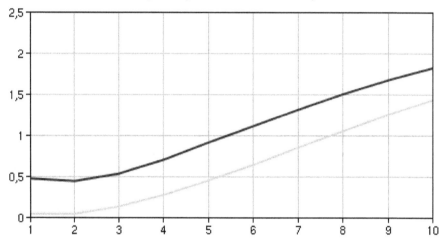

Quelle: Börse Frankfurt (2014), http://www.boerse-frankfurt.de/de/anleihen/zinsstruktur kurven, Abruf am 04.06.14.

Wendepunkte der ZSK deuten darauf hin, dass die Marktteilnehmer von einen Wechsel der Marktzinsentwicklung ausgehen – also von einem Übergang von einer Hochzins- zu einer Niedrigzinsphase oder umgekehrt. Erwarten die Anleger fallende Zinsen, werden sie lieber in sog. Langläufer investieren, so dass die Nachfrage am sog. langen Ende der ZSK steigt. Dies schmälert dort die Renditen und erklärt inverse Zinsstrukturen. Der umgekehrte Fall drückt die Renditen von Kurzläufern und befördert damit den Trend zu einer „normalen" Zinsstruktur.

---

selten bzw. in relativ geringem Umfang, so dass nicht genügend Daten zur Berechnung einer inflationskorrigierten Zinsstruktur vorliegen.

Die Anwendung der Zinsstrukturkurve bei Wirtschaftlichkeitsuntersuchungen folgt dem **Opportunitätskostengedanken**: Wenn die öffentliche Hand im Rahmen einer Projektdurchführung Zahlungen zu einem oder zu verschiedenen Zeitpunkten zu leisten hat, stellt sich die Frage nach der besten Alternative zu dieser bzw. diesen Zahlung(en). Der entgangene Nutzen der besten Alternative entspricht genau den Opportunitätskosten. Die beste Alternative bestünde nun darin, dass die öffentliche Hand anstelle der Zahlungen für das zu untersuchende Projekt zu identischen Zeitpunkten identische Zahlungen für einen anderen Zweck leisten würde. Dies wäre genau dann der Fall, wenn sie das Versprechen, Zahlungen zu den durch das Projekt bestimmten Zeitpunkten zu leisten, zum Zeitpunkt 0 meistbietend verkaufen würde. Dies ist ökonomisch gleichbedeutend mit einer fristenkongruenten Projektfinanzierung. Damit widerspricht der ökonomisch zu bevorzugende Opportunitätskostenansatz formal dem Gesamtdeckungsprinzip.

Gegen formal mit dem Gesamtdeckungsprinzip vereinbare Durchschnittszinssätze spricht jedoch noch ein weiterer gewichtiger ökonomischer Grund – Arbitragemöglichkeiten und die damit verbundene Gefahr einer ineffizienten Projektrealisierung. Die Möglichkeit zur **(Zins-)Arbitrage** bietet sich dann, wenn Laufzeiten existieren deren Zinssätze unterhalb des Durchschnittszinssatzes liegen, und Laufzeiten vorhanden sind, bei denen sie darüber liegen. Das daraus resultierende Problem lässt sich leicht demonstrieren:[201]

Angenommen die öffentliche Hand müsste bei Projektdurchführung in Eigenregie („Eigenfertigung") zum Zeitpunkt $t = 0$ (heute) den Betrag Z_0 ausgeben und es existiert ein Privater, der ebenfalls Z_0 für das Projekt aufwenden müsste. Dann könnte der Private der öffentlichen Hand anbieten, das Projekt durchzuführen und sich dafür erst später zum Zeitpunkt t bezahlen zu lassen. Der Preis bzw. die Zahlung, den bzw. die der Private zum Zeitpunkt t verlangt, sei

$$Z_0 \cdot (1+d)^t - x = Z_t . \tag{4.15}$$

Z_t enthält sowohl die Tilgung als auch die über die Laufzeit kumulierten Zinsen. Damit entspricht Z_t einem Zerobond bzw. einem endfälligen Darlehen mit dem Zahlungszeitpunkt t. d bezeichnet den – wie auch immer ermittelten – Durchschnittszins. x sei größer als Null.

---

[201] Die Grundidee der folgenden Darstellung findet sich bei Beckers u. a. (2009), S. 56 ff.

Die öffentliche Hand wird diesem Angebot kaum widerstehen können, weil der mittels d berechnete Barwert der privaten Projektrealisation unter den bei Eigenfertigung notwendigen Auszahlungen Z_0 liegt:

$$\frac{Z_t}{(1+d)^t} = Z_0 - \frac{x}{(1+d)^t} < Z_0. \qquad (4.15a)$$

Das heißt, der Barwert der Zahlung Z_t ist aus Sicht einer Gebietskörperschaft, die den Einheitszins d ansetzt, geringer als die unter öffentlicher Regie notwendige Zahlung zum Zeitpunkt 0 (= Z_0). (4.15a) beschreibt also die Bedingung, unter der sich die öffentliche Hand auf das Geschäft einlässt. Diese ist immer erfüllt, wenn x > 0.

Wenn nun der laufzeitspezifische Zinssatz i_p, den der Private für seine Refinanzierung zahlen muss, geringer ist als der Durchschnittszins d, wird der Private die Zahlung Z_t heute zum Wert $Z_t/(1 + i_p)^t$ verkaufen können. Da $i_p < d$, folgt

$$\frac{Z_t}{(1+i_p)^t} > \frac{Z_t}{(1+d)^t}. \qquad (4.16)$$

Mit anderen Worten: Der Private erzielt durch den sofortigen Verkauf seiner Forderung an die öffentliche Hand einen Arbitragegewinn (G) in Höhe von

$$G = \frac{Z_t}{(1+i_p)^t} - \frac{Z_t}{(1+d)^t} = Z_t \cdot \left(\frac{1}{(1+i_p)^t} - \frac{1}{(1+d)^t} \right). \qquad (4.16a)$$

Dieser Gewinn ist nichts anderes als die Differenz zwischen Z_t diskontiert mit i_p und Z_t diskontiert mit d. Er entsteht allein dadurch, dass $i_p < d$. Er ist umso größer, a) je größer die Differenz zwischen i_p und d und b) je größer Z_t ist.

Man kann darüber hinaus die Frage stellen, wie groß der Abschlag x höchstens sein darf, damit der Private keinen Arbitrageverlust macht. x muss folglich so gesetzt werden, dass der Erlös aus dem Forderungsverkauf mindestens so groß ist wie Z_0:

$$\frac{Z_t}{(1+i_p)^t} = \frac{Z_0 \cdot (1+d)^t - x}{(1+i_p)^t} \geq Z_0. \qquad (4.17)$$

Aufgelöst nach x ergibt sich

$$Z_0 \cdot \left((1+d)^t - (1+i_p)^t \right) \geq x. \qquad (4.17a)$$

Diskontiert man (4.15a) mit $(1 + i_p)$, erhält man

$$Z_0 \cdot \left(\frac{(1+d)^t}{(1+i_p)^t} - 1 \right) \geq \frac{x}{(1+i_p)^t}. \tag{4.17b}$$

In Worten: Der Spielraum des Privaten zur Gewährung des Abschlags x („Angebotsspielraum") ergibt sich gemäß (4.17a) aus der Differenz zwischen dem Endwert von Z_0 bei Verwendung des Durchschnittszinses d und dem Endwert von Z_0 bei Verwendung des zeitabhängigen Zinssatzes i_p. Der diskontierte Abschlag darf nach (4.17b) nicht kleiner sein als der Arbitragegewinn, welcher sich ohne Abschlag ergäbe.[202] Maximal könnte der Private seinen gesamten Arbitragegewinn in x investieren, um den Auftrag zu bekommen. In diesem Fall würde der Arbitragegewinn vollständig an die öffentliche Hand weitergereicht. Dazu könnte ein gewinnmaximierendes Privatunternehmen aber nur bei extremem Wettbewerbsdruck gebracht werden.

Heben wir die Annahme auf, dass der Private die gleichen Projektausgaben wie die öffentliche Hand hat, können wir x auch als maximalen Ausgabennachteil des Privaten interpretieren, der ihm trotzdem erlaubt, den Auftrag ohne Verlust zu überstehen. In diesem Fall benutzt der Private den Arbitragegewinn, um seinen Effizienznachteil gegenüber der öffentlichen Hand zu kompensieren. Dieser Effizienznachteil darf nicht größer sein als $Z_0 \cdot \{(1+d)^t - (1+i_p)^t\}$. Anders formuliert: Der Private kann fast um den Faktor $\{(1+d)^t - (1+i_p)^t\}$ höhere Ausgaben haben als die öffentliche Hand und dennoch x > 0 bieten. Es besteht also die Möglichkeit, dass ein ineffizientes Unternehmen mit dem Projekt betraut wird.

Kommen wir nun zu einem Rechenbeispiel: Für den Durchschnittszins d nehmen wir den Wert 1,7%. Dieser liegt in Tab. 4.21 über der laufzeitabhängigen Rendite von allen Bundesanleihen mit einer Laufzeit von bis zu zehn Jahren und über den fristenspezifischen Zinssätzen für Jumbo-Anleihen mit einer Laufzeit von bis zu neun Jahren. Nehmen wir an, dass die öffentliche Hand ein Projekt realisieren möchte, welches unter Eigenregie ein Volumen (Z_0) in Höhe von 1 Mio. € erwarten lässt. Bei dem angenommenen Durchschnittszins liegt der Endwert nach 8 Jahren (= Z_8) bei $1.000.000 \cdot 1,017^8 = 1.144.373$ € (vgl. Tab. 4.22). Ein privates Unternehmen bietet nun an, das Projekt gem. Formel

---

[202] Die linke Seite von (4.17b) entspricht Gleichung (4.16a), wenn x = 0.

(4.15) für einen Preis in Höhe von 1.144.373 − x € abzuwickeln, der nach acht Jahren zu zahlen ist.[203]

Diese Forderung kann der Private zu einer niedrigeren laufzeitabhängigen Spotrate verkaufen. Wenn diese 1,5% entspricht − wir unterstellen, dass er die für Jumbo-Pfandbriefe geltenden, und damit ungünstigere Konditionen als die öffentliche Hand erhält − bekommt er dafür $1.144.373/1,015^8 − x/1,015^8 = 1.015.873 − x/1,1265$ €. Der Arbitragegewinn beläuft sich also gemäß (4.16a) auf 15.873 €. Damit kann der Private in $t = 8$ einen maximalen Nachlass in Höhe von $x = 15.873 \cdot 1,1265 = 17.880$ € bieten. Das heißt, er könnte bei völliger Aufgabe des Arbitragegewinns 1.144.373 − 17.880 = 1.126.493 € endfällig stellen bzw. x in einer Bandbreite zwischen 1 € und 17.880 € festsetzen, um gleichzeitig (4.15a) und (4.17) zu erfüllen. Anders herum darf der Private in t_0 um bis zu 15.872 € höhere Ausgaben als die öffentliche Hand aufweisen bzw. um bis zu ca. 1,6% ineffizienter als die öffentliche Hand sein, um $x > 0$ € bieten zu können.

Tab. 4.22:   Arbitragebeispiel

| | d | i_p | $i_ö$ |
	1,70%	1,50%	1,05%
Endwert (Z_8)	1.144.373	1.126.493	1.087.153
Differenz zur Vorspalte		-17.880	-39.340
(diskontiert mit i_p bzw. $i_ö$)		(-15.873)	(-36.186)
Differenz zw. Sp. (2) u. Sp. (4)			-57.220
(diskontiert mit $i_ö$)			(-52.633)

Die öffentliche Hand könnte sich allerdings per Nullkuponanleihe noch günstiger refinanzieren als der Private. Selbst, wenn der Private seinen Arbitragegewinn vollständig an die öffentliche Hand weiterreichen würde − was kaum zu erwarten ist, wäre die unmittelbare Zerobond-Finanzierung durch die öffentliche Hand vorteilhafter. Daher bilden die Finanzierungskonditionen der öffentlichen Hand ($i_ö$) den Referenzmaßstab. Wenden wir aus Tab. 4.21 den

---

[203] Dieses Angebot ist exemplarisch. Es bestehen diverse Möglichkeiten bzw. Zahlungsstrukturen, den durchschnittszinsgebundenen Barwert des Projektes mit Hilfe von Arbitragerenditen zu unterbieten. Ein gewinnmaximierender Anbieter wird versuchen, die Finanzierungsstruktur zu finden, die den Arbitragegewinn maximiert.

Wert für Bundesanleihen mit einer Laufzeit von acht Jahren ($i_ö = 1,05\%$) an, müsste die öffentliche Hand in acht Jahren lediglich $1.000.000 \cdot 1,0105^8 = 1.087.153$ € zahlen. Dieser Betrag liegt immerhin schon um 57.220 € unter dem mittels Durchschnittszins ermittelten Endwert und um 39.340 € unter dem bestmöglichen, arbitragefreien Gebot des Privaten. Die entsprechenden Barwerte (diskontiert mit $i_ö \approx 1,05\%$) belaufen sich auf 52.633 € ($\approx 5,3\%$ der Projektausgaben) bzw. 36.186 € (rund 3,6% der Projektausgaben).

Dieses Beispiel unterstellt eine normale Zinsstruktur. Arbitrage ist aber nicht an diese Voraussetzung gebunden. Solange die Zinsstrukturkurve nicht flach ist und zudem mit dem Durchschnittszins übereinstimmt, bestehen immer Arbitragemöglichkeiten.

Zusammenfassend ist festzuhalten: Das einzige Argument für den Durchschnittszins ist rein formaler Natur. Dieser Zins ist mit der Annahme der Gesamtdeckung verträglich. Die Gesamtdeckungsannahme ist zugleich das Argument gegen laufzeitabhängige Zinsen.

Gegen die Heranziehung des Gesamtdeckungsprinzips bei Wirtschaftlichkeitsuntersuchungen sprechen zum einen der Fakt, dass zum Teil auch bei unter der Regie der öffentlichen Hand durchgeführten Maßnahmen Projektfinanzierungen beobachtbar sind und zum zweiten der Inkrementalgedanke. Danach bewirkt die Entscheidung für eine Projektdurchführung unmittelbar einen zusätzlichen (inkrementellen) Finanzierungsbedarf. Diesem Finanzierungsbedarf sollten gemäß des Opportunitätskostengedankens die zum Entscheidungszeitpunkt für die öffentliche Hand herrschenden Konditionen und nicht überwiegend auf vergangenen Entscheidungen basierende Durchschnittszinsen zugrunde gelegt werden.

Gegen den Durchschnittszins sprechen des Weiteren die daraus de facto immer resultierenden Arbitragemöglichkeiten. Arbitrage bringt eine große Gefahr der ineffizienten Projektdurchführung, sei es durch einen tatsächlich ineffizienten privaten Anbieter, durch eine zu teure private Projektfinanzierung oder einer Kombination aus beidem.

Vor diesem Hintergrund sollte die Anwendung von laufzeitabhängigen Zinsen nicht nur als Sollvorschrift bei privaten Finanzierungsalternativen bzw. privat (mit)finanzierten PPPs auf Bundesebene, sondern als Regelfall vorgeschrieben werden. Dabei ist zu beachten, dass die für die öffentliche Hand und nicht für private geltenden Konditionen zugrunde gelegt werden. Die ministeriellen Vorgaben sowie die entsprechenden Handreichungen und Anleitungen sind entsprechend zu korrigieren.

Abschließend sei bemerkt, dass die hier vorgebrachten Überlegungen für einzelwirtschaftliche Verfahren gelten. Bei volkswirtschaftlichen Untersuchungen sind die Zinsen auf andere Weise zu bestimmen – nämlich über die soziale Zeitpräferenzrate, die volkswirtschaftlichen Opportunitätskosten oder synthetische Diskontsätze. Aus Platzgründen kann hier darauf nicht näher eingegangen werden, so dass auf die Fachliteratur zu verweisen ist.[204]

4.5 Die Erfassung von Risiko im Rahmen von Wirtschaftlichkeitsuntersuchungen

Bei der Vorstellung der verschiedenen Methoden von Wirtschaftlichkeitsuntersuchungen in den Kapiteln 4.2 und 4.3 wurde wenigstens implizit von der Annahme ausgegangen, dass die Werte der verwendeten Rechengrößen (Kosten, Zahlungen, Nutzen etc.) mit Sicherheit eintreten werden. Tatsächlich ist bei auf die Zukunft gerichteten Wirtschaftlichkeitsuntersuchungen der Eintritt der unterstellten bzw. erwarteten Werte keineswegs sicher – eben, weil sich die Zukunft nicht exakt prognostizieren lässt.

Demzufolge ist es bei ex ante-Wirtschaftlichkeitsuntersuchungen grundsätzlich realistischer, wenn von Unsicherheit ausgegangen wird. Zur Berücksichtigung von Unsicherheit sind diverse Verfahren entwickelt worden.[205] Wir beschränken uns in diesem Kapitel auf die Bewertung von Risiko in Form von Geldeinheiten. Dabei schlägt sich das Risiko einer Investitionsentscheidung bzw. eines öffentlichen Projektes unmittelbar im Kapital-, Bar- oder Gegenwartswert eines Projektes nieder. Je risikoreicher (risikoärmer) ein Projekt unter sonst gleichen Bedingungen ist, desto geringer (höher) ist sein Kapitalwert.

Den einzigen Hinweis im Haushaltsrecht zum Thema „Risiko" gibt § 7 Abs. 2 Satz 2 BHO. Dort wird gefordert, dass bei der Durchführung von Wirtschaftlichkeitsuntersuchungen nach Satz 1 dieser Vorschrift „... *die mit den Maßnahmen verbundene **Risikoverteilung*** [Hervorhebung durch den Verf.] *zu berück-*

---

[204] Vgl. z. B. Mühlenkamp (1994), S. 177 ff. und Beckers u. a. (2009), S. 41 ff.

[205] Dazu sei z. B. auf Bieg/Kußmaul (2009), S. 181 ff., Kruschwitz (2011), S. 277 ff., Perridon/Steiner/Rathgeber (2012), S. 108 ff. und Boardman u. a. (2011), S. 167 ff. verwiesen.

sichtigen" ist. Im Kommunalrecht finden sich zur Behandlung von Risiken im Rahmen von Wirtschaftlichkeitsuntersuchungen keine Aussagen.

Die Formulierung in § 7 Abs. 2 Satz 2 BHO erscheint etwas eigentümlich, weil es eher heißen müsste, dass bei der Durchführung von Wirtschaftlichkeitsuntersuchungen **Risiken im Allgemeinen** (und nicht speziell nur die Risikoverteilung) zu berücksichtigen sind – im Grunde wiederum eine Selbstverständlichkeit. Bei einer einzelwirtschaftlichen Betrachtung wären dies die Risiken für den öffentlichen Haushalt und bei einer gesamtwirtschaftlichen Sicht auch die über den Haushalt hinausgehenden Risiken (Nutzenschwankungen, Ausfallrisiken bei der Infrastruktur etc.).

Risiko ist nahezu bei jeder Form der Projektabwicklung relevant, während die Risikoverteilung speziell bei der Einschaltung Privater eine Rolle spielt. Hier geht es um die Frage der optimalen Risikoverteilung zwischen der öffentlichen Hand und den Privaten, die bei der öffentlichen Aufgabenerfüllung eingeschaltet werden. Dabei sind zwei Aspekte voneinander zu unterscheiden: **Anreize** und **Risikotragfähigkeit**. Möchte man privaten Unternehmen Effizienzanreize (etwa über Festpreisverträge oder ergebnisabhängige Vergütungen) geben, muss man ihnen zwangsläufig auch (Kosten- und Ergebnis-) Risiken übertragen. Im Regelfall wird es Risiken geben, die die Unternehmen beeinflussen können („endogene Risiken") und Risiken, die sie nicht beeinflussen können („exogene Risiken").

Insbesondere bei letzteren kommt der Aspekt der Risikotragfähigkeit zur Geltung. Risiken sollten grundsätzlich unter den Wirtschaftssubjekten entsprechend ihrer Risikotragfähigkeit aufgeteilt werden. Hohe Risikotragfähigkeit bedeutet geringe Risikokosten und geringe Risikotragfähigkeit impliziert hohe Risikokosten. Die Risikotragfähigkeit resultiert wiederum aus der Risikoneigung („Grad der Risikoaversion" oder umgekehrt „Grad der Risikotoleranz") der Wirtschaftssubjekte, die durch das im weiteren Verlauf dieses Kapitels vorgestellte Arrow-Pratt-Maß bzw. dessen Kehrwert abgebildet werden kann. Die Risikokosten werden durch sog. „Risikoprämien" ausgedrückt, die ebenfalls noch dargestellt werden.

Da die öffentliche Hand aufgrund ihrer Fähigkeit, die Risikokosten auf eine große Zahl von Bürgern/Steuerzahlern zu verteilen, regelmäßig geringere Risi-

kokosten als private Wirtschaftssubjekte aufweist,[206] ist sie ein besserer Risiko-
träger als ein Privater. Somit tritt regelmäßig ein Zielkonflikt zwischen optimalen Anreizen und optimaler Risikoverteilung auf. Möchte man Privaten
starke Effizienzanreize geben, muss man ihnen zugleich ein hohes Risiko
übertragen. Private haben aber grundsätzlich höhere Risikokosten als die öffentliche Hand, so dass unter diesem Gesichtspunkt die Risiken von der öffentlichen Hand übernommen werden sollten. Eine Optimierung der Risikoverteilung hat also zwischen Anreiz- und Tragfähigkeitsgesichtspunkten
abzuwägen.[207]

Auf jeden Fall dürfte es nicht effizient sein, Privaten Risiken aufzubürden, die
sie nicht beeinflussen können, wie es beispielsweise bei den sog. Public-
Private Partnerships der ersten Generation im Autobahnbereich der Fall ist.
Bei diesem Modell erhalten die privaten Betreiber einen Anteil der LKW-
Autobahnmaut als Entgelt. Da das sog. Verkehrsmengenrisiko und damit das
Mautaufkommen von den Betreibern bestenfalls kaum beeinflussbar ist, sollte
dieses Risiko nicht den Privaten aufgebürdet werden. Besser ist die Kopplung
des Entgelts an den Unterhaltungszustand der Autobahnen, wie bei den Au-
tobahn-PPP-Modellen der zweiten Generation, weil dieser deutlich besser von
den Privaten gesteuert werden kann.

Mit einer Erhöhung der Risiken der privaten Anbieter muss (bei Abwesenheit
von unvollständigen Verträgen mit der Möglichkeit von Nachverhandlungen
– hierzu vgl. den Exkurs „Risiko bei PPP") im Übrigen eine Steigerung der
Preise respektive Forderungen der Privaten einhergehen. Das heißt, die gewählte Risikoverteilung wird sich im Kapitalwert der verschiedenen Alternativen respektive den Ergebnissen der Wirtschaftlichkeitsuntersuchungen niederschlagen. Je besser die Risikoverteilung, desto wirtschaftlicher wird sich
c. p. eine Alternative darstellen. Damit ist die Risikoverteilung wenigstens impliziter Bestandteil einschlägiger Wirtschaftlichkeitsuntersuchungen und bedarf eigentlich keiner besonderen Erwähnung.

Im nächsten Schritt dieses Unterkapitels wird der Begriff „Risiko" definiert.
Im darauffolgenden Schritt werden die statistischen Grundkonzepte zur Er-

---

[206] Vgl. Arrow/Lind (1970). Genaugenommen gilt dies nur für Gebietskörperschaften mit
vielen Einwohnern und hoher Finanzkraft („große Gebietskörperschaften"), aber nicht
unbedingt für kleine Gebietskörperschaften.

[207] Eine hervorragende einführende Darstellung der optimalen Risikoverteilung findet sich
bei Milgrom/Roberts (1992), S. 206 ff.

fassung von Risiko präsentiert. Anschließend werden Risikoneigungen und die Erwartungsnutzentheorie vorgestellt. Darüber hinaus wird gezeigt, wie Projektrisiken auf der Basis der Erwartungsnutzentheorie berechnet und in die Projektbewertung einbezogen werden können. Dann wird verdeutlicht, warum insbesondere in der Beraterpraxis verbreitete Risikoaufschlagsmethoden für die Bewertung öffentlicher Projekte prinzipiell ungeeignet sind. Eine Zusammenfassung schließt dieses Unterkapitel ab.

4.5.1   Zur (ökonomischen) Definition von Risiko

Da (auch) im vorliegenden Kontext gelegentlich eine „Begriffsverwirrung" zu beobachten ist, sind eingangs wiederum begriffliche Klarstellungen erforderlich. Einigkeit scheint in der Literatur bezüglich der Interpretation von „Sicherheit" und „Risiko" zu bestehen. Die Termini „Unsicherheit", „Ungewissheit" und „Unwissen" werden dagegen nicht immer gleich ausgelegt. „Unsicherheit" wird zumeist – aber nicht immer – als Oberbegriff von Risiko und Ungewissheit verwendet.

Das hier zugrundegelegte Begriffsverständnis ist Tab. 4.23 zu entnehmen. Bei Sicherheit sind die Konsequenzen von (Investitions-)Entscheidungen respektive der Zustand der Welt infolge der (Investitions-)Entscheidung bekannt und der Eintritt ist sicher. Letzteres entspricht einer Eintrittswahrscheinlichkeit von 100%. Es gibt keine alternativen Zustände der Welt.

Tab. 4.23:   Abgrenzung des Risikobegriffs

	Sicherheit	**Risiko**	Ungewiss-heit	Unwissen
Konsequenzen von Ent-scheidungen bekannt	ja	**ja**	ja	nein
Eintrittswahrscheinlichkeit bekannt	(100%)	**ja**	nein	nein

„Unsicherheit" spannt sich über Risiko und Ungewissheit.

Feld der BWL-Entscheidungstheorie u. Inv.-Rechnung

Risikosituationen sind dadurch gekennzeichnet, dass (Investitions-)Entscheidungen verschiedene Konsequenzen bzw. Zustände der Welt zur Folge haben können, die auch alle bekannt sind. Allerdings ist nicht bekannt, welcher dieser Zustände eintreten wird. Es können jedoch Eintrittswahrscheinlichkeiten für jeden möglichen Zustand der Welt benannt werden. Weil ein Zustand der möglichen Zustände Welt eintreten muss, summieren sich die Eintrittswahrscheinlichkeiten auf 100%.

Im Falle von Ungewissheit sind die Konsequenzen wie bei Risikosituationen bekannt, aber deren Eintrittswahrscheinlichkeiten sind anders als bei Risiko unbekannt bzw. es können keine Eintrittswahrscheinlichkeiten zugrunde gelegt werden. „Unwissen" bedeutet, dass weder die möglichen Zustände der Welt noch – dann zwangsläufig – deren Eintrittswahrscheinlichkeiten bekannt sind. Risiko und Ungewissheit sind – ebenso wie Entscheidungen bei Sicherheit – Gegenstand der betriebswirtschaftlichen Entscheidungstheorie und der Investitionsrechnung. Wir subsumieren beides unter den Begriff „Unsicherheit". Gegenstand der nachfolgenden Betrachtungen ist ausschließlich Risiko.

4.5.2   Statistische Grundkonzepte zur Erfassung von Risiko

Für die Analyse und Bewertung von Risiko ist auf grundlegende statistische Konzepte zurückzugreifen, die an dieser Stelle für den statistisch nicht bewanderten Leser zu skizzieren sind. Bei der statistischen Behandlung von Risiko kann und muss jedem Zustand der Welt ein Zahlenwert zugeordnet werden. Beispielsweise kann ein Würfel auf jede seiner sechs Seiten fallen (sechs mögliche Zustände). Jeder dieser sechs Seiten kann eine bestimmte Zahl zugeordnet werden. Verwendet man hierzu die natürlichen Zahlen eins bis sechs, gibt es im statistischen Sprachgebrauch sechs Ausprägungen des Merkmals „Zahl". Man kennt dann also alle sechs möglichen Merkmalsausprägungen bzw. die möglichen Zahlen, weiß aber vor dem Würfeln nicht, welche Merkmalsausprägung bzw. Zahl eintreten wird. Es ist jedoch bekannt, dass jede Zahl bei einem sog. fairen, nicht manipulierten Würfel mit einer Wahrscheinlichkeit von einem Sechstel ($16,\overline{6}\%$) auftritt. Die Eintrittswahrscheinlichkeiten addieren sich zu eins bzw. 100%. Mit anderen Worten: Bei der Augenzahl eines fairen Würfels handelt es sich um eine Zufallsvariable X mit den sechs Ausprägungen $x_1 = 1$, $x_2 = 2$, $x_3 = 3$, $x_4 = 4$, $x_5 = 5$, $x_6 = 6$. Weil jede Ausprägung die gleiche Eintrittswahrscheinlichkeit aufweist, handelt es sich hier um eine gleichverteilte **Zufallsvariable.**

Übertragen auf Investitionsentscheidungen bedeutet dies, dass wir die mit den üblichen Investitionsrechenverfahren ermittelten Ab- und Rückflüsse (Gewinne, Ein- und Auszahlungen, Kosten und Nutzen u. ä.) ebenfalls als Zufallsvariable ansehen. Wir kennen oder unterstellen – basiert auf Erfahrungen, theoretischen Überlegungen oder subjektiven Einschätzungen in Abhängigkeit von verschiedenen Szenarien (Konjunktur-, Nachfrage-, Preisentwicklung etc.) – verschieden hohe Rückflussmöglichkeiten aus einem öffentlichen Projekt und deren Eintrittswahrscheinlichkeiten. So könnte eine Infrastrukturinvestition bei geringem Wirtschaftswachstum einen Nutzen in Höhe von 1 Mrd. € generieren, bei „normalem" Wachstum 1,5 Mrd. € und bei gutem Wachstum 2 Mrd. € Nutzen stiften. Ist die Wahrscheinlichkeit für das Eintreten des ersten Falls 25%, für das Eintreten des zweiten Falls 50% und für das Eintreten des dritten Zustands 25%, haben wir eine zum Würfeln analoge Risikosituation. Die Zufallsvariable ist hier der Projektnutzen mit den drei Merkmalsausprägungen 1 Mrd., 1,5 Mrd. und 2 Mrd. €.

Wesentliche Parameter zur Beschreibung der Wahrscheinlichkeitsverteilung einer Zufallsvariablen sind der Erwartungswert und die Varianz. Der **Erwartungswert** (E) einer diskreten Zufallsvariable (X) (auf die wir uns hier beschränken)[208] ergibt sich aus der Summe der mit den jeweiligen Eintrittswahrscheinlichkeiten p_i multiplizierten Ausprägungen x_i:

$$E\left[X\right] = \sum_i p_i \cdot x_i. \tag{4.18}$$

Das Beispiel des Würfels ergibt:

$E[X] = 1/6 \cdot 1 + 1/6 \cdot 2 + 1/6 \cdot 3 + 1/6 \cdot 4 + 1/6 \cdot 5 + 1/6 \cdot 6 = 3,5$.

Das heißt, ein fairer Würfel weist den Erwartungswert 3,5 auf. Zwar sind nur ganze Augenzahlen zwischen eins und sechs möglich, aber bei unendlich häufiger Wiederholung ist im Durchschnitt der Wert 3,5 zu erwarten. Daher ent-

---

[208] Eine diskrete Zufallsvariable kann nur endlich viele Ausprägungen oder abzählbar unendlich viele Ausprägungen annehmen. Letzteres meint, dass jeder Ausprägung eine natürliche Zahl zugeordnet werden kann. Dagegen ist eine stetige Zufallsvariable dadurch gekennzeichnet, dass sie in einem bestimmten Werteintervall jeden beliebigen reellen Zahlenwert annehmen kann. Die Wahrscheinlichkeitsverteilung stetiger Zufallsvariablen wird über sog. Dichtefunktionen abgebildet. Bekannte theoretische Wahrscheinlichkeitsverteilungen sind z. B. die Normalverteilung, die Exponentialverteilung oder die t-Verteilung. Dieser Themenbereich ist Gegenstand eines jeden Statistiklehrbuchs. Deshalb kann für den näher interessierten Leser darauf verwiesen werden.

spricht der Erwartungswert als Lageparameter dem arithmetischen Mittel bei empirischen Daten. Der Erwartungswert des Nutzens E[N] aus dem vorangehenden Investitionsbeispiel beträgt entsprechend

E[N] = 0,25 · 1 Mrd. + 0,5 · 1,5 Mrd. + 0,25 · 2 Mrd. = 1,5 Mrd. €.

Die **Varianz** (Var[X] = σ^2) einer diskreten Zufallsvariablen X ist folgendermaßen definiert:

$$\text{Var}\left[X\right] = \sum_i p_i \cdot (x_i - E[X])^2$$ (4.19)

Die **Varianz** einer Zufallsvariable beschreibt, wie stark deren Merkmalsausprägungen streuen. Bezogen auf das Würfelbeispiel berechnet sich die Varianz folgendermaßen:

Var[X] = 1/6 · (1 – 3,5)² + 1/6 · (2 – 3,5)² + 1/6 · (3 – 3,5)² + 1/6 · (4 – 3,5)²
             + 1/6 · (5 – 3,5)² + 1/6 · (6 – 3,5)² ≈ 2,92.

Die Wurzel der Varianz s = $\sqrt{s^2}$ wird als **Standardfehler** oder **Standardabweichung** bezeichnet. Beim einfachen Würfeln beträgt er bzw. sie folglich $\sqrt{2,92} \approx 1,71$.

Wären die Seiten des Würfels statt mit den Werten eins bis sechs z. B. mit 1, 2, 4, 8, 16 und 32 beschriftet, würden die Werte nicht zwischen 1 und 6, sondern zwischen 1 und 32 streuen. Im zweiten Fall ist die Streuung deutlich größer. Die – bei dem Erwartungswert von jetzt 10,5 – auf ≈ 117,25 steigende Varianz bringt dies zum Ausdruck. Der entsprechende Standardfehler ist ≈ 10,83.

Die Nutzenvarianz Var[N] der o. g. Beispielinvestition beläuft sich auf

Var[N] = 0,25 · (1 – 1,5)² + 0,5 · (1,5 – 1,5)² + 0,25 · (2 – 1,5)² ≈ 0,125 Mrd. €.

Der Standardfehler ist in diesem Fall ≈ 0,3536 Mrd. €.

Bezeichnen wir diese Investition mit „Investition 1" und vergleichen sie nun mit drei anderen hypothetischen Investitionen namens „Investition 2", „Investition 3" und „Investition 4", deren Nutzen mit den gleichen Eintrittswahrscheinlichkeiten vom Wirtschaftswachstum abhängen, d. h. die Eintrittswahrscheinlichkeit für geringes Wirtschaftswachstum wird jeweils mit 0,25 angegeben, die für mittleres Wachstum mit 0,5 und die für hohes Wachstum mit 0,25 (vgl. Tab. 4.24).

Tab. 4.24   Investitionen mit gleichem Erwartungswert, aber verschiedenen Varianzen
(Risiko)

	Eintrittswahrscheinlichkeit Wirtschaftswachstum			E[N]	V[N] $= \sigma^2$	σ
	gering 0,25	mittel 0,5	hoch 0,25			
Investition 1	1,00	1,50	2,00	1,50	0,1250	0,3536
Investition 2	1,25	1,50	1,75	1,50	0,0313	0,1768
Investition 3	0,00	1,50	3,00	1,50	1,1250	1,0607
Investition 4	1,50	1,50	1,50	1,50	0,0000	0,0000

Alle Investitionen weisen den gleichen Nutzenerwartungswert (1,5 Mrd. €) auf. Allerdings schwankt der Nutzen in Abhängigkeit vom Wirtschaftswachstum unterschiedlich stark. Die geringste bzw. keine Varianz hat Investition 4, weil das Ergebnis in jedem Fall 1,5 Mrd. € entspricht. Die größte Varianz weist Investition 3 auf. Bei geringem Wachstum stiftet sie keinen Nutzen, bei hohem Wachstum dagegen einen im Vergleich zu den anderen Investitionen deutlich höheren Nutzen. Die Nutzenschwankung von Investition 2 ist relativ moderat, sie liegt zwischen der von Investition 1 und der von Investition 4. Die beiden Streuungsmaße σ^2 und σ bringen die unterschiedlichen Ergebnisschwankungen der Investitionen zum Ausdruck. Wie in Abschnitt 4.5.3 noch ausführlicher dargestellt, entsprechen die Ergebnisschwankungen dem ökonomischen Risiko der Investitionen, so dass die Investitionen bei gleichem Erwartungswert mit unterschiedlichen Risiken behaftet sind. Investition 4 beinhaltet überhaupt kein Risiko, während Investition 3 das größte Risiko aufweist.

Im vorliegenden Kontext sind noch zwei weitere statistische Größen – nämlich die Kovarianz und der Korrelationskoeffizient – von Bedeutung. Mit Hilfe dieser Parameter wird der statistische Zusammenhang zwischen zwei Zufallsvariablen X und Y abgebildet. Wie später noch deutlicher wird, sind diese Größen bei der Streuung verschiedener (Investitions-)Risiken von Bedeutung. Man könnte nämlich daran interessiert sein zu wissen, ob eine zu untersuchende Investition gleich- oder gegenläufig zu anderen Investitionen ist. Gegenläufig meint hier, dass sich das Ergebnis der einen Investitionen erhöht, wenn sich das Ergebnis des anderen Projektes verringert und umgekehrt.

Die **Kovarianz** zweier mit X und Y bezeichneten diskreten Zufallsvariablen (Cov[X, Y]) ist wie folgt definiert:

$$\boxed{\text{Cov}\big[X, Y\big] = \sum_{i}\sum_{j} p_{ij} \cdot (x_i - E[X]) \cdot (y_j - E[Y])}. \qquad (4.20)$$

p_{ij} bezeichnet hier die Wahrscheinlichkeit, dass die Zufallsvariable X die Merkmalsausprägung i und die Zufallsvariable Y simultan die Merkmalsausprägung j aufweist. Sofern wir als Beispiel das Würfeln mit zwei Würfeln nehmen und mit $X = x_i$ ($x_i = 1, 2, \dots , 6$) die Merkmalsausprägungen des ersten Würfels und mit $Y = y_j$ ($y_j = 1, 2, \dots , 6$) die Merkmalsausprägungen des zweiten Würfels bezeichnen, wäre p_{14} beispielsweise die Wahrscheinlichkeit, dass zugleich Würfel 1 den Wert eins und Würfel zwei den Wert vier oder p_{53} die Wahrscheinlichkeit, dass der erste Würfel fünf und der zweite Würfel drei Augen aufweist.

Es ist davon auszugehen, dass das Ergebnis des einen Würfels unabhängig vom Ergebnis des anderen Würfels ist, d. h. wenn der eine Würfel eine bestimmte Augenzahl aufweist, hat dies keinerlei Einfluss auf die Augenzahl des anderen Würfels. Man spricht in diesem Fall von „stochastischer Unabhängigkeit". Dann – und nur dann – gilt für die Wahrscheinlichkeit, dass simultan ein bestimmter Wert der einen und ein bestimmter Wert der anderen Zufallsvariable eintritt, $p_{ij} = p_i \cdot p_j$. Für jedes Wertepaar zweier Würfel gilt also $1/6 \cdot 1/6 = 1/36$. Damit berechnet sich die Kovarianz zweier stochastisch unabhängiger Würfel folgendermaßen:

Cov[X, Y] = 1/36 · (1 – 3,5) · (1 – 3,5) + 1/36 · (1 – 3,5) · (2 – 3,5) + 1/36 · (1 – 3,5) · (3 – 3,5) + 1/36 · (1 – 3,5) · (4 – 3,5) + 1/36 · (1 – 3,5) · (5 – 3,5) + 1/36 · (1 – 3,5) · (6 – 3,5) + 1/36 · (2 – 3,5) · (1 – 3,5) + ... + 1/36 · (6 – 3,5) · (6 – 3,5) = 0.

Dieses Ergebnis hätten wir uns denken können, weil wir – hier völlig zu Recht – stochastische Unabhängigkeit bereits als Annahme gesetzt haben. Der Wert des einen Würfels ist völlig unabhängig vom Wert des anderen. Genau dies bringt eine Kovarianz mit dem Wert 0 zum Ausdruck.

Anders als Varianzen können Kovarianzen nicht nur positive, sondern auch negative Werte annehmen. Ersteres wäre der Fall, wenn – was bei nicht manipulierten Würfeln nicht zu erwarten ist – ein hoher (niedriger) Wert des einen Würfels häufig gleichzeitig mit einem hohen (niedrigen) Wert des anderen Wertes auftauchen würde. Letzteres würde bedeuten, dass ein hoher (niedriger) Wert des einen Würfels häufig gleichzeitig mit einem niedrigen (hohen) Wert des anderen Wertes zu beobachten wäre.

Allerdings sagt die Kovarianz nichts über die Stärke des Zusammenhangs zwischen zwei Zufallsvariablen X und Y aus, weil sie von den für X und Y verwendeten Maßeinheiten abhängt. Beispielsweise ist die Kovarianz größer, wenn die ökonomischen Größen statt in Mrd. € in Mio. €, in Tsd. € oder einfach in € gemessen werden, obwohl der gleiche statische Zusammenhang beschrieben wird. Beispielsweise nimmt die Kovarianz zwischen Investition 1 und Investition 2 den Wert 0,625 an, wenn der Nutzen in Mrd. € gemessen wird. Würde man den Nutzen in Mio. € abbilden, wäre der Wert der Kovarianz 62.500.

Der Einfluss der Skala lässt sich jedoch durch eine Normierung mit den Standardfehlern beider Variablen ausschalten. Dies führt zum Korrelationskoeffizienten. Der **Korrelationskoeffizient** $\rho_{x,y}$ ist folgendermaßen definiert:

$$\rho_{x,y} = \frac{\mathrm{Cov}[X,Y]}{\sqrt{\mathrm{Var}[X]} \cdot \sqrt{\mathrm{Var}[Y]}} = \frac{\mathrm{Cov}[X,Y]}{\sigma_X \cdot \sigma_Y}. \tag{4.21}$$

$\rho_{x,y}$ nimmt Werte zwischen −1 und +1 an und zeigt die Stärke des statistischen Zusammenhangs zwischen zwei (Zufalls-)Variablen. Falls $\rho_{x,y} = -1$, besteht ein exakt gegenläufiger (negativer) Zusammenhang zwischen X und Y. Nimmt der Korrelationskoeffizient dagegen den Wert +1 an, besteht ein exakt gleichläufiger (positiver) Zusammenhang. Falls der Korrelationskoeffizient Null ist, existiert überhaupt kein statistischer Zusammenhang. Der Korrelationskoeffizient bzw. die Korrelation zwischen der Investition 1 und der Investition 2 ist im Übrigen genau 1, weil sich der Nutzen beider Investitionen mit dem Wirtschaftswachstum gleichläufig entwickelt.

Die Möglichkeit gegenläufiger Ergebnisse von Investitionen bzw. Projekten bringt uns auf die Idee der **Diversifizierung** mit dem Ziel der Risikominderung oder Risikominimierung. Folgendes Beispiel beschreibt die Grundidee der Diversifizierung: Nehmen wir an, Sie produzieren Badebekleidung (Alternative A1). Dann hängt Ihr Erlös stark vom Wetter ab.[209] Bei gutem Wetter realisieren Sie einen Nettoerlös in Höhe von 100 GE (Geldeinheiten) und bei schlechtem Wetter erlösen Sie lediglich 50 GE. Beide Wetterzustände seien annahmegemäß gleich wahrscheinlich. Dann beträgt der Erwartungswert des

---

[209] Die Idee von der Bade- und Regenbekleidung stammt von Kruschwitz (2011, S. 300). Kruschwitz spricht allerdings von Regenschirmen und formt diese Idee nicht zahlenmäßig aus.

Umsatzes 75 GE und die Varianz 625 GE bzw. der Standardfehler 25 GE (vgl. Tab. 4.25).

Unterstellen wir, dass Sie auch Regenbekleidung (Alternative A_2) produzieren könn(t)en. Bei gutem Wetter erlösen Sie für Regenbekleidung nichts, bei schlechtem Wetter aber 50 GE. Der Erwartungswert beträgt 25, die Varianz/der Standardfehler wiederum 625 GE bzw. 25 GE. Entscheiden Sie sich dafür, sowohl Bade- als auch Regenbekleidung anzubieten (Alternative A_3), erlösen sie sowohl bei Sonne als auch bei Regen 100 GE.

Tab. 4.25:   „Risikovernichtung" durch Diversifizierung

Zustand Eintrittswahr- scheinlichkeit	Sonne $p_1 = 0,5$	Regen $p_2 =$ $(1 - p_1)$ $= 0,5$	Erwar- tungs- wert $E[A_i]$	Varianz (Streu- ung) $Var[A_i]$	Stan- dard- abwei- chung	$Cov[A_1, A_2]$, Kor- relations- koeffizient
Alternative/Projekt						
A_1 nur Bade- bekleidung	100	50	75	625	25	−625
A_2 nur Regen- bekleidung	0	50	25	625	25	
A_3 Bade- und Regenbekleidung	100	100	100	0	0	$\rho_{A_1,A_2} = -1$

Damit beträgt auch der Erwartungswert bei A_3 sicher 100 GE. Sicherheit bedeutet eine Varianz von Null. A_1 und A_2 sind genau gegenläufig. Den negativen Zusammenhang drückt das Vorzeichen der Kovarianz (Cov) aus. Die Stärke dieser Beziehung zeigt uns dagegen der Korrelationskoeffizient ρ_{A_1,A_2}. Er nimmt hier den Wert –1 an, d. h. die Erlöse von A_1 und A_2 sind wirklich exakt gegenläufig.

Natürlich produziert die öffentliche Hand weder Bade- noch Regenbekleidung. Dieses Beispiel veranschaulicht jedoch das Grundprinzip der Risikominderung bzw. Risikostreuung. Der Gedanke ist auf öffentliche Projekte übertragbar. Auch die öffentliche Hand kann beispielsweise durch gegenläufige Infrastrukturinvestitionen das Risiko verschiedener Projekte ausgleichen.

4.5.3 Risikoneigung und Erwartungsnutzentheorie

Wie im vorausgehenden Abschnitt in Tab. 4.24 gezeigt, können Verteilungen mit gleichem Erwartungswert unterschiedliche Varianzen aufweisen. Nun stellt sich die Frage, ob man sich bei Entscheidungen über öffentliche Projekte an Erwartungswerten, an Varianzen oder an beidem orientiert bzw. orientieren sollte.

Betrachten wir dazu Tab. 4.26. Dort sind sechs Investitionsalternativen A_1 bis A_6 aufgeführt. Alternative 1 (A_1) ergibt für den Fall, dass Zustand 1 (Z_1) eintritt, ein Ergebnis von 100. Falls Zustand 2 (Z_2) eintritt, ist das Ergebnis –100. Da beide Zustände gleich wahrscheinlich sind, ist der Erwartungswert 0. Die Varianz/Standardabweichung beträgt 10.000/100. A_2 führt zum gegenteiligen Ergebnis: In Z_1 ist das Ergebnis –100 und in Z_2 100. Erwartungswert und Varianz entsprechen A_1. A_3 führt ohne Varianz und damit ohne Risiko in jedem Fall zum Ergebnis 100. Dies ist zugleich der Erwartungswert. A_4 generiert in jedem Fall bzw. risikolos 200, so dass dieser Wert zugleich den Erwartungswert darstellt. A_5 weist ebenfalls einen Erwartungswert in Höhe von 200 auf, hat aber ein Ergebnisrisiko, weil entweder 100 oder 300 realisiert werden. A_6 ist durch den höchsten Erwartungswert 250, aber zugleich durch das größte Risiko aller Alternativen gekennzeichnet.

Wie wird ein Entscheidungsträger bzw. Investor entscheiden? Ein Investor, der den Erwartungswert maximiert, wird A_6 wählen. Allerdings ist A_6 stark risikobehaftet. Betrachtet man dagegen allein das Risiko, sind die Varianten A_3 und A_4 am besten, weil risikolos. In der Praxis spielen jedoch regelmäßig Erwartungswert und Varianz eine Rolle. Investoren müssen zwangsläufig zwischen Erwartungswert und Varianz (Risiko) abwägen.

Tab. 4.26:   Erwartungswerte und Varianzen verschiedener Projekte

Zustand Eintrittswahr- scheinlichkeit	Z_1 p = 0,5	Z_2 p = 0,5	Erwar- tungswert (μ)	Varianz (Streuung) (σ^2)	Standard- abwei- chung (σ)
Alternative/Projekt					
A_1	100	-100	0	10.000	100
A_2	-100	100	0	10.000	100
A_3	100	100	100	0	0
A_4	200	200	200	0	0
A_5	100	300	200	10.000	100
A_6	0	500	250	62.500	250

In Anlehnung an Bamberg/Coenenberg/Krapp 2012, S. 72.

Zur Erklärung menschlichen Verhaltens bei Risiko existieren verschiedene Ansätze. Beispielsweise entscheiden sich Individuen nach dem **Dominanzprinzip** in absoluter Form für die Alternative, deren geringstmöglicher Gewinn nicht geringer ist als der größtmögliche Gewinn einer anderen Alternative. Danach wären die Alternativen 3, 4 und 5 den Alternativen 1 und 2 vorzuziehen (A_1, $A_2 \prec A_3$, A_4, A_5) und die Alternativen 4 und 5 wären besser als Alternative 3 ($A_3 \prec A_4$, A_5). Insgesamt bleibt die Rangordnung allerdings unvollständig.

Einen anderen Erklärungsansatz liefert das sog. **μ-σ-Prinzip**. Danach weisen Entscheidungsträger individuelle Präferenzordnungen für Kombinationen der beiden Parameter Erwartungswert (μ) und Varianz (σ) auf, d. h. es lässt sich eine Präferenzordnungsfunktion F mit den beiden unabhängigen Variablen μ und σ bilden: F(μ, σ). Bei gleichem Erwartungswert können Entscheidungsträger je nach Präferenzordnung (Risikoneigung) bei konstantem Erwartungswert Alternativen mit einer höheren Varianz geringer, gleich oder höher einschätzen. Falls der Entscheidungsträger risikoavers ist, wird er auf jeden Fall eine Alternative einer anderen dann vorziehen, wenn bei gleichem Erwartungswert das Risiko geringer oder bei gleichem Risiko der Erwartungswert höher ist. Danach sind die Alternativen A_1 und A_2 gleichwertig, d. h. $A_1 \sim A_2$. Ferner ist A_4 besser als A_3, d. h. $A_3 \prec A_4$. Zugleich sind A_3, A_4 und A_5 und jeweils besser als A_1 und A_2, also $A_1 \sim A_2 \prec A_3$, A_4, A_5. Schließlich wird A_4 gegenüber A_5 vorgezogen: $A_5 \prec A_4$. Ohne genauere Kenntnis der Präferenzordnung bzw. von F(μ, σ) bleiben die übrigen Abwägungen offen.

Exkurs: Risiko bei Public-Private Partnerships (PPP)

In der Ökonomik versteht man – wie dargelegt – unter „Risiko" die Ergebnisstreuung. In den Arbeitsanleitungen bzw. Leitfäden zu Wirtschaftlichkeitsuntersuchungen bei „Public Private Partnerships" (PPP) wird Risiko anders verstanden.[210] Dort meint „Risiko" die Gefahr kosten- bzw. ausgabensteigender oder auch erlös- bzw. einnahmenmindernder Ereignisse. Dazu zählen (Faktor-)Preissteigerungen, Terminüberschreitungen, Insolvenzen, Änderungen der Leistungsanforderungen, unerwartete Boden- bzw. Baugrundbeschaffenheiten, Unter- oder Überschreitungen der prognostizierten Nachfrage u. v. m.

Nehmen wir zur Illustration vereinfachend an, ein PPP-Projekt könne (nur) zwei Zustände annehmen. Entweder gelingt es, das Projekt im geplanten Kostenrahmen von 100 Mio. € durchzuführen oder es kommt durch Preissteigerungen und Verzögerungen zu Kosten in Höhe von 150 Mio. €. $p = 0,5$ (50%) ist die Wahrscheinlichkeit, dass keine Kostensteigerungen auftreten. $1 - p$ ist die (Gegen-)Wahrscheinlichkeit des Eintretens von Kostensteigerungen. Der Erwartungswert der Kosten E[K] berechnet sich dann folgendermaßen:

$$E[K] = 100 \cdot p + 150 \cdot (1 - p) = 100 \cdot 0,5 + 150 \cdot 0,5 = 125 \text{ Mio. €}.$$

In den einschlägigen Leitfäden und im Standardmodell zu PPP werden sog. **Risikowerte** berechnet. Diese Risikowerte stellen den Erwartungswert der Abweichungen von den kalkulierten Projektkosten (zumeist die erwarteten Kostensteigerungen) dar. Folgt man dieser Idee, errechnet sich der Risikowert des ebengenannten Beispiels folgendermaßen: Höhe der Abweichung multipliziert mit der Eintrittswahrscheinlichkeit, also $50 \cdot 0,5 = 25$ Mio. €.

Diese Risikowerte sind den ohne Risiko kalkulierten Projektkosten auf jeden Fall zuzuschlagen, so dass sich der Erwartungswert der Projektkosten aus der Summe der kalkulierten Projektkosten plus der erwarteten Kostensteigerungen ergibt.

Anderenfalls würde systematisch mit geringeren Projektkosten kalkuliert als über alle Projekte zu erwarten wäre. Würden mehrere Projekte vom oben exemplarisch genannten Typ durchgeführt, ergäben sich im Durchschnitt nicht Kosten in Höhe von 100 Mio. €, sondern in Höhe von 125 Mio. €. Würde man ohne Risikowerte kalkulieren, wären die Projekte mit den eben verwendeten Beispielzahlen im Durchschnitt zu 20% unterkalkuliert und unterfinanziert!

Beim Vergleich zwischen einer konventionellen Projektdurchführung (dem sog. Public Sector Comparator) und einer PPP wird der Risikowert der konventionel-

---

[210] Vgl. FM NRW (2007), VIFG (2008), PD (2012), BMVBS (2013).

len Beschaffung dem Gesamtrisikowert der PPP gegenübergestellt, welcher sich aus dem Risikowert der öffentlichen Hand und des Privaten zusammensetzt. Zumindest in den beispielhaften Rechnungen der Leitfäden/des Standardmodells wird angenommen, dass der Gesamtrisikowert der PPP unter dem der konventionellen Variante liegt. Mit anderen Worten: Man geht – regelmäßig ohne weitere Begründung – davon aus, dass PPPs die zu erwartenden Kostenüberschreitungen senken, weil die Privaten dieses Risiko übernehmen. Zum Beispiel könnte unterstellt sein, die konventionelle Variante führe ggf. zu Kostenüberschreitungen von 50 Mio. €, während die PPP ggf. nur 30 Mio. € höher Kosten erwarten lasse:

$$E[K_{konv}] = 100 \cdot p + 150 \cdot (1 - p) = 100 \cdot 0{,}5 + 150 \cdot 0{,}5 = 125 \text{ Mio. €.}$$

$$E[K_{PPP}] = 100 \cdot p + 130 \cdot (1 - p) = 100 \cdot 0{,}5 + 130 \cdot 0{,}5 = 115 \text{ Mio. €.}$$

Daraus ergibt sich ein rechnerischer Vorteil der PPP in Höhe von 10 Mio. €.

Sog. Risikokosten bzw. „Risikowerte" stellen (neben dem Diskontsatz und der zeitlichen Struktur der Zahlungen) eine der wichtigsten Stellschrauben für Wirtschaftlichkeitsuntersuchungen bei PPP dar (vgl. Rechnungshöfe 2011). Dort (S. 41) wird auch auf eine Studie einer Unternehmensberatung hingewiesen, wonach in Großbritannien 60% der durch PPP prognostizierten Effizienzsteigerungen durch die rechnerische Übertragung von Risiken an Private entstehen.

Ein grundsätzliches Problem der öffentlichen Auftragsvergabe liegt in **unvollständigen Verträgen** und **opportunistischem Verhalten** der Vertragspartner. Ersteres meint, dass die in Regel sehr komplexen Verträge auslegungsbedürftig sind und nicht alle möglichen Zustände der Welt regeln können. Daher kommt es zu Nachverhandlungen, nachträglichen Vertragsanpassungen und/oder (schieds-)gerichtlichen Auseinandersetzungen. Opportunismus meint, dass die privaten Unternehmen alle durch unvollständige Verträge gegebenen Möglichkeiten nutzen, um nachträglich möglichst hohe Entgelte durchzusetzen. Da PPP-Verträge komplexer und langfristiger als Verträge bei Standardbeschaffungen sind, ist eher zu erwarten, dass das tatsächliche langfristige Kostensteigerungsrisiko bei PPP höher ist als ex ante prognostiziert und damit die Effizienzvorteile anfänglich überschätzt werden.

Daher sind bei PPPs die langfristig infolge unvollständiger Verträge zu erwartenden Kostensteigerungen der öffentlichen Hand einschließlich der mit der Abwicklung und Durchsetzung dieser Verträge verbundenen **Transaktionskosten** realistisch abzubilden – was in der derzeitigen Praxis derzeit offenbar nicht oder nicht ausreichend geschieht.

Ein Nachteil des μ-σ-Prinzips besteht darin, dass es quadratische Nutzenfunktionen voraussetzt.[211] Diese Annahme ist unnötig einengend und kann z. B. mit dem Dominanzprinzip kollidieren.

Die ökonomische Theorie greift daher häufig auf die sog. **Erwartungsnutzentheorie** bzw. das sog. **Bernoulli-Prinzip**[212] zurück. Dieses Prinzip ist allgemeingültiger, weil die Nutzenfunktion nicht auf eine quadratische Form beschränkt ist. Nach der Erwartungsnutzentheorie ordnen die Entscheidungsträger jedem (Zufalls-)Ergebnis (x_i) einen Nutzenwert $u_{x_i} = u(x_i)$ zu. Formalisiert durch eine stetige Nutzenfunktion ergibt sich $u = u(X)$, d. h. der individuelle Nutzen u ist eine Funktion des (Zufalls-)Ergebnisses X. Im vorliegenden Kontext drückt X speziell die monetär gemessenen Ergebnisse von Investitions- bzw. Projektentscheidungen aus.

Die Erwartungsnutzentheorie bietet uns – wie die anderen Prinzipien – neben einer Erklärung menschlichen Verhaltens eine Entscheidungsregel. Danach sollte ein (erwartungs-)nutzenmaximierendes Individuum bei Risiko die Alternative wählen, die den größten Erwartungsnutzen verspricht. Darüber hinaus liefert sie – wie anschließend demonstriert wird – auch die Möglichkeit, Risiken in Geldeinheiten umzurechnen.

Der Erwartungswert des Nutzens („Erwartungsnutzen") einer Alternative ergibt sich aus dem Nutzen jedes möglichen Ergebnisses x_i einer Alternative (als Zufallsvariable $X = x_1, \ldots, x_n$) multipliziert mit seiner Eintrittswahrscheinlichkeit p_i, also

$$E[u(X)] = \sum_i p_i \cdot u(x_i) \, .$$

Dies ist nicht zu verwechseln mit dem Erwartungswert der Zufallsvariable X. Dieser lautet, wie bereits in Gleichung 4.17 dargestellt,

$$E[X] = \sum_i p_i \cdot x_i \, .$$

Beispielsweise schreibt sich der Erwartungsnutzen von Alternative 5 aus Tab. 4.20 als

---

[211] Quadratische Nutzenfunktionen (mit konkavem Verlauf) sind ganz allgemein formuliert als $u(X) = X - aX^2$. Sie haben die unplausible Eigenschaft, dass die Risikoaversion mit zunehmendem Wohlstand (Einkommen, Vermögen) steigt (vgl. Abschnitt 4.5.5.1).

[212] Benannt nach dem Schweizer Mathematiker Daniel BERNOULLI (1700–1782).

$$E[u(X)] = 0,5 \cdot u(100) + 0,5 \cdot u(300).$$

Dies ist der Nutzen, den der Entscheidungsträger aus A_5 zu erwarten hat. Der Erwartungswert beträgt dagegen

$$E[X] = 0,5 \cdot 100 + 0,5 \cdot 300 = 200.$$

Nur unter bestimmten Voraussetzungen („Risikoneutralität") stimmen der Erwartungsnutzen aus einem sog. Risikoprospekt bzw. einer „Lotterie" und der Nutzen aus dem Erwartungswert des Risikoprospektes oder der Lotterie überein. In der überwiegenden Zahl der Fälle wird dies nicht so sein, d. h. bezogen auf A_5 wird regelmäßig gelten

$$E[u(A_5)] = 0,5 \cdot u(100) + 0,5 \cdot u(300) \neq u(E[A_5] = 200).$$

Die Zusammenhänge lassen sich graphisch leicht veranschaulichen (vgl. Abb. 4.12). Dort ist auf der Ordinate das Nutzenniveau u und auf der Abszisse die wertmäßige Merkmalsausprägung der Zufallsvariable X abgetragen. u(X) bezeichnet die (Risiko-)Nutzenfunktion. Wir gehen zum einen bei positivem Nutzen von abnehmendem Grenznutzen aus, d. h. die erste Ableitung von u ist größer als Null, $u'(X) > 0$. Damit ist die Steigung der Nutzenfunktion durchgehend positiv. Allerdings nimmt die Steigung ab. Daher ist die zweite Ableitung kleiner als Null, d. h. $u''(X) < 0$. Des Weiteren unterstellen wir vereinfachend eine sog. Binomialverteilung bei der die Zufallsvariable X nur zwei verschiedene Werte, x_1 und x_2, annehmen kann.

Gemäß der in Abb. 4.12 eingezeichneten (Risiko-)Nutzenfunktion u(X) wird im Falle, dass x_1 eintritt, das Nutzenniveau $u(x_1)$ erreicht. Falls das wertmäßig geringere Ergebnis x_2 eintritt, beträgt das Nutzenniveau $u(x_2)$. Dabei gilt $u(x_1) > u(x_2)$. Da x_1 und x_2 jeweils eine Wahrscheinlichkeit von 50% aufweisen, liegt der Erwartungswert E[X] genau in der Mitte zwischen diesen beiden Werten. Könnte der Erwartungswert garantiert werden, würde der Entscheidungsträger das Nutzenniveau u(E[X]) realisieren.

Der Erwartungsnutzen einer Binomialverteilung mit den Zuständen x_1 und x_2 errechnet sich aus der Gleichung $E[u(X)] = p \cdot u(x_1) + (1 - p) \cdot u(x_2)$. Die gestrichelte Verbindungslinie bzw. Gerade zwischen den Wertepaaren $(u(x_1), x_1)$ und $(u(x_2), x_2)$ entsprechend den Punkten A und B auf der Nutzenfunktion gibt die **Erwartungsnutzenfunktion** wieder. Sie bildet den Erwartungsnutzen für alle Werte $0 \leq p \leq 1$ ab. In den Extremfällen $p = 1$ und $p = 0$ gilt $E[u(X)] = u(x_1)$ bzw. $E[u(X)] = u(x_2)$. Für $p = 0,5$ gibt Punkt C den Erwartungsnutzen wieder. Für p = 0,75 läge der Erwartungsnutzen genau zwischen A und C. Dies zeigt der Punkt C' an. Usw.

Wir stellen fest, dass hier (abgesehen von den Extremfällen p = 1 und p = 0) der Erwartungsnutzen E[u(X)] unterhalb der Nutzenfunktion u(X) liegt. Ursache ist hier der konkave Verlauf der Nutzenfunktion. Dieser zeigt **Risikoaversion** an. Ein Wirtschaftssubjekt ist dann risikoavers, wenn es den Erwartungswert eines sog. Risikoprospektes höher bewertet als den daraus resultierenden Erwartungsnutzen, d. h. wenn u(E[W]) > E[u(W)]. Die Differenz u(E[X]) – E[u(X)] stellt den Nutzenverlust durch Risiko dar.

Abb. 4.12: Nutzenfunktion und Erwartungsnutzenfunktion

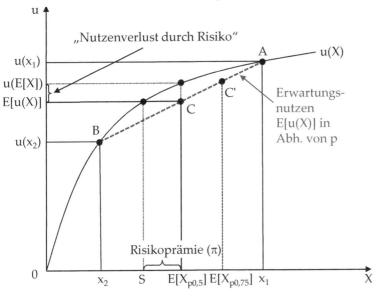

Falls man einem risikoaversen Individuum beispielsweise die Wahl zwischen A_5 (entweder mit gleicher Wahrscheinlichkeit 100 oder 300 GE zu erhalten) und einer garantierten Zahlung in Höhe des Erwartungswertes (= 200 GE) anbietet, wird es sich für die Zahlung des Erwartungswertes entscheiden. Mit anderen Worten: Es zieht den sicheren Erwartungswert einer „Investitionslotterie" der Lotterie selbst mit dem gleichen Erwartungswert vor.

Und nun kommen wir „zu des Pudels Kern": Wir können nämlich den Wert der „Lotterie" in sichere Geldbeträge umrechnen, d. h. wir suchen nach dem garantierten Geldbetrag, der den gleichen Nutzen stiftet wie die Lotterie. Mit Blick auf Abb. 4.12 zeichnen wir ausgehend vom Punkt C eine Horizontale nach links, die die Ordinate berührt. Diese Horizontale entspricht dem Nutzenniveau des Lotterieerwartungsnutzens E[u(X)]. Der Schnittpunkt mit der Nutzenfunktion zeigt uns den sicheren Geldbetrag S, welcher den gleichen Nutzen wie der Erwartungswert der Lotterie stiftet. Dieser sichere Geldbetrag ist also aus Sicht des Individuums genau so viel wert wie die Lotterie. Er wird bezeichnenderweise **„Sicherheitsäquivalent"** genannt. Die Differenz zwischen dem Erwartungswert und dem Sicherheitsäquivalent heißt ebenfalls bezeichnenderweise **„Risikoprämie"** (π). Die Risikoprämie ist hier der Geldbetrag, den man dem Individuum zahlen müsste, damit es sich freiwillig anstelle einer garantierten Zahlung in Höhe des Erwartungswertes einer Lotterie auf die Lotterie selbst einließe. Es gilt:

Erwartungswert (E[X]) – Risikoprämie (π) = Sicherheitsäquivalent (S).

Die Risikoprämie stellt eine monetäre Bewertung des Risikos dar bzw. zeigt die Kosten der Risikoübernahme an. Bei Risikoaversion ist mit größerem Risiko eine höhere Risikoprämie bzw. ein geringeres Sicherheitsäquivalent verbunden.

Abb. 4.12a: Sicherheitsäquivalent in Abhängigkeit vom Risiko

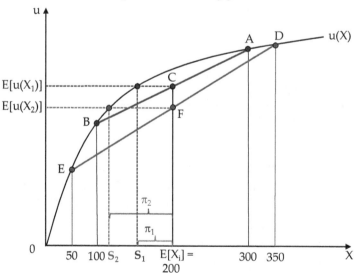

Werfen wir dazu einen Blick auf Abb. 4.12a. Eine Binomialverteilung mit den Werten $x_1 = 300$ und $x_2 = 100$ liefert die Risikonutzenfunktion zwischen den Punkten A und B. Falls $p = 0,5$, nimmt der Erwartungswert $E[X]$ den Wert 200 an. Sofern dagegen $x_1 = 350$ und $x_2 = 50$, ergibt sich bei unveränderter Wahrscheinlichkeit ebenfalls der Erwartungswert 200. Die Risikonutzenfunktion dieser zweiten Lotterie wird zwischen den Punkten D und E aufgespannt. Da das Risiko der zweiten Lotterie größer ist als das der ersten, liegt die zweite Erwartungsnutzenfunktion unterhalb der ersten. Das Sicherheitsäquivalent sinkt gegenüber der ersten Lotterie von S_1 auf S_2 und die Risikoprämie steigt von π_1 auf π_2.

Gemäß Erwartungsnutzentheorie wird das Individuum die Alternative mit dem höchsten Sicherheitsäquivalent, hier also wegen $S_1 > S_2$ die erste der beiden Lotterien, vorziehen. Bezogen auf Tab. 4.26 wäre für jede Alternative das Sicherheitsäquivalent zu berechnen. Damit ließen sich die Alternativen in eine eindeutige Rangfolge bringen und die Alternative mit dem höchsten Sicherheitsäquivalent würde ausgewählt.

In den meisten Fällen ist die Annahme von Risikoaversion plausibel. Wie Abb. 4.12 und 4.12a zeigen, ist Risikoaversion eine Folge von abnehmendem Grenznutzen bezüglich der Ergebnisvariable X. Dies führt zum konkaven Verlauf der Nutzenfunktion. Abnehmender Grenznutzen ist eine dominierende Annahme in der Ökonomik.

Abb. 4.13: Risikoneigungen

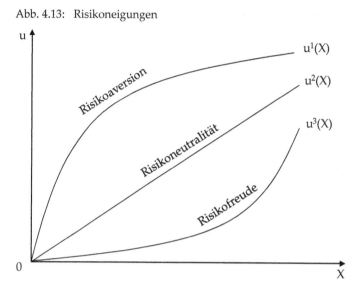

Es soll nicht verschwiegen werden, dass unter bestimmten Umständen auch Risikoneutralität und Risikofreude denkbar sind (vgl. Abb. 4.13). Bei **Risikoneutralität** verläuft die Nutzenfunktion linear ($u^2(X)$) und bei **Risikofreude** ist sie konvex ($u^3(X)$). Bei Risikoneutralität ist Risiko aus Sicht des Entscheidungsträgers unbeachtlich. Deshalb fällt in diesem Fall für die Risikoübernahme keine Risikoprämie an oder anders gesagt: Die Risikoübernahme ist kostenlos. Ein risikofreudiges Individuum würde durch die Risikoübernahme einen Nutzen empfinden und wäre infolgedessen sogar bereit, für die Übernahme eines Risikos zu bezahlen.[213]

4.5.4   Die Berechnung von Projektrisiken auf der Basis der Erwartungsnutzentheorie

Die graphische Darstellung in Abb. 4.13 ist gut zur Veranschaulichung geeignet, hilft uns jedoch nicht bei der konkreten Berechnung von Sicherheitsäquivalenten und Risikoprämien. Wie Sie vielleicht schon ahnen, benötigen wir dazu eine konkrete Nutzenfunktion. Mit Hilfe der Nutzenfunktion können wir

---

[213] Unterschiedliche Risikoneigungen erklären im Übrigen, warum Märkte für Risiken entstehen. Beispielsweise werden stark risikoaverse Wirtschaftssubjekte risikoreiche Wertpapiere an weniger risikoaverse Wirtschaftssubjekte verkaufen und dafür selbst evt. risikoarme Wertpapiere kaufen können.

die Risikoneigung berechnen. Zusammen mit dem durch die Varianz gemessenen Risiko sind wir dann tatsächlich in der Lage, Sicherheitsäquivalente und Risikoprämien mathematisch zu bestimmen.

Die grundlegende Methodik wird in Abschnitt 4.5.4.1 beschrieben. Sie betrachtet ein Projekt isoliert, d. h. unabhängig von anderen Projekten und dem Konsum der betroffenen Individuen. In Abschnitt 4.5.4.2 wird ein Ansatz vorgestellt, der das Risiko der Projektauszahlungen in Verbindung mit dem Konsum der Individuen analysiert. Dahinter steht der Gedanke, dass Projektrisiken nicht absolut zu betrachten sind, sondern als Korrelation mit dem ebenfalls zufallsabhängigen Konsum zu sehen sind.

4.5.4.1   Grundlegende Methodik und isolierte Projektbewertung

Wie aus den Abb. 4.12, 4.12a und 4.13 ersichtlich, ist die Krümmung der Nutzenfunktion ein grober Indikator für verschiedene Risikoneigungen. Für eine exakte Bestimmung der Risikoneigung ist die Krümmung jedoch nicht ausreichend. ARROW und PRATT[214] entwickelten daher eine exakte Maßzahl für Risikoaversion – das sog. **Arrow-Pratt-Maß**. Dieses Maß ist der (negative) Quotient aus zweiter und erster Ableitung der Nutzenfunktion

$$r_a = -\frac{u''(X)}{u'(X)},\tag{4.22}$$

was mindestens zweifache Differenzierbarkeit von u(X) voraussetzt. r_a bezeichnet die **absolute Risikoaversion** (an der Stelle x_i). Dieses Maß ist plausibel, solange die Größe des Risikos unabhängig von X ist. Variieren X und Risiko dagegen im selben Verhältnis, ist die **relative Risikoaversion** r_r ein besserer Indikator. Sie ergibt sich aus der Multiplikation (Gewichtung) der absoluten **Risikoaversion** mit X: $r_r = r_a \cdot X$. Die Kehrwerte der Risikoaversionsmaße – $1/r$ – werden als „**Risikotoleranz**" bezeichnet.

Abb. 4.14 zeigt in stilisierter Form den Verlauf der Nutzenfunktion u(X) und deren erster und zweiter Ableitung bei Risikoaversion. Zu beachten ist, dass das Arrow-Pratt-Maß von X abhängt und damit nicht notwendigerweise konstant ist.

---

[214] Kenneth Joseph ARROW (*1921) und John Windsor PRATT (*1931), U.S.-amerikanische Ökonomen.

Abb. 4.14: Messung der Risikoneigung durch das „Arrow-Pratt-Maß"

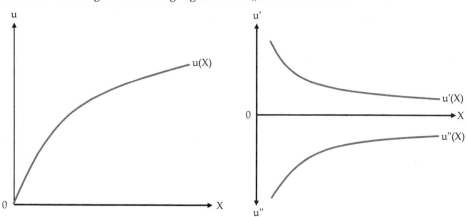

Für analytische Zwecke werden jedoch gern zwei Klassen von Nutzenfunktionen mit konstanter Risikoaversion verwendet – zum einen Nutzenfunktionen mit konstanter absoluter Risikoaversion und zum anderen Nutzenfunktionen mit konstanter relativer Risikoaversion. Erstere sind durch

$$u(X) = \begin{cases} -e^{-r \cdot X}, & \text{für } r > 0 \\ X, & \text{für } r = 0 \end{cases} \text{ definiert,}$$

während letztere durch

$$u(X) = \begin{cases} \dfrac{X^{1-r}}{1-r}, & \text{für } r \neq 1 \\ \ln X, & \text{für } r = 1 \end{cases} \text{ definiert sind.}[215]$$

Da öffentliche Projekte nicht einzelne, sondern viele Individuen betreffen, muss die in Wirtschaftlichkeitsuntersuchungen verwendete Nutzenfunktion als repräsentativ angenommen werden. Das heißt, die Nutzenfunktion bildet hypothetisch ein repräsentatives Individuum ab, um die durchschnittliche gesellschaftliche Risikoaversion Zugrunde zu legen. Folgt man einschlägigen empirischen Untersuchungen, sind für die relative Risikoaversion r_r Werte zwischen 0 und 2 realistisch. Daher werden, sofern keine näheren Informationen zur Verfügung stehen, Sensibilitätsanalysen mit verschiedenen Werten in diesem Intervall empfohlen.[216]

---

[215] Vgl. beispielsweise Bamberg/Coenenberg/Krapp (2012), S. 86 f.

[216] Vgl. DTRS (2005), S. 30 f.

Den Zusammenhang zwischen Risikoeinstellung, Nutzenfunktion und den einschlägigen Maßen gibt Tab. 4.27 wieder.

Tab. 4.27: Zusammenhänge zwischen Nutzenfunktion und Risikomaßen

Nutzen-funktion	Einstellung zum Risiko	Relation zwi-schen E[w] und S	Risiko-prämie	Arrow-Pratt-Maß
linear	risikoneutral	S = E[X]	$\pi = 0$	r(X) = 0
streng konkav	risikoavers	S > E[X]	$\pi > 0$	r(X) > 0
streng konvex	risikofreudig	S > E[X]	$\pi < 0$	r(X) < 0

In Anlehnung an: Bamberg/Coenenberg/Krapp (2012), S. 86.

Mit Hilfe von Nutzenfunktion und Arrow-Pratt-Maß lassen sich nun Sicherheitsäquivalente und Risikoprämien ermitteln. Es kann nämlich gezeigt werden, dass in der Nähe des Erwartungswertes der Zufallsvariablen X (d. h. bei sog. kleinen Änderungen) das Sicherheitsäquivalent S durch folgende Formel approximierbar ist:

$$\boxed{S \approx E[X] - 0,5 \cdot r \cdot Var[X]}\,[217] \tag{4.23}$$

wobei $0,5 \cdot r \cdot Var[X]$ der Risikoprämie (π) entspricht. In Worten: Das Sicherheitsäquivalent stimmt näherungsweise mit dem Erwartungswert der Zufallsvariablen abzüglich der (je nach Modellspezifikation absoluten oder relativen) halben Risikoaversion multipliziert mit der Varianz der Zufallsvariablen überein. Die Risikoaversion r wird – wie gezeigt – mit Hilfe des Arrow-Pratt-Maßes bestimmt.

Was folgt nun aus den hier gewonnenen Erkenntnissen für die konkrete Projektbewertung? Wenn wir – was dem Standard für mehrperiodige Projekte entsprechen dürfte – die Projektergebnisse (zumeist in Form von Zu- und Abflüssen wie Einzahlungen/Auszahlungen, Nutzen/Kosten) diskontieren, sind bei Risiko nicht die erwarteten Projektergebnisse, sondern deren Sicherheitsäquivalente zu diskontieren. Bezeichnen wir mit $E[X_t]$ den Erwartungswert der Projektergebnisse (gemessen in Geldeinheiten) zum Zeitpunkt oder in der

---

[217] Der Nachweis findet sich z. B. bei Milgrom/Roberts (1992), S. 247 und Zweifel/Eisen (2003), S. 70 f.

Periode t, ist der Nettobarwert (NBW) eines Projektes mit Hilfe folgender
Formel zu ermitteln:

$$NBW = \sum_t \frac{S_t}{(1+i_t^*)^t} = \sum_t \frac{E[X_t]-\pi_t}{(1+i_t^*)^t} = \sum_t \frac{E[X_t] - 0,5 \cdot r \cdot Var[X_t]}{(1+i_t^*)^t}.$$ (4.24)

π_t beschreibt die Risikoprämie für die Zahlungsunsicherheit in t und S_t das
zugehörige Sicherheitsäquivalent. Bei einer einzelwirtschaftlichen Betrachtung
stellt i_t^* den risikofreien Zins für den Zeitpunkt oder die Periode t dar, der –
wie in Kapitel 4.4 beschrieben – wenn möglich auf der Zinsstrukturkurve basiert. Im Falle einer gesamtwirtschaftlichen Projektbewertung ist dagegen gewöhnlicherweise ein zeitinvarianter Zinssatz i* zu verwenden, d. h. dann gilt
für alle t: $i_t^* = i^*$.

In Worten: **Eine methodisch korrekte Projektbewertung erfordert bei Risiko
sowohl im Falle einer einzelwirtschaftlichen als auch im Falle einer gesamtwirtschaftlichen Projektbewertung für jede Periode die Ermittlung der
Sicherheitsäquivalente der Projektergebnisse. Zur Ermittlung des Kapital-
oder Gegenwartswertes des Projektes sind die periodischen Sicherheitsäquivalente mit dem adäquaten risikofreien Zinssatz zu diskontieren.**

Die beschriebene Vorgehensweise ist recht aufwendig. Zunächst müssen die
möglichen Konstellationen der Zu- und Abflüsse sowie ihre Eintrittswahrscheinlichkeit bestimmt oder festgelegt werden. Zweitens sind die Erwartungswerte und Varianzen zu berechnen. Im dritten Schritt sind die Risikoprämien zu ermitteln, wobei die beschriebenen Nutzenfunktionen und der
genannte Wertebereiche für das Arrow-Pratt-Maß verwendet werden können.
Die verwendete Nutzenfunktion muss hier auf dem Konstrukt eines repräsentativen Individuums basieren. Viertens sind die evt. laufzeitabhängigen risikofreien Diskontsätze zu ermitteln.

Letztlich gibt es jedoch keine befriedigende Alternative zu dieser Vorgehensweise, welches momentan wohl als „State of the art" zu bezeichnen ist. Ein
großer Vorteil dieser Verfahrensweise ist die strikte Trennung von Risiko,
welches über Risikoprämien bzw. Sicherheitsäquivalente ausgedrückt wird,
und zeitlicher Homogenisierung, die der Diskontsatz i_t^* übernimmt.

4.5.4.2 Die Projektbewertung in Verbindung mit dem individuellen Konsum (bei „kleinen" Risiken)

Im vorangehenden Abschnitt wurde wenigstens implizit eine isolierte Projekt-bewertung vorgenommen. Im Folgenden wird eine Variante oder Erweiterung der Projektbewertung bei Risiko betrachtet, die das zu bewertende Projekt in Relation zum Konsumniveau der privaten Haushalte ohne das zu untersu-chende Projekt (den „sonstigen Konsum") setzt.[218]

Der hier vorgestellte Ansatz beschränkt sich auf (relativ) „kleine Pro-Kopf-Risiken".[219] Pro-Kopf-Risiken sagen nichts über die absolute Projektgröße aus. Selbst wenn Projekte absolut groß sind, können die Pro-Kopf-Werte relativ klein sein und umgekehrt. Beispielsweise belastet ein Projekt auf Bundesebene mit einem Investitionsvolumen in Höhe von einer Mrd. € bei 80 Mio. Bundes-bürgern jeden Bürger mit 12,50 €. Auf kommunaler Ebene kann es schon an-ders aussehen. So kostet ein 10-Mio.-€-Projekt bei 5.000 Einwohnern jeden Bürger 2.000 €. Entsprechend verhält es sich mit den Risiken. Die Kosten und Nutzenschwankungen pro Kopf können unabhängig von der absoluten Größe eines Projektes klein oder groß sein.

Hinter dem hier präsentierten Ansatz steht im Grunde die bereits oben in Ab-schnitt 4.5.2 beschriebene Idee der Diversifikation bzw. Risikostreuung: Wenn das Risiko eines Projektes exakt mit dem Risiko des sonstigen Konsums der Bürger korreliert ist, ist das Projektrisiko c. p. am höchsten und damit dessen Wert am geringsten, weil es keinerlei Risiken durch Diversifikation vernichtet. Ist die Korrelation zwischen Projektrisiko und allgemeinem Konsumrisiko exakt gegenläufig, ist der Wert des Projektes am höchsten, weil es das allge-meine Konsumrisiko in größtmöglichem Umfang reduziert.[220]

In diesem Kontext stellen der Erwartungswert des durch das Projekt induzier-ten zusätzlichen Konsums und sein statistischer Zusammenhang mit dem pro-

---

[218] Vgl. im Folgenden auch Beckers u. a. (2009), S. 80 ff. und Corneo (2012), S. 307 ff.

[219] Unter große Risiken fallen z. B. (Natur-)Katastrophen, die nicht nur zu einem ver-gleichsweise kleinen Rückgang des Konsumniveaus, sondern zu erheblichen Einbußen von Konsum und Wohlstand führen (wie der Ausfall ganzer Infrastrukturen). Zur Hand-habung „großer Risiken" vgl. Beckers u. a. (2009), S. 98 ff. und Corneo (2013), S. 18 ff.

[220] „Konsum" ist hier als Metapher für positive Projektwirkungen wie Einkommenssteige-rungen, die mittelbar die Konsummöglichkeiten steigern, oder Nutzungsmöglichkeiten des von der öffentlichen Hand bereitgestellten Leistungsangebots (Infrastruktur, Freizeit-und Kulturangebot etc.) zu verstehen.

jektunabhängigen Konsumniveau einen geeigneten Ansatz zur Projektbewertung dar. Daraus lässt sich das entsprechende Sicherheitsäquivalent ableiten.

Das Sicherheitsäquivalent der projektinduzierten Konsumänderung bei den Bürgern spiegelt sowohl bei der einzel- als auch bei der gesamtwirtschaftlichen Projektanalyse den Projektwert wider. Bei einer volkswirtschaftlichen Betrachtung ist dies unmittelbar einsichtig. Im Fall einer einzelwirtschaftlichen Projektbewertung steht jedoch nicht das Konsumniveau der Bürger, sondern die Haushaltsbelastung im Blickpunkt. Deshalb ist die Gültigkeit dieser Behauptung im Folgenden zu zeigen.

Dazu greifen wir an dieser Stelle den in Abschnitt 4.4 vorgestellten Gedanken der Opportunitätskosten öffentlicher Projektfinanzierungen wieder auf. Bei Sicherheit bestehen die Opportunitätskosten der öffentlichen Hand bezüglich einer Projektfinanzierung im Verkauf von (sicheren) Zahlungsversprechen. Analog dazu könnte die öffentliche Hand bei Risiko auch Lotterien verkaufen, d. h. die öffentliche Hand verspricht anderen Wirtschaftssubjekten, Zahlungen entsprechend bestimmter mit Unsicherheit behafteter Zustände der Welt zu leisten.

Selbst bei Abwesenheit derartiger Märkte können der Preis, den das repräsentative Wirtschaftssubjekt für eine Lotterie zu zahlen bereit ist, und damit die Opportunitätskosten der Projektfinanzierung deduktiv bestimmt werden – wie im Folgenden demonstriert wird. Die zu verkaufende Lotterie sei mit X bezeichnet. Der Wert dieser Lotterie bzw. der Preis P, den ein repräsentativer Käufer dafür zu zahlen bereit ist, entspricht deren Sicherheitsäquivalent S. Das Konsumniveau, das der Käufer ohne das zu untersuchende öffentliche Projekt realisieren kann, bezeichnen wir mit Y. Wir nehmen an, dass nicht nur das Projektergebnis, sondern auch dieser (sonstige) Konsum risikobehaftet ist. Der Nutzenerwartungswert des Käufers aus sonstigem Konsum und der von der öffentlichen Hand empfangenen Auszahlung entsprechend der Lotterie X lautet dann $E\left[u(Y+X)\right]$. Dieser Ausdruck stellt den Gesamtkonsum des repräsentativen Individuums dar. Die Auszahlung der öffentlichen Hand an das Individuum steigert dessen Konsumniveau.

Der Gesamtkonsum muss mit dem Erwartungswert des Gesamtnutzens aus Y und dem Sicherheitsäquivalent der Lotterie übereinstimmen, wobei das Sicherheitsäquivalent in diesem Fall dem Preis P entspricht, d. h. P = S. Daher verwenden wir nachfolgend S auch als Synonym für den Kaufpreis. Es gilt also:

$$E\big[u(Y+S)\big] = E\big[u(Y+X)\big]. \tag{4.25}$$

Wir unterstellen dabei, dass X gemessen an Y relativ klein ist, so dass X den Gesamtkonsum nur geringfügig verändert und wir von „kleinen (Gesamtkonsum-)Änderungen" bzw. von einem „kleinen Risiko" sprechen können. Nicht zu vergessen ist, dass X eine Zufallsvariable darstellt, während S eine deterministische Größe ist. Durch eine Approximation per Taylor-Reihe[221] erster Ordnung erhalten wir dann

$$S \cdot E\big[u'(Y)\big] \approx E\big[u'(Y)\cdot X\big]. \tag{4.26}$$

Eine Umstellung und die Berücksichtigung des sog. Verschiebungssatzes für die Kovarianz[222] ergibt

$$S \approx E\big[X\big] + \frac{\text{Cov}\big[u'(Y), X\big]}{E\big[u'(Y)\big]}. \tag{4.27}$$

Nach (4.27) ist – anders als bei einer isolierten Projektbetrachtung wie in Gleichung (4.24) – nicht die Varianz des Projektergebnisses X, sondern dessen Kovarianz mit dem Grenznutzen des sonstigen Konsums Cov[u'(Y), X] von Bedeutung. Da der Grenznutzen des sonstigen Konsums u'(Y) mit steigendem Konsumniveau sinkt,[223] bedeutet ein Gleichlauf von Y und X eine negative Kovarianz von u'(Y) und X. Entwickeln sich dagegen Y und X gegenläufig, ist diese Kovarianz positiv. Anders ausgedrückt: Sofern das Projekt genau dann zu hohen Auszahlungen führt, wenn der sonstige Konsum ebenfalls hoch ist, stiftet es weniger Nutzen als im umgekehrten Fall, weil dann der zusätzliche Konsum aus dem Projekt einen höheren Wert hat. Im Spezialfall einer Kovarianz von Null entspricht der Preis selbst bei Risikoaversion dem Erwartungswert der Auszahlung.

Die (hier mit dem Erwartungswert des Grenznutzens des sonstigen Konsums normierte) Kovarianz zwischen dem Grenznutzen des allgemeinen Konsum-

---

[221] Eine Taylor-Reihe – benannt nach dem englischen Mathematiker Brook TAYLOR (1685–1731 – stellt eine Annäherung an einen beliebigen Punkt einer differenzierbaren Funktion mittels einer Kette von n Ableitungen („n-ter Ordnung") dar.

[222] Der Verschiebungssatz für die Kovarianz lautet allgemein: Cov[X, Y] = E[X · Y] – E[X] · E[Y]. Dieser Satz liefert eine Alternative zu Formel (4.20) für Berechnung der Kovarianz.

[223] Dahinter steht die allgemein akzeptierte Annahme des abnehmenden Konsumgrenznutzens.

niveaus und den Projektauszahlungen bildet das sog. **systematische Risiko** ab. Es umfasst das nicht durch Diversifikation zu beseitigende Projektrisiko. Das nicht mit dem allgemeinen Konsumrisiko verbundene **spezifische** oder **idiosynkratische Risiko** des Projektes fällt nicht ins Gewicht.

Für die weiteren Rechenschritte müssen wir die Nutzenfunktion u(Y) konkretisieren. Wir verwenden dazu folgende Nutzenfunktion mit konstanter relativer Risikoaversion (s. Abschnitt 4.5.4.1):

$$u(Y) = \frac{Y^{1-r}}{1-r} \, . \tag{4.28}$$

Darüber hinaus nehmen wir an, dass sich der sonstige Konsum Y aus einer deterministischen Komponente h und einer stochastischen Komponente ε zusammensetzt: $Y = h + \varepsilon$. Es gelte $E[\varepsilon] = 0$. ε spiegelt die makroökonomische Unsicherheit wider, der alle Individuen gleichermaßen ausgesetzt sind. Sofern ε klein ist, kann der Grenznutzen des sonstigen Konsums wiederum durch eine Taylor-Approximation berechnet werden:

$$u'(Y) \approx u'(Y) + \varepsilon \cdot u''(Y) \, . \tag{4.29}$$

Unter Verwendung der Nutzenfunktion (4.28) ergibt sich:

$$u'(Y) \approx u'(h) \cdot \left(1 - \frac{r \cdot \varepsilon}{h} \right) . \tag{4.30}$$

Setzt man diesen Ausdruck in (4.27) ein, erhält man:

$$\frac{\text{Cov}\left[u'(Y), X \right]}{E\left[u'(Y) \right]} \approx \frac{\text{Cov}\left[1 - \dfrac{r \cdot \varepsilon}{h}, X \right]}{E\left[1 - \dfrac{r \cdot \varepsilon}{h} \right]} . \tag{4.31}$$

Formt man den Term auf der rechten Seite von Gleichung (4.31) um und beachtet die Rechenregeln für Kovarianzen, ergibt sich:

$$\frac{\text{Cov}\left[1 - \dfrac{r \cdot \varepsilon}{h}, X \right]}{E\left[1 - \dfrac{r \cdot \varepsilon}{h} \right]} \approx -r \cdot \frac{\text{Cov}[Y, X]}{E[Y]} . \tag{4.32}$$

Damit lässt sich (4.27) zu

$$\boxed{S \approx E\left[X \right] - r \cdot \frac{\text{Cov}[Y, X]}{E[Y]}} \tag{4.33}$$

umformulieren. Der Preis respektive das Sicherheitsäquivalent entspricht also dem Erwartungswert der Lotterie abzüglich dem mit dem Arrow-Pratt-Maß multiplizierten Quotienten aus der Kovarianz zwischen dem sonstigen Konsum und dem Projekteinkommen im Zähler sowie dem Erwartungswert des sonstigen Konsums im Nenner. Es gilt das zu Formel (4.27) Gesagte: Sofern Y und X stochastisch unabhängig sind, was gleichbedeutend mit einer Kovarianz von Null ist, spielt die durch r ausgedrückte Risikoneigung bei kleinen Risiken keine Rolle und der Preis bzw. das Sicherheitsäquivalent ist identisch mit dem Erwartungswert des Projektes. Ist die Kovarianz dagegen ungleich Null, fällt die Risikoneigung ins Gewicht. Mit steigender Risikoaversion sinkt c. p. der dem Sicherheitsäquivalent entsprechende Preis. Ebenso wird der Preis negativ von der Kovarianz beeinflusst. Je größer die Kovarianz ist, desto ähnlicher verlaufen Y und X, so dass das Projekt eine immer geringer werdende Diversifikationswirkung hat.

Formel (4.33) zeigt, wie das absolute Sicherheitsäquivalent eines Projektes bei kleinen Risiken zu berechnen ist. Diese Formel gilt für die einzelwirtschaftliche und die gesamtwirtschaftliche Projektbewertung. Der analytische Unterschied besteht lediglich darin, dass die Ergebnisvariable X bei der volkswirtschaftlichen Bewertung als Zusatzkonsum zu interpretieren ist, der dem repräsentativen Individuum aus dem Projekt zufließt, während X bei der einzelwirtschaftlichen Bewertung als (hypothetische) Zahlungen, die die öffentliche Hand an einen repräsentativen Lotteriekäufer zu zahlen hätte, zu deuten ist.

Zur Bewertung eines mehrperiodigen Projektes bzw. zur Ermittlung dessen Barwertes (BW) müssen die Sicherheitsäquivalente für jedes Jahr der Projektdauer bestimmt und diskontiert werden. Dies geschieht mittels Formel (4.34):

$$BW = \sum_t \frac{S_t}{(1+i_t^*)^t} = \sum_t \frac{E[X_t] - r \cdot \dfrac{Cov[Y_t, X_t]}{E[Y_t]}}{(1+i_t^*)^t}. \tag{4.34}$$

Dieser Ausdruck ähnelt Gleichung (4.24). Lediglich die Sicherheitsäquivalente sind anders zu berechnen. Anstelle der Varianz des Projektergebnisses ist deren Kovarianz mit dem sonstigen Konsum zu ermitteln. Dazu benötigt man Szenarien über den Verlauf von Projektergebnissen und sonstigem Konsum und dazu entsprechende Wahrscheinlichkeiten. Die Diskontierung erfolgt wie oben beschrieben mit der risikofreien Diskontrate.

4.5.5 Eine vermeintliche Alternative – die Berechnung von Projektrisiken mit Hilfe von Risikoaufschlägen auf den zur Diskontierung verwendeten Zinssatz

In Abschnitt 4.5.4 wurden Risikokosten mittels Risikoprämien abgebildet, nach deren Abzug vom Erwartungswert Sicherheitsäquivalente als risikobereinigter Projektwert verbleiben. Gemäß (4.24) und (4.34) gilt dann für den Nettobarwert (NBW):

$$NBW = \sum_t \frac{E[X_t] - \pi_t}{(1 + i_t^*)^t} = \sum_t \frac{S_t}{(1 + i_t^*)^t}. \tag{4.35}$$

Insbesondere in der Beraterpraxis scheint dagegen ein anderer Ansatz beliebt zu sein, der versucht, Projektrisiken nicht über Risikoprämien und die daraus resultierenden Sicherheitsäquivalente, sondern über den Diskontsatz abzubilden. Folgt man dieser Vorgehensweise, bestimmt sich der Nettobarwert aus dem Erwartungswert des Projektes $E[X_t]$, abgezinst mit einem Zins $\hat{i}$, der gegenüber dem risikofreien Zins i_t^* mit einem Risikoaufschlag bzw. einer „Zinsrisikoprämie" (ZRP) versehen ist. Es gilt also $\hat{i} = i_t^* + ZRP$. Entsprechend ergibt sich dann der Nettobarwert $\widehat{NBW}$:

$$\widehat{NBW} = \sum_t \frac{E[X_t]}{\left(1 + i_t^* + ZRP\right)^t} = \sum_t \frac{E[X_t]}{\left(1 + \hat{i}\right)^t}. \tag{4.36}$$

X_t steht hier für das Projektergebnis in Periode t. Dieser Ansatz erfordert keine Nutzenfunktion und daraus abgeleitete Sicherheitsäquivalente. Dafür ist eine adäquate Ermittlung der Zinsrisikoprämie erforderlich – sofern sie nicht aus der Luft gegriffen sein soll.

In der Praxis werden dazu regelmäßig das sog. **Capital Asset Pricing Model (CAPM)** in verschiedenen Varianten und ähnliche Ansätze verwendet. Im nachfolgenden Unterabschnitt wird zunächst das CAPM in seiner Grundstruktur umrissen, um zu begründen, warum es u. E. zur Bewertung öffentlicher Projekte ungeeignet ist. Anschließend wird gezeigt, dass alle Verfahren, die mit Risikoaufschlägen auf den Diskontsatz arbeiten, im Allgemeinen nicht in der Lage sind, Risiken korrekt abzubilden.

4.5.5.1   Die Berechnung von Projektrisiken auf der Basis des Capital Asset Pricing Models

Das Capital Asset Pricing Model (CAPM) baut auf der **Portfolio-Theorie**[224] auf. Danach kann ein Investor das mit einem (Investitions-)Projekt einhergehende Risiko wenigstens teilweise durch eine geeignete Kombination mit anderen risikobehafteten (Investitions-)Projekten kompensieren (Diversifizierung). Vor diesem Hintergrund ist – ähnlich zu dem in Abschnitt 4.5.4.2 vorgestellten Ansatz – nicht das isolierte Risiko eines Projektes relevant, sondern der Beitrag des zu bewertenden Projektes zum Gesamtrisiko des Portfolios des Investors.

Das CAPM geht von folgenden Annahmen aus: a) Die Anleger handeln rational und sind (unterschiedlich) risikoscheu. b) Neben risikobehafteten Anlagemöglichkeiten existieren auch risikolose Anlageoptionen, wobei in der praktischen Anwendung Staatsanleihen erster Güte als risikolos angesehen werden. c) Die Marktteilnehmer können zum risikolosen Zins unbeschränkt finanzielle Mittel aufnehmen und anlegen. Darüber hinaus gelten d) die Prämissen des vollkommenen Kapitalmarktes: Alle Marktteilnehmer haben die gleichen Informationen über die mögliche Cash-Flow-Verteilung aus risikobehafteten Investitionen und somit identische Erwartungen über die Preisentwicklung der Finanztitel, es gibt keine Transaktionskosten sowie keine Marktzutrittsbeschränkungen und die Anleger sind Mengenanpasser.

Annahmegemäß mischen die Investoren die risikolose (Geld-)Anlage mit risikobehafteten (Geld-)Anlagen. Aus den Gleichgewichtsbedingungen dieses Modells lässt sich die sog. **Kapitalmarktlinie** herleiten, die für jeden Investor Gültigkeit besitzt:

$$E[i_j] = i^* + \frac{E[i_M] - i^*}{Var[i_M]} \cdot Cov[i_j, i_M]. \tag{4.37}$$

i^* bildet die Rendite der risikofreien Kapitalanlage ab. $E[i_j]$ ist die Renditeanforderung, die der Anleger an die zu prüfende Anlagemöglichkeit j stellt. $E[i_M]$ stellt die erwartete Rendite des gesamten Kapitalmarktes dar. $Var[i_M]$ entspricht der Varianz der Kapitalmarktrendite. $Cov[i_j, i_M]$ bildet die Kovarianz der Rendite der Anlage j mit der Marktrendite ab.

---

[224] Kurze Erläuterung zur Portfoliotheorie. Zur Portfoliotheorie und zum CAPM vgl. z. B. Kruschwitz (2011), S. 334 ff. und Perridon/Steiner/Rathgeber (2012), S. 260 ff.

Im Gleichgewicht halten alle Anleger ungeachtet ihrer Risikoeinstellung zwei Finanztitel: die sichere Anlage und eine unsichere Anlage, die den Markt genau abbildet. Die Risikoeinstellung der Anleger schlägt sich lediglich in der Kombination von sicheren und risikobehafteten Anlagen nieder. Je risikoaverser ein Wirtschaftssubjekt ist, desto höher ist der Anteil der sicheren Anlage und desto niedriger der Anteil der Risikoanlage.

Die Kapitalmarktlinie (4.37) lässt sich auf verschiedene Weise umformen. Am weitesten verbreitet scheint die so genannte **Beta-Schreibweise**:

$$E\left[i_j\right] = i^* + (E[i_M] - i^*)\beta_j \ , \ \ \text{mit} \ \ \beta_j = \frac{\text{Cov}[i_j, i_M]}{\text{Var}[i_M]}. \tag{4.38}$$

Demnach setzt sich die von einem Anleger geforderte Rendite aus dem Zins für risikofreie Anlagen und der mit einem Faktor β_j gewichteten Differenz zwischen der erwarteten Marktrendite (i_M) und der Rendite einer sicheren Kapitalanlage (i^*) zusammen. Die mit β_j gewichtete Differenz zwischen i^* und i_M entspricht der Zinsrisikoprämie für die Übernahme des Marktrisikos, welches nicht durch das Projekt diversifizierbar ist und damit dem systematischen Risiko entspricht.

Nimmt Beta den Wert Eins an, fordert der Investor genau die Durchschnittsrendite des Marktes. Bei kleinerem Beta fordert er weniger und bei größerem Beta mehr als die Marktrisikoprämie. Der Grund dafür wird deutlich, wenn man den Aussagegehalt des „Beta-Faktors" beachtet: Das Beta einer Kapitalanlage bringt nämlich zum Ausdruck, wie sich die Rendite einer riskanten Anlage (z. B. der Aktienkurs eines Unternehmens) in Relation zum Marktrisiko (z. B. eines bestimmten Aktienindexes) verhält. Je weniger eine Investition mit dem Marktrisiko korreliert ist, desto besser für den Investor. Die Investition ist dann weitgehend vom Marktrisiko abgekoppelt und mindert sein Gesamtrisiko. Im Falle einer negativen Kovarianz ist der Investor sogar bereit, eine erwartete Projektrendite zu akzeptieren, die unter der erwarteten Marktrendite liegt.

In der Praxis wird regelmäßig auf (historische) Kapitalmarktdaten zurückgegriffen. Beispielsweise kann man die Varianz von Börsenindizes (Dow Jones, Euro Stoxx, DAX etc.) in Beziehung zur Renditevarianz eines bestimmten Wertpapiers (als zu untersuchendes „Investment") setzen.

Die Verwendung des CAPM ist zum einen aus folgenden allgemeinen methodischen Gründen mindestens sehr problematisch:[225]

- Das CAPM ist ein Einperioden-Modell, das für mehrperiodige Zusammenhänge ungeeignet ist.

- Das CAPM unterstellt eine quadratische Nutzenfunktion. Bei einer derartigen Nutzenfunktion steigt die Risikoaversion mit dem Einkommen bzw. dem Vermögen an.[226] Dies ist äußerst unplausibel.

- Die Verwendung historischer Kapitalmarktdaten wirft die Frage nach deren Prognosegüte, der adäquaten Laufzeit, des Referenzmarktes etc. auf. Es bestehen deutliche empirische Hinweise auf eine Überschätzung langfristiger Kapitalmarktrenditen (insb. durch fehlerhafte Gewichtung der börsennotierten Unternehmen und die Vernachlässigung von Insolvenzen und Verstaatlichungen).

- Schließlich konnte das CAPM empirisch zumindest bisher nicht bestätigt werden: *„Unfortunately, the empirical record of the model is poor – poor enough to invalidate the way it is used in applications".*[227]

Vor diesem Hintergrund entstanden Varianten oder Weiterentwicklungen des CAPM (insb. das Drei-Faktoren-Modell oder die Arbitragepreistheorie). Letztlich vermag jedoch keiner dieser Ansätze zu überzeugen.

Neben den grundsätzlichen methodischen Einwänden, die unabhängig vom Einsatzfeld des CAPMs sind, ist darüber hinaus natürlich die Eignung des CAPM für die Zinsermittlung speziell bei öffentlichen Projekten in Frage zu stellen. Ein Modellansatz, in dem Privatinvestoren risikofreie und risikobehaftete Anlegen mischen, ist für die Bewertung öffentlicher Projekte grundsätzlich fraglich. Nicht die Kovarianz mit Kapitalmarktrenditen, sondern die mit

---

[225] Vgl. Beckers u. a. (2009), S. 17 f. Die Annahme des vollkommenen Kapitalmarktes, welche u. a. die Ausblendung aller Informationsasymmetrien, von Transaktionskosten etc. impliziert, wollen wir hier nicht als besonderen Kritikpunkt werten. Sie gilt auch für Kapitalwertmethode.

[226] Nehmen wir die quadratischen Nutzenfunktion $U(X) = X - aX^2$. Daraus folgt:

$U'(X) = 1 - 2aX$ und $U''(X) = -2a$. Bei Risikoaversion ist $a > 0$. Zugleich muss wegen der Annahme monoton wachsenden Nutzens gelten: $a < \max X/2$. Das Arrow-Pratt-Maß für die absolute Risikoaversion lautet hier $r_a = 2a/(1 - 2aX)$. Diese wächst mit steigendem X.

[227] Fama/French (2004), S. 25.

anderen öffentlichen Projekten bzw. mit der gesamtwirtschaftlichen Entwicklung – wie im vorangehenden Abschnitt vorgestellt – ist relevant.

4.5.5.2   Die grundsätzliche Nichteignung von Risikoaufschlägen auf den Diskontsatz zur korrekten Erfassung von Projektrisiken

Das Capital Asset Pricing Model liefert periodeninvariante risikoadjustierte Zins- bzw. Diskontsätze. Im Folgenden wird die allgemeine Nichteignung von risikobedingten Zinsaufschlägen für die methodisch korrekte Risikoerfassung gezeigt.[228] Damit sind nicht nur das CAPM, sondern alle Methoden, mit denen risikoadjustierte Diskontsätze gewonnen werden, im vorliegenden Kontext schlicht überflüssig.

Zunächst formen wir Formel (4.33) so um, dass von der Projektgröße unabhängige (normierte) Werte errechnet werden können und die Risikoprämie als (prozentualer) Abschlag auf den Erwartungswert dargestellt werden kann. Dazu dividieren wir zunächst (4.33) durch den Erwartungswert des Projektergebnisses und stellen die Gleichung um. Daraus folgt:

$$\frac{E[X] - S}{E[X]} \approx r \cdot \frac{Cov[Y, X]}{E[Y] \cdot E[X]}. \tag{4.39}$$

Formel (4.39) ist von der Projektgröße bzw. E[x] unabhängig. Durch Erweiterung des rechten Ausdrucks mit den Standardfehlern $\sigma[Y] \cdot \sigma[X]$ erhält man:

$$\frac{E[X] - S}{E[X]} \approx r \cdot \rho_{Y,X} \frac{\sigma[Y] \cdot \sigma[X]}{E[Y] \cdot E[X]}. \tag{4.40}$$

Das heißt, die relative Risikoprämie (E[X] – S)/E[X] ist ungefähr gleich dem mit der relativen Risikoaversion und dem durch die Erwartungswerte normierten Standardfehler multiplizierten Korrelationskoeffizienten $\rho_{Y,X}$. Aus (4.40) folgt:

$$S \approx E[X] \cdot \left(1 - r \cdot \rho_{Y,X} \cdot \frac{\sigma[Y] \cdot \sigma[X]}{E[Y] \cdot E[X]}\right). \tag{4.41}$$

Wir können das Sicherheitsäquivalent also durch einen prozentualen Ab- oder Zuschlag $\pi*$ auf den Erwartungswert darstellen. $\pi* = r \cdot \varrho_{Y,X} \cdot \frac{\sigma[Y] \cdot \sigma[X]}{E[Y] \cdot E[X]}$ stellt die relative Risikoprämie ausgedrückt durch einen Prozentsatz des Erwartungswertes dar.

---

[228] Vgl. Beckers u. a. (2009), S. 90.

Setzen wir nun $1 - \pi* = \alpha$, bildet α das Sicherheitsäquivalent in Prozent des Erwartungswertes ab. Dann können wir statt (4.41) auch schreiben:

$$S \approx E[X] \cdot (1 - \pi*) = E[X] \cdot \alpha. \tag{4.42}$$

Um den Nettobarwert mittels eines Risikozuschlages auf den Zins abzubilden, muss unter Verwendung von (4.42) gelten: NBW = $\widehat{NBW}$. Dazu setzen für die Formeln (4.35) und (4.36) gleich:

$$NBW = \sum_t \frac{\alpha_t \cdot E[X_t]}{(1 + i_t^*)^t} = \sum_t \frac{E[X_t]}{(1 + \hat{i})^t}. \tag{4.43}$$

Bei gesamtwirtschaftlicher Betrachtung gilt wiederum für alle t, dass $i_t^* = i^*$.

Diese Bedingung wäre nur dann erfüllt, wenn $\alpha_t = \left(\frac{1 + i_t^*}{1 + \hat{i}} \right)^t$. Das heißt, α_t müsste eine geometrische Folge des Quotienten $\left(\frac{1 + i_t^*}{1 + \hat{i}} \right)$ sein. Es gibt keinen Grund anzunehmen, dass dies der Fall ist.

Darüber hinaus konvergiert α gegen Null, wenn $\hat{i} > i_t^*$. Demzufolge würde wegen $S_t = \alpha_t \cdot E[X_t]$ auch das undiskontierte(!) Sicherheitsäquivalent gegen Null konvergieren. Der Grund für die Entwertung des Sicherheitsäquivalents im Zeitablauf muss aber gerade die Diskontierung und nicht das Risiko sein.

Damit das (undiskontierte) Sicherheitsäquivalent gegen Null liefe, müsste das Risiko im Zeitablauf entsprechend steigen. Ein im Zeitablauf sinkendes Sicherheitsäquivalent wäre zwar bei der isolierten Projektbewertung mittels Formel (4.24) denkbar, weil das Prognoserisiko und damit die Varianz prognostizierter Werte mit zunehmender zeitlicher Entfernung steigen können. Aber dann müsse sich das entsprechende Risiko in genau der Weise entwickeln, wie bei der geometrischen Reihe. Dies ist ziemlich unwahrscheinlich. Bewertet man ein Projekt dagegen im Kontext der gesamten Einkommensentwicklung gemäß Formel (4.34), ist es extrem unwahrscheinlich, dass das auf diese Weise gemessene Risiko im Trend so steigt, dass sich das Sicherheitsäquivalent dem Wert Null annähert. Es ist also insgesamt nicht davon auszugehen, dass mit einer Korrektur des risikofreien Zinssatzes eine adäquate Risikobewertung erreichbar ist.

Das Problem eines Risikozuschlags auf den Diskontsatz ist die Vermischung von zeitlicher Homogenisierung und Risikoerfassung. Die daraus resultierende fehlerhafte Projektbewertung lässt sich noch auf andere Weise verdeutlichen. Vergleichen wir dazu zwei hypothetische Projekte, die nicht nur am Anfang aufgrund der Investitionsausgaben/-kosten, sondern auch am Ende der Laufzeit einen – in diesem Fall hohen – negativen Rückfluss aufweisen. Letzteres können Kosten in Zusammenhang mit einem Rückbau, einer Renaturierung, der Entsorgung von Altlasten etc. sein. Derartige Kosten können beispielsweise in der Atomwirtschaft, der chemischen Industrie, beim Braunkohletagebau usw. extrem hoch sein.

Die Zahlenreihen beider Projekte – bezeichnet mit A_1 und A_2 – sind in Tab. 4.28 wiedergegeben. Die Zahlungen der Alternative 1 seien sicher, während die Zahlungen von Alternative 2 annahmegemäß mit Unsicherheit behaftet seien. Alle Werte sind mit 1 Mrd. € zu multiplizieren. Unter der weiteren Annahme, dass die Zahlungen von A_2 bei einer Projektbewertung anhand des relativen Risikos positiv mit dem sonstigen Konsum korreliert ist, ist Alternative 2 der ersten Alternative eindeutig unterlegen, weil sie auch im Investitionszeitraum t_0 eine höhere Auszahlungen erfordert.

Tab. 4.28:   Wirkungen eines Zinsrisikoaufschlags bei negativen Rückflüssen

t	A_1	diskontiert mit i* = 0,05	A_2	diskontiert mit î = 0,08
0	-2,00	-2,00	-2,10	-2,10
1	2,00	1,90	2,00	1,85
2	4,00	3,63	4,00	3,43
3	4,00	3,46	4,00	3,18
4	4,00	3,29	4,00	2,94
5	-12,00	-9,40	-12,00	-8,17
Summe	0,00	0,88	-0,10	1,13

Diskontieren wir A_1 mit dem risikofreien Zinssatz i*, für den hier 5% verwendet werden, ergibt sich ein Barwert in Höhe von 0,88 Mrd. €. Für A_2 wird aufgrund des Risikos eine Zinsrisikoprämie (ZRP) von 3% gesetzt, so dass insgesamt mit 8% diskontiert wird. Dann ergibt sich ein Barwert in Höhe von 1,13 Mrd. €. Das heißt, bei dieser Vorgehensweise wird ein um 250 Mio. € höherer Barwert der zweiten Alternative ausgewiesen, obwohl sie die eindeutig schlechtere Wahl darstellt. Dieses Resultat ist durch die mit der Zeit zunehmende Abwertung der Ergebnisse bedingt, die durch einen höheren Zinssatz noch verstärkt wird. Tatsächlich müsste sich für A_2 aufgrund der insgesamt höheren Auszahlungen und des höheren Risikos ein geringerer Barwert als für A_1 ergeben.

Der in Tab. 4.28 dargestellte Effekt würde noch stärker ausfallen, wenn mit den Alternativen nur Nettoauszahlungen verbunden und demzufolge alle Werte negativ wären. A_2 hätte dann einen Barwertvorteil von über 2 Mrd. € – was dem Leser zum Nachrechnen überlassen sei. Bei ausschließlich negativen Vorzeichen schneidet bei gleichen Beträgen, immer die Alternative besser ab, die mit dem höchsten risikobedingten Zinsaufschlag versehen wird. Mit anderen Worten: Unter diesen Umständen stellt das Zinsaufschlagsverfahren die tatsächlich schlechteste Alternative immer als beste Alternative dar. Dieser kuriose Effekt sollte jetzt allen Lesern die generelle Nichteignung von Risikoaufschlägen auf den Zins endgültig verdeutlicht haben.

4.5.6   Zusammenfassung

Unter dem Risiko öffentlicher Projekte wird häufig die Gefahr von Kostensteigerungen und/oder Erlös- bzw. Nutzenminderungen gegenüber den ursprünglich prognostizierten Werten verstanden. In der Ökonomik bedeutet Risiko dagegen, dass die Ergebnisse eines Projektes um den Erwartungswert streuen. Es wird im Falle einer isolierten Projektbewertung durch die Streuungsmaße der Varianz und des Standardfehlers ausgedrückt. Bewertet man ein Projekt in Zusammenhang mit anderen Projekten oder einem allgemeinen systematischen Risiko wie der allgemeinen Einkommensentwicklung oder der konjunkturellen Entwicklung, kommt Risiko durch das statistische Maß der Kovarianz oder des Korrelationskoeffizienten zum Ausdruck.

Dagegen ist die Gefahr von Nutzenminderungen, Kostensteigerungen etc. nicht als Risiko im Sinne der ökonomischen Analyse zu betrachten. Kostensteigerungen sind nicht über Streuungs- und Korrelationsmaße, sondern mittels des Erwartungswertes abzubilden.

Für die Bewertung von Risiko kann auf die Erwartungsnutzentheorie zurückgegriffen werden. Sie ermöglicht die Ermittlung von Risikoprämien und Sicherheitsäquivalenten und damit die monetäre Bewertung von Risiko. Generell ungeeignet ist der Versuch, Risiken mittels Risikozuschlägen auf den zur Diskontierung verwendeten Zinssatz zu erfassen. Dies ist methodisch falsch und führt zu fehlerhaften Ergebnissen, weil dabei die Berücksichtigung von

Risiko und zeitliche Homogenisierung (d. h. die Herstellung von Vergleich-barkeit von quantitativen Ergebnissen, die zu unterschiedlichen Zeitpunkten anfallen) vermischt werden.

Zwischen Risiko und Zeit ist zu trennen. Risiko ist über Risikoprämien bzw. Sicherheitsäquivalente zu bewerten, während die zeitliche Homogenisierung über Diskontierung zu erfolgen hat.

4.6   Einsatzgebiete von Wirtschaftlichkeitsuntersuchungen – wann ist welche Methode angemessen?

Wie in Abschnitt 2.3 ausgeführt wurde, fordert das Haushaltsrecht „angemes-sene" Wirtschaftlichkeitsuntersuchungen, während im Kommunalrecht davon die Rede ist, dass unter mehreren in Betracht kommenden Möglichkeiten durch Wirtschaftlichkeitsvergleich, mindestens durch einen Vergleich der An-schaffungs- und Herstellungskosten (AHK) und der Folgekosten, die für die Gemeinde wirtschaftlichste Lösung ermittelt werden soll. Da für bestimmte Fragestellungen die Gegenüberstellung von AHK und Folgekosten nicht ziel-führend bzw. ausreichend ist, ergibt sich auch auf kommunaler Ebene die Notwendigkeit der Suche nach den im jeweiligen Kontext geeigneten Verfah-ren.

Wann aber ist welches Verfahren angemessen bzw. mit welchen/welchem Ver-fahren ermittelt man die wirtschaftlichste Lösung? Die Antwort hängt im We-sentlichen davon ab, inwieweit die Methoden den Informationsbedarf der Entscheidungsträger befriedigen können, welcher wiederum nicht allein, aber auch von den Eigenschaften des oder der zu untersuchenden Projekte(s) ab-hängt. Demzufolge müssen die Methoden auch auf die Projekteigenschaften zugeschnitten sein (vgl. Abb. 4.15).

Abb. 4.15:   Determinanten der Methodenauswahl

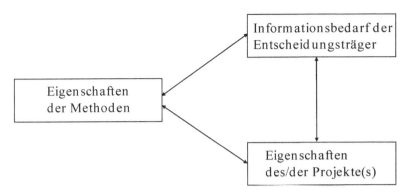

Die Betrachtung der **Eigenschaften von Methoden** ermöglicht die Eliminie-
rung von Verfahren, die aus methodischen Gründen grundsätzlich fragwürdig
bzw. ungeeignet sind. Wie weiter oben ausgeführt, ist die interne Zinsfußmethode methodisch inkonsistent, in vielen Fällen unbrauchbar und darüber hinaus unnötig. Ihre Anwendung braucht daher gar nicht in Erwägung gezogen
werden. Die Nutzwertanalyse und die Kosten-Wirksamkeits-Analyse sind methodisch sehr fragwürdig, so dass diese Verfahren überhaupt nur dann in Betracht kommen können, wenn andere Methoden ausscheiden.

Der **Informationsbedarf der Entscheidungsträger** hängt zum einen davon ab,
ob sie eine einzelwirtschaftliche oder eine gesamtwirtschaftliche Perspektive
einnehmen wollen, wobei letztere natürlich nur für Projekte mit gesamtwirtschaftlichen Effekten in Betracht kommen. Dementsprechend müssen sich die
Entscheidungsträger für einzel- oder gesamtwirtschaftliche Verfahren entscheiden. Sofern die einzelwirtschaftliche Position eingenommen wird, dürften zumindest in der öffentlichen Verwaltung Verfahren, die gewinn- oder
renditeorientiert sind – wie die Gewinnvergleichs- und die Rentabilitätsrechnung –, von vorn herein ausscheiden, weil sie nicht der Aufgabenstellung öffentlicher Verwaltungen entsprechen.

Zweitens können die Entscheidungsträger an Informationen über die absolute
oder die relative Vorteilhaftigkeit von Projekten interessiert sein. Über die absolute Vorteilhaftigkeit, das heißt, auf die Frage, ob ein Projekt für sich genommen vorteilhaft ist, können Verfahren keine Auskunft geben, die entwe-

der nur die Inputseite oder nur die Output-Seite[229] betrachten. Hierzu zählen die Kostenvergleichsrechnung, welche die Output-Seite vernachlässigt und die Nutzwertanalyse, wenn sie die Inputseite ignoriert. Diese Verfahren sind auch für den Projektalternativenvergleich überhaupt nur dann geeignet, wenn unterstellt werden kann, dass die verglichenen Projekte in Hinblick auf die nicht betrachtete Seite gleich sind. Ansonsten taugen diese Verfahren weder für die isolierte Projektbewertung noch für den Alternativenvergleich.

Auch Verfahren, die Inputs und Outputs in unterschiedlichen Metriken fassen, wie die Kosten-Wirksamkeitsanalyse einschließlich der Kosten-Nutzwert-Analyse, geben keine Auskunft über die absolute, sondern nur über die relative Wirtschaftlichkeit von Projekten. Hier müssen die Entscheidungsträger festlegen, ob bestimmte Outputs bestimmte Inputs wert sind. Lediglich Verfahren, die Inputs und Outputs in gleicher Metrik erfassen, wie die Vermögenswertmethoden und die Kosten-Nutzen-Analyse, können Informationen über die absolute und die relative Vorteilhaftigkeit von Projekten liefern.

In Hinblick auf den Zusammenhang zwischen Methoden und **Projekteigenschaften** (-merkmale) sind die Merkmale a) „Wirkungsreichweite", b) „Projektgröße", c) „Wirkungsvielfalt" und d) „Dauer" relevant.

a) Bei der Auswahl der Untersuchungsmethode ist von Bedeutung, inwieweit ein Projekt neben einzelwirtschaftlichen Effekten auch gesamtwirtschaftliche Wirkungen entfaltet. Diese Projekteigenschaft bezeichnen wir im vorliegenden Kontext als **„(Wirkungs-)Reichweite"**. Je weiter die Wirkungen über die einzelwirtschaftliche, interne Ebene hinausgehen, desto größer ist die Reichweite. Hier ist unmittelbar einsichtig, dass es von der Projektreichweite abhängt, ob einzelwirtschaftliche oder gesamtwirtschaftliche Methoden in Frage kommen.

b) Das Merkmal **„Projektgröße"** zielt quasi auf die **„Wirtschaftlichkeit der Wirtschaftlichkeitsuntersuchung"**. Da Wirtschaftlichkeitsuntersuchungen ihrerseits nicht kostenlos durchzuführen sind, sind sie – wie die zu untersuchenden Projekte selbst – nur dann zu rechtfertigen, wenn sie einen Nutzen versprechen, der über den Kosten liegt. Wenn man davon ausgeht, dass der potentielle Nutzen von Wirtschaftlichkeitsuntersuchungen bei „großen" Projekten größer ist als bei „kleinen" Projekten, rechtfertigen große Projekte aufwändigere Wirtschaftlichkeitsuntersuchungen als kleine Maßnahmen.

---

[229] Aus Vereinfachungsgründen unterscheiden wir im Folgenden nicht mehr zwischen Outputs und Outcomes.

c) Wir müssen an dieser Stelle jedoch noch etwas präziser sein: „Projektgröße" muss sich auf die Inputs und die Outputs über die gesamte **„Wirkungsdauer"** des Projektes beziehen. So kann ein lang dauerndes Projekt mit relativ geringen Input- oder Output-Größen pro Jahr in diesem Sinne „größer" sein als ein nur kurz wirkendes Projekt mit relativ großen Input- oder Output-Werten pro Jahr. Das Investitionsvolumen/die Haushaltsbelastung (Input) mag ein erster Hinweis auf die Projektgröße sein, ist jedoch allein nicht ausreichend, weil es Projekte gibt, die mit relativ geringen Investitionen/Haushaltseffekten durchgeführt werden, aber erhebliche volkswirtschaftliche Konsequenzen haben – wie bestimmte gesetzgeberische Maßnahmen.[230]

Die „Wirkungsdauer" oder Laufzeit eines Projektes beeinflusst nicht nur das Gesamtvolumen seiner Effekte bzw. die Projektgröße, sondern auch die (Nicht-)Notwendigkeit der zeitlichen Homogenisierung (Auf- oder Abzinsung) der im Zeitablauf fließenden Wertgrößen. Bei Projekten, die sich über mehr als eine Periode erstrecken, ist grundsätzlich eine zeitliche Homogenisierung angezeigt. Infolgedessen sind dann grundsätzlich dynamische Verfahren einzusetzen.

d) Schließlich spielt die **„Wirkungsvielfalt"** eine Rolle. Bei Projekten mit vielfältigen Wirkungen bzw. einer großen Zahl von Wirkungsdimensionen benötigt man Methoden, die in der Lage sind, diese Mehrdimensionalität abzubilden. Von Mehrdimensionalität dürften insbesondere Projekte mit externen, gesellschaftlichen Wirkungen betroffen sein.

Wenn man sich bei den vier genannten Merkmalen vereinfachend auf jeweils zwei Merkmalsausprägungen beschränkt, erhält man insgesamt acht Merkmalsausprägungen, die in Tab. 4.29 aufgeführt sind. Genaugenommen bildet jede Merkmalsdimension jedoch ein Kontinuum zwischen geringstmöglicher und größtmöglicher Merkmalsausprägung, so dass jede Kategorisierung willkürlich ist. Die hier gewählte Einteilung in jeweils zwei Kategorien ist der an dieser Stelle notwendigen Vereinfachung geschuldet.

---

[230] Allerdings ist in diesem Zusammenhang ein Dilemma zu konstatieren: Die Projektwirkungen sind gewöhnlicherweise a priori nicht exakt bekannt. Es ist ja gerade die Aufgabe von Wirtschaftlichkeitsuntersuchungen, alle Effekte und damit auch die exakte Projektgröße aufzudecken. Deshalb lassen sich im Vorhinein nur Vermutungen über das Projektvolumen anstellen. Häufig wird man dabei jedoch auf Erfahrungswerte zurückgreifen können, die die Prognoseunsicherheit begrenzen.

Tab. 4.29:   Übersicht ausgewählter Merkmalsausprägungen öffentlicher Projekte

Reichweite der Wirkungen des Projektes	einzelwirtschaftliche, interne Wirkungen	signifikante gesellschaftliche, externe Wirkungen
Projektgröße	gering	hoch
Dauer	einperiodig (kurz)	mehrperiodig (lang)
Wirkungsvielfalt	gering	hoch

Vier Merkmale mit jeweils zwei Merkmalsausprägungen ergeben insgesamt 2^4 = 16 mögliche Merkmalskombinationen,[231] die an dieser Stelle jedoch nicht vollständig durchdekliniert werden müssen, weil für einzel- und gesamtwirtschaftliche Fragestellungen jeweils nur drei Merkmalskategorien relevant sind. Einzelwirtschaftliche Verfahren sind per se nicht auf Wirkungsvielfalt ausgerichtet. Sie konzentrieren sich auf finanzielle Größen des einzelwirtschaftlichen Rechnungswesens. Gesamtwirtschaftliche Verfahren müssen nicht nach der Wirkungsdauer differenziert werden, weil sie sich sowohl auf einperiodige als auch auf mehrperiodige Projekte anwenden lassen. So bleiben die in Tab. 4.30 aufgeführten acht Fallkonstellationen. Den daraus resultierenden Typen öffentlicher Projekte ist jeweils die tendenziell am ehesten geeignete Methode zugeordnet. In Klammern stehen eventuelle Alternativmethoden.

---

[231] Würde man drei statt zwei Merkmalsausprägungen – wie „gering", „mittel" und „hoch" – wählen, ergäben sich bereits 3^4 = 81 Merkmalskombinationen.

Tab. 4.30: Für verschiedene Typen öffentlicher Projekte tendenziell am besten geeignete Methoden

einzelwirtschaftliche Betrachtung			
Fall	Projektdauer	Projektgröße	Methode
1	einperiodig (kurz)	klein	**Kostengegenüberstellung,** Kostenvergleichsrechnung
2		groß	**Kosten-(Nutzen-)Gegenüberstellung,** Kostenvergleichsrechnung
3	mehrperiodig (lang)	klein	**Kapitalwertmethode** (Endwertmethode, allg. Rechenregeln), evt. Kostenvergleichsrechnung
4		groß	**Kapitalwertmethode** (Endwertmethode, allg. Rechenregeln)

gesamtwirtschaftliche Betrachtung			
Fall	Projektgröße	Wirkungsvielfalt	Methode
5	klein	gering	**NWA, KWA** (KNWA)
6		groß	**NWA, KWA** (KNA)
7	groß	gering	**KNA** (KNWA)
8		groß	**KNA**

Bei einzelwirtschaftlichen Projekten entscheidet die Dauer über die Wahl zwischen statischen und dynamischen Verfahren. Bei einperiodigen und eventuell bei Projekten mit wenigen Perioden kommen statische Verfahren in Betracht. Aufgrund mangelndem Gewinninteresse der öffentlichen Hand bzw. der Nichtmarktlichkeit der erbrachten Leistungen dürften die Gewinnvergleichs- und die Rentabilitätsrechnung ausscheiden. Letztlich bleibt von den statischen Verfahren der einzelwirtschaftlichen Investitionsrechnung nur die Kostenvergleichsrechung als unter eng umrissenen Umständen (gleiche Laufzeit und gleicher Kapitalbedarf sowie gleicher Nutzen der untersuchten Alternativen sowie gleiche oder zeitlich identische Kostenverteilung) „angemessenes" Verfahren. Bei einperiodigen Projekten ist der Begriff „Kostenvergleichsrechnung" recht hochtrabend, so dass vielleicht besser von einer „Kostengegenüberstellung" gesprochen werden sollte. Da die Kostengegenüberstellung bzw. die Kostenvergleichsrechnung nur die relative Vorteilhaftigkeit von Projekten zu ermitteln vermag, muss a priori davon auszugehen sein, dass die betrachteten Maßnahmen absolut vorteilhaft oder z. B. aufgrund gesetzlicher Verpflichtungen „unabweisbar" sind.

Bei großen Projekten ist ein Wirtschaftlichkeitsvergleich dringlicher und rechtfertigt höhere Kosten als bei kleinen Maßnahmen. Daher ist bei größeren Projekten sorgfältiger zu prüfen, ob die Voraussetzungen für eine Kostenvergleichsrechnung vorliegen. Sind die Outputs verschiedener Projektalternativen nicht identisch, sind entsprechende Bereinigungen vorzunehmen. Man könnte bei unterschiedlichem Nutzen eine einfache Nutzen-Kosten-Vergleichsrechnung durchführen. Diese Vorgehensweise würde der Gewinnvergleichsrechnung ähneln, mit dem Unterschied, dass anstelle von Gewinnen monetarisierte Nutzen ausgewiesen würden. Falls sich die Projektwirkungen über mehr als eine Periode erstrecken, kann man eine zeitliche Homogenisierung und bzw. die Anwendung der Kapitalwertmethode in Erwägung ziehen.

ad 3) und 4) Mehrperiodige einzelwirtschaftliche Projekte erfordern dynamische Methoden. Bei Projekten mit jährlich kleinen, aber dauerhaften Effekten ist abzuwägen, ob sich der Einsatz der dynamischen Investitionsrechnung bzw. der Vermögenswertmethoden „lohnt".[232] Aufgrund der allgemeinen Verfügbarkeit von geeigneten Computerprogrammen sind die Vermögenswerte inzwischen leicht zu berechnen. Dies spricht dafür, auch bei kleineren Projekten „dynamisch" zu rechnen. Die Kapitalwertmethode erfordert neben der Annahme eines vollkommenen Kapitalmarktes eine flache Zinskurve. Bei gespaltenem Zinssatz wäre die Endwertmethode einzusetzen, bei unvollkommenem Kapitalmarkt die in Abschnitt 4.2.2.1 entwickelten allgemeinen Rechenregeln.

ad 5) und 6) Kleine Projekte mit kurzen, überwiegend oder ausschließlich gesellschaftlichen Wirkungen bedürften der Untersuchung mittels einer volkswirtschaftlichen Methode. Da die unter den volkswirtschaftlichen Verfahren methodisch vorzuziehende Kosten-Nutzen-Analyse (KNA) mit relativ hohen Kosten verbunden ist, könnte sich der Einsatz dieser Methode jedoch als unwirtschaftlich erweisen. Bei Projekten mit geringer Wirkungsvielfalt stellt die

---

[232] Die Zinsfußmethoden inkl. der Methode des internen Zinsfußes wurden oben als grundsätzlich ungeeignet identifiziert.

Kosten-Nutzwert-Analyse (KNWA) eine – allerdings kaum weniger aufwändige – Alternative zur KNA dar. Ist auch eine KNWA, gemessen an der Projektgröße, zu aufwändig, bleiben die Nutzwertanalyse (NWA) und die Kosten-Wirksamkeits-Analyse i. e. S. (KWA). Beide Verfahren sind aus in den Abschnitten 4.3.3 und 4.3.4 dargelegten Gründen problematisch. Sie bieten immerhin die Möglichkeit, unterschiedliche Projektwirkungen aufzuzeigen. Unter glücklichen Umständen mag dies zu besseren Entscheidungen führen. Im Falle vielfältiger Wirkungen kann die KNWA nicht zum Einsatz kommen, so dass auch hier wohl nur NWA und KWA übrig bleiben.

ad 7) und 8) Volkswirtschaftliche Großprojekte sind das typische Einsatzgebiet der Kosten-Nutzen-Analyse. Große Projekte rechtfertigen hohen Analyseaufwand. Sofern aufgrund geringer Wirkungsvielfalt eine Nutzwertbildung möglich ist, kommt auch die KNWA in Betracht. Allerdings ist zu berücksichtigen, dass die KNWA kaum weniger aufwändig als die KNA sein dürfte und mit dem Nachteil erkauft werden muss, keine Bestimmung der optimalen Projektgröße zu erlauben. KNA und KNWA sind für sowohl für kurzfristige als auch langfristige Betrachtungen geeignet. Bei langfristigen Projekten sind Kosten und Nutzen bzw. Kosten und Nutzwerte analog zur betriebswirtschaftlichen Kapitalwertmethode zu diskontieren.

Im Übrigen ist es durchaus möglich und evt. auch angebracht, ein Projekt aus gesamtwirtschaftlicher und einzelwirtschaftlicher Sicht zu betrachten. Nehmen wir als Beispiel ein Vorhaben zum Bau eines Autobahnabschnitts. Aus gesellschaftlicher Sicht stellt sich zunächst die Frage, ob es überhaupt sinnvoll ist, zu bauen. Dazu bedarf es einer Kosten-Nutzen-Analyse. Sofern die KNA zu dem Ergebnis führt, dass der Bau sinnvoll ist, könnte man im zweiten Schritt fragen, wie dieses Projekt am besten zu realisieren wäre – beispielsweise durch eine konventionelle Beschaffung, bei der die öffentliche Hand Bauunternehmen mit dem Bau beauftragt, Planung, Finanzierung und Betrieb jedoch selbst übernimmt – oder eine sog. Public Private Partnership (PPP) nach dem sog. A- oder F-Modell. In beiden Fällen finanziert, baut und betreibt ein Privater den Straßen- bzw. Autobahnabschnitt.[233] Bei einem derartigen „Beschaf-

---

[233] Das A(usbau)-Modell bezeichnet den Ausbau von bestehenden Autobahnabschnitten von im Regelfall vier auf sechs Fahrspuren. Es gilt rechtlich als Baukonzession. Das F-Modell ist nach dem Fernstraßenbauprivatfinanzierungsgesetz (FStrPrivFinG) benannt. Es kann zum Neu- oder Ausbau sowohl von „Sonderbauten" (Brücken, Tunnel und Päs-

fungsvariantenvergleich" soll der Kapitalwert der konventionellen Projektdurchführung dem Kapitalwert der PPP gegenübergestellt werden.[234]

Allerdings sind das „Ob" und das „Wie" einer Projektrealisierung regelmäßig
nicht voneinander unabhängig. Es könnte sein, dass ein Projekt in einer bestimmten Durchführungsform gesellschaftlich sinnvoll und in einer anderen
Beschaffungsvariante nicht sinnvoll ist. Daher müsste in den Fällen, in denen
eine PPP in Betracht kommt, die vorangehende KNA mit unterschiedlichen
Beschaffungsvarianten gerechnet werden. Da während der Planungsphase, in
der die KNA durchgeführt wird, noch keine Angebote Privater mit den PPP-
Kosten vorliegen, können letztere ex ante nur geschätzt werden. Dies gilt jedoch auch für die exakten Kosten einer als Vergleichsmaßstab dienenden konventionellen Projektdurchführung.

---

se) im Zuge von Bundesautobahnen und Bundesstraßen als auch beim Bau mehrstreifiger
Bundesstraßen zum Einsatz kommen.

Beim A-Modell refinanziert sich der Private aus einem Anteil an der LKW-Maut auf dem
von ihm betriebenen Streckenabschnitt und einer sog. Anschubfinanzierung durch den
Bund, während die Refinanzierung beim F-Modell über Mauteinnahmen und eine Anschubfinanzierung erfolgt.

[234] Vgl. FM NRW (2007), S. 56. Da bei PPP-Projekten die Auszahlungen die Einzahlungen
regelmäßig überschreiten, mutiert die Kapitalwertmethode in diesem Kontext zum Vergleich der Auszahlungsbarwerte bei öffentlicher und privater Projektdurchführung.

Quellenverzeichnis

Arrow, Kenneth J./Lind, Robert C. (1970), Uncertainty and the Evaluation of Public Investment Decisions, in: American Economic Review, Vol. 60, No. 3, S. 364–378.

Baetge, Jörg (1993), Überwachung, in: Bitz, Michael u. a. (Hrsg.), Vahlens Kompendium der Betriebswirtschaftslehre, Bd. 2, 3. Aufl., München, S. 175–218.

Bamberg, Günter/Coenenberg, Adolf G./Krapp, Michael (2012), Betriebswirtschaftliche Entscheidungslehre, 15. Aufl., München.

Banner, Gerhard (1991), Von der Behörde zum Dienstleistungsunternehmen – Die Kommunen brauchen ein neues Steuerungsmodell, in: Verwaltungsführung, Organisation, Personal (VOP), 13. Jg., H. 1, S. 6–11.

Beckers, Thorsten/Corneo, Giacomo/Klatt, Jan Peter/Mühlenkamp, Holger (2009), Zeitliche Homogenisierung und Berücksichtigung von Risiko im Rahmen von Wirtschaftlichkeitsuntersuchungen, Berlin/Speyer.

Bieg, Hartmut/Kussmaul, Heinz (2009), Investition, 2. Aufl., München.

Blohm, Hans/Lüder, Klaus/Schäfer, Christina (2012), Investition, 10. Aufl., München.

BMF – Bundesministerium der Finanzen (2011), Arbeitsanleitung Einführung in Wirtschaftlichkeitsuntersuchungen, RdSchr. des BMF vom 12. Januar 2011, URL: http://www.verwaltungsvorschriften-im-internet.de/bsvwv bund12012011_IIA3H1012100810004.htm.

BMF – Bundesministerium der Finanzen (2014), Personalkostensätze, Sachkostenpauschale und Kalkulationszinssätze für Kostenberechnungen und Wirtschaftlichkeitsuntersuchungen 2013, Rundschreiben v. 14.05.2014, URL: http://www.bundesfinanzministerium.de/Content/DE/ Standardarti kel/Themen/Oeffentliche_Finanzen/Bundeshaushalt/ personalkostensaetze-2013-anl.html.

BMI – Bundesministerium des Innern (2009), Arbeitshilfe zur Gesetzesfolgenabschätzung, URL: http://www.bmi.bund.de/SharedDocs/ Downloads/DE /Themen/OED_Verwaltung/Buerokratieabbau/ ah_gfa.pdf?__blob=publicationFile.

BMVBS – Bundesministerium für Verkehr, Bau und Stadtentwicklung (2005), Die gesamtwirtschaftliche Bewertungsmethodik – Bundesverkehrswegeplan 2003, Stand: Januar 2005, Berlin, URL: http://www.bmvi.de/SharedDocs/DE/Anlage/VerkehrUndMobilitaet/bundesverkehrswegeplan-2003-bewertungsmethodik.pdf?__blob=publicationFile.

BMVBS – Bundesministerium für Verkehr, Bau und Stadtentwicklung (2013), Leitfaden Wirtschaftlichkeitsuntersuchungen (WU) bei der Vorbereitung von Hochbaumaßnahmen des Bundes, 2. Aufl., URL: http://www.bmvi.de/SharedDocs/DE/Anlage/BauenUndWohnen/leitfaden_wirtschaftlichkeitssuntersuchungen.pdf?__blob=publicationFile.

Boadway, Robin W./Bruce, Neil (1984), Welfare Economics, Oxford, UK/Cambridge, MA.

Boardman, Anthony E./Greenberg, David H./Vining, Aidan R./Weimer, David L. (2011), Cost-Benefit Analysis – Concepts and Practice, 4rd. ed., Upper Saddle River.

Böhret, Carl/Konzendorf, Götz (2001), Handbuch Gesetzesfolgenabschätzung (GFA), Baden-Baden.

Bonin, Holger/Fichtl, Anita/Rainer, Helmut/Spieß, C. Katharina/Stichnoth, Holger/Wrohlich, Katharina (2013), Lehren für die Familienpolitik – Zentrale Resultate der Gesamtevaluation familienbezogener Leistungen, in: ifo-Schnelldienst, 66. Jg., H. 18, S. 22–30.

BRH – Bundesrechnungshof (2007), Bemerkungen 2007 zur Haushalts- und Wirtschaftsführung des Bundes, Bonn, URL: http://www.bundesrech nungshof.de/veroeffentlichungen/bemerkungen-jahresberichte/bemerkun gen-2007.pdf.

Bruhn, Manfred (2013), Qualitätsmanagement für Dienstleistungen, 9. Aufl., Berlin u. a.

Caves, Douglas C./Christensen, Laurits R./Diewert, W. Erwien (1982), Multilateral Comparisons of Output, Input, and Productivity Using Superlative Index Numbers, in: The Economic Journal, Vol. 92, S. 73–86.

Coelli, Timothy J./Rao, D.S. Prasada/O'Donnell, Christopher J./Battese, George E. (2005), An Introduction to Efficiency and Productivity Analysis, 2nd. Ed., New York.

Corneo, Giacomo (2012), Öffentliche Finanzen: Ausgabenpolitik, 4. Aufl., Tübingen.

Corneo, Giacomo (2013), Volkwirtschaftliche Bewertung öffentlicher Investitionen, unveröffentlichtes Manuskript, FU Berlin.

Delzeit, Ruth/Holm-Müller, Karin/Britz, Wolfgang (2012), Ökonomische Bewertung des Erneuerbare Energien Gesetzes zur Förderung von Biogas, in: Perspektiven der Wirtschaftspolitik, Bd. 3, H. 3, S. 251–265.

Downs, George W./Larkey, Patrick D. (1986), The Search for Government Efficiency, New York.

Drummond, Michael F./Sculpher, Mark J./Torrance, George W./O'Brien, Bernie J./Greg L. Stoddart (2005), Methods for the Economic Evaluation of Health Care Programmes, 3rd. ed., Oxford u. a.

DTRS – Australian Government, Department for Transport and Regional Services, Bureau of Transport and Regional Economics (2005) (ed.), Risk in Cost-Benefit-Analysis, Report 110, URL: https://www.bitre.gov.au /publications/2005/files/report_110.pdf.

Eekhoff, Johann (1986), Ansatzpunkte für die Bewertung öffentlicher Maßnahmen, Erfolgskontrolle von Strukturprogrammen, in: Eichhorn, Peter/v. Kortzfleisch, Gert (Hrsg.), Erfolgskontrolle bei der Verausgabung öffentlicher Mittel, Baden-Baden, S. 59–80.

Eisele, Wolfgang/Knobloch, Alois Paul (2011), Technik des betrieblichen Rechnungswesens, 8. Aufl., München.

Epping, Volker/Hillgruber, Christian (2014) (Hrsg.), Beck'scher Online-Kommentar zum Grundgesetz, ed. 22, Stand: 01.09.2014.

EuKomm – Europäische Kommission (2009), Impact Assessment Guidelines, Brüssel, URL: http://ec.europa.eu/smart-regulation/impact/commission_ guidelines/docs/iag_2009_en.pdf.

Fabry, Beatrice/Augsten, Ursula (Hrsg.) (2011), Unternehmen der öffentlichen Hand, 2. Aufl., Baden-Baden.

Fama, Eugene F./French, Kenneth R. (2004), The Capital Asset Pricing Model – Theory and Evidence, in: Journal of Economic Perspectives, Vol. 18, No. 3, S. 25–46.

Finanzbehörde Hamburg – Finanzbehörde der Freien und Hansestadt Hamburg (2005), Leitfaden – Kosten ermitteln, Wirtschaftlichkeit prüfen, Nutzen-Kosten-Untersuchungen durchführen, Hinweise für die Verwaltung der Freien und Hansestadt Hamburg, 3. Auflage, URL: http://epub.sub.uni-hamburg.de/epub/volltexte/2009/2529/pdf/leifaden_ kostenwirt.pdf.

FGSV – Forschungsgesellschaft für Straßen- und Verkehrswesen (1997), Empfehlungen für Wirtschaftlichkeitsuntersuchungen von Straßen, Köln.

FM NRW – Finanzministerium des Landes Nordrhein-Westfalen (2007), Leitfaden Wirtschaftlichkeitsuntersuchungen bei PPP-Projekten, URL: https://broschueren.nordrheinwestfalendirekt.de/herunterladen/der/datei/000 000-wirtschaftlichkeit-pdf/von/leitfaden-der-ppp-initiative-wirt schaftlich-keitsuntersuchung-bei-ppp-projekten/vom/finanzministerium /568.

FM NRW – Finanzministerium des Landes Nordrhein-Westfalen (2014), Wirtschaftlichkeitsuntersuchungen im kommunalen Hochbau, URL: http://www. ppp.nrw.de/leitfaeden/26_praxisleitfaden_wu_nkf.pdf.

Fritsch, Michael (2011), Marktversagen und Wirtschaftspolitik, München.

Fuguitt, Diana/Wilcox, Shanton J. (1999), Cost-Benefit Analysis for Public Sector Decision Makers, Westport/London.

Garber, Alan A. (2000), Advances in Cost-Effectiveness Analysis of Health Interventions, in: Culyer, Anthony A./Newhouse, Joseph P. (eds.): Handbook of Health Economics, Volume 1A, S. 181–221.

Glöckner, Andreas/Mühlenkamp, Holger (2009), Die kommunale Finanzkontrolle – Eine Darstellung und Analyse des Systems zur finanziellen Kontrolle von Kommunen, in: Zeitschrift für Planung und Unternehmenssteuerung (ZP), 19. Jg., Nr. 4, S. 397–420.

Graham, John R./Harvey, Campbell R. (2001), The Theory and Practice of Corporate Finance – Evidence from the Field; in: Journal of Financial Economics, Vol. 60, No. 2–3, S. 187–243.

Greene, William H. (2005), Fixed and Random Effects in Stochastic Frontier Models, in: Journal of Productivity Analysis, Vol. 23, No. 1, S. 7–31.

Grupp, Klaus (1985), Die Wirtschaftlichkeitskontrolle – Zur historischen
    Entwicklung sowie zur gegenwärtigen Bedeutung und zu den Grenzen
    einer Überprüfung des öffentlichen Finanzgebarens – insbesondere auch
    im Rahmen der Staatsaufsicht über Körperschaften des öffentlichen
    Rechts – unter dem Aspekt der Wirtschaftlichkeit, Habilitationsschrift,
    Fakultät für Rechtswissenschaft, Universität Mannheim.

Gutenberg, Erich (1983), Grundlagen der Betriebswirtschaftslehre, Bd. 1:
    Die Produktion, 24. Aufl., Berlin/Heidelberg/New York.

Haller, Sabine (1998), Beurteilung von Dienstleistungsqualität, 2. Aufl., Wies-
    baden.

Hanusch, Horst (2011), Nutzen-Kosten-Analyse, 3. Aufl., München.

Hewicker, Harald/Cremers, Heinz (2011), Modellierung von Zinsstruktur-
    kurven, Frankfurt School of Finance & Management, Working Paper
    No. 165, URL: http://www.frankfurt-school.de/clicnetclm/
    fileDownload.do?goid= 000000301864AB4.

Herrmann, Bodo J. (2012), kommunale Strom- und Gaswirtschaft im Zeitalter
    der Anreizregulierung, in: Bräunig, Dietmar/Gottschalk, Wolf (Hrsg.),
    Stadtwerke – Grundlagen, Rahmenbedingungen, Führung und Betrieb,
    Baden-Baden, S. 285–304.

Hoppe, Werner/Uechtritz, Michael (2007), Handbuch kommunale Unter-
    nehmen, 2. Aufl., Köln.

IM NRW – Innenministerium des Landes Nordrhein-Westfalen (2006), Neues
    Kommunales Finanzmanagement in Nordrhein-Westfalen – Handrei-
    chung für Kommunen, 2. Teil Gemeindeordnung Nordrhein-Westfalen,
    2. Aufl., Düsseldorf, URL: http://www.im.nrw.de/bue/doks/b_gemeinde
    ordnung.pdf.

IM Brandenburg – Ministerium des Innern des Landes Brandenburg (2012),
    Leitfaden für die Erstellung kommunaler Wirtschaftlichkeitsunter-
    suchungen, URL: http://www.doppik-
    kom.brandenburg.de/media_fast/4055/
    Leitfaden%20Wirtschaftlichkeitsuntersuchungen.pdf.

Intraplan Consult/Heimerl, Gerhard (2000), Standardisierte Bewertung von
    Verkehrswegeinvestitionen des ÖPNV und Folgekostenrechnung –
    Version 2000 – Verfahrensanleitung, München.

KGSt – Kommunale Gemeinschaftsstelle für Verwaltungsvereinfachung (1993), Das neue Steuerungsmodell: Begründungen – Konturen – Umsetzungen, KGSt-Bericht Nr. 5/93, Köln.

KGSt – Kommunale Gemeinschaftsstelle für Verwaltungsvereinfachung (1994), Das neue Steuerungsmodell: Definition und Beschreibung von Produkten, KGSt-Bericht Nr. 8/94, Köln.

KGSt – Kommunale Gemeinschaftsstelle für Verwaltungsvereinfachung (1997), Das KGSt-Produktbuch für Gemeinden, Städte und Kreise, KGSt-Bericht Nr. 5/97, Köln.

Kruschwitz, Lutz (2011), Investitionsrechnung, 13. Aufl., München/Wien.

Martin, Michael O./Mullis, Ina V.S. (2013), Methods and Procedures in TIMSS and PIRLS 2011, Chestnut Hill, MA, URL: http://timssandpirls.bc.edu/timsspirls2011/downloads/TP11_Relationship_Report.pdf.

Maunz, Theodor/Dürig, Günter (2014), Grundgesetz – Kommentar, hsrg. v. Herzog, Roman u. a., München.

Milgrom, Paul/Roberts, John (1992), Economics, Organization and Management, Englewood Cliffs, NJ.

Mitchell, Robert C./Carson, Richard T. (1989), Using Surveys to Value Public Goods – The Contingent Valuation Method, Washington.

Mühlenkamp, Holger (1994), Kosten-Nutzen-Analyse, München/Wien.

Mühlenkamp, Holger (2011), Die Steuerungswirkungen der Doppik, in: Der Städtetag, H. 3, S. 14–18.

Mühlenkamp, Holger (2012a), Zur relativen (In-)Effizienz öffentlicher (und privater) Unternehmen – Unternehmensziele, Effizienzmaßstäbe und empirische Befunde, in: Schaefer, Christina/Theuvsen, Ludwig (Hrsg.): Renaissance öffentlichen Wirtschaftens, Baden-Baden, S. 21–47.

Mühlenkamp, Holger (2012b), Effizienzgewinne und Entlastungen öffentlicher Haushalte durch Public Private Partnership (PPP)?, in: Küpper, H.-U./Semper, L. (Hrsg.), Chancen und Risiken von PPP, München, S. 63–126.

Mühlenkamp, Holger (2014), PPP and Public Debt, in: DICE-Report, Volume 12, Issue 3, S. 24–30.

Musgrave, Richard A./Musgrave, Peggy, B. (1989), Public Finance in Theory and Practice, 5th. ed., New York u. a.

Musil, Andreas (2005), Wettbewerb in der staatlichen Verwaltung, Tübingen.

Niermeier, Tobias/Lobe, Sebastian/Essler, Wolfgang C./Röder, Klaus (2008), Do Managers Follow the Shareholder Value Principle When Applying Capital Budgeting Methods? – A Comparison of Theory and Practice Based on German Survey Results and Return Data; Working Paper, URL: http://papers. ssrn.com/sol3/papers.cfm?abstract_id= 1089379.

OECD (2012), PISA 2009 – Technical Report, OECD-Publishing, http://dx.doi. org/10.1787/9789264167872-en.

OECD (2013), PISA 2012 – Assessment and Analytical Framework: Mathematics, Reading, Science, Problem Solving and Financial Literacy, OECD Publishing, http://dx.doi.org/10.1787/9789264190511-en.

PD – Partnerschaften Deutschland/ÖPP Deutschland AG (2013), Standardmodell für Wirtschaftlichkeitsuntersuchungen, Berlin (hierbei handelt es sich um ein Excel-basiertes Tool, das bei PD erhältlich ist).

Perridon, Louis/Steiner, Manfred/Rathgeber, Andreas (2012), Finanzwirtschaft der Unternehmung, 16. Aufl., München.

Pindyck, Robert S./Rubinfeld, Daniel S. (2013), Microeconomics, 8th. ed., Upper Saddle River u. a.

Pommerehne, Werner W. (1987), Präferenzen für öffentliche Güter – Ansätze zu ihrer Erfassung, Tübingen.

Rürup, Bert/Hansmeyer, Karl-Heinz (1984), Staatswirtschaftliche Planungsinstrumente, 3. Aufl., Düsseldorf.

Schich, Sebastian T. (1997), Schätzung der deutschen Zinsstrukturkurve, Diskussionspapier 4/97, Deutsche Bundesbank, Frankfurt a. M., URL: http://www.bundesbank.de/Redaktion/DE/Downloads/Veroeffentlichung en/Diskus sionspapiere_1/1997/1997_10_01_dkp_04.pdf?__blob= publicationFile.

Schmidt, Jürgen (2006), Wirtschaftlichkeit in der öffentlichen Verwaltung, 7. Aufl., Berlin.

Schneider, Martin (2004a): Erfolgsmessung in Gerichte, Beitrag zum IX. Travemünder Symposium zur ökonomischen Analyse des Rechts, überarbeitete Version, Mai 2004, in: German Working Papers in Law and Economics, Vol. 2004, Paper 25.

Schneider, Martin (2004b): Data-Envelopment-Analyse von
    Landesarbeitsgerichten – Betriebswirtschaftlicher Leistungsvergleich im
    kennzahlenfreien Raum, in: Die Betriebswirtschaft (DBW), 64. Jg., H. 1,
    S. 28–38.

Schneider, Dieter (2008), Dreierlei Einführungen in eine studienreformierte
    Betriebswirtschaftslehre, in: Zeitschrift für betriebswirtschaftliche For-
    schung (ZfbF), 60. Jg., September, S. 601–611.

Schöffski, Oliver/von der Schulenburg, Matthias (Hrsg.) (2012), Gesundheits-
    ökonomische Evaluationen, 4. Aufl., Berlin/Heidelberg/New York.

Schumann, Jochen/Meyer, Ulrich/Ströbele, Wolfgang (2011), Grundzüge der
    mikroökonomischen Theorie, 9. Aufl., Heidelberg u. a.

Senatsverwaltung Berlin (2007), Leitfaden für Wirtschaftlichkeitsunter-
    suchungen bei der Vorbereitung, Planung und Durchführung von
    Baumaßnahmen, herausgegeben von der Senatsverwaltung für
    Stadtentwicklung Abteilung VI – Ministerielle Angelegenheiten des
    Bauwesens, überarbeitete Neuausgabe, Berlin. URL:
    http://www.stadtentwicklung. berlin.de/ser
    vice/gesetzestexte/de/abau/abau20080411/ABau/Anhang/anhang_2.pdf.

Thiemeyer, Theo (1975), Wirtschaftslehre öffentlicher Betriebe, Reinbek.

Troßmann, Ernst (1998), Investition, Stuttgart.

VIFG – Verkehrsinfrastrukturfinanzierungsgesellschaft (2008), Wirtschaftlich-
    keitsuntersuchung A-Modell – Leitfaden für Wirtschaftlichkeitsunter-
    suchungen für die Vergabe der Betreibermodelle nach dem A-Modell im
    Bundesautobahnbau, (Endfassung), Stand: Oktober 2008, Berlin, URL:
    http://www.vifg.de/downloads/service/081030_Leitfaden_-_WU_A-Mo
    dell.pdf.

von Hirschhausen, Christian/Nieswand, Maria/Wilhelm, Axel/Hess, Borge
    (2007), Wissenschaftliche Benchmarking-Methoden im ÖPNV – Meth-
    odische Ansätze und internationale Erfahrungen, Working paper WP-TR-
    11 der TU Dresden, erschienen in: Internationales Verkehrswesen H. 10,
    S. 446–450, URL: http://tu-dresden.de/die_tu_dresden/
    fakultaeten/fakultaet_wirtschaftswissenschaften/bwl/ee2/dateien/ordner_
    publikationen/wp_tr_11_hirschhausen_et_al_2007_benchmarking_
    oepnv.pdf.

von Hirschhausen, Christian/Cullmann, Astrid/Walter, Matthias/Zschille, Michael (2009), Fallende Preise in der Wasserwirtschaft – Hessen auf dem Vormarsch, in: DIW-Wochenbericht, Nr. 10, S. 150–155.

von Wedel, Hedda (1998), Erfolgskontrolle finanzwirksamer Maßnahmen in der öffentlichen Verwaltung, Gutachten der Präsidentin des Bundesrechnungshofes als Bundesbeauftragte für Wirtschaftlichkeit in der Verwaltung, 2. Aufl., Stuttgart u. a.

Wissenschaftsrat (2012): Prüfungsnoten an Hochschulen im Prüfungsjahr 2010, Hamburg, URL: www.wissenschaftsrat.de/download/archiv/2627-12.pdf.

Witte, Eberhard/Hauschildt, Jürgen (1966), Die öffentliche Unternehmung im Interessenkonflikt, Berlin.

Wöhe, Günther/Döring, Ulrich (2013), Einführung in die Allgemeine Betriebswirtschaftslehre, 25. Aufl., München.

Wuttke, Joachim (2007), Die Insignifikanz signifikanter Unterschiede – Der Genauigkeitsanspruch von PISA ist illusorisch, in: Jahnke, Thomas/Meyerhöfer, Wolfram (Hrsg.): PISA & Co — Kritik eines Programms, 2. Aufl., Hildesheim/Berlin, S. 99–246.

Wuttke, Joachim (2009), PISA: Nachträge zu einer nicht geführten Debatte, in: Mitteilungen der Gesellschaft für Didaktik der Mathematik 87, August 2009, S. 22–30.

Zavelberg, Heinz Günter (1990), Erfolgskontrolle finanzwirksamer Maßnahmen in der öffentlichen Verwaltung – Gutachten des Präsidenten des Bundesrechnungshofes als Bundesbeauftragter für Wirtschaftlichkeit in der Verwaltung, Bd. 2, Stuttgart u. a.

Zweifel, Peter/Eisen, Roland (2003), Versicherungsökonomie, 2. Aufl., Berlin u. a.

Sachverzeichnis